Nelles Verlag

Foto: Peter Fischer

Ausgabe 2014

Indonesien

Java, Bali, Lombok, Sulawesi, Sumatra

Autoren:
David E. F. Henley, Berthold Schwarz, Yohanni Johns, James J. Fox, Anthony J. S. Reid, Putu Davies, Robyn Maxwell, Colin P. Groves

KARTENVERZEICHNIS

Kudat
G. Kinabalu 4095
KOTA KINABALU
ARMM (Autonomous Region in Muslim Mindanao)
ZAMBOANGA C.
Isabela
ARMM
Tacurong
MINDANAO
GENERAL SANTOS CITY
Jolo
JOLO I.
SANDAKAN
Keningau
P. LABUAN
Bandar Seri Begawan
SABAH
LAHAD DATU
TAWITAWI I.
SULU ARCHIPIELAGO
PHILIPPINES
Limbang
MIRI
BRUNEI
Semporna
TAWAU
Lumbis
G. Mulu 2376
MALAYSIA
CELEBES
SEA
BINTULU
Tarakan
SANGIHE
ISLANDS
SARAWAK
KALIMANTAN
SIBU
Sarikei
Rajang
Kapit
Datah Dian
Mt. Kemal 2053
Tanjungredeb
BORNEO
TIMUR
KUCHING
Bandar Sri Aman
Sepinang
Sangkulirang
MANADO
MINAHASA PENINSULA
Longtuju
Muarawahau
Tolitoli
2490
GORONTALO
SUL.
UTARA
Kota-mobagu
Putussibau
KALIMANTAN
BONTANG
Tomini
GORONTALO
Nanga Pinoh
Mt. Raya 2278
Sendawar
Tomini Bay
BARAT
Seipinang
SAMARINDA
TOGIAN IS.
Makassar Strait
Ampana
Luwuk
Teku
KALIMANTAN
BALIKPAPAN
PALU
SUL.
2400
PELENG
MALUKU UTARA
Kudangan
TENGAH
Buntok
Gimpu
Poso
TENGAH
PALANGKARAYA
Amuntai
Tanahgrogot
SUL.
Baturube
Tolo Bay
SULA IS.
SULAWESI
Sampit
Barabai
Mamuju
BARAT
Wotu
Pangkalanbun
KALIMANTAN SELATAN
TANA TORAJA
184
Makale
SULAWESI
SULAWESI
TENGGARA
BANJARMASIN
MARTAPURA
PAREPARE
KENDARI
Bone Bay
WOWONI I.
LAUT ISLAND
SELATAN
Kolaka
SEA
INDONESIA
Watampone
MUNA I.
BUTON I.
MAKASSAR
KABAENA I.
2876
180
Baubau
TUKANGBESI IS.
SELAYAR I.
TENGAH
SEMARANG
KANGEAN ARCHIPELAGO
SOLO
MADURA I.
JAVA
110
SURABAYA
BONERATE IS.
97
Trowulan
BALI SEA
NUSA TENGGARA BARAT
Prambanan
120
3676
TIMUR
BALI
SUMBAWA
FLORES
SEA
ALOR ISLANDS
82
MALANG
BANYU-WANGI
149
Ubud
GILI IS.
177
2850
KOMODO
Larantuka
108
MATARAM
Bima
Ruteng
FLORES
Ende
LOMBLEN
Dili
DENPASAR
LOMBOK
LESSER SUNDA ISLANDS
OECUSSE EXCLAVE
JAVA
NUSA TENGGARA TIMUR
DEM. REPUBLIC OF TIMOR-LESTE (EAST TIMOR)
SUMBA
Waingapu
SAVU SEA
SAVU IS.
KUPANG
TIMOR SEA
ROTI I.

Liebe Leserin, lieber Leser,

AKTUALITÄT wird in der Nelles-Reihe groß geschrieben. Unsere Korrespondenten dokumentieren laufend die Veränderungen der weltweiten Reiseszene, und unsere Kartografen berichtigen ständig die auf den Text abgestimmten Karten.
Wir freuen uns über jeden Korrekturhinweis! Unsere Adresse: Nelles Verlag, Machtlfinger Str. 11, D-81379 München, Tel. +49 (0)89 3571940, Fax +49 (0)89 35719430, E-Mail: Info@Nelles.com, Internet: www.Nelles.com
Haftungsbeschränkung: Trotz sorgfältiger Bearbeitung können fehlerhafte Angaben nicht ausgeschlossen werden, der Verlag lehnt jegliche Produkthaftung ab. Alle Angaben ohne Gewähr. Firmen, Produkte und Objekte sind subjektiv ausgewählt und bewertet.

LEGENDE

Top-Attraktion
★★ *(in Karte)*
★★ *(in Text)*
sehr sehenswert
★ *(in Karte)*
★ *(in Text)*
Orientierungsnummer in Text und Karte
Orientierungsnummer in Text und Stadtplan
Orientierungsnummer in Text und Detailplan
Öffentliches bzw. bedeutendes Gebäude
Hotel, Resort
Hospital, Postamt
Markt, Einkaufszentrum
Denkmal, Restaurant

BOGOR *(Ort)* / Candi Pawon *(Sehenswürdigkeit)* — in Karte gelb Unterlegtes wird im Text erwähnt
internationaler Flughafen / nationaler Flughafen
Mt. Merapi 2914 — Berggipfel (Höhe in Meter)
1480 — Pass (Höhe in Meter)
UNESCO Welterbe
Nationalpark
Strand
Tauchplatz
Kirche, Moschee
Buddhistischer Tempel, Hinduistischer Tempel
Höhle, Aussichtspunkt
Golfplatz, Antike Stätte

Staatsgrenze
Provinzgrenze
Gebührenpfl. Autobahn
Schnellstraße
Fernverkehrstraße
Hauptstraße
Landstraße (teilweise befestigt)
Nebenstraße, Fahrweg
Eisenbahn
Stadtmauer
Fähre, Boot
18 — Entfernung in Kilometer
3 — Straßennummer
Bus Station, Info

IMPRESSUM

INDONESIEN
Java, Bali, Lombok, Sulawesi, Sumatra

Ausgabe 2014
Druck: Bayerlein, Germany
Einband durch DBGM geschützt

- P20 -

1 GESCHICHTE UND KULTUR

2 JAVA

7 FEATURES

8 REISE-INFORMATIONEN

Peter Rex

Martin Thomas

AUSTRALIA

Foto: Paul Spierenburg

HÖHEPUNKTE

JAVA

★★**Nationalmuseum** in **Jakarta** (S. 56): In einem repräsentativen Kolonialgebäude sind großartige Skulpturen aus hindu-buddhistischer Zeit sowie seltene Ethno-Exponate der Stammesgesellschaften Indonesiens ausgestellt.

★★**Botanischer Garten Bogor** (S. 67): Britische und holländische Botaniker erforschten hier seit 1811 profitträchtige Nutzpflanzen; heute ist dies ein angenehmer Park mit interessanter tropischer Vegetation.

★★**Yogyakarta** (S. 79): In der „Kulturhauptstadt Indonesiens“ lohnen u.a. der Sultanspalast ★**Kraton**, die Batikmanufakturen, die Wayang-Kulit-Figurenmacher, die Silberschmiede und das Ramayana-Ballett einen Besuch.

★★**Prambanan** (S. 85): Größter Hindutempel des Landes, mit Ramayana-Reliefs aus dem 9. Jh.

★★**Borobudur** (S. 88): Gigantische buddhistische Stufenpyramide aus dem 9. Jh. mit unzähligen ★★**Reliefs**, die das Leben Buddhas und andere buddhistische Legenden illustrieren.

★★**Candi Mendut** (S. 94): Nahe Borobudur steht dieses kleine Juwel buddhistischer Tempelbaukunst.

★**Dieng-Plateau** (S. 96): Zwischen Nebelschwaden und blubbernden vulkanischen Sümpfen stehen kleine, über tausend Jahre alte Tempel.

★★**Candi Penataran** (S. 124): Schönste Tempelanlage Ostjavas.

★★**Bromo** (S. 126): Aufstieg im Morgengrauen zu dem berühmten Vulkankrater, dem die Mächtigen Javas seit jeher Opfer bringen.

★**Krakatau** (S. 66): Wo 1883 ein gigantischer Vulkan ausbrach, wächst derzeit wieder ein Feuerberg im Meer, der 2007 ausbrach.

Vorherige Seiten: Sorgfältig gepflegte Nassreisterrassen. Am Strand von Kuta. Links: Baris-Tänzer in Bali.

BALI

★★**Ubud und Umgebung** (S. 156): Dorfleben, Tempel, Galerien, Reisfelder, Kunsthandwerker, Tänze, Gamelanmusik – die Gegend um Ubud ist ein Zentrum balinesischer Kultur.

★★**Gunung Batur** (S. 168): Leicht erklimmbarer Vulkan am Batur-See.

★★**Pulau Menjangan** (S. 171): Unterwasserparadies im Bali-Barat-Nationalpark mit Steilwandriff.

★**Kuta** (S. 151): Tolle Sonnenuntergänge am breitesten Strand Balis.

LOMBOK

★★**Gunung Rinjani** (S. 177): Lohnende mehrtägige Bergtour durch Dschungel zum Kratersee des Rinjani.

★**Strand von Senggigi** (S. 176): Schöner Sunset; ruhiger als Bali.

★**Gili-Inseln** (S. 177): Koralleninselchen mit Bungalows und Riffen.

SÜDSULAWESI

★★**Toraja-Hochland** (S. 183): Alte Dörfer u. Gräber, opulente Bestattungsfeiern; anmutige ★★**Reisterrassen**.

SUMATRA

★★**Tobasee** (S. 208): Entspannte Atmosphäre auf der ★★**Insel Samosir**; sehenswerte ★**Batak-Dörfer**.

★★**Orang-Utans in Bohorok** (S. 205): Hier schwingen ausgewilderte Orangs durch den ★**Regenwald**.

★**Insel Nias** (S. 211): Die Wehrdörfer ★**Bawomataluwo** und ★**Hilisaematano sind** gut erhalten. Strände, Korallen und Surfwellen bietet die ★**Lagundri-Bucht**.

★**Bukittinggi** (S. 221): Geschäftige Marktstadt der Minangkabau, nahebei lockt der ★**Maninjau-Kratersee**.

★**Mentawai-Inseln** (S. 226): Die tätowierten Mentawaier blieben lange unbehelligt. Interessant sind Dschungeltreks zu ihren traditionellen Dörfern.

Vor 1,8 Mio. Jahren Erstes Vorkommen des hominiden Java-Menschen nachweisbar.

Um 1500 v. Chr. Einwanderung von Austronesiern, die ursprünglich (4000 v. Chr.) aus Taiwan und Südchina stammen.

Um 100 v. Chr. Inder führen vermutlich den Anbau von Pfeffer in Indonesien ein.

Ab 3. Jh. n. Chr Indisierung: Hinduismus und Buddhismus kommen ins Land.

6. bis 13. Jh. Das Reich Srivijaya mit Hauptstadt bei Palembang (Südsumatra) kontrolliert die Seestraße von Malacca und beherrscht damit den Seehandel zwischen Indien und China sowie innerhalb Indonesiens.

750-850 Bau des Borobudur unter der buddhistischen Sailendra-Dynastie in Java.

850 Der Prambanan-Hindutempel entsteht in Java unter der Mataram-Dynastie. Ende des 10. Jh. Untergang des Mataram-Hindureichs.

12./13. Jh. Reger Handel zwischen Banten (Westjava) und China.

13. Jh. Lokalherrscher der Gewürzhandelshäfen in Aceh (Nordsumatra) werden Muslime.

1293 In Ostjava landet eine mongolische Flotte. Mit deren Hilfe gründet Vijaya das letzte große Hindu-Reich Majapahit (1293-1500) in Ostjava (Residenz beim heutigen Trowulan).

14. Jh. Sundanesisches Hindu-Reich Pajajaran in Westjava, mit dem Haupthafen Banten. Chinesische Handelsschiffe laufen direkt javanische Häfen an; Untergang des Seehandelsreichs Srivijaya auf Sumatra.

1331-1364 Gajah Mada, Premierminister des Hindu-Königs Hayam Wuruk von Majapahit, erobert weite Teile Javas und anderer Inseln.

1389 Beginnender Niedergang von Majapahit. Der Vormarsch des Islams in Java beginnt in den Gewürzhäfen, verbreitet durch Händler.

1478 Feldzüge des Sultanats Demak (1475-1518; Zentraljava) gegen das hinduistische Majapahit (Ostjava). Majapahit unterliegt.

Um 1500 In Zentraljava ist Demak das bedeutendste der muslimischen Hafensultanate.

1511 Das katholische Portugal möchte den von Orientalen betriebenen internationalen Gewürzhandel dominieren, erobert das Sultanat Malacca und später die Gewürzinseln Ternate und Ambon sowie Flores und Timor. Das Sultanat Aceh (1496-1903) wird mit seinem Handelshafen zum Gegenpol.

1520 Das hinduistische Bali erobert Lombok.

1527 Das muslimische Demak erobert das Hindureich Banten.

1530 Blambangan, das letzte Hindureich Javas, beherrscht nur noch dessen Ostspitze; Hauptstadt ist Banyuwangi.

1550-1570 Das muslimisch gewordene Banten wird unabhängig von Demak, erobert Westjava und Südsumatra.

1575 Senopati gründet das Sultanat Mataram (16.-18. Jh.; Zentraljava).

1601 Seeschlacht in der Bucht von Banten zwischen Niederländern und Portugiesen um die Vorherrschaft im Gewürzhandel. Die niederländische *Vereenigde Oost-Indische Compagnie* (VOC; 1602-1799) errichtet 1603 in Banten (Westjava) einen Handelsstützpunkt und unternimmt Expeditionen zu den Gewürzinseln, den Molukken.

Foto: Jochen Steinhardt

Der um 850 erbaute Prambanan-Tempel war der Stolz des Hindu-Reichs Mataram.

1619 Jan Pieterszoon Coen kämpft gegen die Engländer, erobert Jayakarta (Jakarta), das zu Banten gehört, und macht es zur (niederländischen) VOC-Kolonie Batavia.

1625 Sultan Agung von Mataram nimmt den Hafen Surabaya sowie Pajajaran ein.

1637 Erste Zuckerplantage der VOC.
1637-1639 Das Reich Blambangan (Ostjava), das letzte Hindureich Javas, wird vom muslimischen Mataram angegriffen. Wachsender Einfluss des hinduistischen Bali in Ostjava.
1639 Friedensvertrag Bantens mit Batavia.
1641 Die niederländische VOC erobert Malacca, die portugiesische Rivalin im Pfeffer-, Muskatnuss- und Gewürznelkenhandel.
1699 Erste Kaffeeplantagen der VOC in Java.
1755 Teilung von Mataram in zwei Königreiche: Yogyakarta und Solo (Surakarta).

Foto: Kalman Muller

Im 13. Jh. begann die Islamisierung; heute ist Indonesien die weltgrößte Muslim-Nation.

1799 Die VOC-Gebiete werden Kolonien der Niederlande (Holland).
1811-1815 Napoleon besetzt die Niederlande, die Briten erobern Java. Britisches Interregnum; Gouverneur Stamford Raffles beschreibt erstmals Borobudur. Nach dem Wiener Kongress kehren die Niederländer zurück.
1825-1830 Javanischer Krieg: Aufstand in Zentraljava, angeführt von Prinz Diponegoro. Muslimaufstände in Westsumatra.
1830-1870 *Cultuurstelsel:* Die Bauern müssen zwangsweise Exportprodukte wie Nelken, Zucker, Kaffee oder Tee anpflanzen.
1854 Die Holländer erobern Nordbali.
1860 Ludwig Nommensen, ein Protestant, missioniert die Batak am Tobasee.
1863 Beginn der Plantagenwirtschaft bei Medan; auf Tabak folgen Tee, Gummi, Palmöl; 1883 beginnt Shell dort mit der Erdölförderung.
1873-1913 Verlustreicher Krieg gegen Aceh.
1906-1908 Unterwerfung Südbalis, Selbstmorde der Höfe von Badung und Klungkung.
1927 Sukarno gründet die Unabhängigkeit anstrebende PNI (Partai Nasional Indonesia).
1940 Der deutsche Überfall auf die Niederlande und der Einmarsch der Japaner in Indonesien 1942 zeigt den indonesischen Nationalisten die Besiegbarkeit der Holländer.
1945 Britische und indische Soldaten beenden die japanische Besatzung Indonesiens.
1949 Nach Kämpfen müssen die Niederlande, auf Druck der USA, die Unabhängigkeit Indonesiens anerkennen; der linksgerichtete Sukarno wird Präsident. Ein Gegenpol wird der politische Islam, v. a. in Aceh und Java.
1965 Angeblich kommunistischer Putschversuch, Gegenputsch rechter Militärs unter General Suharto. Massenmorde an „Kommunisten" und Chinesen (100 000 bis 1 Mio. Tote).
1966-1998 Quasi diktatorische Herrschaft von Suharto und dessen GOLKAR-Partei.
1969 Beginn der konfliktträchtigen Umsiedlung *(Transmigrasi)* muslimischer Bewohner des übervölkerten Java auf die Außeninseln.
1976-1999 Militärische Annektion der portugiesischen Kolonie Osttimor.
1998 Wirtschaftskrise; pogromartige Attacken auf Chinesen; Suharto tritt zurück. Flugzeugbauingenieur Habibie wird Präsident.
1999 Muslimführer Wahid wird Präsident.
Seit 2000 Wiederholt islamist. Terror gegen Christen, Chinesen, Hindus und Ausländer.
2001 Sukarnotochter Megawati wird Präsident
2002 Islamisten-Anschlag auf Bali, 202 Tote
2004 Neuer Präsident: Ex-General Yudhoyono. 26.12.2004: Tsunami-Katastrophe in Aceh.
2008 Ex-Diktator Suharto stirbt. Die Bali-Attentäter werden hingerichtet.
2009 Wiederwahl von Präsident Yudhoyono.
2011 Internat. Flughafen auf Lombok eröffnet.
2013 Illegale Abholzung soll gebremst werden
2014 In Ostjava bricht der Vulkan Kelud aus.

Foto: Rainer E. Kunert

LANDESKUNDE

Für viele Menschen im Westen ist Indonesien nicht viel mehr als eine exotische Inselkette irgendwo im Osten. Nach dem typischen Japaner, Chinesen, Inder oder Thai gefragt, sind gleich einige Klischees und immerhin Restauranterfahrungen abrufbar. Aber wie könnte man den typischen Indonesier beschreiben – als lächelnden barfüßigen Reisbauern? Als tätowierten Stammeshäuptling mit Blasrohr und Buschmesser oder als eifernden Muslim? Die Bilder wirken zu vielfältig, zu widersprüchlich, zu vage. Und mit den indonesischen Landschaften verhält es sich kaum anders: Auf Postkarten gleichen sich die Palmenstrände überall auf der Welt, egal ob sie in Bali, Jamaika oder Tahiti liegen; und auch die Reisterrassen, Tempel und Regenwälder Südostasiens scheinen sich, aus der Ferne betrachtet, irgendwie zu ähneln.

Solch diffuse Vorstellungen muten umso erstaunlicher an, wenn man bedenkt, dass Indonesien eine der größten Nationen der Welt ist: Seine 18 108 Inseln umspannen ein Achtel des Erdumfangs; nach China, Indien und den USA belegt das Land mit rund 240 Millionen Einwohnern den vierten Platz der Bevölkerungsliste, sogar den ersten Platz, wenn es darum geht, welches Land die meisten Muslime aufweist.

Indonesiens Geschichte reicht bis zum Beginn der Menschheit zurück; seine Kulturen sind zum Teil älter als die Europas. Schon im 16. Jahrhundert stritten hier Portugiesen, Spanier und Holländer um die Vorherrschaft im Gewürzhandel. Als erstes asiatisches Land befreite sich Indonesien durch eine Revolution aus dem Klammergriff der Kolonialmächte. Andererseits lag dieses asiatische Juwel des holländischen Kolonialreichs lange im Schatten der Weltgeschichte.

Links: Mehr als 1000 Jahre altes Detail des Borobudur.

Natürlich gibt es noch eine Anzahl weiterer Gründe für die Schwierigkeit, das Kaleidoskop der indonesischen Stereotypen zu einem klaren Bild zusammenzufügen. Einer davon ist die unglaubliche kulturelle und geografische Komplexität des Landes. Nur Indien und vielleicht China haben im Lauf der Jahrhunderte eine mit Indonesien vergleichbare Vielfalt grundverschiedener Kulturen assimiliert, die zugleich in den Provinzen als eigenständige Traditionen bewahrt blieben. Nicht nur hat fast jede Weltreligion in Indonesien ihre antiken Monumente und ihren lebendigen Glauben hinterlassen; auch die Ideologien und Denkweisen der heutigen Zeit, eine schillernde Palette politischer Möglichkeiten vom nationalen bis zum islamischen Staat, konnten hier Wurzeln fassen.

Die Schwierigkeit, allgemein gültige Symbole für Indonesien zu finden, liegt nicht zuletzt auch darin, dass die Indonesiern vertrauten und bedeutsamen Kulturgüter dem westlichen Menschen fremd und unverständlich erscheinen, denn er findet nichts in seinem Gedächtnis, was sich zum Vergleich anbietet. Die vibrierenden Gongs und Tonskalen der schwerelosen, geheimnisvollen javanischen *gamelan*-Musik lösen in den Herzen der westlichen Besucher nur ein schwaches Echo aus. Auch das Pantheon der indischen oder indonesischen Götter, die Helden und Bösewichter der filigranen *wayang-kulit*-Schattenspielfiguren sind in den Augen des Fremden oft nicht mehr als ein Spielzeug oder bestenfalls ein kunstgewerbliches Objekt für die Wohnzimmerwand im westlichen Heim. Und selbst wenn es dem Fremden gelingt, sie ins Herz zu schließen, ohne sie ganz verstehen zu können, kann er nie ganz begreifen, warum ihr eigenartiger Zauber außerhalb der heimischen Umgebung auf mysteriöse Weise verfliegt. Aber in einer heißen javanischen Nacht, wenn die Luft von *kretek*-Rauch erfüllt ist, wenn die Menschen sich ver-

Foto: Rainer E. Kunert

sammeln und das Schattenspiel oder die Musik beginnt, dann wird auch der Fremde vom Zauber dieser Welt erfasst, und das, was vorher nicht mehr als ein theoretisches Kapitel im Reiseführer war, wird plötzlich zu einer unvergesslichen, eigenen Erfahrung. Diese sinnliche, flüchtige Qualität des Augenblicks an seltsam überwältigenden Orten ist die Essenz Indonesiens und damit vielleicht der wichtigste Grund, den Inselstaat zu besuchen.

Ein Kaleidoskop von Inseln

Nicht nur die Kultur Indonesiens, auch seine geografische Form ist von verwirrender Komplexität. Das Muster tausender von Inseln und Inselchen erinnert an das Filigran der Schattenspielfiguren. Einige ihrer Namen – Java, Sumatra, Ambon, Timor – erinnern uns an Schulbücher, flüchtige Notizen am Rande der europäischen Geschichte, vergessene Handelskriege oder diplomatische Streitereien. Nur wenige der Inseln blieben von der nationalen Leidenschaft für Namensänderungen verschont: Joseph Conrad und Somerset Maugham kannten die größte Insel des Archipels, Kalimantan, noch als Borneo. Das spinnenförmige Sulawesi trug einstmals den wohlklingenden Namen Celebes, und die Kleinen Sunda-Inseln von Lombok bis Timor heißen heute Nusa Tenggara. Die Molukken, die legendären Gewürzinseln, wurden in Maluku umbenannt, und die Westhälfte Neuguineas ist heute als Papua Barat bekannt. 1848 teilten Großbritannien und die Niederlande Neuguinea zwischen sich auf. Die damals britische Osthälfte bildet heute den unabhängigen Staat Papua-Neuguinea, und die niederländische Westhälfte wurde in den 1960er-Jahren – gegen den Willen der Einheimischen, die bis heute dagegen revoltieren – der neuen Indonesischen Republik einverleibt.

Oben: Mit dem Bemo unterwegs – dem typischen Sammeltaxi in Java. Rechts: Sasak-Frauen beim Einpflanzen der Reisschößlinge auf Lombok.

Das heutige Indonesien erstreckt sich, wie jedes indonesische Schulkind

Foto: Kalman Muller

weiß, „von Sabang bis nach Merauke" – also von der Nordspitze Sumatras bis zur Grenze nach Papua-Neuguinea. Dieses Gebiet, auf europäische Maßstäbe übertragen, würde von Irland bis zum Kaspischen Meer reichen. Die Indonesier nennen ihr Land *tanah air* („Erde und Wasser"), und obwohl ein gewaltiger Teil des indonesischen Hoheitsgebiets aus Wasser besteht (ungefähr 3,3 Millionen km^2), ist seine Landmasse mit über 1,9 Millionen km^2 immer noch größer als Tibet oder Mexiko.

Die Inseln Sumatra, Java und Nusa Tenggara bilden am südlichen Rand Indonesiens einen weiten Bogen, und dies ist alles, was von der eiszeitlichen Landbrücke zwischen Indien und Australien übrig geblieben ist. Hier befindet sich eine „geologische Kampfzone", in der sich zwei gigantische Kontinentalsockel gegeneinander schieben. Diese Kollisionszone zieht sich vom Himalaja durch Burma und die Andamanen bis nach Sumatra und als bis zu 7455 m tiefer Sundagraben an Java entlang ostwärts: Am Rand des Indischen Ozeans schiebt sich die Granitplatte, auf der Australien und Indien ruhen, unter die mächtigere Platte des asiatischen Festlandes und wird zum Abtauchen gezwungen (Subduktion). Das Resultat dieses Zusammenpralls sind Seebeben, Erdbeben, Vulkanismus und die Gebirgskette, die Sumatra und Java durchzieht. Diese ist heute noch am Wachsen; der abtauchende Rand der Indo-Australischen Platte wird tief im Bauch der Erde aufgeschmolzen und drängt als glühendes Magma durch den Schlund der Vulkane wieder nach oben. Hunderte von ihnen säumen das vulkanische Hochland im Südwesten Indonesiens, das wie ein gewaltiger Damm die flachen, ruhigen Gewässer Malaysias und Kalimantans vor den Stürmen des Indischen Ozeans schützt. Östlich von Java löst sich der Archipel dann allmählich in viele kleine Inselchen auf.

Klima

Obwohl die Natur dem indonesischen Archipel wohlgesonnen ist, hat sie ihre Gaben nicht gleichmäßig ver-

Foto: Rainer E. Kunert

teilt. Durch seine Lage beidseits des Äquators besitzt Indonesien ein feucht-heißes, tropisches Klima. Nur Timor und Teile von Nusa Tenggara, die während des Sommers im Regenschatten der australischen Wüste schmoren, erhalten weniger Regen.

Da das Klima von den Monsunwinden bestimmt wird, gibt es zwei unterschiedliche Jahreszeiten. Von November bis April bläst kühle Winterluft aus der asiatischen Steppe, ein feuchter Monsunregen zieht über das Südchinesische Meer, überquert den Äquator und überschwemmt die darunter liegenden Länder mit Regengüssen. Der Rest des Jahres ist heißer und trockener, obwohl westlich von Bali ein ganzer Monat ohne Regen auch in der so genannten Trockenzeit eine Seltenheit ist. Die Unterschiede der Jahreszeiten verstärken sich von Westen nach Osten und von Norden nach Süden. Geografische oder topografische Faktoren beeinflussen das Klima zusätzlich. Im Tiefland liegen die Temperaturen, die auch nachts kaum absinken, das ganze Jahr über um 22-32 °C. Da aber die Luftfeuchtigkeit nie unter 50 Prozent fällt, kommt es einem meist heißer vor. In den Bergregionen ist das Klima viel kühler, und auf einem winddurchfegten Pass im javanischen Hochland kann die Temperatur in den frühen Morgenstunden sogar bis zum Gefrierpunkt fallen. In den Bergen von Papua Barat liegen die einzigen schneebedeckten Gipfel der östlichen Tropen.

Oben: Auf der Flucht vor dem Monsunregen in Java.

In vielen Gegenden läuft der Durchschnittstag nach einem vorhersehbaren Muster ab: Nach einem sonnigen Frühmorgen brauen sich allmählich die Wolken zusammen, um sich dann am Nachmittag unentrinnbar zu ergießen. Es kommt auch vor, dass elektrisch geladene Stürme nachts über den Horizont flackern. Besonders im Hochland ist der typisch indonesische Himmel nicht so strahlend blau, wie man es sich gerne vorstellt. Die meist düstere Wolkendecke verleiht den glühenden tropischen Farben eine unheimliche, beinahe gespenstische Intensität.

GESCHICHTE UND KULTUR

Mensch und Natur

Die indonesischen Inseln gehören zu den instabilsten Regionen der Erde. Naturkatastrophen erschüttern das Land immer wieder. Von den Hunderten von Vulkanen in Indonesien sind 61 aktiv. Der Ausbruch des Krakatau in der Sunda-Straße 1883 zerstörte 165 Dörfer und forderte mehr als 36 000 Menschenleben. Der Tsunami, der am zweiten Weihnachtstag 2004 die Küsten Nordsumatras verwüstete, kostete über 170 000 Menschen das Leben. Doch die Vulkane sind Fluch und Segen zugleich. Asche und Lava führen dem Boden wichtige Mineralstoffe zu, die ihn für lange Zeit fruchtbar machen, auch bei 3000 mm Regen pro Jahr. Deshalb siedeln so viele Menschen gerade an den Rändern der gefährlichen Vulkane.

Auf den ersten Blick scheint Indonesiens Natur noch unberührt von Umweltsünden – aber der Eindruck täuscht. Obwohl sein Regenwald, mit einem in sich geschlossenen Kreislauf von Zerfall und Erneuerung, noch immer ein Zehntel der gesamten Regenwaldfläche der Welt ausmacht, schrumpft er mitsamt seiner Flora und Fauna täglich mehr zusammen. Seine atemberaubende Üppigkeit verdankt er lediglich Hitze und Regen, nicht einem fruchtbaren Boden – im Gegenteil: Die Erde ist für agrarische Zwecke völlig ungeeignet, denn die „grünen Kathedralen" wurzeln oft in saurem, völlig ausgelaugtem Boden und nähren sich hauptsächlich aus der eigenen, abgestorbenen organischen Substanz.

In weiten Gebieten von Sumatra, Kalimantan und auf den östlichen Inseln wurde das Land lange Zeit nur mit Hilfe der traditionellen *ladang*-Methode urbar gemacht. Ein *ladang* ist eine durch Brandrodung gewonnene Parzelle im Wald, auf der eine magere Auswahl von Feldfrüchten angebaut werden kann. Wenn der Boden nach zwei oder drei Jahren seine Nährstoffe verbraucht hat, muss der Bauer weiterziehen und eine neue *ladang*-Parzelle roden. Die Holländer prägten den Namen *roofbow* (Raubbau) für dieses Vorgehen. Zwar konnte sich der Regenwald immer wieder aus eigener Kraft erneuern, aber für die Bauern reichte der karge Boden letztlich nicht aus.

In Java und Bali waren die landwirtschaftlichen Bedingungen günstiger: Eine glückliche Kombination von fruchtbarer Vulkanerde mit einem ausgewogeneren Klima als das der verregneten Äquatorial-Inseln oder des trocken-heißen Nusa Tenggara erlaubte längere Anbauperioden auf trockenem Boden sowie eine intensivere Anbaumethode: das künstlich bewässerte Reisfeld, *sawah* genannt.

Diese Zweiteilung hat sich allerdings auf die Geschichte der Inseln ausgewirkt. Die landwirtschaftlich blühenden Inseln Java und Bali sind dichter bevölkert als die Niederlande oder Japan, aber vergleichsweise viel ärmer. Die weiten, leeren Grenzinseln Sumatra und Kalimantan verdanken ihren Reichtum den Plantagen, Bodenschätzen und der Holzwirtschaft. Die Erklärung für diese auseinander strebende Entwicklung ist jedoch in der Geschichte der Menschen in Indonesien zu finden.

Man nimmt allgemein an, dass Indonesien schon seit Beginn der Menschheit bevölkert war. Vor etwa 1,8 Millionen Jahren lebte in Java, wie auch von Afrika bis China, die menschenähnliche Spezies des *Homo erectus*. Die Entdeckung ihrer Schädel im Jahr 1891 rückte Indonesien in den Mittelpunkt einer erhitzten Debatte über die menschliche Entwicklung und das fehlende Bindeglied in der Entwicklung vom *Pithecanthropus erectus* zum *Homo sapiens*. Noch heute spekuliert man, ob der javanische *Homo erectus* dem *Homo sapiens* einen Teil seiner Gene vererbte.

Foto: Kalman Muller

Der früheste *Homo sapiens* lebte in wandernden Gemeinschaften von Jägern und Sammlern an den Küsten und in den Wäldern der eiszeitlichen Landmassen. Diese Urmenschen waren wahrscheinlich klein, dunkelhäutig und hatten straffes, schwarzes Haar. In der „Negrito"-Bevölkerung entlegener malaysischer oder philippinischer Regionen lebt ihr Erbe vermutlich heute noch weiter. Die Urvölker Indonesiens (außer auf Papua Barat und den östlichsten Inseln) wurden jedoch bald von so genannten austronesischen Einwanderern verdrängt.

Die Austronesier

Physisch besaßen die Austronesier jene Merkmale, die man mit Malaysiern, Filipinos und Polynesiern assoziiert: braune Haut, kräftiges schwarzes Haar und runde Augen. Es wird angenommen, dass sie um 4000-3000 v. Chr. Südchina verließen und sich südwärts auf eine Odyssee begaben. Heute findet man von diesen Völkern in China selbst nicht mehr die geringste Spur.

Oben: Eine der eindrucksvollen Eruptionen des ständig wachsenden Vulkans auf Krakatau. Rechts: Eine Dusche (Mandi) auf javanisch. Rechts außen: Unverkennbar melanesisches Erbe in Ostindonesien.

Historiker gingen bis vor kurzem davon aus, dass die Einwanderer Indonesien über die malaiische Halbinsel erreichten, doch nun erscheint es naheliegender, dass sie von Anfang an über das Meer fuhren: von China über Taiwan zu den Philippinen und nach Indonesien. Über die Jahrtausende verbesserten sie ihre Segelboote, die wie Mangrovensamen über die warmen Meere trieben. Bis etwa 1000 n. Chr. hatten die Austronesier tropische Inseln und Küsten über mehr als den halben Erdumfang besiedelt, von Madagaskar bis zur Osterinsel; und Indonesien lag im Zentrum dieses Gebietes.

Außer ihren nautischen Kenntnissen brachten die Austronesier ein weiteres Erfolgsrezept mit: die Landwirtschaft. Die Urmenschen, die sich den neuen Siedlern nicht anpassen konnten und mittlerweile ins Landesinnere abge-

Foto: Jochen Steinhardt

Foto: Kalman Muller

drängt wurden, waren Sklaven der Natur gewesen; die Neuankömmlinge wussten, wie man die Natur kontrollieren oder beeinflussen konnte.

Welche Art von Menschen waren diese Vorgänger der modernen Indonesier? Ihre Stämme schlossen sich nicht in organisierten Staaten, sondern in autonomen Dorfgemeinschaften zusammen, die weniger von Gesetzen als von Traditionen und Ritualen bestimmt waren. Der Status eines jeden Stammesangehörigen hing nur begrenzt von Abstammung und Familienzugehörigkeit ab, denn auch persönliche Ausstrahlungskraft und individueller Erfolg spielten eine wichtige Rolle, nicht zuletzt bei der Verleihung bestimmter Ämter. Zwar war die Sklaverei allgemein verbreitet, aber im Vergleich zur europäischen nahm sie hier mildere Formen an. Da den Frauen magische und kultische Kräfte zugeschrieben wurden, nahmen sie in der Gemeinschaft eine besondere Stellung ein.

Leben und Handeln der Austronesier waren untrennbar mit der Welt der Geister verwoben. Ihr komplexer Glaube verband die Seelen der Lebenden mit den Seelen der Toten, mit Pflanzen und Objekten, mit den Zyklen der Natur und des menschlichen Lebens. In den Paaren von männlich-weiblich, Eltern-Kind, Erde-Himmel wiederholte sich die Dualität des Kosmos. Das tägliche Leben war mit Ritualen förmlich durchsetzt. Einige der religiösen Rituale verlangten Menschenopfer und führten manchmal zu Blutfehden. Ein anderes, weit verbreitetes Ritual war die „zweite Totenfeier", für die die Asche oder der Leichnam eines Verstorbenen wieder ausgegraben wurde, um die Seele sicher ins Jenseits zu verabschieden.

Für die Herstellung von Kleidung, Häusern und Werkzeugen wurde organisches Material benutzt: Holz, Bambus, Rattan, Palmblätter, zerstampfte Rinde, Baumwolle und Hanf. Auch Schreine und Tempel waren aus Holz, obwohl für kultische Zwecke auch Monolithen aus Stein errichtet wurden. Da der Hausbau nicht viel Zeit beanspruchte und die Gebäude ebenso schnell wieder errichtet werden konnten, wie sie zusammenfielen, hatten die Menschen genug Zeit, sich ausgiebig der Verschönerung ihres Körpers zu widmen – besondere Effekte wurden durch Tätowierungen und das spitze Zufeilen der Zähne erzielt. In der Zeit um Christi Geburt fand eine große kulturelle Verfeinerung statt. Im Bereich der Webkunst entstanden wunderbare Textilien für den Handel wie auch für rituelle Zwecke, die Metallarbeit wurde eingeführt, und bald fand man sogar in den entferntesten Dörfern geschickte Schmiede, die Gegenstände aus Bronze und Eisen herstellen konnten. Als Freizeitbeschäftigung platzierte man Wetten beim Hahnenkampf, kaute die leicht stimulierende Betelnuss und musizierte auf metallenen Gongs. „Gong" ist eins der wenigen ursprünglich austronesischen Wörter, die von der westlichen Welt übernommen worden sind.

Auf dieser kulturellen Basis bauten die nachfolgenden Entwicklungen auf. Es handelte sich jedoch nicht um eine gleichförmige Grundlage. Aus unerklärlichen Gründen machte die austronesische Auswanderungswelle östlich von Sulawesi halt. Nur eine geringe Zahl von Pionieren verband sich mit den schwarzhäutigen Melanesiern und brachte seltsam hybride Rassen und Kulturen hervor. Auch im rein austronesischen Westen des Archipels haben sich im Lauf der Zeit die verschiedensten Elemente miteinander verschmolzen, was nicht zuletzt zu einer Vielfalt von Sprachen führte. Während der langen Periode von Ansiedlung und Assimilation verwandelte sich die Muttersprache der Einwanderer in ein babylonisches Gewirr von über 700 miteinander verwandten, jedoch untereinander unverständlichen Sprachen, von denen allein 200 in Indonesien benutzt werden. Wie die Sprachen entwickelten sich auch die gesellschaftlichen Unterschiede. Es gab patrilineare, matrilineare und von Kriegern geführte Gemeinschaften, Matriarchate, Bergbauern und Seefahrer, Goldsucher und Kokosnuss-Sammler.

Als im Lauf der Jahrhunderte die autonomen Dörfer und Stämme unter den Einfluss eines Staates, einer bestimmten Religion oder eines Handelssystems fielen, begannen sich auch früher eigenständige Traditionen zu vermischen. Verschiedene Ecken des Archipels wurden in diese oder jene soziale oder wirtschaftliche Richtung gezerrt, man grenzte sich ab, bis man sogar zwischen einem Inneren und Äußeren Indonesien unterschied.

Nach der austronesischen Einwanderung kamen fast alle späteren Einflüsse aus westlicher Richtung: aus Indien, dem Nahen Osten und Europa. In Sumatra setzten westliche Seefahrer das erste Mal den Fuß auf indonesischen Boden, und das leicht zugängliche, fruchtbare Innere Indonesien zog Händler, Missionare und Eroberer wie ein Magnet an.

Der Geist Indiens

Die Strömung der indischen Kultur, die sich von Beginn der christlichen Ära bis zur europäischen Renaissance im gesamten südostasiatischen Raum ausbreitete, ging auch nicht spurlos an Indonesien vorbei. Im Zeitraum von mehreren Jahrhunderten entstanden zwischen Burma und Bali, Vietnam und Sumatra so viele hinduistische und buddhistische Königreiche, dass indische Nationalisten später von einem „Großindien" im fernen Osten sprachen.

Der indische Hinduismus stand mit seiner philosophischen und religiösen Weltsicht auf einer höheren Entwicklungsstufe als die magischen und animistischen Religionen Südostasiens und konnte mit einem breiten Spektrum von eindrucksvollen Göttern und Göttinnen aufwarten, was die Indonesier angesprochen haben muss. Neben

Rechts: Toba-Batak in Ambarita, auf der Insel Samosir (Provinz Nordsumatra).

Foto: Kalman Muller

der Dreifaltigkeit von Brahma, dem Schöpfer, Vishnu, dem Bewahrer, und Shiva, dem Zerstörer, bot der Hinduismus auch moraltheologische Glaubenssätze an, wie etwa die Unsterblichkeit der Seele, die Erlösung von allem irdischen Leiden und die Existenz einer absoluten Wirklichkeit hinter den illusionären Erscheinungen der sichtbaren Welt. Der Buddhismus, der im 5. Jh. v. Chr. von einem Hindu-Prinzen, dem späteren Buddha, gegründet wurde, entwickelte die philosophische Tendenz des Hinduismus noch weiter und stellte sogar die Existenz von Göttern in Frage. Diese erste große Erlösungsreligion der Welt lehrte, dass weniger der Schmerz über unerfülltes Verlangen als vielmehr das Verlangen selbst die Ursache menschlichen Leidens sei, und entwickelte eine Reihe von Meditationstechniken, die das Individuum von Verlangen und Schmerz befreien sollen. Die Inder hatten allerdings auch weltliche Fertigkeiten anzubieten: die bis dahin in Südostasien unbekannte Schreibkunst, Architektur und Kunststile, neue Zugtiere und Feldfrüchte.

Einige Herzen und Köpfe wurden schneller als andere gewonnen, und besonders die indonesische Aristokratie ging mit fliegenden Fahnen zum Hinduismus über. Ein ähnlicher Prozess hatte schon einmal in Nordindien stattgefunden, als die dortigen, noch nomadischen Kriegsstämme mit Hilfe des Kastensystems, pompöser königlicher Rituale und penibler Bürokratie in das große Königreich des Ashoka eingegliedert worden waren. In Indonesien verwandelten sich viele Stammesführer in *raja*, Krieger in *ksatria*-Ritter und Stammesbünde zu theokratischen Königreichen. Nach dem indischen Modell stellte der *raja* die Inkarnation eines Gottes dar und sein Königreich die Miniaturausgabe des Universums, mit der Hauptstadt als Nabel.

Über die frühe hindu-buddhistische Zeit Südostasiens ist mit Ausnahme einiger fragmentarischer Inschriften und spärlicher, ziemlich nebulöser Hinweise in chinesischen Reiseberichten wenig bekannt. Man weiß zwar, dass das Staatswesen Indochinas schon im 2. Jh. n. Chr. indisch beeinflusst war, aber erst im frühen 5. Jh. lassen sich Hindu-Herrscher in Westjava nachweisen, deren Staat Tarumanegara hieß, sowie an einem heute unbekannten Ort namens Muara Kaman am Mahakam-Fluss im Osten Kalimantans. In den folgenden Jahrhunderten verblasste der indische Einfluss in Kalimantan langsam bis zur Unkenntlichkeit, während die intensive Indisierung sich auf den westlichen Inseln fortsetzte. Bali und Lombok sind heute noch am stärksten mit der indischen Kultur, besonders mit dem Hinduismus, verbunden, und in Java findet man die eindrucksvollsten hinduistischen und buddhistischen Bauwerke.

Auf Sumatra wurde im 7. Jh. mit Srivijaya der erste bedeutende indisierte Staat des Archipels gegründet, der als Seemacht die westlichen Gewässer Indonesiens über 400 Jahre lang beherrschte. Auf den Handel gegründet, umfasste Srivijaya eine Reihe verstreuter Häfen, von denen der wichtigste Palembang war. Srivijayas Oberschicht bestand aus Buddhisten, und die Hauptstadt entwickelte sich zu einem Zentrum buddhistischer Gelehrter.

In Java hatte sich währenddessen der Brennpunkt der kulturellen Entwicklung vom Westen ins Zentrum verlagert. Die ersten Tempel des Hindu-Heiligtums auf dem Dieng-Plateau stammen vom Ende des 7. Jh. Im 8. und 9. Jh. setzte ein regelrechter Bauboom ein, der Indonesien eine Unzahl von Tempeln und Denkmälern hinterließ. Borobudur, der größte und berühmteste buddhistische *stupa* der Welt, wie auch die unvergleichliche hinduistische Tempelanlage von Prambanan sind beredte Zeugnisse aus dieser Epoche.

In der ersten Hälfte des 10. Jh. verlagerte sich Javas politisches Machtzentrum urplötzlich weiter nach Osten und siedelte sich in den Tälern der Arjuna-Kawi-Kelud-Gebirgsgruppe in Ostjava an. Diese östliche Periode markiert die graduelle Auflösung starrer Grenzen: Die beiden indischen Religionen vermischten sich miteinander, örtliche religiöse Elemente wurden noch zusätzlich integriert, und auch die politischen Strukturen begannen sich zu lockern.

Rechts: Wayang-kulit-Schattenspielfiguren aus dem Ramayana-Epos (Java).

Nach langjähriger Trennung vereinigte sich schließlich Ostjava im 13. Jh. mit der kämpferischen Singosari-Dynastie. Sie wurde im Jahr 1294 von Majapahit abgelöst, dem letzten der großen indisierten Staaten am Mündungsdelta des Brantas in der Nähe von Surabaya. Majapahit verband ein fruchtbares Hinterland, das üppige Reisernten garantierte, mit seiner Seemacht, mit der Srivijaya nicht mehr konkurrieren konnte.

Mit Hilfe seines Großwesirs Gajah Mada machte König Hayam Wuruk den Staat Majapahit zu einer südostasiatischen Supermacht, die Tribut von den Küsten-Königreichen des Archipels und sogar darüber hinaus forderte. Nach 1389 wurde der Staat jedoch zusehends durch interne Machtkämpfe und Angriffe von außen geschwächt, bis er schließlich 1527 an die muslimischen Feinde fiel (siehe unten). Die Aristokratie Majapahits floh nach Bali und brachte der Insel, die schon seit sechs Jahrhunderten hinduistisch war, neuen kulturellen Aufschwung und ein gewisses Prestige.

Indien beeinflusste nicht nur die indonesische Tempelarchitektur, sondern auch die Volks- und Hofkunst. Die beliebten Schattenspielfiguren stammten zum Beispiel aus Südindien, wo man ihre Vorbilder heute noch bewundern kann. Im Schauspielrepertoire wie auch in der traditionellen Literatur sind die Einflüsse der Sanskrit-Epen *Ramayana* und *Mahabharata* zu spüren.

Ohne den indischen Einfluss wäre das kulturelle Erbe Westindonesiens heute um einiges ärmer. Allerdings wurden indische Elemente nicht einfach auf die örtliche Kultur aufgepfropft. So verbinden indonesische Tempel indische Motive aus verschiedenen Epochen auf

Foto: Jochen Steinhardt

neue Art oder vermischen sie mit einheimischen Elementen. Die Hände des indonesischen Künstlers verliehen den Statuen und Schattenspielfiguren eine subtilere, geheimnisvollere Gestalt.

Der indische Einfluss ist vielleicht eher als ein alles durchdringender Geist zu verstehen, vergleichbar mit dem Geist Griechenlands, der einst Europa beseelte. Der indische Dichter Rabindranath Tagore charakterisierte bei einem Besuch Javas im Jahr 1927 den verwirrenden Effekt dieser Kulturvermischung so: „Ich sehe Indien überall, aber ich erkenne es nicht."

Neue Kräfte: Islam und Europa

Alle fremden Einflüsse, die in Indonesien Fuß fassen konnten, sind über das Meer dorthin gelangt. Für die wertvollen Exportartikel der Inselwelt – Gold, aromatische Essenzen und Gewürze – wurden lange Seereisen in Kauf genommen. Aber auch ohne diese Handelswaren hätten sich die westlichen Inseln durch ihre günstigen Monsunwinde zu einem wichtigen Knotenpunkt für die Schifffahrt entwickelt. Jedes Jahr bläst der Wind gerade lange genug aus dem Westen, um Segelschiffe von Indien nach Indonesien oder von Indonesien nach China zu bringen, bevor er sich dreht und den Seeleuten eine günstige Heimfahrt garantiert. Auch muss sich hier der gesamte Schiffsverkehr, wenn er nicht einen großen Umweg zurücklegen will, durch eins von zwei Nadelöhren zwängen: durch die Sunda-Straße zwischen Java und Sumatra oder durch die Straße von Malakka zwischen Sumatra und der malaiischen Halbinsel.

Zu Beginn des 15. Jh. schwang sich Malakka zum Wächter über die Meerenge auf. Im globalen Kampf um Gewürze und orientalische Luxusgüter wurde die neue Stadt bald so wichtig, dass das fliegende Wort kursierte: „Wer Malakka kontrolliert, hat Venedig im Würgegriff." Das damalige Malakka spielte eine entscheidende Rolle in der indonesischen Geschichte: Von hier aus kamen die Muslime und Europäer ins Land und läuteten damit das Ende der hindu-buddhistischen Zeit ein.

Foto: Kalman Muller

Der Islam, die jüngste und dynamischste der Weltreligionen, wurde im 7. Jh. n. Chr. von Mohammed in Arabien gegründet. Nur ein Jahrhundert nach dem Tod des Propheten (632) hatten islamische Kalifen einen Großteil der Alten Welt von Spanien bis zur indischen Grenze erobert. Seit der Mitte des 13. Jh. spielten die Muslime eine vorherrschende Rolle im Handel zwischen Indien und China, und wahrscheinlich hatte der weitsichtige Herrscher von Malakka vorwiegend kommerzielle Interessen im Kopf, als er sich im Jahr 1436 zum Islam bekannte. Malakka war nicht der erste islamische Außenposten dieser Region: Die Königreiche Perlak und Samudra an der Küste des heutigen Aceh in Nordsumatra waren schon in den 1290er Jahren muslimisch, und sogar in Java fanden sich einige muslimische Grabsteine aus dem 14. Jh. Aber die Islamisierung des größten südostasiatischen Handelszentrums errichtete ein neues Sprungbrett für die Beeinflussung der vielen indonesischen Küsten-Königreiche, die sich gerade aus dem erlahmenden Griff Majapahits und anderer hindu-buddhistischer Mächte befreiten. Demak, der wichtigste neue Muslimstaat, eroberte und islamisierte zwischen 1505 und 1546 die gesamte javanische Nordküste und versetzte Majapahit den endgültigen Todesstoß.

Oben: Verschleierte islamische Frauen aus Sumbawa (Ostindonesien).

In Indonesien wurde der Islam hauptsächlich durch wirtschaftliche Überlegungen, manchmal aber auch durch das Schwert verbreitet. Der Übertritt zu einem fremden Glauben hängt selten allein von Gier oder Furcht ab, und man fragt sich, warum gerade der strenge, asketische Islam mit seiner Lehre von einem einzigen Gott und der Gleichheit aller Menschen eine so große Anziehungskraft auf die Indonesier ausübte, die bis dahin überzeugte Anhänger von Götterwelt, Opferzeremonien, Kastensystem oder Karma-Glauben waren. Sicherlich spielten bei den anfänglichen Bekehrungen soziale Gründe eine große Rolle, denn der neuen, reichen Händlerklasse war es äußerst wichtig, sich mit ihren einflussreichen moslemischen Geschäftspartnern gut zu stellen.

Allerdings stammten viele der Neubekehrten auch aus der buddhistischen Aristokratie. Eine unorthodoxe, mehr dem Naturell der Indonesier entsprechende Mischung von islamischer Askese und Mystizismus mag besonders bei der Landbevölkerung großen Anklang gefunden haben. Der neue Glaube wurde jedoch nicht überall mit Begeisterung aufgenommen. Zwar konnte er in Aceh und anderen Gegenden starke Wurzeln schlagen, die sich im Lauf der Zeit noch vertieften, aber anderorts wurden nur einige besonders attraktive islamische Rituale in den örtlichen Lebensstil integriert, und viele Menschen nahmen erst im 19. oder 20. Jh. den islamischen Glauben an. Es gab auch Regionen, die dem Vordringen des Islam hartnäckig Widerstand leisteten, etwa das Bataker-Gebiet um den Tobasee in Sumatra. Auf lange Sicht konnte sich der Islam jedoch zur erfolgreichsten Religion Indonesiens entwickeln. Laut Statistik hat Indonesien heute 88 % Muslime und zugleich die größte islamische Bevölkerung in einem einzelnen Land der Welt.

Die Verbreitung des Islam in Indonesien läutete jedoch keine großartige künstlerische Blütezeit ein wie in Indien die Mogul-Kultur. Besonders in Sumatra fielen viele Tempel muslimischen Plünderern zum Opfer, doch die ersten neu erbauten Moscheen unterschieden sich kaum von hinduistischen Schreinen, während erst später einfache Kopien arabischer Vorbilder mit Kuppeln entstanden. Das islamische Verbot der bildhaften Darstellung von Mensch oder Tier brachte die bildenden Künste zum Erliegen. Im Bereich der Textilkunst konnte sich allerdings eine großartige Ornamentik entwickeln, und die zweisaitige Laute aus dem Nahen Osten, die *rebab*, wurde ins indonesische Orchester übernommen. In vielen islamisierten Gegenden wurden die alten, auf dem Sanskrit basierenden Schriftzeichen durch das arabische Alphabet ersetzt, bis es im 20. Jh. vom lateinischen Alphabet verdrängt wurde.

Die Europäer erreichten Indonesien nur kurz nach dem Islam. Im Jahr 1509, als der Großteil Sumatras und Javas noch von hindu-buddhistischen Königen regiert wurde, tauchten die ersten portugiesischen Schiffe in der Straße von Malakka auf, mit dem Ziel, das Handelsmonopol der Muslime zu brechen. Als ihnen dies nicht gelang, griffen sie zu Gewaltmaßnahmen. Im Jahr 1511 erstürmten 1200 zerlumpte Soldaten, deren Gier nur noch von ihrem fanatischen Mut und dem Glauben an ihren strafenden Gott übertroffen wurde, die Stadt Malakka, zu der Zeit der wichtigste Handelshafen Südostasiens. Der Sultan zog sich in die Hügel zurück und wartete darauf, dass der Feind die Stadt plündern, verwüsten und wieder verlassen würde, wie es ein örtlicher Angreifer getan hätte. Statt dessen reparierten die Portugiesen die Verteidigungsanlagen und ließen sich für die nächsten 130 Jahre in Malakka nieder. Von dort aus erreichten sie Maluku (die Molukken), das Anbaugebiet der wertvollen Nelken und Muskatnüsse. Zehn Jahre später fielen ihre spanischen Rivalen dort ein, nachdem sie das schier Unmögliche vollbracht hatten, nämlich über Kap Horn und den Pazifik auf dem langen Weg nach Ost-Indien zu segeln. Die Europäer hatten den Erdball umrundet.

In Indonesien war vorerst vom Anbruch eines neuen Zeitalters nichts zu spüren. Die Portugiesen hatten ihren expansiven Elan eingebüßt und etablierten sich als außergewöhnliches, aber beständiges Element der indonesischen Handelswelt, während die Spanier sich auf Maluku und Sulawesi beschränkten und sich schließlich auf die Philippinen zurückzogen. Eine Zeit lang benutzte man ein portugiesisches Sprachgemisch als *lingua franca* des Archipels, und Missionare gründeten christliche Gemeinden im Osten Indonesiens,

Foto: Kalman Muller

doch es gab keine Gebietseroberungen. Nach der Eroberung Malakkas durch die Ungläubigen erlebte die Stadt zwar eine neue Blütezeit als Handelszentrum für den portugiesischen Schiffsverkehr von und nach China, Japan und Maluku, verlor aber den Großteil des regionalen Handels an Johor an der Spitze der malaiischen Halbinsel sowie an Aceh (Nordsumatra), das sich nun zu einem der mächtigsten Staaten Südostasiens entwickelte. Um 1650 war die portugiesische Macht auf einige Außenposten auf den Kleinen Sunda-Inseln zusammengeschrumpft.

Im Schatten der VOC

Malakka fiel 1641 nicht an eine asiatische oder europäische Monarchie, sondern an eine Handelsgesellschaft – die holländische *Vereenigde Oost-Indische Compagnie* (VOC). Im Jahr 1602 warfen mehrere holländische Hafenstädte ihre Finanzen in einen Topf und gründeten die Handelsgesellschaft mit dem Ziel, die Portugiesen aus dem indonesischen Gewürzhandel zu verdrängen. Eine holländische Pionier-Expedition im Jahr 1596, die sich gestohlener portugiesischer Seekarten bediente, hatte die Reiseroute schon erprobt. Die VOC, ein Meilenstein in der Geschichte des Kapitalismus und eines der ersten globalen Handelsimperien, unterstand zwar in ihrem Heimatland der niederländischen Krone, agierte aber in Asien als quasi-staatliche Macht mit eigenen Gesetzen und eigenem Geld, führte Kriege und schloss Verträge.

Oben: Martialische Erinnerung an die VOC. Rechts: Holländische Brücke in Jakarta.

Wie ihre portugiesischen Vorgänger waren die Holländer in erster Linie an Profit interessiert, nicht an territorialer Eroberung. Da aber die VOC nicht nur mit beträchtlichen Geldmitteln, sondern auch mit großer Organisationskraft gesegnet war, konnte sie die gescheiterten Träume der Portugiesen, Handelsmonopole für bestimmte Gebiete und Artikel zu erzwingen, in die Tat umsetzen. Die VOC sandte sogar jährliche Strafexpeditionen nach Maluku aus, um dort illegale Nelken-Plantagen aufzuspüren und zu zerstören. In Java konnte der anfänglich unbedeutende Einfluss der VOC durch ständigen Druck und politische Einmischung soweit verstärkt werden, dass sie auch dort an Macht gewann.

Der Aufstieg der VOC bedeutete für Indonesien eine weitaus größere Bedrohung als die Ankunft der Portugiesen. Der größte Teil des Gewinn bringenden Handels lag im 16. Jh. noch in einheimischen Händen. Weite Waldregionen waren vollständig unbesiedelt, so dass vielleicht mehr Indonesier in Städten wohnten als auf dem Lande. Auf jeden Fall war der Archipel im Verhältnis zur Bevölkerung stärker verstädtert als Europa zu dieser Zeit. Die Javaner, die heute kaum noch als Seefahrer gelten, bauten zahlreiche Schiffe, deren traditioneller Name, *jong*, in westlichen Sprachen als Dschunke bekannt ist, aber fälschlicherweise den

Foto: Thomas Stankiewicz

Chinesen zugeschrieben wird. Doch ab 1700 kontrollierten die Holländer fast den gesamten javanischen Handel. Als Zwischenhändler benutzte die VOC die in Enklaven lebenden chinesischen Händler und schuf so eine Schicht von abhängigen Geschäftsleuten, die noch heute existiert. Viele der aus dem städtischen Handel vertriebenen Indonesier zogen sich aufs Land zurück, wo sie dazu „ermuntert" oder gezwungen wurden, Kaffee oder Tabak für den europäischen Markt anzubauen. Der neue Indonesier sollte weder ein Stammesmitglied noch ein Städter, sondern ein Landarbeiter sein. Am ausgeprägtesten war die Herrschaft der Holländer in Java zu spüren. Dort hatte die VOC ihre asiatische Hauptstadt, Batavia, das heutige Jakarta, gegründet und zum Zentrum ihrer Handelsoperationen gemacht. In Sumatra konnten sich die alten Traditionen besser erhalten, denn hier war der Einfluss der VOC schwankend, obwohl der Handel unter der holländischen Konkurrenz zu leiden hatte.

Einheimische Staaten konnten dem holländischen Druck nur widerstehen, indem sie die Bewaffnung, die Organisation, die Disziplin und die grimmige Rationalität der Eindringlinge imitierten. Das javanische Königreich Mataram erzielte mit dieser Taktik den größten Erfolg. Es wurde im späten 16. Jh. am Ort der alten Königreiche Sanjaya und Sailendra, in der Nähe des heutigen Yogyakarta in Zentraljava, gegründet. Unter der Regierung Sultan Agungs (1613-1646) entwickelte sich Mataram zu einem mächtigen Zentralstaat. Agung konnte fast ganz Java erobern und hätte beinahe Batavia eingenommen. Doch die Geschwindigkeit der Veränderungen besiegte Javas politische Traditionen: Agungs Sohn Amangkurat verlor die Kontrolle über seine Vasallen, und als er abgesetzt wurde, ergriff die VOC die Gelegenheit, unterstützte im nachfolgenden Bürgerkrieg Amangkurats Sohn und brachte nach dem gemeinsamen Sieg Mataram unter holländische Oberhoheit. Doch zerrüttet durch die komplizierten javanischen Erbfolgebestimmungen zerfiel das Reich 1755 endgültig.

Foto: Kalman Muller

Unter den Kolonialherren

Die ständige Verzettelung in javanischen Kriegen führte zur finanziellen Schwächung der VOC, während blühende Korruption wie auch die sinkende Nachfrage der Europäer nach Gewürzen und Kaffee den Handel in die roten Zahlen trieben. Die westliche Welt wollte plötzlich chinesischen Tee und indische Baumwolle. Im Jahr 1799 zerfiel die VOC im Konkurs und übergab ihre asiatischen Territorien an die Krone. Zu diesem Zeitpunkt waren die Niederlande von napoleonischen Truppen besetzt, und die europäische Krise wirkte sich auch auf Indonesien aus. Der holländische Marschall Herman Willem Daendals wurde nach Java geschickt, um die Insel gegen einen möglichen Angriff der Briten zu befestigen. Sein bedeutendstes Vermächtnis war ironischerweise die Hauptader der Insel, die Große Poststraße, die die Briten bei der Besetzung Javas im Jahr 1811 dankbar benutzten. Der legendäre Thomas Stamford Raffles – Botaniker, Linguist, Diplomat und liberaler Denker – übernahm im Alter von 30 Jahren die Regierung, doch die schiere Menge der Reformen, die er in kürzester Zeit durchzusetzen versuchte, führte zu einem unglaublichen bürokratischen Chaos. Raffles' Traum von einem Indonesien unter britischer Flagge zerplatzte schon fünf Jahre später, als die Friedensregelung in Europa keinen Raum für ein britisches Batavia ließ. Java wurde an die Holländer zurückgegeben, Raffles tröstete sich mit der Gründung Singapurs, und im Jahr 1824 wurden die letzten britischen Außenposten in Sumatra gegen das holländische Malakka eingetauscht, womit der Grundstein für die heutige Grenze zwischen Malaysia und Indonesien gelegt wurde. Das politische Chaos dieser Zeit hatte auch das Gleichgewicht Indonesiens empfindlich gestört. 1825 rebellierten weite Teile Javas unter der Führung des Prinzen Diponegoro gegen die Holländer. Nachdem die Kolonialmacht fünf

Oben: Traditionelle Bestrafung, drastisch dargestellt im historischen Justizpalast Kertagosa auf Bali.

Jahre gebraucht hatte, um diesen Krieg zu beenden, war sie nun entschlossen, soviel Profit wie möglich aus Indonesien zu schlagen.

Die Holländer nannten ihre Ausbeutungsmethode *cultuurstelsel*, „Kultivierungssystem". Jedes Dorf musste ein Fünftel seines Bodens mit für den Export geeigneten Früchten (Indigo, Zuckerrohr, Pfeffer, Kaffee, Tee, Tabak) bebauen. Der Ernteertrag wurde mit der Grundsteuer verrechnet. Zwar klingelten die Kassen der Kolonialherren, aber für die Javaner brachen Elend und harte Zeiten an. Der Wert ihrer Agrarprodukte wurde grundsätzlich zu niedrig eingeschätzt; wenn Profit gemacht wurde, landete er in den Taschen der Holländer; Ausschreitungen und Grobheiten der Beamten waren an der Tagesordnung. Die Niederträchtigkeit dieses Systems beschrieb der desillusionierte holländische Kolonialbeamte E. D. Dekker 1860 in dem Romanklassiker *Max Havelaar*. Nicht nur aus ethischen Gründen, sondern auch wegen der sich verändernden Wirtschaftsbedingungen wurde das *cultuurstelsel* in einer Reihe von Reformen, die im Jahr 1870 einsetzten, abgeschafft. Man spielte nämlich mit dem Gedanken, private Unternehmen am Geschäft mit Indonesien zu beteiligen.

Seltsamerweise setzte während der Ausbeutung durch das *cultuurstelsel* Javas großer Bevölkerungsboom ein. 1815 lebten vielleicht 4 Millionen Menschen auf der Insel, doch bis 1870 hatte sich die Zahl fast vervierfacht. 1930 erreichte sie 41 Millionen. Vielleicht spielten die erfolgreichen Bewässerungstechniken der Holländer in der Zeit des langen Friedens von 1830 bis 1942 in Java eine Rolle. Demografen haben eine sehr unterschiedliche Bevölkerungsdichte im Inneren und Äußeren Indonesien festgestellt; heute leben ungefähr 60 % der 250 Millionen Indonesier auf Java und Bali, die zusammen nur 9 % der Landmasse des Staats ausmachen.

Der indonesische Traum

Die Moderne erreichte Indonesien über Nacht. Im Jahr 1900 befand sich Java noch im Griff eines doppelten Feudalismus, in dem die Adligen zwar Bürokraten geworden waren, die Bauern aber keine Bürger. Sumatra gefiel sich als Sammelsurium von Stämmen, alten muslimischen Häfen und Sultanaten, während auf den Plantagen opiumbetäubte Kulis schufteten. Bali verlor sich im Hinduismus und hatte kaum einen Europäer gesehen. Nur wenige Indonesier lebten in Städten und fast keiner hatte eine weltliche Schulbildung genossen. Zudem verband sie keine Solidarität oder gemeinsame Identität. Wer den Holländern widerstanden hatte, hatte für viele Dinge gekämpft – Götter, Könige, Ehre, Reichtum, Ruhm und vielleicht sogar Loyalität zu einer ethnischen Gruppe –, aber Nationalismus war nicht darunter. Dass die Holländer nach dem Prinzip „Teile und herrsche" regierten, erscheint eher als Mythos. Bis zuletzt gab es nichts zu teilen: Der Archipel hatte niemals seit Majapahit politische Einheit gekannt, und vielleicht noch nicht einmal damals.

Im Jahr 1908 erwachte eine neue Form von antikolonialem Widerstand. In Bali beging die letzte trotzende Hindu-Dynastie vor den Gewehren der Holländer in Klungkung kollektiven Selbstmord, und in Batavia wurde die erste moderne nationalistische Vereinigung namens Budi Utomo ins Leben gerufen. Budi Utomo war eine freiwillige, weltlich ausgerichtete Organisation, deren wichtigstes Ziel die Verwirklichung westlicher Vorstellungen von „Fortschritt" war. In den folgenden Jahren erweiterte ihre Nachfolge-Organisation diese Ideale zur klassischen Triade der Nationalisten: Fortschritt, Einheit, Freiheit.

Es gab viele Strömungen in der neuen nationalistischen Bewegung, etwa die von Kairo und Istanbul ausgehende islamische Erneuerung oder der Kommunismus der Russischen Revolution. Als jedoch im Jahr 1927 die Nationalpartei unter der charismatischen Führung des Ingenieurs Sukarno gegründet wurde, hatte man einen minimalen Konsensus erreicht: „Fortschritt" sollte ökonomisch und geistig verstanden werden, „Einheit" betraf alle Völker Indonesiens, und „Freiheit" bedeutete die Befreiung von der Kolonialherrschaft.

Das westliche Erziehungssystem und die Presse beförderten den Nationalismus. Das erstere war ursprünglich ein Geschenk der jungen Königin Wilhelmina als Ausdruck einer neuen „ethischen" Politik und wurde später von indonesischen, islamischen wie weltlichen Schulen übernommen. Dieses Schulsystem unterstützte die Entwicklung von eigenständigem Gedankengut und ließ eine Kritik an der traditionellen Gesellschaft wie auch an den Missständen der Kolonialzeit zu.

Die einheimische Presse stärkte das neue Nationalgefühl. Sie publizierte in Handels-Malaiisch, der Sprache der Straße von Malakka, der *lingua franca* der Häfen, die auch die untere Ebene der Kolonialverwaltung benutzte. Nur wenige sprachen Malaiisch als Muttersprache, was gleiche Voraussetzungen für fast alle schuf. In „Indonesisch" umbenannt, wurde es 1928 als Nationalsprache proklamiert – damals eine hoffnungsvolle Geste, heute gewichtige Realität. Diese ursprünglich malaiisch-polynesische Sprache hat eine Unmenge von Wörtern aus dem Sanskrit, dem Arabischen, Portugiesischen, Holländischen und Englischen aufgenommen und erscheint so wie ein Führer durch die lange indonesische Geschichte.

Die Holländer betrachteten das Erwachen des Nationalismus zuerst mit leichter Herablassung, denn sie deuteten ihn als Resultat ihrer „Zivilisierungsmission" und ließen sich 1916 dazu herab, den Indonesiern eine kleines Stückchen Demokratie in Form eines *Volksraads* zuzugestehen. Im Jahr 1926 versetzte jedoch ein gescheiterter kommunistischer Aufstand die offiziellen Stellen in Panik, die sofort wieder eine härtere Linie einschlugen. Radikale Unruhestifter wurden auf einsame Inseln ins Exil geschickt, und eine milde Form von Polizeistaat wachte darüber, dass die radikaleren Städter keine Gelegenheit bekamen, die ländlichen Massen zu beeinflussen. Die Holländer dachten nicht im Traum an ein unabhängiges Indonesien.

Rechts: Plakat zum Unabhängigkeitstag, davor ein VW-Kübelwagen – auf Bali kann man solche Oldies mieten.

Der Preis der Freiheit

Ohne den Ausbruch des Pazifischen Kriegs wären die Holländer wahrscheinlich viel länger in Indonesien geblieben. In den ersten Wochen des Jahres 1942 wurde Niederländisch-Ostindien sehr schnell von den Japanern erobert. Wie die Holländer waren auch die Japaner entschlossen, den größtmöglichen Profit aus Indonesien zu schlagen, doch ihre Methoden waren neu: protziges Militär, Spektakel, Indoktrination, Aufstachelung der Massen und willkürliche Gewalt. Während die einstmaligen Kolonialherren in den Gefangenenlagern schmorten, wurden die Indonesier von der Nation, die sich das „Licht Asiens" nannte, gedrillt, zur Zwangsarbeit beordert, ausgeraubt und belehrt. Die einzige bleibende Botschaft war der Hass auf den Westen. Auch die indonesischen Nationalisten wurden vor den Karren der Japaner gespannt, denn die neuen Herren ermöglichten ihnen Massenversammlungen und Radiosendungen, von denen sie so lange geträumt hatten. Nur wenige brachten den Mut auf, sich aktiv gegen die Japaner zu stellen, doch viele bewahrten einen kühlen Kopf und warteten auf ihre Chance, denn Japans Niederlage im 2. Weltkrieg begann sich

Foto: Kalman Muller

abzuzeichnen. Am 17. August 1945, zwei Tage nach der Kapitulation Japans, als die japanischen Besatzer das Land noch nicht verlassen hatten, proklamierten Sukarno und Hatta die Unabhängigkeit „im Namen des indonesischen Volkes". Doch die Revolution hatte erst begonnen.

Der frisch proklamierten Unabhängigkeit folgte eine Zeit des Chaos, in der Indonesier gegen fremde Soldaten und Landsleute kämpften – Aristokraten, die sich nicht anpassen wollten, verschwanden; ideologische, religiöse und andere Fraktionen befehdeten sich bis aufs Blut. Doch schließlich folgten genug Indonesier der rot-weißen Nationalfahne, um den Traum von der Unabhängigkeit zu verwirklichen.

Die Holländer versuchten indes, ihr Kolonialreich mit Gewalt zurückzuerobern; unwillig zu akzeptieren, dass die Indonesier eine chaotische Freiheit dem kolonialen *rust en orde* („Frieden und Ordnung") vorzogen; die westliche Welt war entrüstet. Die USA ergriffen drastische Maßnahmen: Als die Indonesische Republik 1948 einen kommunistischen Aufstand niederschlug, waren die Amerikaner so beeindruckt, dass sie den kriegszerstörten Niederlanden drohten, die Geldmittel für deren Wiederaufbau in Europa zu streichen. Und so mussten im Dezember 1949 die Niederlande das unabhängige Indonesien anerkennen, außer im westlichen Teil Neuguineas (Papua Barat).

In den ersten 15 Jahren schaffte es die neue Regierung unter dem charismatischen Präsidenten Sukarno, der rapide wachsenden Bevölkerung genügend Schulen zur Verfügung zu stellen und den Nationalstolz zur Nationenbildung zu nutzen. Die Nation selbst stand jedoch kurz vor dem Zusammenbruch, während die parlamentarische Demokratie – eingeführt während der Revolution – außer Kraft gesetzt wurde.

Nach einem kurzen Aufschwung während des Korea-Kriegs folgte der wirtschaftliche Abstieg. Die Holländer hatten einen gut funktionierenden Kolonialstaat geschaffen; die Indonesier hingegen verstanden nicht viel von Verwaltung und standen ziemlich hilflos vor der Aufgabe des Neuaufbaus.

Foto: Kalman Muller

Die Politiker schoben die Schuld den noch verbliebenen westlichen Firmen zu, die eigentlich als einzige noch profitabel arbeiteten. Mit der Nationalisierung aller holländischen Unternehmen 1957 begann ein Teufelskreis von Hyperinflation und Chaos.

Die Parteien förderten ethnische, religiöse, wirtschaftliche und ideologische Differenzen. Im Mittelpunkt der Spannungen stand die Kommunistische Partei (PKI), die sich nach ihrer Niederlage 1948 neu formiert hatte und in der javanischen und balinesischen Unterschicht Unterstützer fand. Kommunistische Kader und Entwicklungsprogramme gaben den land- und machtlosen Dorfbewohnern ein neues Selbstwertgefühl und eine Perspektive, während rundum die alten Hierarchien zerbrachen und der Hass gläubiger Muslime und Hindus auf die atheistischen Linken die explosive Stimmung anheizte. Die erste freie Wahl in der Geschichte Indonesiens 1955 brachte 28 Parteien, von denen keine mehr als ein Viertel der Gesamtstimmen besaß, ins Parlament. Der Präsident und die Armee hatten endgültig genug von den Querelen der zivilen Politiker, und Sukarno nahm das Aufschwelen örtlicher Aufstände zum Anlass, 1957 den Ausnahmezustand zu verkünden und ein System der gelenkten Demokratie einzuführen. Dieses nebulöse Konzept ersetzte das gewählte Parlament durch einen ernannten Rat, der alle sozialen Gruppen vertreten sollte.

Oben: Der ehemalige Präsident Suharto und seine Frau bei einer Zeremonie in Bali.

Die Neue Ordnung

Anfang der 1960er glitt Sukarnos Politik zunehmend in den Bereich des Makabren ab. Er gab grandiose Prestigeprojekte und pompöse Bauten in Auftrag, regierte mit Slogans, beleidigte die Großmächte und stürzte sich in militärische Scharmützel mit den „neokolonialen“ Staaten Malaysia und Holländisch-Neuguinea. 1962 mussten die Niederlande, auf Druck der USA, die Reste ihres Kolonialreichs aufgeben, 1963 kam Papua Barat unter indonesische Verwaltung. Zugleich stiegen im Land die Preise um 30-50 % pro Monat, die Auslandsverschuldung erreichte 2,5 Milliarden US$, Stromausfälle verdunkelten die Städte, und Sukarno verlegte sogar den Greenwich-Null-Meridian nach Jakarta.

Ein dubioser Putschversuch am 30. September 1965 angeblich linksgerichteter Militärs aus Sukarnos Leibgardenregiment unter Generalleutnant Untung Syamsuri (einem Kameraden Suhartos), bei dem sechs Generäle umkamen, wurde den Kommunisten der PKI, mit denen Sukarno sympathisierte, in die Schuhe geschoben (möglicherweise wirkte die CIA dabei mit). Der rechte Flügel innerhalb der Armee, dirigiert von General Suharto, rief nun zur Kommunisten-Jagd auf. Lang aufgestaute Hassgefühle von Landbewohnern brachen aus, und in einem brutalen Massaker wurden – hauptsächlich auf Java und Bali – mehr als eine halbe Million tatsächliche und angebliche Kommunisten, darunter auch viele Chinesen, von der Armee, von Islamisten und teils auch von Zivilisten ermordet. Sukarno, der Vater der Nation, hatte seine Glaubwürdigkeit verloren. Der Anführer des erfolgreichen Gegenputsches von 1965, General Suharto, wurde am 12. März 1967 zum neuen Präsidenten ernannt. Mit Unterstützung des Militärs führte er nun das Regime der „Neuen Ordnung" ein.

Die Neue Ordnung brachte dem Land Menschenrechtsverletzungen, aber auch Verbesserungen: Die Inflation wurde wieder unter Kontrolle gebracht und mit Hilfe großzügiger Unterstützung aus dem Westen zahlreiche Entwicklungsprogramme umgesetzt. 1967 gründeten Indonesien, Thailand, Malaysia, die Philippinen und Singapur die ASEAN, mit Sitz in Jakarta, zur Förderung des wirtschaftlichen Aufschwungs, des sozialen Fortschritts und der politischen Stabilität in der Region. Die Infrastruktur wurde ausgebaut, der Export angekurbelt, zugleich verbesserten sich die Lebensbedingungen der jährlich um rd. 3 Millionen wachsenden Bevölkerung. Man sprach von einem indonesischen Wirtschaftswunder. Die Lebensmittelproduktion wurde um 50 % gesteigert. War Indonesien in den 1960er Jahren noch der größte Reisimporteur der Welt, konnte es sich ab 1985 selbst versorgen. Das Pro-Kopf-Einkommen stieg ebenso wie die durchschnittliche Lebenserwartung.

Groß angelegte Familienplanungskampagnen zeigten deutliche Erfolge (2,4 % Zuwachsrate in den 1970er-Jahren, 1,8 % in den 1980ern). Mehr als 100 000 neue Schulen wurden gebaut.

Die Neue Ordnung hatte aber auch ihre Schattenseiten: Suharto und seine Regierungspartei Golkar regierten mit Hilfe von Armee und Polizei als ein diktatorisches Regime. Kritiker und Oppositionelle wurden in Gefängnisse gesteckt oder unter Hausarrest gestellt; Presse, Rundfunk und TV standen unter staatlicher Kontrolle. Die alle fünf Jahre stattfindenden „Wahlen" waren eine Farce, da sie immer manipuliert waren. Außer der Golkar waren nur noch zwei Parteien zugelassen: die islamisch orientierte Vereinigte Entwicklungspartei PPP (Partei Persatunan Pembangunan), und die PDI, die Demokratische Partei (Partai Demokrasi Indonesia), die aber nie eine faire Chance hatten.

Viele der wirtschaftlichen Verbesserungen tendierten dazu, nur einer privilegierten Minderheit zugute zu kommen, d. h. dass die an sich schon Reichen immer reicher wurden und auch in einigen ländlichen Gegenden, vor allem auf Java, die Armut zunahm. *Korupsi* (Korruption) im gesamten Verwaltungsapparat, vom kleinen Beamten bis zum Präsidenten, verbreitete sich wie eine Seuche; wer nicht schmieren konnte, bekam keine Stelle, keine Beförderung, kein gutes Examen – oder keine Aufträge: Bei Großprojekten oder Rüstungskäufen mussten ausländische Konzerne die Entscheider mit Dollarmillionen bestechen. Darüber hinaus nahm Suhartos Nepotismus immer größere Ausmaße an, indem er enge Freunde und vor allem seine eigene Familie mit Privilegien, Macht und lukrativen Monopolen versorgte. Mehr als drei Jahrzehnte hielt Suharto, der sich als *Bapak Pembangunan*, „Vater der Entwicklung", feiern ließ, fast alle Macht in seinen Händen. Sechsmal ließ er sich für eine Amtsperiode von fünf Jahren wiederwählen, letztmals 1998.

Krise und Neuwahlen

In den 1990er-Jahren nahm die Kritik an Suhartos Regime zu, und 1997 erreichte die von Thailand ausgehende Finanz- und Wirtschaftskrise auch Indonesien. Die indonesische Rupiah verlor drastisch an Wert. Die Preise für Importwaren und einheimische Produkte stiegen um 100-200 %, wobei die Löhne aber auf ihrem alten, extrem niedrigen Niveau blieben. Viele Privatbanken, auch die Fluggesellschaft Sempati, mussten schließen. Erhöhte Arbeitslosigkeit war die Folge.

In weiten Teilen des Landes brachen blutige Unruhen aus. Studenten protestierten 1998 in Jakarta, Medan, Yogyakarta und Solo für eine Absetzung des Präsidenten; aufgebrachte und von den Preissteigerungen in Panik versetzte Massen plünderten Supermärkte, Einkaufszentren und andere Geschäfte, die zumeist Chinesen gehörten; die ungeliebte, weil geschäftstüchtige Minderheit der *orang cina* wurde Opfer rassistischer Übergriffe. Dazu flammten in anderen Teilen des Archipels ethnisch-religiös bedingte Streitigkeiten auf. In West-Kalimantan bekämpften die einheimischen christlichen Dayak die eingewanderten islamischen Maduresen. Zu weiteren Ausschreitungen zwischen Christen und Muslime kam es in Kupang (West-Timor) sowie auf den Molukken in Ambon, Banda und Tanimbar. Darüber hinaus wurden in Aceh und Ost-Timor Untergrundkämpfer, die für eine Unabhängigkeit von Indonesien eintraten, wieder aktiv.

Versuche, die Finanzkrise in den Griff zu bekommen, scheiterten, da der Internationale Währungsfond als Bedingung für die Zuschüsse tiefgreifende ökonomische Reformen forderte, eine Bedingung, die Suharto weder erfüllen konnte noch wollte. Als die Unruhen im Mai 1998 ihren Höhepunkt erreichten – allein in Jakarta waren über 6000 Gebäude beschädigt oder zerstört worden; es gab an die 1200 Tote – hatte Suharto schließlich ein Einsehen. Am 21. Mai 1998 legte er sein Amt nieder, und Vize-Präsident Habibie wurde daraufhin als neuer Präsident vereidigt.

Habibie, als linientreuer Suharto-Anhänger und Technokrat bekannt, genoss im Volk anfangs kaum mehr Vertrauen als sein Vorgänger, und es war offensichtlich, dass er nur als Übergangslösung angesehen wurde. Zwar ließ er politische Gefangene frei, versprach Reformen, ließ freie Gewerkschaften und freie Wahlen zu, doch bekam auch er die Krise nicht sofort in den Griff; die Reformen brauchten Zeit, und die Neuwahlen wurde immer wieder aufgeschoben. Wie schon im Mai wurde im November 1998 wieder der Ruf nach *Reformasi* und *Demokrasi* laut, es kam erneut zu Zusammenstößen zwischen Studenten und dem Militär.

Am 7. Juni 1999 standen 48 Parteien zur Wahl. Als Sieger ging, mit 33,8 %, die PDI aus den Wahlen hervor, gefolgt von Golkar (22,5 %) und der gemäßigten Muslimpartei PKB mit 12,6 %. Da die PDI-P nicht die absolute Mehrheit erreicht hatte, verzichtete deren Vorsitzende Megawati Sukarnoputri, die Tochter des ersten indonesischen Präsidenten Sukarno, auf das höchste Amt und wurde Vizepräsidentin unter dem Muslim Abdurrahman Wahid, dem Kandidaten der PKB. Das Parlament akzeptierte das Ergebnis der Volksab-

Rechts: Bali setzt verstärkt auf Qualitätstourismus; hier: das Matahari Beach Resort an der Nordwestküste.

Foto: Martin Thomas

stimmung im annektierten Ost-Timor, womit die ehemalige 27. Provinz Indonesiens unabhängig wurde.

Auf den glücklosen Präsidenten Abdurrahman Wahid folgte 2001 die Sukarno-Tochter Megawati von der PDI-P. Megawati gelang es jedoch ebenso wenig, die ökonomischen Probleme des Landes zu lösen und die politische Stabilität wiederherzustellen. Zudem ereigneten sich einige blutige islamistische Terroranschläge und Übergriffe auf christliche Gemeinden. Ein islamistischer Terroranschlag in Kuta auf Bali im Jahr 2002 forderte rund 200 Tote und ließ den Tourismus einbrechen.

2003 wurde die AFTA-Freihandelszone einiger ASEAN-Länder Realität, angelehnt an das Vorbild der Europäischen Union. Und Indonesien trat den G20 bei, der Gruppe wichtiger Entwicklungs- und Schwellenländer.

Am 26.12.2004 suchte ein Tsunami die Küste von Aceh heim; 170 000 Menschen kamen um. Alle Welt half. 2005 endete zwar der 30-jährige Krieg der Armee gegen islamische Unabhängigkeitskämpfer, doch seither wird in Aceh zunehmend die islamische Scharia als Rechtsnorm durchgesetzt.

Bei der Parlamentswahl 2004 verlor Megawatis Partei PDI-P. Bei der anschließenden, erstmals direkten Präsidentschaftswahl ging Ex-General Yudhoyono von der Demokratischen Partei PD als Sieger hervor. Kaum hatte sich der Tourismus etwas erholt, kam es im Oktober 2005 erneut zu Selbstmordattentaten von Islamisten auf Bali; die des Attentats Überführten wurden 2008 hingerichtet. 2009 wurde Yudhoyono als Präsident im Amt bestätigt.

2010 erschütterten mit einem Tsunami an der Küste Sumatras und dem Ausbruch des Merapi auf Java weitere Naturkatastrophen das Land. Und Anfang 2014 spie der ostjavanische Vulkan Kelud wieder einmal Feuer.

Wirtschaft und Tourismus florieren trotzdem, und Lombok will mit seinem neuen internationalen Flughafen noch mehr Strandurlauber anlocken.

Für die Mitte 2014 anstehenden Präsidentschaftswahl galt Jakartas Gouverneur Joko Widodo von der säkularen, demokratischen PDI-P als Favorit.

Paul Spierenburg

Foto: Kalman Muller

JAVA

PORTRÄT JAVAS
JAKARTA
WESTAJAVA
ZENTRALJAVA
OSTJAVA

PORTRÄT JAVAS

In Java wurden einige der frühesten und wichtigsten Fossilien der Menschheit gefunden. An Stätten wie Trinil, Ngandong und Sangiran, entlang des Solo-Flusses an der Grenze zu Ostjava, entdeckte man Spuren prähistorischen menschlichen Lebens. Fossilien und Werkzeuge legen nahe, dass, nach neuesten Datierungen, zwischen 1,8 Mio. und 50 000 (!) v. Chr. Vertreter des *Homo erectus* hier existierten. Diese Frühmenschen lebten in kleinen nomadischen Gruppen, sie waren Sammler und Jäger, suchten in Höhlen Schutz und ernährten sich u.a. von Schalentieren.

Das austronesische Erbe

Der Beginn des Neolithikums auf Java wird meist mit der Ankunft austronesischsprachiger Völker gleichgesetzt. Diese Austronesier müssen gute Seefahrer gewesen sein, denn in kürzester Zeit breiteten sie sich in weiten Gebieten aus. Sie verließen sich nicht nur auf das Sammeln, Jagen und Fischen, sondern bauten Reis und Hirse an und kultivierten Baumfrüchte. Zudem brachten sie Hausschweine und Hühner, Töpferei, Weberei und Borkentuchherstellung mit.

Fünf miteinander verwandte austronesische Sprachen sind für das Verständnis Javas von historischer Bedeutung. Eine von ihnen ist Javanisch selbst – die Sprache der Bevölkerungsmehrheit in Zentral- und Ostjava. In Westjava sprechen die meisten Menschen Sundanesisch. Diese beiden Sprachen sind nicht durch eine strikte Grenze voneinander getrennt. In den Grenzgebieten zwischen West- und Zentraljava sind der Bevölkerung beide Sprachen geläufig. In den ehemals bedeutenden höfischen Städten Banten und Cirebon an der Nordküste Westjavas wird noch ein javanischer Dialekt gesprochen. Die dritte wichtige Sprache Javas ist Maduresisch, das auf der Insel vor der Nordküste Ostjavas zu Hause ist. Die Insel Madura spielte eine bedeutende Rolle in seiner Kulturgeschichte, da unzählige Maduresen nach Java einwanderten. Heute sprechen 20 % der Bevölkerung Ostjavas Maduresisch als erste Sprache. In großen Teilen Pasuruans, Probolinggos und Jembers in Ostjava bilden die Maduresen sogar die Bevölkerungsmehrheit.

Eine weitere geschichtlich bedeutende Sprache Javas ist Malaiisch, die Grundlage für das Bahasa Indo-

Vorherige Seiten: Borobudur – in den durchbrochenen Stupas sitzt Buddha und dreht das Rad der Lehre. Links: Hofbeamter im Sultanspalast (kraton) von Yogyakarta.

Foto: Robert Höbel

nesia. Heute lernen alle Schulkinder die Staatssprache Indonesisch. Es ist Unterrichtssprache, wird per TV bis in die letzte Hütte vermittelt und stellt das Hauptverständigungsmittel auf nationaler Ebene dar. Doch Malaiisch als Verkehrssprache Javas ist kein neues Phänomen. Eine der ältesten Inschriften, auf 832 n. Chr. datiert, ist in einer alten Form des Malaiischen verfasst. Es war die *lingua franca* des gesamten Archipels und in den Küstenstädten im Norden Javas unverzichtbar. Außerdem spielte Balinesisch eine wichtige Rolle. Javas Kultur hinterließ auf Bali markante Spuren, doch einige Einflüsse machten sich auch in entgegengesetzter Richtung bemerkbar. Als sich in Java der Islam breit machte, entsandte Bali Truppen, um den letzten Widerstand der hinduistischen Führer im Osten Javas zu unterstützen. Als Folge fühlten sich die Bewohner der östlichen Gebiete Javas stets eher Bali verbunden als der Führung in Zentraljava.

Oben: Ochsenkraft in den Reisfeldern Zentraljavas.

Nicht-austronesische Sprachen und Religionen / Islam

Bedeutung erlangten vier weitere Sprachen. Im Zuge der Indisierung im 1. Jahrtausend aus Indien kam das auf indoarischen Wurzeln beruhende Sanskrit ins Land, das bis zum 8. Jh. n. Chr. die Religions- und Kultursprache der Herrscher auf Java war.

Vom 8. bis zum 15. Jh. erlebten Hinduismus und Buddhismus eine Blütezeit auf Java; Prambanan und Borobudur entstanden. Während dieser hinduistisch-buddhistischen Zeit verdrängte Altjavanisch das Sanskrit aus Texten und Inschriften, zugleich entwickelte der Tempelbau einen eigenen Stil.

Als dann der durch Händler verbreitete sunnitische Islam im 13. Jh. einzog, begann der bis heute anhaltenden Einfluss des Arabischen. Die wichtigste Lehrinstitution des Islam auf Java sind die *pesantren*. Sie bestehen aus einem gebildeten Lehrer, *kyai* genannt, und seinen Schülern, *santri*, die sich und den Lehrer während des Studiums versorgen. Die Gründung des Islam auf

Java wird mit den neun Heiligen, den *Wali Songo*, in Verbindung gebracht, deren Gräber an der Nordküste hoch verehrt werden. Die mystischen Kräfte der Heiligen verweisen auf den starken Sufi-Hintergrund. Die *pesantren* bewahrten diese Tradition, indem sie *tasawwuf*, das mystische Wissen, als höchste Form islamischer Gelehrtheit vermittelten. Die bedeutendsten *tarekat*-Orden (muslimische „Bruderschaften", die auf Java auch Frauen aufnehmen) sind eng verbunden mit den *pesantren* und der *Nahdlatul Ulama*, der andere Religonen tolerierenden, wichtigsten Islam-Organisation Indonesiens. Beide halten an der Sufi-Tradition fest. Der Islam ist heute zu einem auch politisch bedeutenden Faktor auf Java geworden, der alle Aspekte des Lebens durchdrungen hat, wobei islamistische Agitatoren zunehmend zu einem Problem für den traditionellen Islam auf Java und für Andersgläubige werden.

Eine weitere wichtige Sprache auf Java war das Holländische. Zu Beginn des 17. Jh. wurde es nur von den Handelsangestellten der VOC verwendet. Ansonsten wurde Malaiisch gesprochen, wie auch in vielen holländischen Niederlassungen, einschließlich Batavia, dem Zentrum der holländischen Handelsaktivitäten. Lange Zeit war Portugiesisch noch weiter verbreitet als Holländisch. Daher musste die holländische Sprache sorgsam gepflegt werden, doch sie blieb immer die Sprache einer kleinen Elite. Als die Adligen im 19. Jh. in diese Elite aufgenommen wurden und Zugang zur holländischen Ausbildung erhielten, begann sich der Einfluss des Holländischen auszubreiten. Viele Anführer der nationalistischen Bewegung des 20. Jh. waren in Holländisch erzogen worden. Der frühere Sultan von Yogyakarta, Hamengku Buwono IX., wurde 1939 aus Holland zurückgerufen, um die Stelle seines Vaters anzutreten. Er wurde später einer der angesehensten Nationalistenführer Indonesiens.

Nachdem sich Indonesien die Unabhängigkeit von den Holländern erkämpft hatte, übernahm Englisch die Rolle als erste Fremdsprache im neuen Schulsystem. Heute wird Englisch fast überall in den Schulen des Landes gelehrt. In Jakarta erscheinen mehrere englischsprachige Zeitungen, und das Fernsehen strahlt regelmäßig englische Programme aus.

Regionale Gliederung

Die Javaner unterscheiden die Regionen der Insel nach historischen und linguistischen Kriterien. Im fernen Westen liegt Banten, an das sich östlich das weitläufige Gebiet Sunda anschließt, dessen gebirgiges Herzstück als Priangan bezeichnet wird. Die Nordküste zwischen Cirebon und Gresik (nahe Surabaya) trägt den Namen Pasisir, wobei noch zwischen der östlichen und der westlichen Hälfte unterschieden wird.

Der restliche Teil Javas orientiert sich an den früheren Fürstenstädten Zentraljavas Surakarta (Solo) und Yogyakarta (Yogya). Die Landschaft um diese ehemaligen Zentren, die einst dem Königreich Mataram unterstanden, wird Negara Agung genannt. Im Westen liegen Bagelen und Banyumas; im Osten erstreckt sich bis zur Stadt Malang die Mancanegara. Die Region östlich dieses Einflussbereiches wird als Tanah Sebarang Wetan beschrieben; am entferntesten östlichen Zipfel Javas liegt Blambangan.

Jakarta, das im Jahr 1619 von der holländischen Ostindischen Kompanie als Handelszentrum Batavia gegründet wurde, und Surabaya, das auf eine häufig unabhängige Geschichte zurückblickt, werden als eigenständige Einheiten betrachtet. In der Mitte dieser Einteilung Javas steht Mataram. Die Geschichte Matarams – des fruchtbaren Gebiets um Yogyakarta – spielt eine Schlüsselrolle für ein tieferes Verständnis Javas.

Der Aufstieg Matarams

Sultan Agung, der von 1613 bis 1646 regierte, wird eine herausragende Rolle in der Entstehung des Königreiches von Mataram zugeschrieben. Sein Großvater Senopati hatte die Dynastie bereits vorangebracht und das Königreich Pajang unterworfen, dem Mataram unterstanden hatte. Sein Vater hatte zwölf Jahre lang den Thron inne. Trotzdem ist es Sultan Agung, und nicht Senopati oder sein Vater, Panembahan Seda Ing Krapyak, der als symbolische Gründerfigur des Königreichs gilt.

Seit dem 14. Jh. übernahmen die Häfen an Javas Nordküste Pasisir den Islam, blieben jedoch offen für chinesische und später europäische Einflüsse. Das kosmopolitische Pasisir bildete in vieler Hinsicht ein Tor zum übrigen Java. Im Gegensatz dazu war Mataram eher rückständig, obwohl es ein Gebiet bedeckte, das früher von hinduistisch-buddhistischer Kultur geprägt war. Unter Sultan Agung entwickelte sich Mataram dann zu einem politischen Zentrum und zum Mittelpunkt des kulturellen und künstlerischen Lebens auf Java.

Oben: Verzierter javanischer Kris (Dolch).

Eingliederung und Verbindung prägten die Bemühungen Sultan Agungs. Nachdem er die Nordküste erobert hatte, holte er den Kronprinzen von Surabaya, Raden Mas Pekik, an seinen Hof und ließ ihn in Mataram die Künste und Literatur des Hofes von Surabaya verbreiten. In jenen Tagen bildete Surabaya einen Mittelpunkt des kulturellen Lebens und der islamischen Lehre, und Raden Mas Pekik galt als ein Nachkomme eines der wichtigsten islamischen Heiligen der javanischen Tradition. Um die Verbindung zwischen den beiden Dynastien zu festigen, gab er ihm seine Schwester zur Frau und veranlasste später die Heirat seines Sohnes mit der Tochter Raden Mas Pekiks.

Eines der bemerkenswertesten Merkmale der javanischen Sprache ist die Unterscheidung verschiedener Sprachebenen. Andere austronesische Sprachen, wie Balinesisch und Sundanesisch und sogar die Sprache der Tonga im Pazifik, kennen ebenfalls solche Ebenen, doch in keiner anderen Sprache sind sie so ausgefeilt wie im Javanischen. Diese Sprachebenen bildeten die Grundlage gesellschaftlicher Höflichkeit, insbesondere am Hof von Mataram. Wie sein Großvater stand auch Sultan Agung in dem Ruf, sich mit der mächtigen Königin der Meere in Verbindung setzen zu können. Diese Verbindung bildete seit jeher eine Grundlage der Mataram-Dynastie. Eines der wichtigsten Feste, das heute noch daran erinnert, ist *Labuan*, bei dem eine Opfergabe in Gestalt des Herrschers in einer Prozession zur Küste getragen und dort dem Meer übergeben wird.

Der Traum des Sultans Agung

Obwohl Sultan Agung auf dem Höhepunkt seiner Macht als muslimischer Herrscher anerkannt war, hatte er doch die Kräfte des Islams nicht mit seiner Herrschaft versöhnen können. Angeblich soll er bei einem Aufenthalt in Blambangan die Versöhnung im Traum herbeigeführt haben.

In diesem Traum erschien ihm ein alter Mann, leuchtend wie der Mond, und erläuterte, er sei der Bewahrer einer bedeutenden Grabstätte in einem Ort namens Tembayat (Bayat), die mitten im Mataram-Reich läge. Das Grab soll die letzte Ruhestätte eines islamischen Heiligen, Ki Pandhan Arang, sein, der ursprünglich aus Semarang an der Nordküste Javas stammt. Die Volkslegende, die auch heute noch gerne zitiert wird, besagt allerdings, dass Ki Pandhan Arang der letzte Hindu-Herrscher des Majapahit-Königreichs gewesen sei, der spurlos aus seinem Palast verschwand, statt seinem muslimischen Sohn entgegenzutreten, und solange durch Java wanderte, bis er schließlich zum Islam konvertierte und selbst ein muslimischer Heiliger wurde.

Der alte Mann aus Sultan Agungs Traum hielt einen Stab in seiner Hand, ein Symbol seiner Autorität. Er streckte diesen Stab Sultan Agung entgegen, der ihn ergriff, woraufhin er auf geheimnisvolle Weise an seinen Hof zurückgeschleudert wurde.

1633 ordnete Sultan Agung den Wiederaufbau der Grabanlagen in Tembayat an. Für den Transport der Steine für die Mauern und Tore der Grabstätte durften keine Pferde eingesetzt werden. Sultan Agung befahl 300 000 Untertanen, eine etwa 40 km lange Menschenkette vom Hof in Mataram nach Tembayat zu bilden und in achtungsvoller sitzender Haltung die Materialien für das Bauwerk zu Ehren des Religionsfürsten von Bayat Stück für Stück weiterzureichen.

Zugleich – nach westlicher Zeitrechnung am Freitag, dem 8. Juli 1633 – befahl Sultan Agung, dass ein neu geschaffener javanischer Kalender in Kraft trete. Damit änderte sich die Zeitrechnung Javas. Dieser Kalender stellt wohl den bedeutendsten Versuch Sultan Agungs dar, eine Verbindung zwischen den unterschiedlichen Kulturen zu schaffen. Während er Quasi-Sonnen- und Mondzyklen, eine islamische Zeitrechnung mit einem alten hinduistischen System verbindet, erhält er die entscheidenden Elemente der Fünf-, Sechs- und Sieben-Tage-Woche aufrecht. In einem äußerst komplexen, ausgeklügelten System treffen mehrere verbundene Zyklen aufeinander, wobei diese Berührungspunkte Zeiten besonderer Bedeutung markieren. Verschiedene Tätigkeiten folgen bestimmten Kreisläufen, und Ereignisse werden in ihrem Zusammenhang mit einer Reihe von Zyklen gesehen. So verwaltet die legendäre Figur Watugunung den *waku*-Zyklus, der aus 30 Sieben-Tage-Wochen besteht. Die heiligen Tage des islamischen Jahres dagegen richten sich nach dem arabischen Zyklus aus 12 Mondmonaten mit entweder 29 oder 30 Tagen.

Nachdem Sultan Agung dem Fürsten von Bayat die Ehre erwiesen und den Kalender geändert hatte, veranlasste

Foto: Kalman Muller

er die Heirat seines Sohnes, der ihm als Amangkurat I. nachfolgen sollte, mit der Tochter Raden Mas Pekiks. Zur gleichen Zeit soll er Beamten der holländischen VOC in Batavia auch Anträge überreicht haben, die eine Versöhnung anstrebten.

All diese Vorkommnisse ereigneten sich im selben javanischen Jahr. Die Tore in Bayat bezeugen diese Geschehnisse. Auf einem dieser Tore ist noch eine Inschrift zu entziffern, die auf das Jahr 1555 weist, in dem der neue javanische Kalender eingeführt wurde.

Die Führungsrolle Matarams musste nach den Zeiten Sultan Agungs immer mehr den Machtansprüchen der holländischen VOC weichen. Interne Zwistigkeiten innerhalb der Mataram-Dynastie führten zu erbitterten Auseinandersetzungen und schließlich zur Aufsplitterung des Mataram-Reiches. Die Überreste des ehemaligen Königreichs Sultan Agungs wurden in vier

Oben: Ein Bediensteter im Sultanspalast von Yogyakarta erklärt ein bemaltes Relief, das noch der Hindu-Mythologie entstammt.

Fürstenhöfe aufgeteilt: jeweils ein bedeutenderes und ein weniger bedeutendes Fürstentum in Yogyakarta und in Surakarta. Während die Macht Matarams schwand, bemühte es sich weiterhin, sein kulturelles Leben, aufbauend auf Idealen der Vergangenheit, zu vervollkommnen. Dies führte zu einem hochkomplizierten Sprachverhalten, anspruchsvoller Etikette und Moral – und einer bemerkenswerten Verfeinerung künstlerischer Ausdrucksweise und gesellschaftlicher Umgangsformen, die in Java bis heute anzutreffen sind.

Java heute

Im Jahr 2010 lebten auf Java ungefähr 136 Millionen Menschen. Die Bewohner der fruchtbaren Insel schätzen als Erben Matarams die Freuden der Geselligkeit; sie erweisen Älteren, Höhergestellten und Fremden Ehre, bemühen sich, starke Gefühlsregungen zu kontrollieren und immer freundlich zu sein, tolerieren menschliche Eigenarten als im Charakter verankert und bewahren sich daneben das Gefühl einer überlegenen Zivilisation. Trotz allem befinden sich die Javaner in einer Phase der Entwicklung – mit allen dazugehörigen Konsequenzen.

Man könnte das heutige Java als eine riesige Ansiedlung bezeichnen – weder städtisch noch ländlich geprägt. Die Dörfer schmiegen sich eng aneinander, in den meisten Orten ist die Bevölkerungsdichte höher als in manch einer westlichen Vorstadt. Eine offizielle Zählung gibt 170 Städte in Java an, deren Einwohnerzahlen zwischen 25 000 und 500 000 Menschen liegen.

Die größten Städte sind Bandung und Semarang mit 7,4 bzw. 1,5 Millionen Einwohnern, Surabaya mit über 5 Millionen, und schließlich ist da noch die Metropole Jakarta: 1945 zählte Jakarta noch kaum eine Million Einwohner, heute sind es 9,6 Millionen. Rechnet man das Gebiet Groß-Jakartas hinzu, in dem in letzter Zeit riesige Industrie- und Wohnprojekte entstanden, überschreitet die Zahl sogar zwanzig Millionen.

Was Jakarta zu einer einzigartigen Stadt macht, ist ihr enormes Verkehrsaufkommen. Als die Holländer die Insel verließen, lebte die bäuerliche Bevölkerung in sich selbst versorgenden Dörfern. Doch in den letzten 50 Jahren öffneten Mercedes und Mitsubishi den Zugang zu den Dörfern: Die Kleinlastwagen konnten jedes auch noch so entfernte Dorf erreichen, und die Busse transportierten unzählige Menschen in weniger als einem Tag quer über die ganze Insel.

Die Landbewohner können in den Dörfern und Städten Arbeit finden, und dort gehen sie auch hin – entweder für einige Zeit oder zwischen den Ernten. Aus ganz Java strömen Dörfler in Jakarta zusammen, um sich im „informellen Sektor" ihr Geld zu verdienen. Die Maduresen verkaufen ihr *saté*, die *bakso*-Nudelhändler mit ihren Schiebekarren kommen aus Wonogiri. Pemalang scheint die gesamte Gewinn bringende Recycling- und Abfallindustrie zu verwalten. Ein Witz besagt, dass bald niemand mehr in Tegal sein wird: Die Männer sind alle im Baugewerbe tätig, während ihre Frauen und Töchter Imbissbuden eingerichtet haben, um ihre Männer und all diejenigen zu ernähren, die auf der Suche nach einem guten, billigen Essen sind.

Obwohl die Städte und Dörfer sehr städtisch herausgeputzt sind, ist das Verhältnis der Bewohner untereinander noch eher nachbarschaftlich. Als Ergebnis der japanischen Besetzung ist jeder Bewohner einem bestimmten Wohnbezirk fest zugeteilt.

Die Dorfbewohner Javas sind jedoch nicht nur in den Städten anzutreffen. Über zehn Prozent der javanisch sprechenden Bevölkerung Indonesiens lebt außerhalb von Java. Allein auf Sumatra sind dank Transmigrasi-Projekten weit über zehn Millionen Javaner zu finden, oft auf frisch gerodeten Urwaldflächen. Die neue Mobilität der Menschen hat sich als Sicherheitsventil für den Bevölkerungsdruck auf der Insel bewährt. Nicht nur arme Dorfbewohner verlassen Java auf der Suche nach Arbeit, sondern auch die Aufstrebenden, die Frustrierten und jene, die in Schwierigkeiten irgendwelcher Art stecken. Ist jemand in einen Streit verwickelt, steht eine Scheidung oder eine ungewollte Schwangerschaft ins Haus, bieten Bus und Schiff einen Fluchtweg zu neuen Lebenschancen – etwa auf Kalimantan oder Irian.

Nur wer Indonesisch spricht, kann sich in der neuen Umgebung bewegen. Früher war es möglich, in einer selbstgenügsamen, noch javanisch sprechenden Gemeinschaft zu leben. In keinem anderen Volk Indonesiens war Indonesisch so wenig verbreitet wie unter den Javanern. Auch wenn die ältere Generation weiterhin am liebsten Javanisch spricht, bevorzugen viele junge Javaner heute untereinander das Indonesische. Unter dem Druck der Regierung, der Eltern und der Mitschüler besuchen fast alle Kinder eine Grundschule, und viele besuchen anschließend weiterführende Schulen. Die obligatorische Schuluniform soll die sozialen Unterschiede kaschieren. Dank Schulbildung haben nun auch Dörfler Aufstiegschancen.

Die indonesische Sprache verbindet auch die Dörfer Javas mit der Außenwelt. Schon in den Siebzigerjahren baute Indonesien einen eigenen Satelliten, *Palapa*, um die Telekommunikation innerhalb des Landes zu ermöglichen. Was seinerzeit als extravagante Verrücktheit kritisiert wurde, wird inzwischen als kluger Schachzug angesehen. Dieser Satellit ermöglicht die Übertragung von Fernsehprogrammen im gesamten Land. Die Regierung benutzt das Fernsehen, um die Bevölkerung über neue Entwicklungsprogramme zu belehren. Unter anderem erläutern Bauern aus ganz Indonesien in Videoclips spezifische Anbauprobleme und deren Bewältigung. Außerdem gibt es indonesische Schauspiele, Popsongs und Volkslieder. Natürlich sind den Zuschauern auch amerikanische Fernsehserien vertraut.

TV, Radio und MP3-Player spielen im Dorfalltag eine wichtige Rolle. Die Lautstärke des Radios wird aufgedreht, der Nachbar kann an dem Vergnügen teilhaben, und schon ist dieses unersetzliche Gefühl von Verbundenheit geschaffen. CDs mit Popsongs und Volksliedern sowie DVDs, oft raubkopiert, sind billig und überall zu kaufen.

Auch die traditionellen Unterhaltungsformen bedienen sich der neuen Medien. Die Meister des Puppentheaters der Fürstenhöfe Yogya und Solo genießen weiterhin überall Anerkennung. Aufnahmen ihrer Vorführungen sind auf DVD erhältlich, und an einem Sonntag in jedem Monat erhält ein berühmter Darsteller die Gelegenheit, ein komplettes *wayang*-Stück im nationalen Programm aufzuführen. Doch das Schattentheater hat mit neuen Konkurrenten zu kämpfen. Die meisten Familien in den Dörfern würden ihr Geld lieber in die Erziehung ihrer Kinder investieren als in große Familienzeremonien.

Rechts: Ein javanischer Reisbauer verpflanzt Reisschößlinge.

Das Leben in den Dörfern verläuft nach eigenen Rhythmen. Der Tag beginnt im Morgengrauen; am Mittag, wenn es zu heiß ist um zu arbeiten, bietet sich die Pause zu einem Nickerchen an. Nur wenige Menschen schlafen acht Stunden lang, zu jeder Nachtzeit ist also jemand wach, um ein Schwätzchen zu halten. Die Nachtstunden, besonders zwischen Mitternacht und drei Uhr früh, gelten als günstigste Zeit für religiöse Rituale. Seitdem allerdings die Elektrizität und damit die Möglichkeit, lange fernzusehen, in die Dörfer gefunden hat, beginnen sich auch diese Rhythmen zu wandeln.

Viele Häuser bergen mehrere Haushalte unter einem Dach. Dabei wird jeder einzelne Hausstand als eigener „Herd“ bezeichnet. Verheiratete Kinder wohnen so lange bei den Eltern, bis sich ein kleiner Fleck Land findet (der meist den Eltern oder einem nahen Verwandten gehört), auf dem sie ihr eigenes Haus bauen können. Verwandte zu besuchen stellt einen wesentlichen Teil des Lebens dar. Das Haus mag noch so überfüllt erscheinen – immer gibt es noch Platz für Besucher. Dieses übersprudelnde Zusammensein vieler Menschen macht ein Haus lebendig und damit auch zu einem lebenswerten Ort.

Land ist teuer, daher sind die Wohngegenden meist sehr dicht besiedelt. Die bewohnten Gebiete bestehen aus mehreren miteinander verbundenen Dörfchen, die von Feldern umgeben sind. Die Menschen in den Dörfern drängen sich meist auf einem winzigen Fleck ihres Besitzes zusammen, um ein möglichst großes Stück Land bebauen zu können. Sogar in bewohnten Bereichen gedeihen Bananen, Kokosnüsse und Papaya. Dennoch drängen inzwi-

Foto: Nick Gunderson

schen auch auf Java Wohngebäude und Industrieanlagen immer mehr in landwirtschaftlich genutzte Gebiete vor. Der Verlust wertvoller bewässerter Landstreifen bedroht die Reisproduktion der Zukunft.

In den Dörfern Javas spielt der Reis eine enorme Rolle. Da die Bevölkerung ständig wächst, ist Java bemüht, die Reisproduktion zu steigern, um die Bedürfnisse der Menschen zu befriedigen. Während der vergangenen 20 Jahre gelang eine Verdoppelung des Ertrags. Aufgabe der Regierung war es, neue, insbesondere ertragreiche und schnell wachsende Reissorten zur Verfügung zu stellen, eine Preisgarantie zu bieten und sich finanziell an den entsprechenden Düngemitteln zu beteiligen. Bewässerungsanlagen wurden erneuert und erweitert, um mehrere Ernten pro Jahr zu ermöglichen.

Zu den Zeiten der Holländer gehörten weite Teile des bewässerten Landes zum Gemeindeeigentum. Jedem Haushalt wurden bestimmte Felder zugeteilt. Als Land in den meisten Teilen Javas im 19. Jh. knapp wurde, teilte man das Gemeindeeigentum in noch kleinere Parzellen auf.

In den 1960er-Jahren traten Landwirtschaftsgesetze in Kraft, die jedem Landbesitzer einen eigenen Rechtstitel gewährten. Diese glücklichen Landbesitzer, die meist weniger als einen oder zwei Hektar ihr Eigen nennen konnten, profitierten von den Bemühungen der Regierung, die Reisproduktion voranzutreiben. Da dieses Gebiet zu den reichsten und fruchtbarsten Landstrichen der Welt zählt, konnten sogar Bauern mit nur einem Hektar Land bemerkenswerte Erträge erzielen. Heutzutage erwirtschaftet ein Bauer mit einem Hektar Boden durchschnittlich mehr als fünf Tonnen Reis, und oft sind zwei Reisernten im Jahr möglich sowie eine dritte mit Sojabohnen oder Mais. Diese begüterten Landwirte bilden innerhalb der Dorfgemeinschaft eine Elite, die jedoch immer kleiner wird. In Gebieten intensiven Nassreisanbaus sind die meisten Dorfbewohner heutzutage Landarbeiter, kleine Händler oder Arbeiter, die ihren Lebensunterhalt außerhalb der Dörfer verdienen.

Waduk Pluit
Sunda Kelapa
Old Harbour
54
Development Area
Jalur Harbour
Cable Car
J. A. Marina Harbour
Da-Bo-Gong
29
Taman Impian Jaya Ancol
Atlantis
Sea World
28
Pasar Seni (Art Market)
Soekarno Hatta Intl. Airport (19 km)
Museum Bahari
ANCOL
VOC Galangan
Jl. Tol Pelabuhan
Ancol Station
Jl. Lodan Raya
Sejarah Jakarta Museum
Kampung Bandan St.
W.T.C. Mangga Dua
Jalan Gedong Panjang
KOTA
PINANGSIA
Jl. Bandengan Utara
Jl. Bandengan Selatan
Jl. Mangga Dua Raya
Mangga Dua Square
Mangga Dua Mall
Kota Station
Jl. Prof. Dr. Latumenten
Jl. Pangeran Jayakarta
MANGGADUA
Jalan Haji Benyamin Sueb
Masjid Al-Anwar
Jayakarta Station
10
Angke Station
CHINA TOWN
Ciliwung
Rajawali Station
Jakarta International Expo Building
Kemayoran Golf Course
TAMBORA
Krendang
11
GLODOK
Dharma Jaya
12
Jl. Mangga Besar Raya
Mangga Besar Stn.
Jl. Gunung Sahari
Jalan Industri
Jakarta Tower (u. constr.)
Jl. HBR Motik
GROGOL
PETAMBURAN
Jl. Hayam Wuruk
Jl. Gajah Mada
National Archives
13
SAWAH BESAR
Carrefour Seasons City
Duri Station
TAMAN SARI
Jl. Angkasa
Jl. Haji Benyamin Sueb
Banjir Kanal
Jl. Kyai Haji Mohammad Mansyur
Jl. Kyai Haji Zainul Arifin
Sawah Besar St.
Jl. K.H. Samanhudi
Jl. Bungur Besar Raya
Kemayoran St.
Jl. Garuda
Bus Terminal
Grogol Station
Alila Jakarta
Juanda St.
Jl. Kyai Tapa
Jalan K. H. Hasyim
Istana Negara
Mahkamah Agung
Bus Terminal
Roxy Square
GAMBIR
14
Cathedral
19
Jl. Biak
Istiqlal Mosque
18
17
20
Ministry of Finance
Jl. Balikpapan R.
Istana Merdeka
Liberation Mon.
Gedung Pancasila
Jl. Tol Pluit - Tomang
★★National Museum
21
Borobudur
Senen St.
Jl. Cideng Timur
Jl. Cideng Barat
15
Central Park
16
Jl. Abdul Muis
National Monument (Monas)
22
Immanuel Church
Jl. Tomang Raya
Taman Anggrek Mall
Gambir Station
SENEN
TANAH ABANG
Jalan Kebon Sirih Raya
Jalan Kramat Raya
Tanah Abang Station
Wisma I.S.E.
Ya Udah
Hasyim
Taman Ismail Marzurki
Jl. K.H. Wahid
Jl. Kemanggisan Utama
Jl. Tali Raya
Sarinah
Cemara
Planetarium
23
Jl. Cikini Raya
Plaza Indonesia (Grand Hyatt)
Welcome Monument
Formule 1
Oasis
Jl. Mohammad Husni Thamrin
Jalan Tol Dalam Kota
Jl. Aipda 2 K Sasuit Tubun
Banjir Kanal
Thamrin City
25
Indonesia
MENTENG
Flea Market
24
Karet Station
Korean Tower
Jalan Diponegoro
Jl. Christian Cemetery
Jl. Karet
P. B. Timur
Karet Bivak Cemetery
Proklamasi Park
Pal Merah Station
Shangri La
Sudirman Station
Jl. Sultan Agung
Jl. Palmerah Barat
Jalan Bendungan Hilir
Jl. Kyai Haji Mas Mansyur
Four Seasons
Jalan H. Rangkayo Rasuna
Cideng
Mampang Station
Ciliwung
Parliament Building
Krukut
(Expressway)
Jl. Dr. Saharjo
Manggarai Station
Jl. Pintu Delapan
Senayan
Le Meridien
Manggarai Railway Workshop
Jl. Asia Afrika
Senayan Sports Complex
26
SETIA BUDI
Jl. Tentara Pelajar
Plaza Semanggi
Jl. Tol Dalam Kota
Senayan Golf Club
Plaza Senayan
Jl. Jenderal Sudirman
Ambassador
Jl. Prof. Dr. Satrio
Senayan City
Sudirman Central Business District
Mulia Tower
KUNINGAN
Youth Monument
27
Jl. Senopati
The Ritz-Carlton
JAKARTA
Nummern: 10 - 29
0
1
2 km
© Nelles Verlag GmbH, München

JAKARTA

Indonesiens ethnische Vielfalt konzentriert sich in der weitläufigen, oft drückend feuchtheißen, rund um die Uhr pulsierenden Metropole Jakarta.

Häufig begegnet man Klischees über Jakarta wie „Metropole der Verkehrsstaus" (es gibt keine U-Bahn), oder „Hauptstadt der sozialen Kontraste": Slums im Schatten von Wolkenkratzern; klapprige *bajaj* (Dreiradtaxis), die hochglanzpolierten BMW den Platz streitig machen; Arme, die vor den Türen der eleganten Einkaufszentren betteln; gepflegte junge Frauen in schicken Diskos, die sich als Callgirls entpuppen. Märchenhaft reich ist die Elite, doch zugleich gibt es Überbevölkerung, Arbeitslosigkeit, Kriminalität, Umweltverschmutzung, Überflutungen und islamistische Anschläge. Aber nur einen Häuserblock hinter den dröhnenden Verkehrsadern liegen die stillen *kampung*-Wohnbezirke, wo noch etwas von der Ruhe und dem Charme des ländlichen Indonesien weiterlebt.

In einem typischen Wohnviertel Jakartas leben meist Vertreter aller indonesischen Bevölkerungsgruppen sowie Chinesen und Europäer: Jakarta war die erste wahrhaft *indonesische* Stadt, der Schmelztiegel des Archipels – trotz des gelegentlichen Aufwallens von Feindseligkeiten seitens der muslimischen Mehrheit gegenüber Chinesen und Christen. Jakarta gibt der konsumfreudigen Jugend Indonesiens die Trends vor und ist mit seinen modernen Malls deren Shopping-Traumziel. Über 10 Mio. Einwohner zählt die Stadt heute; im Großraum („Jabodetabek") leben 28 Millionen. 1997, noch unter Suharto, begann der Bau des **Menara Jakarta**, der nach seiner (wegen Finanzproblemen stark verzögerten) Fertigstellung mit 558 m einer der höchsten Fernsehtürme der Welt sein soll. Nur wenige Städte haben sich seit 1945 mehr gewandelt als Jakarta. Die Veränderungen setzten mit dem II. Weltkrieg ein, als die japanischen Besatzer der Stadt ihren heutigen Namen gaben. Mehr als 300 Jahre hatte die Welt sie unter dem Namen „Batavia" gekannt, Hauptstadt von Niederländisch-Indien. Die Holländer hatten ihre Handels- und Militärstadt an der Stelle eines muslimischen Hafens (Jakarta oder Jayakarta), eines Naturhafens an der Mündung des Flusses Ciliwung, errichtet.

Das Batavia der Holländer

Das muslimische Jayakarta ließ die VOC 1619 durch den rücksichtslosen Gouverneur Jan Pieterszoon Coen zerstören. Die befestigte kleine Stadt, die an seiner Stelle gebaut wurde, entsprach dem heutigen Gebiet von **Kota**. Am besten ist der Marktplatz von **„Old Batavia"** erhalten, der nun **★Taman Fatahillah** heißt. Der Platz wird von dem 1710 erbauten **Rathaus** *(Stadhuis)* beherrscht, das heute das **Historische Museum von Jakarta** ① (Museum Seraja Jakarta) beherbergt. Das massige Gebäude, das sein Vorbild in Amsterdam haben soll, wartet mit schaurigen Kerkern und prächtigen Gemächern auf. Die Museumssammlung umfasst elegante Möbel und VOC-Insignien. Öffentliche Folterungen und Hinrichtungen fanden auf dem Vorplatz statt.

Im Hof des Museums steht eine portugiesische Kanone aus Malakka namens **Si Jagur**, die einst den Taman Fatahillah zierte und von der es hieß, dass sie kinderlose Frauen fruchtbar mache, wenn sie auf ihr sitzen.

Am Taman Fatahillah steht auch das **Kunstmuseum** ② (Balai Seni Rupa), das Gemälde bekannter zeitgenössischer indonesischer Künstler und chinesische Keramiken ausstellt.

Auf der Westseite des Platzes beherbergt das **Wayang-Museum** ③ eine hervorragende Sammlung von Stabpuppen und Schattenspielfiguren aus ganz Südostasien.

Unmittelbar südlich des **Bahnhofs** von Kota, an der Jl. Pangeran Jakar-

» Stadtplan S. 52 u. S. 54, Info S. 60-61

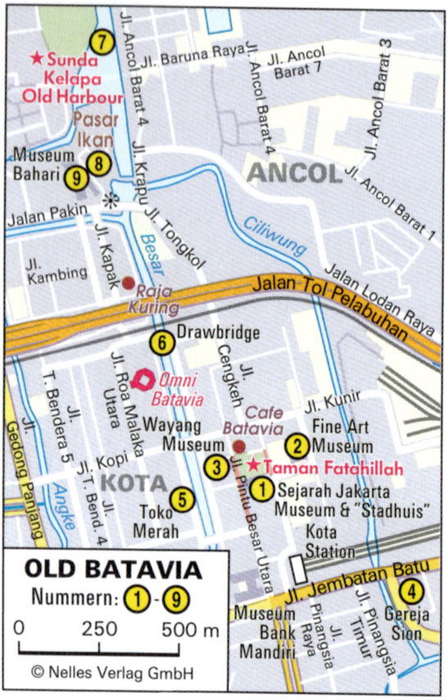

ta, erinnert die **Gereja Sion** ④, die Portugiesische Kirche, an die weniger bekannte Minderheit der „Schwarzen Portugiesen". Sie waren eurasische Überbleibsel des untergegangenen portugiesischen Imperiums. Die Holländer brachten sie aus Malakka und Indien nach Batavia und bauten ihnen zwischen 1683 und 1695 diese (protestantische!) Kirche außerhalb der alten Stadtmauer. Die barocke Kanzel und anderes ist noch original.

Ein Block westlich des Taman Fatahillah verlief am **Kali Besar**, dem großen Kanal, früher die Prachtstraße des alten Batavia. Zu den wenigen noch erhaltenen Gebäuden aus dem frühen 18. Jh. gehört **Toko Merah** ⑤, ein roter Ziegelbau, in dem einst der deutsch-stämmige Generalgouverneur von Imhoff wohnte. Die Häuser entlang Jl. Kali Besar und die restaurierte **Hühnermarkt-Zugbrücke** ⑥ an ihrem Nordende belegen das Scheitern des Versuchs, an diesem tropischen Ort eine holländische Umgebung nachzubilden. Jan Pieterszoon Coens Befestigungsanlage trotzte den Angriffen riesiger javanischer Armeen in den Jahren 1628 und 1629. Doch während der nächsten zwei Jahrhunderte fürchtete Batavia nicht Waffengewalt, sondern Krankheit: Außer der Cholera entstieg den stehenden Gewässern der städtischen Kanäle auch die Malaria. Batavias Seuchen trugen der Stadt in kürzester Zeit den düsteren Beinamen „Grab der Holländer" ein. Ab etwa 1680 waren einige seewärts gelegene Gebiete der Unterstadt unbewohnbar. Im folgenden Jahrhundert verließen viele holländische Bewohner Kota und zogen in gesündere Gegenden weiter südlich.

Rechts: Traditionelle Frachtensegler, oft von Buginesen aus Makassar gesteuert, in Jakartas altem Hafen Sunda Kelapa.

Etwa 10 Minuten zu Fuß vom zentralen Marktplatz Kotas Richtung Norden, vermittelt der malerische alte Hafen von ***Sunda Kelapa** ⑦ mit seinen prächtigen **Frachtenseglern** und den alten nautischen Instrumenten, die auf dem nahen **Pasar Ikan** ⑧ verkauft werden, noch ein wenig von der Atmosphäre der alten asiatischen Seehandelswelt. Am frühen Morgen wird auf dem farbenfrohen **Fischmarkt** der tägliche Fang feilgeboten, später werden Souvenirs und Haushaltswaren verkauft.

Westlich des Hafens beherbergen VOC-Lagerhallen von 1652 nun das **Museum Bahari** ⑨ mit maritimen Ausstellungsstücken und alten Fotografien. Das historische Gebäude ist an sich schon einen Besuch wert, außerdem sieht man die einzigen noch erhaltenen Überreste der alten Stadtmauer Batavias. Von dem alten **Wachturm** (1839) in der Nähe des Eingangs hat man einen schönen Blick über den Hafen (unregelmäßige Öffnungszeiten). Weiter südlich liegt eine große, verfallene Werft, die früher für Schiffsreparaturen benutzt wurde.

Überreste weiterer Einrichtungen der VOC finden sich vor der Küste,

» Stadtplan S. 54, Info S. 60-61

Foto: Thomas Stankiewicz

auf den inneren Inseln des Pulau-Seribu-Archipels (Tausend Inseln), wo wohlhabende Hauptstadtbewohner ihre Strandwochenenden verbringen (s. S. 59).

Die VOC misstraute damals der lokalen Bevölkerung und importierte lieber Arbeitskräfte aus anderen Teilen des Archipels als Handwerker, Sklaven und Soldaten. Der *kampung* zwischen der Jl. Bandengan Selatan und der Jl. Pekojan, westlich von Kota, atmet noch etwas von der einstigen kosmopolitischen Atmosphäre des Batavia der VOC. Ganz in der Nähe, im Gang Mesjid 1, der von der Jl. Pangeran Tubagus Angke abzweigt, mischen sich in der kleinen **Mesjid Alanwar** ⑩ oder Angke-Moschee von 1761 hinduistische und balinesische Architektur. Aus einem solchen Milieu ging der *orang Betawi*, der „Batavier", Prototyp des modernen Jakarters, hervor, dessen Dialekt und Bräuche die Alltagsatmosphäre der Stadt prägten. Selbst die Holländer übernahmen *Betawi*-Sitten, den *sarong* als Hauskleid und die offenen Bungalows mit javanischen Dächern und Galerien, die die stickigen holländischen Stadthäuser ablösten. In den „besseren" Stadtteilen **Menteng** und **Kemayoran** sind noch Wohnhäuser aus spätkolonialer Zeit zu sehen.

Glodok – Chinatown

Batavia war holländisch, nicht aber die Mehrzahl seiner Einwohner: Sein Wohlstand gründete sich auf die wirtschaftlich erfolgreiche chinesische Gemeinde, die der Verfolgung die Stirn bot und hier Wohnhäuser, Geschäfte und Tempel baute. Der äußerst geschäftige Bezirk **Glodok**, südlich von Kota, war dieser Ethnie 1740, nach dem Massaker der Holländer an 10 000 Chinesen Batavias, zugewiesen worden und ist bis heute, trotz antichinesischer Ausschreitungen 1998, Jakartas **Chinatown** ⑪. Wer sich mit **Elektronik** auskennt und gerne feilscht, kann hier Schnäppchen machen, auch **DVDs** sind billig, und in den **Chinalokalen** isst man gut und preiswert. In den engen, verwinkelten Straßen, an der Jl. Petak Sembilan, steht Jakartas ältester chine-

Foto: Dr. Ambros Brucker (PhotoPress)

sischer Tempel, der **Jinde Yuan** oder **Dharma Jaya** ⑫, 1650 von Buddhisten gegründet. Herrliche Ornamente zieren das Dach und sakrale Antiquitäten das Innere des Tempels.

Das Zentrum Jakartas

Auf dem Weg ins Zentrum der Hauptstadt passiert man an der Westseite der Jl. Gajah Mada das **Nationalarchiv** ⑬, ein schönes Landhaus aus dem 18. Jh.

Kurz vor Erreichen des zentralen Merdeka-Platzes sieht man den Gebäudekomplex mit dem Staatspalast und dem Präsidentenpalast. Ersterer, der **Istana Negara** ⑭, wurde 1796-1804 gegenüber dem Ciliwung-Fluss errichtet; der **Istana Merdeka** wurde 1879 fertiggestellt und ist zum Nationalmonument hin ausgerichtet. 15 holländische Generalgouverneure herrschten hier, danach drei japanische Kommandanten und alle indonesischen Präsidenten.

Oben: Das Nationalmuseum in Jakarta. Rechts: Die große Istiqlal-Moschee von 1978 stellt die holländische Nationalkathedrale von 1901 in den Schatten.

Mit dem frühen 19. Jh. hatte sich ein Großteil der Regierungsaktivitäten und des gesellschaftlichen Lebens zum heutigen **Merdeka-Platz** (früher *Koningsplein*) hin verlagert. Ein Bauwerk aus neuerer Zeit überragt heute den Platz und das Zentrum. Das **Monas-Nationalmonument** ⑮ war Sukarnos letztes monumentales Vermächtnis, auch bekannt als „Sukarnos letzte Erektion". Teils hinduistisches *lingga* (Phallussymbol), teils eine marmorne Hymne an den Fortschritt, erhebt es sich 137 m hoch auf der Mitte des Merdeka-Platzes. Als Jakartas höchstes Wahrzeichen bietet es oben einen fantastischen **Panoramablick** (Aufzug) und unten ein interessantes **Museum**, das die indonesische Geschichte in 48 Dioramen zeigt.

Westlich des Merdeka-Platzes ist das große **★★Nationalmuseum** ⑯ (Museum Nasional Indonesia) unbedingt einen Besuch wert. Es wurde 1868 von der Gesellschaft für Künste und Wissenschaften, der ältesten wissenschaft-

» Stadtplan S. 52, Info S. 60-61

Foto: Thomas Stankiewicz

lichen Institution in Südostasien (1778 gegr.) eröffnet. Seine einzigartigen Sammlungen hinduistisch-javanischer Sakralkunst, völkerkundlicher Objekte und chinesischer Keramik sowie seine Goldschmuck-Schatzkammer genießen Weltruf.

Ebenfalls im frühen 19. Jh., zu Zeiten der Holländer, entstanden östlich des Merdeka-Platzes um den **Lapangan Banteng** (früher *Waterlooplein*) beeindruckende Gebäude im Kolonialstil. Heute dominiert den Platz ein Monument aus der Zeit nach der Unabhängigkeit, das auffällige **Befreiungsdenkmal** ⑰ („der Kettenbrecher") vor dem *Borobudur Intercontinental Jakarta Hotel* (an der Südseite).

Im Nordwesten des Lapangan Banteng fällt die weiße Kuppel der modernen **Mesjid Istiqlal** ⑱ ins Auge, Südostasiens größter Moschee, 1978 unter Sukarno errichtet. Daneben erheben sich die neugotischen Turmspitzen der holländischen **Nationalkathedrale** ⑲ (1901).

Auf der Ostseite des Platzes stehen nebeneinander das neoklassizistische Gebäude des **Mahkamah Agung** (Oberster Gerichtshof, 1848) und ein Palast im Empirestil, das heutige **Finanzministerium** ⑳ (1829).

Auf der Südwestseite des Platzes, an der Jl. Pejambon erhebt sich das neoklassizistische Gebäude **Gedung Pancasila** ㉑ (1830), einst die prunkvolle Residenz für den Kommandanten der Kolonialarmee. Später wurde es zum Tagungsort des *Volksraad* (Parlament) und ist heute berühmt als der Ort, an dem Sukarno erstmals die Grundsätze der indonesischen Verfassung erörterte. Weiter entlang der Jl. Pejambon trifft man auf die protestantische **Emanuelkirche** ㉒ (1839) mit ihren griechischen Säulen.

Das **Taman Ismail Marzuki** ㉓ (TIM) in der Jl. Cikini Raya ist das nationale Zentrum für darstellende Künste, benannt nach dem großen indonesischen Musiker Ismail Marzuki, dessen Statue am Eingang steht. Ausstellungen und künstlerische Darbietungen wie balinesische Tänze oder *Gamelan*-Konzerte stehen auf dem Programm, ein Café bietet Erfrischungen. Das

Foto: Kay Maeritz

„Kulturzentrum" beherbergt außerdem das **Jakarta Planetarium**.

Weiter südlich kann man in der **Jalan Surabaya** über Jakartas bekanntesten **Flohmarkt** ㉔ schlendern und Antiquitäten, Holzschnitzereien, Schmuck, Möbel, Batik und Kuriositäten aller Art erstehen. Handeln ist oberstes Gebot!

Shoppingmalls

Aus postkolonialer Zeit stammt eine Sammlung gewaltiger Statuen in der Tradition sowjetischer „Helden des Sozialismus", von denen viele Spitznamen tragen – „Hänsel und Gretel" heißt das propere Paar der **Statue des Willkommens** ㉕, errichtet 1962 für die Asienspiele, am Südende der **Jalan Thamrin**. Das **Hotel Indonesia** daneben, Jakartas erstes Luxushotel, stammt ebenfalls aus jener Zeit.

Nordwestlich der Statue findet man im **Plaza Indonesia**, Jakartas exklusivstem und teuerstem **Einkaufszentrum**, zahlreiche Designerläden, Cafés und Restaurants. Eine Brücke führt hinüber zu dem 2004 eröffneten **Plaza Indonesia e'X**, das vor allem die jüngere Generation ansprechen soll.

Oben: In der Istiqlal-Moschee. Rechts: Durch Jakartas Verkehrsgewühl kommt man am schnellsten mit dem Motorrad.

Entlang der **Jl. Jend. Sudirman** und im noblen südwestlichen Vorort **Kebayoran Baru** gibt es weitere, **Shoppingkomplexe** und um **Blok M** Tummelplätze der städtischen Oberschicht mit Designerläden und schicken Lokalen. In dieser Gegend kommt man auch an dem 1962 mit russischen Geldern finanzierten **Senayan-Sportkomplex** ㉖ vorbei, bevor man am Südende der Jl. Sudirman auf die **Jugendstatue** ㉗ trifft, auch „Harry mit den heißen Händen" oder „Pizzamann" genannt: Die Statue verzieht das Gesicht, während sie in ihren erhobenen Händen so etwas wie ein flambiertes Gericht trägt.

Nördlich der Kreuzung befindet sich das große elegante **Plaza-Senayan-Einkaufszentrum**; seit 2008 gehört auch die **Mall of Indonesia** am Kelapa Gading Square zu den interessantesten Einkaufsoptionen der Hauptstadt.

» Stadtplan S. 52, Info S. 60-61

Foto: Jochen Steinhardt

Taman Impian Jaya Ancol

Südostasiens größter Vergnügungspark **Taman Impian Jaya Ancol** ㉘ (137 ha) an der Jakarta Bay bietet Unterhaltung rund um die Uhr – mit Freilufttheater, Nachtclubs, Golfplatz, zwei Stränden, vier Hotels, Bowling usw. Zu den Hauptattraktionen zählen der **Pasar Seni** (Kunstmarkt) mit Kunsthandwerk aus ganz Indonesien, Cafés, Konzerten und Kunstausstellungen; das **Seaworld-Aquarium** (mit Glastunnel und Haifütterung); der Swimmingpool-Komplex **Atlantis**; eine Seilbahn; und **Dunia Fantasi** (mit Achterbahn etc.), eine Art indonesisches Disneyland.

Vom Ancol-Hafen **Marina** starten **Ausflugsboote** zum **Meeresnationalpark** des ***Pulau-Seribu-Archipels** („Tausend Inseln") mit seinen Sandstränden, Riffs und Resorts, 45 km nördlich von Jakarta. Etwas klareres Meerwasser bieten die äußeren Inseln.

Für Liebhaber chinesischer Tempel gibt es östlich des Freizeitparks in der Jl. Pantai Sanur einen interessanten *Klenteng*, den **Da-Bo-Gong** ㉙.

Taman Mini Indonesia Indah

Um die Attraktionen im Süden Jakartas zu besuchen, sollte man einen ganzen Tag einplanen.

Rund 16 km südöstlich von Jakartas Zentrum ist im **Taman Mini Indonesia Indah** ganz Indonesien im Miniformat nachgebaut. Mittels maßstabsgetreuer Häuser in den traditionellen ethnischen Baustilen, passendem Kunsthandwerk und Kleidung kann man sich einen Eindruck von allen Provinzen und Hauptinseln Indonesiens verschaffen sowie den **Orchideengarten** und den **Vogelpark** besuchen.

Ragunan Zoo

Im Süden der Stadt (ca. 16 km vom Zentrum) finden in der üppigen tropischen Anlage des **Ragunan Zoos** (135 ha) über 295 Arten einen begrenzten Lebensraum, darunter **Komodo-Warane**, **Elefanten**, der seltene **Sumatra-Tiger** (der Java-Tiger ist ausgestorben), Tapire und – im ***Primatengehege** – erstaunlich viele **Orang-Utans**.

JAKARTA (☎ 021)

Jakarta Visitor Information Office, Mo-Sa 9.30-19, So 9.30-17 Uhr, Jl Wahid Hasyim 9, Tel. 3154094 u. 3161293, www.jakarta.go.id. Im Notfall wendet man sich an die **Tourist Police**, Jl Wahid Hasgim, Tel. 566000.

GARKÜCHEN: Warungs findet man in großer Zahl, v. a. nachts, entlang der Jl Kebon Sirih, der Jl Mangga Besar und der Jl H. A. Salim. Hygienisch einwandfreie, klimatisierte **„Edel-Garküchen“** locken im Untergeschoss der beiden **Sarinah-Kaufhäuser** auf der Jl M. H. Thamrin und in Kebayoran Baru.
INDONESISCH: **Sabang Food Court**, bunter Querschnitt der indonesischen Regionalküche, sehr beliebt, Jl H. A. Salim. **Bambu**, sundanesisch, Jl Jen. Sudirman 1, Landmark Centre, Tel. 5749025. **Ikan Bakar Keban Sirih**, Bratfisch à la Indonesia, Jl H. A. Salim. **Pasir Putih**, Seafood, Jl Bangka 11, Tel. 7194032. **Ya Udah**, preisgünstig, u. a. westl. Küche, Jl Jaksa 44, Tel. 3144121.
ASIATISCH: **Korean Tower**. koreanische Küche bei großartiger Aussicht, BBD-Bldg., 30. Stock, Jl Imam Bonjol 61, Tel. 330311.
WESTLICH: **Cafe Batavia**, nostalgisches Kolonialcafé in holländischem Gebäude von 1805, am Taman Fatahillah, dem Marktplatz Batavias, Tel. 6915531. **Oasis**, Spitzenrestaurant in holländischer Gouverneursresidenz, u. a. Rijstafel, Jl Raden Saleh 47, Kebayoran, Tel. 3150646. **VOC Galangan**, im 17. Jh. als Lagerhaus erbaut, heute ein stilvolles Café-Restaurant mit guten Drinks und leckerer Küche, Jl Kakap 1, Tel. 6678501. **Tomodachi Café**, ausgez. Küche, In-Lokal im japan. Design, Komplek Mega Kuningan, Bellagio Residence Unit UG-01, Tel. 30019968.

Chili's Grill & Bar, kleine Bar mit großartigen Cocktails, im Sarinah Building 2. Stock, Jl Thamrin 11. Tel. 3146587.
Cinnabar, schicke Bar mit schönem asiatischem Design, Plaza Gani Djemat, Jl Imam Bonjol 76-78 (neben der Deutschen Bank).
Tao Bar, angesagte Bar im chines.-malaiischen Kolonialstil, Restaurant Dapur Baba, Jl Veteran 1. **Churchill**, stadtbekannt ist die Bar für ihre Weinkarte und die Auswahl an Zigarren, im Hotel Borobudur, Jl Lapangan Banteng Selatan, Tel. 3805555.

TEXTILIEN / KLEIDUNG: **Batik Keris**, Sarinah-Jaya-Kaufhaus, Blok M. Viele kleinere Läden in Tanah Abang, Pasar Baru und Kebayoran Baru.
KUNSTHANDWERK / RARITÄTEN: **Jakarta Flohmarkt,** Jl Surabaya, Menteng. **Handicraft Centre**, im **Sarinah Jaya**-Kaufhaus, Kebayoran Baru. **Indonesian Bazaar**, Jakarta Hilton. **Pasar Seni**, Ancol. Ansammlung kleinerer Läden auf Jl Palatehan I, Kebayoran Baru; Jl Kebon Sirih Timur, Menteng; Jl Majapahit, Kota; Jl Gajah Mada, Kota.
INDONESISCHES KUNSTHANDWERK: Eine große Auswahl zu günstigen Preisen bieten z. B. **Sarinah Department Store**, Jl Thamrin, oder der 4. Stock des Kaufhauses **Pasaraya**, Jl Iskandarsyah II/2, in Blok M (siehe unten), aber auch der Kunsthandwerksmarkt **Pasar Seni** in Taman Ancol.
KONSUMGÜTER: Alles von Textilien bis zur Unterhaltungselektronik zu günstigen Preisen bieten Einkaufskomplexe wie **Pasar Pagi Mangga Dua**, Jl Mangga Dua, oder **Blok M** in Kebayoran Baru. Schicker und teurer – ein beliebter Tummelplatz der städtischen Oberschicht: **Plaza Indonesia**, Jl Thamrin, oder **Plaza Senayan**, Jl Asia Afrika. Eines der größten Centre ist die **Pondok Indah Mall** (Jl Lebak Bulus, Süd-Jakarta).

National-Museum, Di-So 8.30-14.30 Uhr; Di u. Do um 10.30 sowie Do 13.30 Uhr kostenlose Führungen in englischer Sprache, Jl Merdeka Barat 12. **Historisches Museum von Jakarta**, Di-So 9-15 Uhr, Jl Taman Fatahillah 1, Kota. **Balai Seni Rupa & Museum Keramik**, Di-Do 9-15, Fr 9-11, Sa 9-13, So 9-15 Uhr, Mo geschl., Jl Fatahilah 2, Kota. **Museum Wayang**, beste Sammlung von Wayang-Figuren, Di-Do und So 9-13.30, Sa 9-12.30 Uhr Vorführung, Jl Pintu Besar Utara 27. **Textilmuseum**, hervorragende Sammlung indonesischer Batik- und Ikatstoffe, Di-Do u. So 9-14, Fr 9-11, Sa 9-13 Uhr, Mo geschl., Jl Karel Satsuit Tubun 4, Tanah Abang. **Taman Mini Indonesia Indah**, „schönes Indonesien in Miniatur", thematischer Park inkl. Kultur- und Zoologie-Museen, Di-So 8-17 Uhr, Jl TMII, Pondok Gede, Tel. 5454545.

Ragunan Zoo, 7.30-17 Uhr, Jl Raya Ragunan, 16 km südl. der Stadt, Tel. 782975. **Taman Impian Jaya Ancol**, großer Vergnügungspark am Meer, unter anderem Schwimmbäder, tägl. ab 7 Uhr.

Jakartas wichtigster kultureller Schauplatz ist **Taman Ismail Marzuki (TIM)**, Ausstellungen und künstlerische Darbietungen, täglich von 8-20 Uhr, Jl Cikini Raya 73, Tel. 31937325. **Pasar Seni** im Taman Impian Jaya Ancol bietet ebenfalls jeden Abend kulturelle Unterhaltung an. **Taman Mini Indonesia Indah** (s.a. Museen) zeigt So Tanz, Musik u. Drama live. Das **Bharata Theater** führt *wayang orang* am Di, Mi, Fr u. Sa von 20-23 Uhr auf, Jl Kali Lio 15 (nahe vom Pasar Senen). Die **Volkskunst-Schule** der Universität probt tägl. um 11 Uhr außer So, Jl Bunga 5, Jatinegara, *Gamelan*-Vorführungen So um 10 Uhr im Wayang Museum (s. a. Museen).

Kantor Telekomunikasi, 24-Stunden Telefon-Service, im Jayakarta Tower Hotel, Jl Hayam Wuruk 126. Internet-Zugang bieten die zahlreichen Internet-Cafés sowie viele Hotels, Bars und Einkaufszentren.

SOS Medika Clinic, Jl Puri Sakti 10, Cipete, Jakarta Selatan, Tel. 7505980, www.internationalsos.com.

FLUG: **Soekarno-Hatta Internationaler Flughafen**, 35 km westl. der Stadt. Verbindung zur Stadt: Taxi; Damri-Busse 3-18 Uhr alle 30 Min. zum Bahnhof Gambir.
INTERNATIONALE FLUGGESELLSCHAFTEN: **Cathay Pacific**, Jl Jen. Sudirman Kav. 52-53, Tel. 5151747. **Thai International**, Tel. 2302552. **Qantas**, Tel. 2300277, Bank Mandiri Bldg., Jl M. H. Thamrin 5. **Philippine Airlines**, Tel. 5267780. **British Airways**, Bank Mandiri Bldg., 11. Stock, Jl M. H. Thamrin 5, Tel. 2300277. **KLM**, Summitmas Dua, 17. Stock, Jl Jen. Sudirman Kav. 61-62, Tel. 2526740. **Lufthansa**, Panin Centre Bldg, Jl Jen. Sudirman 1, Tel. 5702005. **Singapore Airlines**, Menara Kadin Bldg., 8. Stock, Jl H. R. Rasuna Said Blok X/5, Kav. 2-3, Tel. 5790-3747. **MAS**, World Trade Center, Jl Jen. Sudirman 29-31, Tel. 5229682.
FLUG: **Garuda**, Danareksa Indonesia Bldg., Jl Merdeka Selatan 13, Tel. 2311801. Hotel Indonesia, Jl M. H. Thamrin 1, Tel. 2300468. **Merpati**, Jl Angkasa 2, Kemayoran, Tel. 6548888. **Lion Air**, im Jakarta Hilton, Tel. 6337272. **Mandala**, Jl Garuda 76, Tel. 4246100.
SCHIFF: Passagierschiffe legen im **Tanjung Priok Hafen** an, 10 km nordöstl. der Stadt. Infos: **Pelni**, Jl Angkasa 18, Tel. 4217406.
BAHN: **Kota Station**, Jl Stasiun Kota 1, für Nacht-Express-Züge nach Surabaya (über Yogya oder Semarang), u. Morgenzug nach Merak und Sumatra. **Gambir Station**, Jl Merdeka Timur, für weitere Züge nach Zentral- u. Ostjava und (mit Bus-Verbindung) Bali, auch nach Bogor und Bandung. Fahrkarten-Vorbestellung bei den meisten Reisebüros.
NAHVERKEHR: **Busse** sind billig, überfüllt und langsam; am schnellsten sind die **Transjakarta-Busse**. **Taxis** sind (bei eingeschaltetem Taxameter) relativ günstig. Als seriös gelten die klimatisierten Taxen von *Blue Bird* und *Silver Bird*. Billiger sind *kancil*, Smart-ähnliche Minitaxis, und die knatternden *bajaj*, Dreiradtaxis; am billigsten: *ojek*, Mopedtaxis.
BUS: Stadtbusse fahren vom Gambir-Bahnhof die Überland-Busbahnhöfe an. Das Überland-Busnetz ist dicht und Busfahren günstig. Allerdings kommt man nur in mäßigem Tempo voran. Man kann wählen zwischen normalen Bussen, die oft lange Pausen an Umsteigbahnhöfen einlegen, und Expressbussen mit Klimaanlage. **Pulo Gadung Terminal**, Ecke Jl Bekasi Timur Raya/Jl Perintis Kemerdekaan, für Busse nach Zentraljava; **Kampung Rambutan Terminal**, ca. 20 km südöstl. vom Zentrum, für Semarang u. Bandung; **Kalideres Terminal**, Grogol, für Bogor, den Westen und Sumatra.
Eine Alternative sind **Überlandtaxis**, die fahren, sobald sich 5 Passagiere für ein Fahrtziel gefunden haben, z. B. Jakarta – Bandung (ca. 4 Std.). Einige Gesellschaften: **4848**, Jl. Prapatan 34, Tel. 3814488; **Media Taxi**, Jl. Johar 15, Tel. 330868.

Foto: Friedrich (PhotoPress)

WESTJAVA

Trotz einiger sehr großer Städte ist Westjava überwiegend ländlich geprägt. Die (abgesehen von der Metropolregion) am dünnsten besiedelte Provinz der Insel bietet eine unvergleichlich schöne, in weiten Teilen fast unberührte Landschaft und ein erfrischendes Gebirgsklima – und das nur eine Stunde von der Hektik Jakartas entfernt. Sein Wohlstand, seine freundlichen Menschen und guten Straßen machen es für den Reisenden zu einem der erholsamsten Gebiete des ländlichen Indonesien. Zudem bietet Westjava auch kulturell und historisch Interessantes.

In Europa kannte man Westjava zuerst als „Sunda" – ein Land, ein Königreich, eine Sprache und ein Volk, anders als das übrige Java. Die Portugiesen waren im 16. Jh. von diesem Land so beeindruckt, dass sie seinen Namen fälschlicherweise nicht nur auf die ganze Insel Java, sondern auf den gesamten Archipel übertrugen: Bis heute bezeichnet man Sumatra, Java, Borneo und Celebes als die „Großen Sunda-Inseln". Das erste bekannte Königreich auf Java, der Hindustaat Tarumanegara, entfaltete sich im 5. Jh. auf der nördlichen Küstenebene Westjavas. Ein Jahrtausend später begrüßte das Hindukönigreich Pajajaran, ein Zeitgenosse und Rivale des ostjavanischen Majapahit, die ersten portugiesischen Schiffe. Seit 1433 lag die Hauptstadt im Landesinneren: in Pakuan, dem heutigen Bogor, wo später holländische Generalgouverneure residieren sollten. 1522, als sich Pajajaran mit dem portugiesischen Goa verbündete, beherrschte es noch die Nordküste mit den gewinnträchtigen Häfen Banten und Sunda Kelapa (heute Jakarta), und eigentlich hätten die Portugiesen der Hindumacht in ihrem Kampf gegen die gewaltsame Westexpansion des Islams entlang der Küste Hilfe gewähren sollen. Doch als die Portugiesen 1527 wiederkamen, waren beide Häfen schon Vasallen des 400 km östlich gelegenen, jungen muslimischen Sultanats von Demak geworden. Pajajaran, nun ohne Zugang zum Meer, erlebte einen Niedergang und wurde 50 Jahre später von Banten erobert.

Links: Teepflückerinnen auf einer Plantage in der Nähe von Bogor.

Während die javanisch sprechenden Bevölkerungsteile in die florierenden Küstenregionen strömten und Banten sich zur Handels- und Militärmacht entwickelte, zogen sich die eigentlichen Sundanesen in die Berge und Hochebenen im Süden zurück und entwickelten eine bäuerliche Volkskultur ohne Städte und Fürsten. In dieser Situation und wegen seiner Nähe zu Batavia wurden diese „Sundagebiete" leichte Beute für die VOC: 1684 befand sich der gesamte sundanesische Sprachraum unter direkter holländischer Kontrolle, während die Küstensultanate von Banten und Cirebon bis ins 19. Jh. zumindest nominell unabhängig blieben. Auch die Sundanesen wurden islamisiert und galten bald als strengere Muslime als ihre zentraljavanischen Nachbarn. Aber in Sprache, Sitten, Kunst und Denken passten sich die Sundanesen nie dem übrigen Java an.

Somit unterscheidet man heute die javanisierte Nordküste und das sundanesische Landesinnere. Diese kulturelle Spaltung entspricht der geografischen: der Norden ist ziemlich flach, eine feuchtheiße 50 km breite Küstenebene. Hier wächst der Reis, der Jakartas Massen nährt. Das eigentliche Sunda hingegen ist eine Reihe hoch aufragender Vulkane, die an der wellenumbrandeten, hafenlosen Südküste steil ins Meer abfallen. Diese Vulkankette, **Priangan** („Sitz der Götter") genannt, ist in Wolken gehüllt und wird von Teeplantagen und Wäldern bedeckt. Viele Vulkane des Priangan sind noch aktiv. In Cianjur, Bandung, Garut und Tasikmalaya schneiden sich tiefe Täler in die Berge ein, deren Hänge Reisterrassen tragen.

» Karte S. 64-65, Info S. 76-77

SUMATRA
Jabung
Pardasuka
Bayur
Bumijaya
Kotadalem
LAMPUNG
K. Sekampung
Bandaragung
Palas
Lampung Bay
Ketapang
Kalianda
1281
Totoharjo
Chartered Boats
SEBEKU ISLAND
Bakauheni
Car Ferry
Sunda Strait
SEBESI ISLAND
KRAKATAU
★Anak Krakatau
813
★KRAKATAU I.
ISLANDS
Kepulauan Seribu
Marine
National Park
PANJANG I.
PULAU
SERIBU
(THOUSEND ISLANDS)
TUNDA I.
TIDUNG BESAR I.
PARI I.
LANCANG I.
Salira
PANJANG I.
Merak
Pulau Dua
Lontar
Jakarta Bay
Cabangbungin
Anyer-Kidul
Cilegon
Banten
Kronjo
Mauk
Teluknaga
JAKARTA (BATAVIA)
Cilincin
SERANG
SOEKARNO - HATTA I. A.
Chartered Boats
Ciruas
TANGERANG
BEKA
Karangbolong
Rancau Danau Res.
Kadumueuk
Balaraja
Parigi
Cileduk
1778
Pamarayan
Cikupa
Serpong
Chartered Boats
Mengger
Pandegelang
Carita
Maja
Halim Perdana Airp.
Menes
Warunggunung
Rangkasbitung
Parung-panjang
Ciputat
Labuhan
Lada Bay
Saketi
Jasinga
DEPOK
Cileung
Panimbang
BANTEN
641
CIBINONG
Tanjung Lesung
Citeureup
Picung
Cileles
Lebak
Muncang
736
Leuwiliang
Citeureup
Panaitan Island
Camara
Cigeulis
Banjarsari
Gunung-kencana
Ciboleger
Cipanas
Munjul
BOGOR
Cisarua
Slamat Datang Bay
Sumur
Sobang
Mt. Halimun
Ciawi
Punc
Cikeusik
Ketapang
Cijaku
Citorek
Mt. Halimun
★Taman Safari Ind.
582
Cibaliung
1929
Cipanas
Taman Jaya
Situpotong
639
Halimun Nat. Park
Kalapanunggal
Mt. Gede-Pangrango Nat. Park
★Mt. Gede
Malingping
2958
Cegok
Muara Binuangeun
Panyaungan
Cipicung
Telaga
Cibadak
★★Ujung Kulon National Park
Bayah
Cimaja
TINJIL I.
Pelabuhan Ratu
SUKABUMI
DELI I.
Pelabuhan Ratu Bay
Boyonglopang
(WEST
Cigaru
Cimerang
Cikadal
Lengkong
INDIAN
224
Jampangkulon
Sagaranten
Ujung Genteng Nat. Res.
Genteng
Surade
Cipamingkis
Ciragil
Point Genteng
Cikarang
Ciagra
Babadan
Rawauncal
OCEAN
WESTJAVA
Nummern: 1 - 35
0 25 50 km
© Nelles Verlag GmbH, München

JAVA SEA
RAKIT ISLAND
Cape Sedari
Batujaya
Cibuaya
Sungaibuntu
Rengasdengklok
Point Pamanukan
Indramayu Point
Cikarang
Wadas
Cilamaya
Pamanukan
Patrol
KARAWANG
Ciasem
Indramayu
Balongan
Cikampek
JAWA
Kandanghaur
Lohbener
Kosambi
Haurgeulis
Lelea
Karangampel
Jatiluhur Dam
Pagadenbaru
Jatibarang
Cape Tanah
(u. constr.)
BARAT
Kertasemaya
Kapetakan
PURWAKARTA
Subang
Jatiluhur Res.
Sadawarna
Arjawinangun
Plered
Manangga
Jatitujuh
CIREBON
Cikalong-kulon
Mt. Tangkubanperahu
2076
Jalancagak
Palimanan
Ujungjaya
Cape Losari
Cirata Res.
Rende
Ciater
Weru
Kanci
Cisarua
Cimalaka
Jatiwangi
Padalarang
Lembang
Kadipaten
Astanajapura
CIANJUR
Maribaya
Sumedang
Losari
CIMAHI
BANDUNG
Majalengka
Linggarjati
Cilimus
Mt. Ciremai
3078
Ciledug
Kersana
Saguling Res.
Cililin
Cicalengka
Wado
Rongga
Soreang
Nagreg
Telagakulon
Kuningan
Cidahu
Malahayu
Mt. Masigit Res.
Ciwidey
Malangbong
L. Darma
1350
Majalaya
Leles
Lake Cangkuang
Cibatu
Panjalu
Subang
Cibingbin
Mt. Patuha
2434
2040
Mt. Malabar
2350
Ciawi
1347
Salem
Sinumbra
Mt. Tilu Res.
Kawali
JAWA
Kawah Putih
Pengalengan
GARUT
Mt. Telagabodas
2241
Mt. Saval Res.
Rancah
Majenang
Santosa
Samarang
Mt. Papandayan
2622
Mt. Galunggung
2168
TASIKMALAYA
TENGAH
1300
2841
Ciamis
Cisewu
Cikajang
Singaparna
Cibeureum
Banjar
Lakbok
Pananjung
Pamarican
ndangbarang
1813
Taraju
Sukaraja
Cisarua
Sidareja
Bungbulang
Singajaya
1144
Banjarsari
Cidaun
606
Padaherang
Ranca Buaya
Cimari
Cisompet
Salopa
Cigugur
Pameungpeuk
Karangnunggal
Cikatomas
Pangandaran
Cijulang
Parigi Bay
Majingklak
Leuweung Sancang Res.
Cipatujah
Pangandaran Nat. Park
Cimanuk
Kalapagenep
Legokjawa
Penanjung Bay

BANTEN UND DER WESTEN

Über Banten nach Merak

90 km westlich von Jakarta kommt man über Serang zum kleinen Fischerdorf **Banten ❶**, das einmal der größte Handelshafen Javas war und als dessen Konkurrentin Batavia gegründet wurde. Nachdem Gunungjati von Demak in den 20er Jahren des 16. Jh. Banten den Hindus entrissen hatte, wurde es ein unabhängiges Sultanat. Der Handel in der Sunda-Straße und der Pfeffer aus Lampung machten es reich. Banten lockte englische, französische und dänische Faktoreien an, bis schließlich ein Bürgerkrieg, in dem die holländische VOC mitmischte, Bantens Ruhm 1682 auslöschte.

Das Dorf wird vom *meru*-Dach einer der ältesten Moscheen Javas, der **Mesjid Agung** aus dem 16. Jh., dominiert, einem gelungenen Beispiel hinduistisch-islamischer Architektur. Das pagodenartige **Minarett** soll das Werk eines chinesischen Muslims sein. Südlich des *alun-alun* (zentraler Platz) finden sich die Überreste zweier großer Paläste, des **Pakuwonan** und des **Istana Kaibon**, und etwas weiter stößt man auf das Grabmal des dritten Königs, Maulana Yusuf, der in den 1570er-Jahren regierte. Nordwestlich dieser Überbleibsel aus Bantens großer Zeit steht ein Denkmal seines Untergangs – die Ruinen des **Fort Speelwijk**, das die Holländer 1682 erbauten. Das Fort, einst am Meer, liegt heute 200 m landeinwärts. Die Versandung der Küste hat zum Niedergang Bantens als Hafen beigetragen. Im **Stadtmuseum** an der Jl. Mesjid Banten Lama sind archäologische Funde aus Banten ausgestellt.

Am Hafen Bantens kann man **Boote** chartern, die in etwa 30 Minuten das **Vogelschutzgebiet Pulau Dua ❷** erreichen. In den **Mangroven** der Halbinsel leben vor allem Störche, Kormorane und Reiher, zudem versammeln sich hier zur Brutzeit zwischen März und Juli riesige Zugvogelscharen.

Rechts: Im Kebun Raya, dem traditionsreichen Botanischen Garten von Bogor.

Merak ❸, im äußersten Nordwesten Javas, ist touristisch lediglich wegen seines **Hafens** interessant, an dem die **Fähren nach Sumatra** ablegen.

Strände der Westküste, ⋆Krakatau

Die größte Attraktion in Javas äußerstem Westen ist die Natur, die hiesigen Strände zählen zu den schönsten der Insel. **Anyer ❹** bietet verschiedene Unterkunftsmöglichkeiten, von traditionellen Strandbungalows bis hin zum riesigen Luxushotel *Sol Marbella*. Den **Leuchtturm** im Ort ließen 1885 die Holländer erbauen.

Carita ❺ ist der bei ausländischen Reisenden beliebteste **Strandort** an der Westküste – die Atmosphäre ist entspannt, die Preise moderat, und man kann von hier aus Tauchgänge und Ausflüge zum Nationalpark Ujung Kulon (s. u.) sowie zur Vulkaninsel **⋆Krakatau** organisieren, die 40 km vor der Küste in der Sunda-Straße liegt. Man sieht noch Überreste dieses großen Vulkans, der 1883 explodierte – das erste globale Medienereignis. Der seit 1927 neu entstehende Vulkan **⋆Anak Krakatau** ist bereits über 800 m hoch, hat einen schwarzen Sandstrand mit dichter Vegetation und kann in Ruhezeiten bestiegen werden (Ausbruch 2007). Die Vulkaninsel ist auch von **Labuhan ❻** erreichbar. Reisende, die **Ujung Kulon** besuchen wollen, können sich hier im **Labuhan PHKA-Büro** informieren.

Auf der ruhigen und noch ursprünglichen Halbinsel **Tanjung Lesung ❼** findet man verstreute Dörfer, herrliche Strände und einige elegante Hotels.

⋆⋆Nationalpark Ujung Kulon

Der **⋆⋆Nationalpark Ujung Kulon ❽** („Westende“) im unberührten

» Karte S. 64-65, Info S. 76-77

Foto: Gunda Amberg

Tiefland-Regenwald im äußersten Südwesten Javas ist einer der lohnendsten Nationalparks der Insel. Auch die vorgelagerte große **Panaitan-Insel** gehört dazu, ebenso die Krakatau-Inseln. Aufgrund der isolierten Lage hat sich im Park viel unberührte Natur erhalten. Hier leben Nashornvögel, *banteng* (Wildrinder), Krokodile, Schildkröten, Warane, Affen und v. a. die letzten (und sehr scheuen) **Javanischen Nashörner**. Der Park bietet hervorragende Wander- und Tauchmöglichkeiten.

BOGOR UND SUNDA

Bogor mit **Kebun Raya

„Sunda" beginnt für den Reisenden aus Richtung Jakarta in dem an Nachmittagsregen reichen **Bogor** ❾, 50 km südlich der Hauptstadt, am Fuß des Salak. Um 450 n. Chr. gehörte diese Gegend zu Tarumanegara, Javas erstem Hindukönigreich. Der mit einer Inschrift versehene Stein **Batutulis**, 3 km südöstlich von Bogor, ist der einzige noch existierende Hinweis darauf, dass hier die Hauptstadt Pajajarans lag. Der Stein, ein Ziel von Pilgern, ist in einem kleinen Schrein untergebracht und kann besichtigt werden.

Die Könige von Bogor waren längst Legende geworden, als Gustaaf Willem Baron van Imhoff hier 1745 einen Landsitz bauen ließ. Bogor erlangte daraufhin Berühmtheit als *Buitenzorg* („Sorgenfrei"), als Zufluchtsort während der heißen Trockenzeit und später offizielle Residenz des Generalgouverneurs. Der heutige **Istana Bogor** ① (Palast von Bogor), elegant und weiß inmitten sanft gewellter grüner Rasenflächen, stammt aus dem Jahr 1856 und gab häufig die Kulisse für verschwenderische Gelage von Batavias wie auch Jakartas Elite ab. Heute beherbergt das Gebäude Sukarnos große **Kunstsammlung**: Gemälde und Skulpturen erotischen oder anderen Gepräges, von indonesischen Künstlern geschaffen. Sukarno lebte hier von 1967 bis zu seinem Tod 1970 de facto unter Hausarrest.

Zu Recht stolz ist Bogor auf seinen 87 ha großen **Botanischen Garten**, den **Kebun Raya**, der an den Palast an-

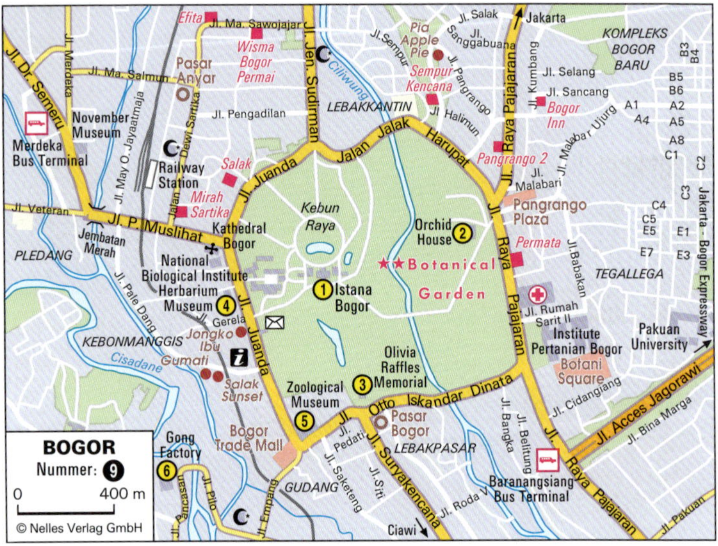

grenzt. Ursprünglich, von 1811-1815, war er der Privatgarten des britischen Gouverneurs und Hobbybotanikers Stamford Raffles. Als Botanischen Garten begründete ihn 1817 Prof. Dr. Reinwardt, ein deutscher Botaniker im Dienst der holländischen Regierung, mit Hilfe zweier Engländer aus den Kew Gardens. Botanische Forschung war für die kolonialen Bestrebungen des viktorianischen Zeitalters von größter Bedeutung. Das Saatgut für den *cultuurstelsel* (Zwangsanbau von Exportfrüchten) wurde hier getestet und verbessert: die 1848 aus Afrika eingeführte Ölpalme wie auch der Hera-Kautschuk aus Brasilien (1883). Bis heute ist Bogor eine der herausragenden botanischen Einrichtungen der Welt, mit 17 000 indonesischen und anderen Pflanzenarten, großen Bibliotheken und Laboratorien. Die sorgsam angelegten Gärten mit ihren Teichen und stillen Hainen sind besonders an

Rechts: Skelett eines Java-Nashorns im Zoologischen Museum des Botanischen Gartens von Bogor.

Wochenenden ein beliebter Treffpunkt. Im **Orchideenhaus** ② wachsen über 880 Orchideenarten. Zwischen Palast und Haupteingang erinnert ein kleines **Monument** ③ an Olivia Raffles. Westlich des Istana Bogor findet man das **Museum Herbarium Bogoriensis** ④ und in der Nähe des Haupteingangs beherbergt das **Zoologische Museum** ⑤ eine umfangreiche Artensammlung und seltene Exponate wie Java-Nashorn- und Blauwal-Skelette oder einen ausgestopften Komodo-Waran.

Wer sich für die Herstellung von Gongs und anderen *Gamelan*-Instrumenten interessiert, kann in der **Gong Factory** ⑥ (Jl. Pancasan 17) einem Gongmacher bei der Arbeit zusehen.

Von Bogor nach Pelabuhan Ratu

Jenseits von Bogor beginnt **Tatar Sunda**, das zerklüftete Plateau des sundanesischen Kernlandes und Heimat sundanesischer Kunst. Die Sundanesen haben ihren eigenen *gamelan*, aber bekannter sind ihre anderen Musikinstrumente: die rustikalen Töne des *kecapi*

» Stadtplan S. 68, Info S. 76-77

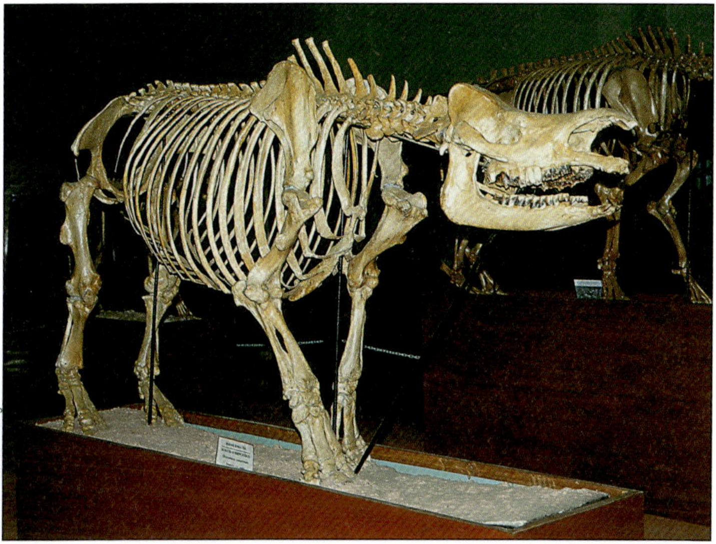

Foto: Archiv Gunda Amberg

(eine Art Laute); *angklung* (ein Instrument aus Bambusrohren, die in einen Rahmen gespannt sind und beim Schütteln einen fast metallisch-hohlen Klang erzeugen); *suling* (eine sanft klingende Flöte, die oft eine verträumte Frauenstimme begleitet). Verbreitet ist das *wayang golek*, eine dreidimensionale Version des *wayang-kulit*-Schattenspiels mit Holzfiguren. Das *jaipongan* ist ein beliebtes sundanesisches Tanzereignis, bei dem Männer dafür bezahlen, dass sie einer weiblichen Darstellerin gegenüber tanzen dürfen – Berührungen sind dabei allerdings tabu.

Tatar Sunda war früher berühmt für seinen Kaffee, der in Europa und Amerika als „Javakaffee" gehandelt wurde. Schon ab 1720 zwang die VOC die Sundanesen, ihre Steuern in Kaffeebohnen zu bezahlen, eine Regelung, die erst 1917 wieder aufgehoben wurde. Im 20. Jh. hat der Tee den Kaffee weitgehend abgelöst.

Der abgeschiedenste und ursprünglichste Teil des Sundagebiets ist das westliche Massiv, in dessen Zentrum der weite, recht einsame **Mount-Halimun-Nationalpark** ❿ liegt, durch den mehrere Wege zu Teeplantagen führen. An den Abhängen im Westen der Kedeng-Berge findet man Siedlungen, die von den faszinierenden **Badui**, Überlebenden des alten Sunda, bewohnt werden, die einen altsundanesischen Dialekt sprechen. Dieses Volk hat sich der Islamisierung und der Modernisierung widersetzt, indem es sich völlig von der Außenwelt absonderte und Reisen sowie Kontakte mit Fremden mit strengen Tabus belegte. Die 40 Familien der weißgewandeten „Inneren Badui" (mehr waren es nie) umgaben sich mit einer kultischen Aura von Zauber und Geheimnissen, die Außenstehenden Furcht einflößte, während die zahlreicheren schwarz gewandeten „Äußeren Badui" als Verbindungsleute zur profanen Außenwelt fungierten. Das Badui-Gebiet erreicht man über das Städtchen **Lebak** ⓫, in dem der holländische Schriftsteller Multatuli im 19. Jh. stationiert war und wo sein sozialkritischer Kolonialroman *Max Havelaar* spielt. Einen Teil der Reise zu den Badui muss man zu Fuß zurücklegen.

Foto: Archiv Gunda Amberg

Niemand darf im inneren „verbotenen Gebiet“ bleiben. Obwohl der Kult der Badui durch Schulen, Bevölkerungswachstum und Tourismus unter Druck geriet, ist er noch immer lebendig.

An der Südküste lockt das Seebad **Pelabuhan Ratu** ⓬ an Wochenenden zahlreiche Besucher aus Jakarta an. Touristenmagnet ist der lange schwarze Strand mit den bunten Auslegerbooten. Im von Sukarno erbauten **Strandhotel Samudra** bleibt immer ein Zimmer für die böswillige Königin der Südsee frei, eine Göttin, die immer wieder Schwimmer in den tosenden Wellen dieser stürmischen Küste in den Tod lockt.

Von Bogor nach Bandung

Die Straße von Bogor Richtung Bandung führt steil und kurvig durch atemberaubende Landschaft hinauf zum Puncak-Pass. Es eröffnen sich herrliche Ausblicke auf **Teeplantagen** und sattgrüne terrassierte Felder.

Oben: Am Strand von Pelabuhan Ratu. Rechts: Fischteiche am Puncak-Pass.

Cisarua ⓭ mit einfachen Unterkünften ist ein guter Ausgangsort für Wanderungen in die Umgebung, z. B. zum **Curug Cilember**, einem schönen Wasserfall (30 Min.). Östlich des Orts erstreckt sich der ***Taman Safari Indonesia**, ein Wildpark mit indonesischen und afrikanischen Tieren. Attraktionen sind Tiervorführungen, ein Vogelpark, ein Tierbabyzoo und Nachtsafaris.

Bei **Puncak**, dem höchsten Abschnitt der kurvenreichen Passstraße, wächst **Tee** an den Hängen. Eine wichtige Erwerbsquelle am 1500 m hohen ***Puncak-Pass** ⓮ ist die Fischzucht. Große Goldfische (*ikan mas*) werden in Teichen, kleinere Fische in gefluteten abgeernteten Reisfeldern gezüchtet.

Bekannt ist das **Thermalbad** von **Cipanas** ⓯, wo schwefelhaltiges Quellwasser mit einer Temperatur von 43 °C aus den Bergen sprudelt. Die Generalgouverneure setzten auf seine heilenden Kräfte; ihr Landhaus steht immer noch hier. Ganz in der Nähe liegt der **Botanische Garten von Cibodas**, eine Erweiterung des Bogor-Gartens in die Gebirgsregion hinein. Jenseits

» Karte S. 64-65, Info S. 76-77

Foto: Kalman Muller

davon sieht man die bewaldeten Gipfel zweier Vulkane im **Gede-Pangrango-Nationalpark** ⓰ (Haupteingang beim Botanischen Garten). Dessen Hauptattraktion ist die Besteigung des 2958 m hohen aktiven Vulkans ***Gunung Gede**.

BANDUNG

Mit **Bandung** ⓱ gaben die Holländer der Sunda die Hauptstadt, die es seit dem Untergang von Pajajaran entbehrt hatte. Die heutige Stadt entwickelte sich um ein holländisches Verwaltungszentrum von 1811 an der „Großen Poststraße“. 1864 wurde Bandung, ca. 700 m ü. M., Hauptort des Priangan-Plateaus – geschätzt von den Kolonialbeamten wegen seines kühlen Klimas und seiner herrlichen Lage, umrahmt von Bergen. Bereits 1880 gab es eine Bahnverbindung mit Batavia. Heute ist Bandung ein beliebtes Wochenendziel für die Bürger Jakartas, auch dank der neuen Autobahnverbindung. 1914 wurde die Kommandantur der Kolonialarmee von Batavia hierher verlegt; Indonesiens Offiziere erfahren noch immer hier ihre Ausbildung. Mit seinen prächtigen Boulevards war Bandung Javas europäischste Stadt und wurde gar als „Paris des Ostens“ bezeichnet. Heute lebt ein buntes Zuwanderergemisch in dieser geschäftigen, sehr verkehrsreichen Dreimillionenstadt, die neben Hochschulen, Schuh- und Flugzeugindustrie v. a. für **Textilherstellung** bekannt ist – Shopper schätzen die Factory Outlets und die großen Malls; **Jeansläden** konzentrieren sich in der **Jl Cihampelas**.

1920 wurde das **Bandung-Technologie-Institut (ITB)** im Norden der Stadt eröffnet, bis heute eine der angesehensten Universitäten Indonesiens. Der Architekt Maclaine Pont wählte die traditionellen Häuser der Mandailing-Batak in Nordsumatra als Modell für seinen schönen und zugleich funktionellen Entwurf. Das ITB unterhält eine öffentliche **Kunstgalerie**.

An Gebäuden aus den Zwanzigerjahren ist weiterhin das **Geologische Museum** ① (1929 von den Holländern eröffnet) zu nennen, das u. a. über

BANDUNG

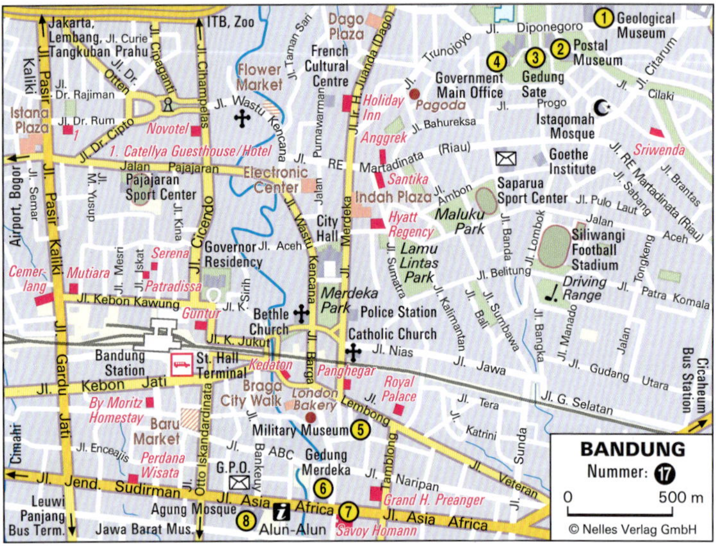

Vulkanismus informiert und Fossilien ausstellt. Das **Postmuseum** ② mit Briefmarken aus aller Welt befindet sich nordöstlich des ehrwürdigen **Gedung Sate** ③, ein monumentales holländisches Regierungsgebäude aus den 1920er Jahren. Ganz in der Nähe steht auch Bandungs höchstes und auffälligstes Nachkriegsgebäude, der Hauptsitz der **Kommunalregierung** ④, das wie ein futuristischer Wasserturm wirkt. Das **Museum Mandala Wangsit** ⑤ in der Jl. Lembong widmet sich der Militärgeschichte.

Bandungs geschichtsträchtigstes Gebäude ist das **Gedung Merdeka** ⑥ an der heutigen Hauptstraße **Jalan Asia-Afrika**. Hier fand 1955 ein großes politisches Ereignis statt, die erste Asien-Afrika-Konferenz. Sukarno empfing damals Nehru, Nasser und Ho Chi Minh und legte den Grundstein für die Bewegung der Blockfreien. Interessante Fotos und andere Memorabilien der Konferenz sind hier zu sehen. Nordwärts zweigt die einstige koloniale Prachtstraße **Jalan Braga** mit zahlreichen Restaurants und Cafés ab.

Rechts: Wie vor Jahrhunderten wird in den Vulkankratern Javas Schwefel abgebaut und in Körben zu Tal getragen.

Der Stil der 1930er-Jahre prägt zahlreiche Gebäude im Zentrum, erhaltene Art-déco-Originale sind das üppige **Savoy Homann Hotel** ⑦ und das **Hotel Preanger** an der Jl. Asia-Afrika. Von einem der beiden **Türme** der **Masjid Agung** ⑧ kann man Bandungs Zentrum überblicken. Hier, um den Stadtplatz **Alun-Alun**, findet man abends preiswerte Foodstalls.

Umgebung von Bandung

Westlich von Bandung liegt die ehemalige Garnisonsstadt **Cimahi** ⓲, in deren Nähe die grandiosen Wasserfälle von Sundas größtem Fluss, dem Citarum, zu einem Ausflug einladen. 50 km flussabwärts fließt der Citarum in das riesige **Jatiluhur Reservoir**. Sein von Franzosen erbauter Staudamm samt Wasserkraftwerk deckt den steigenden Strombedarf Jakartas und Westjavas.

Nördlich von Bandung zieren Blu-

Foto: Florian Janku

men-, Gemüsegärten und sogar Milchfarmen im holländischen Stil die Hänge der Vulkane. Hier liegen auch die zu Kolonialzeiten berühmten Badeorte; das im Jaht 1926 eröffnete **Gran Hotel** in **Lembang** ⓳ erinnert daran. In **Maribaya** ⓴, 5 km östlich, gibt es **heiße Quellen** und einen **Wasserfall**.

Der bekannteste **Vulkan** des Massivs ist der begehbare **Tangkuban Prahu** ㉑ mit seinen drei Kratern, gefüllt mit zersprengtem Gestein und brodelndem Schlamm. Wer am Kraterrand Ruhe erwartet, wird jedoch enttäuscht. Man kann mit dem Auto hinauffahren, es gibt Imbissbuden, viele Souvenirverkäufer und ein **Infozentrum**.

Nordöstlich des Vulkans sind in **Ciater** ㉒ die fast römisch wirkenden **heißen Bäder** die Hauptattraktion. Von dem kleinen Ort führen schöne Wanderungen zu den umliegenden **Teeplantagen** und Reisfeldern.

Noch attraktiver ist die Szenerie südlich von Bandung. **Ciwidey** ㉓, 30 km südwestlich, ist ein Zentrum des traditionellen Schmiedehandwerks. Hier werden landwirtschaftliche Werkzeugeund dekorative Messer hergestellt. Vom Ort aus erreicht man über eine kurvige Straße den **Kawah Putih** ㉔, einen herrlich kühlen Bergsee unterhalb des 2434 m hohen **Gunung Patuha**.

Südöstlich der Teestadt **Pengalengan** ㉕ führt die Straße an dem aktiven **Vulkan Papandayan** ㉖ (2622 m) vorbei (60 km südöstlich von Bandung) in die Provinzhauptstadt Garut.

VON BANDUNG NACH PANGANDARAN

Von Bandung bieten sich zwei Hauptrouten nach Osten an: die ehemalige „Große Poststraße" der Holländer, die sich später zur Nordküste wendet, und eine etwas ruhigere südliche Route, die in Yogyakarta endet. Die erste erwähnenswerte Stadt auf der südlichen Route ist **Garut** ㉗, in der Kolonialzeit als „Schweiz Javas" ein beliebter Bergkurort in 750 m Höhe, heute eine sundanesische Provinzstadt, in der einige der letzten Pfahlhäuser Javas stehen. In der Umgebung gedeihen die grünlichen **Garut-Orangen**.

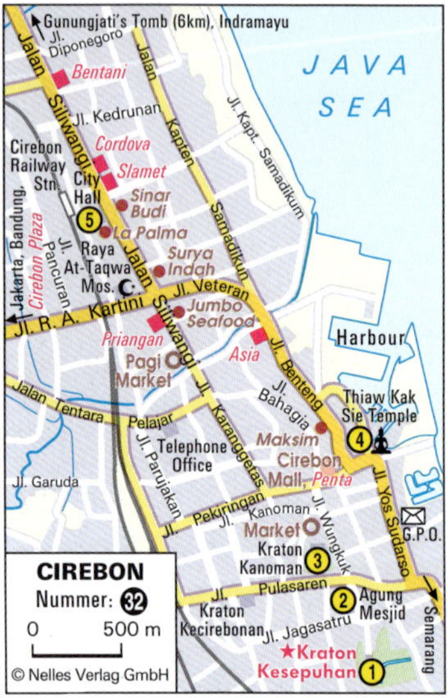

Nördlich von Garut am **Cangkuang-See** (28) bei **Leles** steht Westjavas einziger bedeutender Hindutempel, **Candi Cangkuang** (8. Jh.), der in den 1970er-Jahren restauriert wurde. Daneben liegt ein islamisches Grab.

Die Garut-Region ist noch vulkanisch aktiver als weiter westlich gelegene Gebiete. 1982 litt sie schwer durch eine Serie von gewaltigen Eruptionen des **Mt. Galunggung** (29). Im **Kawah Talagabodas**, dem Krater des weniger gefährlichen Zwillings des Galunggung, liegt ein herrlicher grüner **Schwefelsee**.

Der nächste größere Ort ist **Tasikmalaya** (30), bekannt für seine handgeflochtenen Erzeugnisse aus Rattan, Pandanus und Bambus.

*Pangandaran

40 km weiter östlich verläuft die Verwaltungsgrenze zu Zentraljava. Kurz davor liegt die Abzweigung nach ***Pangandaran** (31), einem der beliebtesten Strandorte Javas. Im **Pangandaran-Naturschutzgebiet** auf der südlich angrenzenden Halbinsel kann man geführte Wanderungen durch den Sekundär-Regenwald unternehmen. Die schmale Landbrücke ist beiderseits von **Sandstränden** gesäumt – Vorsicht, Meeresströmungen und Flutwellen können sehr tückisch sein! Surfer finden hier gute Wellen zum Reiten, die Hotellandschaft reicht vom Backpacker-Losmen bis zum Mittelklassehaus.

*CIREBON

Die geschichtsträchtige Hafenstadt ***Cirebon** (32) (100 km von Bandung, 200 km von Jakarta) war einst ein muslimischer Stadtstaat, ein Abkömmling von Demaks Westkreuzzug im frühen 16. Jahrhundert. 6 km nördlich der Stadt liegt das heilige **Grab von Gunungjati**, dem großen Muslim-Krieger („Fatahillah", gest. 1580), der neben Banten vermutlich auch Sunda Kelapa (Jakarta) eroberte, bevor er für Demak Cirebon regierte. Er wird als einer der *wali songo*, der neun muslimischen Heiligen, verehrt. Wie Banten war auch Cirebon eine javanische Kolonie in einem Sundagebiet und spielte eine bedeutende Rolle bei der Islamisierung Sundas, wurde dabei aber selbst teilweise in Sprache, Musik und Tanz „sundanisiert". Anders als Banten fiel Cirebon später Matarams Expansion unter Sultan Agung zum Opfer und eiferte seither Zentraljavas Höfen und Kunst nach.

Der ***Kraton Kasepuhan** ① für die Sultane des Hauses Sepuh im Südosten der Stadt beherbergt ein kleines, aber sehenswertes **Museum** mit Objekten aus der Königszeit. Der älteste Teil stammt aus dem Jahr 1529. Sein *sitingghil* (Pavillon) hat ein geteiltes Tor im Hindu-Architekturstil, einige Gebäudeteile schmücken Delfter Kacheln aus den Niederlanden.

Rechts: Eine Frau malt mit heißem Wachs Batik-Muster (Manufaktur in Cirebon).

Foto: Kalman Muller

In Religionsangelegenheiten waren die Sepuh-Sultane viel weniger offen, wie die imposante **Mesjid Agung** ② nebenan beweist: Diese große Moschee wurde zwar nach javanischer Manier neben dem *alun-alun* erbaut, aber bereits gen Mekka ausgerichtet. Der später erbaute **Kraton Kanoman** ③ (1588) für die Sultane von Anom, neben dem gleichnamigen Markt, ist etwas heruntergekommen, hat aber Atmosphäre.

1681 geriet Cirebon unter die Fittiche der VOC. Dennoch behielt es seine Bedeutung als Handelshafen, was vor allem ein Verdienst der chinesischen Händler Cirebons war. Neben dem **Hafen** steht ein schöner alter chinesischer Tempel, **Klenteng Thiaw Kak Sie** ④.

Im 20. Jahrhundert wurde Cirebon in Indonesien „Kota Udang" (Garnelenstadt) genannt. Am **Balaikota** ⑤ (Rathaus) aus der Vorkriegszeit findet sich dieses Krustentier als Schmuckmotiv. Seit einigen Jahren erlebt die Stadt als Zentrum des *wayang topeng*, einer Form des maskierten Tanzschauspiels, eine künstlerische Renaissance.

Umgebung von Cirebon

Ein chinesischer Architekt hat 1852, 4 km südwestlich der Stadt, das **Taman Sunyaragi** geplant: ein fantastisches Gebilde aus Ziegel und Gips als Vergnügungsschloss für Cirebons bereits politisch machtlose Sultansfamilie.

Cirebons berühmte *batik*-Motive sind von der chinesischen Kunst inspiriert: wirbelnde dunkle Wolken, Felsendesigns, fliegende Vögel, sogar chinesische Löwen und Drachen. **Batik-Manufakturen** findet man in den nahen Dörfern, vor allem in **Weru** ㉝. Auch **Indramayu** ㉞, ein Fischerdorf 50 km nordwestlich, hat seine eigene *batik*-Tradition.

In **Linggarjati** ㉟, 22 km südwestlich der Stadt, erkannten die Holländer erstmals an, dass die Zeiten sich gewandelt hatten, indem sie – unter britischer Vermittlung – im November 1946 mit der Republik Indonesien ihr erstes diplomatisches Abkommen schlossen. Der Schauplatz der Verhandlungen war die Villa **Gedung Naskah**, die heute als **Museum** dient.

BANTEN (☎ 0254)

Banten Site Museum, Di-Do 9-16, Fr 9-11, Sa 9-13, So 9-16, nur Mo geschlossen, Jl Mesjid Banten Lama.

WESTKÜSTE (☎ 0253)

Ujung Kulon Nationalpark: Anfahrt mit Minibus ab **Labuhan** bis **Taman Jaya**, dem Nationalpark-Hauptquartier. Am günstigsten von **Sumur**, ca. 20 km nördl. von Taman Jaya zu den Inseln Handeuleum u. Peucang (Sumur bzw. Taman Jaya erreicht man mit Charter-PKW). Einfache Bungalows in Taman Jaya u. auf Handeuleum, bessere auf Peucang. Buch. u. Permit in Reisebüros.

BOGOR (☎ 0251)

Jl Ir H Juanda 10, Tel. 338052, Mo-Do 7-14, Fr 7-11, Sa 7-12 Uhr.

Salak Sunset Café, Fruchtsäfte, Pizza etc., Jl Paledang 38.
Jongko Ibu, Sunda-Küche, Jl Jr.H.Juanda 36.
Gumati, schöne Aussicht, aber kein Bier, Jl Paledang.
Restoran Lebak Wangi, Sunda-Küche, nördl. von Bogor mitten in einem See. **Puncak**, ausgezeichnete chines. und thailändische Gerichte, Jl Kantor Pos 9.
Jumbo Bakery, leckere Kuchen und Eis, Jl Pajajaran.
Garküchen konzentrieren sich in der Jl Merdeka, Ecke Jl Veteran, und in der Jl Dewi Sartika. Viele **Obststände** in der Jl Oto Iskandardinata beim Botanischen Garten.

GONGMACHER: **Pak Sukarna's**, Jl Pancasan 17.
KUNSTHANDWERK: **Batik Keris**, Jl Merdeka 6. **Nusa Penida**, Jl Ir H Juanda. **Kenari Indah**, Jl Bondongan Blok 30. Weitere Geschäfte im *pasar*.

Botanischer Garten Bogor (Kebun Raya), tägl. 8-17 Uhr, Jl Ir H Juanda II, Tel. 322220. **Zoolog. Museum Bogor**, Sa-Mi 8-16, Do und Fr 8-15 Uhr, Jl Ir H Juanda 2, Tel. 322177. **Museum Herbarium Bogoriensis**, Mo-Do 8-14, Fr 8-11, Sa 8-13.30 Uhr, So geschl., Jl Ir H Juanda 22-24, Tel. 322035.

Postamt, Mo-Do 9-16, Fr 9-11, Sa 9-13, Jl Ir H Juanda, südl. des Westeingangs der Bot. Gärten, nebenan ein Wartel und ein Internet-Café.

Jl Raya Pajajaran, Tel. 324080.

PUNCAK-PASS (☎ 0263)

Viele Lokale, v.a. sundanes. Fischrestaurants, an der Hauptstraße (Jl Raya Puncak). **Rindu Alam**, tolle Aussicht, sehr gutes Essen, unterhalb des Passes.

Taman Safari Indonesia, Safaripark, Vogelpark, Tiershows, Nachtsafari, weiße Tiger, Pool, Restaurants, Unterkunft, östlich von Cisarua, 9-17 Uhr.

Besteigung des **Gunung Gede**, beste Zeit: Mai-Okt., mindestens 10 Std. hin und zurück, Infos, Erlaubnis und Führer am PHKA-Büro beim Eingang zum Botanischen Garten von Cibodas.

BANDUNG (☎ 022)

Bandung Tourist Office, Mo-Sa 9-17 Uhr, Alun-alun, Jl Asia-Afrika, Tel. 4206644. **West Java Provincial Tourist Office**, Mo-Do 8-14, Fr 8-11 Uhr, Sa/So geschl., Diparda, Jl Cipaganti 151, Tel. 281490.

GARKÜCHEN: hauptsächlich um den Stadtplatz Alun-Alun und auf der Jl Merdeka sowie der Jl Haji Juanda.
CAFÉS: mehrere entlang der Jl Braga.
INDONESISCH: **Babakan Siliwangi**, sundan., Jl Siliwangi, Tel. 2501394.
Dago Tea House, Pajajaran University Campus, bei Jl H Juanda. **Handayani** (javan.), Jl Sukajadi.
Nasi Ampera, gute sundanesische Küche, Jl Denei Sartika 8.
WESTLICH: **Arar**, innovative indonesische und chinesische Küche, mit Tischen am Teich, Jl Prof Sutami 52A, Tel. 2007363.
London Bakery, stylisches Café mit Pasta, Suppen, Salaten, Kuchen u.v.m., Jalan Braga 37.
La Oma, ballsaalähnliches Ambiente, Jl Cijeruk 62, Tel. 2789200.

TEXTILIEN: **Jeans-Shops** in der Jl Cihampelas, einige mit „Disneyland-Architektur“. **Bandung Supermall**, Shopping der Superlative, mit Kino, Bowlingbahn etc., Jl Gabot Subroto 289.
SOUVENIRS: Typisch sind u. a. Schattenspiel-Puppen, Angklung-Musikinstrumente, Keramik und Lederwaren. Läden für Kunsthandwerk liegen um Pasar Baru, Jl Braga, und Jl Asia-Afrika. Das Kaufhaus **Sarinah**, Jl Braga 10, hat eine eigene Kunsthandwerk-Abteilung. Gute Wayang-Golek-Puppen bei **Cupu Manik**, Gang Haji Umar 2, bei Jl Kebon Kawung.

Forschungs-Institut für Keramik und Textilien, Jl A Yani 318. **Museum Geologi**, Mo-Do 9-14, Fr 9-11, Sa 9-13 Uhr, Jl Diponegoro 57, Tel. 273205. **Museum Konperensi Asia Afrika**, Mo-Do 8-13, Fr 8-11, Sa 8-12 Uhr, Jl Asia Afrika 65, Tel. 4238031. **Postmuseum**, Mo-Fr 9-15 Uhr, Jl. Diponegoro. **Museum Mandala Wangsit Siliwangi**, Militär, Mo-Fr geöffnet, Jl Lembong 38, Tel. 250393. **Staatl. Museum von West Java**, Di-So 8-15 Uhr, Jl Oto Iskandardinata 638, Tel. 250976. **Taman Sari Zoo**, tägl 8-16 Uhr, Jl Kebun Binatang 7, Tel. 282770.

Yayasan Pusat Kebudayaan (YPK), kulturelles Zentrum der Stadt: *wayang golek*, Sa 21-4 Uhr, weitere Vorstellungen an Wochentagen, Jl Naripan 7. **ASTI** (Staatl. Institut für die dramatischen Künste), Musik und *wayang*, Jl Buah Batu 212.
Weitere Kunst-Treffs: **Rumentang Siang Theatre**, Wayang golek: Sa 21.30-4.30 Uhr, Wayang orang: Fr ab 20 Uhr, Jl Baranang Siang 1. **Pak Ujo's**, Jl Padasuka 118, Tel. 271714. **Pasundan Restaurant**, Mi und Sa ab 19 Uhr Tanz- und Musik mit Dinner, im Hotel Panghegar, Jl Merdeka 2. **Sanggar Tari Purwa Setra**, abends *jaipongan*-Show (sundan. Tanz), Jl Otto Iskandar Dinata 541A.

Telkom, tägl. 24 Std., Jl Lembong, zudem viele Wartel und Internet-Cafés.

7th Day Adventist Hospital, Jl Cihampelas 161, Tel. 234386, Notruf 2038008.

FLUG: Direktverbindung zu allen javanischen Flughäfen sowie auch nach Denpasar (Bali) und Palembang (Sumatra). **Husein Sastranegara Flughafen** liegt 4 km westl. vom Zentrum, mit dem Taxi oder mit einem *bemo* (Angkutan Kota) vom Terminal in der Jl Kebon Jati.
FLUGGESELLSCHAFTEN: **Garuda**, im Grand Hotel Preanger, Tel. 4209468; **Merpati**, Jl Asia-Afrika 73, Tel. 7302737.
ZUG: Vom Hauptbahnhof häufige Züge nach Yogyakarta, Surabaya (über Yogyakarta), Bogor u. Jakarta (nicht direkt nach Cirebon).
BUS: **Leuwi Panjang Bus Station**, im Süden der Stadt, für Bogor und Jakarta. **Cicaheum Bus Station**, 45 Min. außerhalb der Stadt mit dem *bemo* von Kebun Kelapa, nach Yogya und dem Osten.

CIREBON (☎ 0231)

Jl Brigjen. Dharsono 5 (Jl By Pass), Tel. 486856, weit außerh. im Westen der Stadt, Mo-Do 7-14, Fr 7-11, Sa 7-13 Uhr.

La Palma, charmante Bäckerei in einer einstigen Kolonialvilla, Jl Siliwangi 86.
Surya Indah, eines der besten Lokale für Padang-Küche, Jl Siliwangi 143.
Maksim, Meeresfrüchte, Jl Bahagia 45, Tel. 208045. **Sinar Budi**, scharfes Padang-Food, Jl Karanggetas 20.
Jumbo Seafood, Jl Siliwangi 191.

BATIK: **Batik Permana**, Jl Karanggetas 16, Tel. 205156. **GKBI**, Jl Pekarungan 33. Außerhalb der Stadt (Qualitätswaren): **Ibu Masina**, Trusmi, nahe bei Weru.
TOPENG-MASKEN: **Pak Kandeng**, in Suranenggala an der Straße zu Gunungjatis Grab.

Museum Kraton Kasepuhan, Mo-Fr 8-16, Sa 8-11/14-16 Uhr, Jl Kasepuhan 37, Tel. 204001.

Jl Yos Sudarso 9, Mo-Sa 8-20.30 Uhr.

Bahnhof, Jl Siliwangi. **Überland-Busbahnhof Kuningan**, 5 km südlich der Stadt.

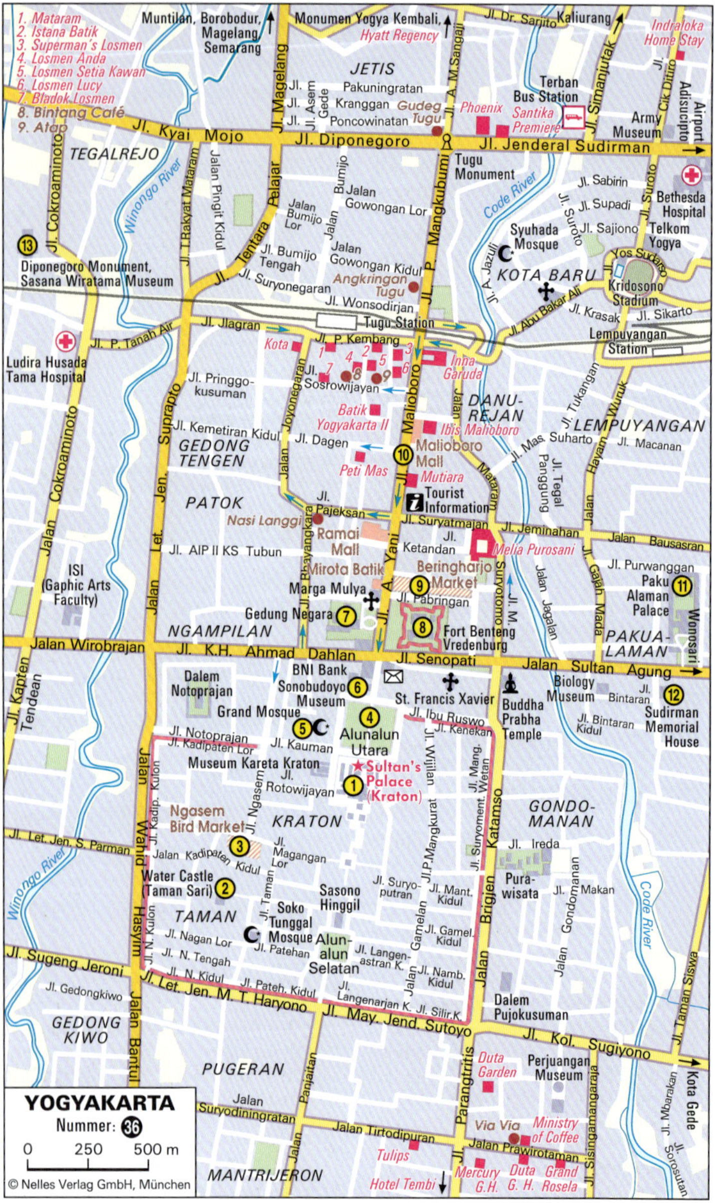
1. Mataram
2. Istana Batik
3. Superman's Losmen
4. Losmen Anda
5. Losmen Setia Kawan
6. Losmen Lucy
7. Bladok Losmen
8. Bintang Café
9. Atap
Muntilan, Borobudur, Magelang, Semarang
Monumen Yogya Kembali, Hyatt Regency
Jl. Dr. Sardjito
Kaliurang
Indraloka Home Stay
JETIS
Jl. Magelang
Jl. Pakuningratan
Jl. Kranggan
Jl. Poncowinatan
Gudeg Tugu
Phoenix
Santika Premiere
Terban Bus Station
Jl. Simanjutak
Army Museum
Airport Adisucipto
Jl. Kyai Mojo
Jl. Diponegoro
Jl. Jenderal Sudirman
TEGALREJO
Jl. Cokroaminoto
Winongo River
Jl. T. Rakyat Mataram
Jalan Pingit Kidul
Jl. Pelajar
Jl. Bumijo
Jalan Gowongan Lor
Jalan Bumijo Lor
Jl. Bumijo Tengah
Jalan Gowongan Kidul
Jl. Tentara
Jl. Suryonegaran
Angkringan Tugu
Jl. Wonsodirjan
Jl. A. M. Sangaji
Jl. P. Mangkubumi
Tugu Monument
Code River
Jl. Sabirin
Jl. Supadi
Jl. Suroto
Jl. Sajiono
Bethesda Hospital
Telkom Yogya
Syuhada Mosque
Jl. A. Jazuli
KOTA BARU
Yos Sudarso
Kridosono Stadium
Jl. Abu Bakar Ali
Jl. Krasak
Jl. Sikarto
Lempuyangan Station
13
Diponegoro Monument, Sasana Wiratama Museum
Jl. Jlagran
Tugu Station
Jl. P. Tanah Air
Ludira Husada Tama Hospital
Kota
Jl. P. Kembang
Jl. Sosrowijayan
Inna Garuda
Jl. Pringgokusuman
Jl. Jovonegaran
Batik Yogyakarta II
Ibis Malioboro
DANUREJAN
Jl. Tukangan
Jl. Wuruk
LEMPUYANGAN
Jl. Kemetiran Kidul
Jl. Dagen
GEDONG TENGEN
Jl. Malioboro
10 Malioboro Mall
Peti Mas
Mutiara
Jl. Mas Suharto
Jl. Tegal Panggung
Jl. Macanan
Jl. Hayam
Jl. Supratpo
Jalan Jen.
Tourist Information
Jl. Mataram
PATOK
Jl. Pajeksan
Nasi Langgi
Jl. Suryatmajan
Jl. Jeminahan
Jalan Bausasran
Ramai Mall
Jl. Ketandan
Melia Purosani
Jl. AIP II KS Tubun
Mirota Batik
Beringharjo Market
Jl. Purwanggan
Jl. Bhayangkara
Jl. A. Yani
9
Jl. Suryotomo
Jalan Jagalan
Paku Alaman Palace 11
Marga Mulya
Jl. Pabringan
Jl. M.
Jl. Gajah Mada
ISI (Graphic Arts Faculty)
Gedung Negara 7
8 Fort Benteng Vredenburg
NGAMPILAN
PAKUALAMAN
Wonosari
Jalan Wirobrajan
Jl. K.H. Ahmad Dahlan
Jl. Senopati
Jalan Sultan Agung
Jl. Kapten Tendean
Dalem Notoprajan
BNI Bank
Sonobudoyo Museum 6
St. Francis Xavier
Biology Museum
Jl. Bintaran
12 Sudirman Memorial House
Grand Mosque
4 Alunalun Utara
Jl. Ibu Ruswo
Jl. Kenekan
Buddha Prabha Temple
Jl. Bintaran Kidul
Jl. Notoprajan
Jl. Kadipaten Lor
5
Jl. Kauman
Museum Kareta Kraton
Sultan's Palace (Kraton) 1
Jl. Rotowijayan
Jl. Wijilan
Jl. Mang. Wetan
Jalan Wahid Hasyim
Jl. Kadip. Kulon
Ngasem Bird Market
Jl. Ngasem
KRATON
Jl. Suryomentaram
GONDOMANAN
Jl. Let. Jen. S. Parman
3
Jalan Kadipaten Kidul
Jl. Magangan Lor
Jl. P. Mangkurat
Jalan Brigjen Katamso
Jl. Ireda
Winongo River
Water Castle (Taman Sari) 2
Jl. Taman
Sasono Hinggil
Jl. Suryoputran
Jl. Mant. Kidul
Purawisata
Jl. Makan
Jalan Gondomanan
Code River
TAMAN
Soko Tunggal Mosque
Jl. Nagan Lor
Jl. Patehan
Alun-alun Selatan
Jl. Gamel. Kidul
Jl. N. Kulon
Jl. N. Tengah
Jl. Langenastran K.
Jalan Gamelan
Jl. Sugeng Jeroni
Jl. N. Kidul
Jl. Pateh. Kidul
Jl. Namb. Kidul
Jl. Taman Siswa
Jl. Gedongkiwo
Jl. Let. Jen. M. T. Haryono
Jl. Langenarjan K.
Jl. Silir K.
Dalem Pujokusuman
GEDONG KIWO
Jalan Bantul
Jl. May. Jend. Sutoyo
Jl. Kol. Sugiyono
PUGERAN
Jl. Panjaitan
Jl. Parangtritis
Duta Garden
Perjuangan Museum
Jl. Sisingamangaraja
Jl. Mbarakan
Kota Gede
Jalan Suryodiningratan
Jalan Tirtodipuran
Via Via
Ministry of Coffee
Jalan Prawirotaman
Tulips
Mercury G.H.
Duta G. H.
Grand Rosela
Jl. Sorosutan
MANTRIJERON
Hotel Tembi
YOGYAKARTA
Nummer: 36
0 250 500 m
© Nelles Verlag GmbH, München

ZENTRALJAVA

**YOGYAKARTA

****Yogyakarta** (36) ist der kulturelle Mittelpunkt und das wichtigste Touristenziel Javas – dank Sultanspalast, Ramayana-Shows, Kunsthandwerk, Prambanan und Borobudur. Die moderne Stadt mit ihren zahlreichen Universitäten, Schulen und über 1,6 Mio. Einwohnern hat ihren dörflichen Charakter längst eingebüßt. Der auch die Vororte umfassende **Sonderdistrikt Yogyakarta** beherbergt 3,2 Mio. Einwohner – das letzte noch politisch existierende Sultanat Indonesiens.

„Yogya" wurde zwar auf den Ruinen alter Königsstädte erbaut, aber die Anfänge der modernen Stadt reichen nur bis in die Mitte des 18. Jh. zurück. Nach dem Tod des Sultans Agung begann ein Jahrhundert von Chaos und Zerfall im Reich Mataram. Agungs Sohn Amangkurat I. entpuppte sich als Tyrann, der die meisten seiner Vasallen gegen sich aufbrachte. Dies hatte zur Folge, dass sein Nachfolger Amangkurat II. (Regierungszeit 1677-1703) den Thron nur mit Hilfe der Holländer besteigen konnte, denen das Sultanat zu der Zeit unterstand. Erst nach drei „javanischen Erbfolge-Kriegen" kam das Land im Jahr 1755 wieder zur Ruhe, als Mataram in zwei Königreiche aufgespalten wurde: Pakubuwono III. übernahm in Surakarta die Regierung, und sein Onkel Pangeran Mangkubumi wurde der erste Herrscher von Yogyakarta. Er bekam den Titel Hamengko Buwono, den seine Nachkommen bis heute tragen.

Als erstes erbaute Hamengko Buwono I. den Sultanspalast ***Kraton Yogyakarta** (1) im Zentrum von Yogya. Der *kraton* war eine von Mauern umgebene Stadt innerhalb der Stadt, tausende von Menschen lebten und arbeiteten dort: *batik*-Hersteller, Diener, Wachen und

Foto: Florian Janku

Oben: In der Ahnengalerie des Kraton (Sultanspalast) von Yogyakarta.

Musikanten, Hofnarren, Albinos und Zwerge und natürlich die königliche Familie. Zwischen den Hauptgebäuden, die ab 1757 fertig gestellt wurden, liegen zahlreiche *pendopo* – halboffene Pavillons – inmitten von Höfen mit Schatten spendenden Bäumen. Als im Jahr 1785 eine 1 km lange und 3 m dicke Außenmauer um den Palast gezogen wurde, waren die Holländer höchst konsterniert. Trotz dieser Mauer gelang es im Jahr 1812 – während des kurzen britischen Interregnums – eintausend britisch-indischen Soldaten, den *kraton* gegen 11 000 Verteidiger einzunehmen. Diese Niederlage beendete die militärische Unabhängigkeit des Hofes, der später auch die Vormachtstellung der zurückkehrenden Holländer akzeptierte und sich fortan vor allem der Verfeinerung der javanischen Künste widmete. Aus dieser Phase stammen die indo-holländischen **Möbel**, die **Ölgemälde** des javanischen Malers Raden Saleh aus dem 19. Jh. sowie mehrere große **Gamelan-Orchester**. Dem neunten Sultan (Regierungszeit 1939-88) gelang es, den Hof wieder auf den Bo-

Foto: Kay Maeritz

den der Realität zurückholen und bis in die Gegenwart retten, indem er sich in den Jahren 1945-49 im Unabhängigkeitskampf auf die Seite der Republik schlug, den Palast zum konspirativen Widerstandszentrum machte und einen Teil des Palastes der ersten indonesischen Universität (Gajah Mada) zur Verfügung stellte. Im Kraton gibt es Führungen, *gamelan*-Konzerte und klassische Tanzveranstaltungen.

Südwestlich der Hauptgebäude liegt das Wasserschloss **Taman Sari** ②. Dieses fantasievolle Gebilde diente dem ersten Sultan als Lustschlösschen. Der sehenswerte **Vogelmarkt Ngasem** ③ gleich daneben wurde auf dem trocken gelegten Bett eines künstlichen Sees erbaut, über den holländische Besucher einst in vergoldeten Booten zu einer künstlichen Insel gerudert wurden. Einige der kleineren Wasserbecken wurden restauriert.

Vor dem Kraton befindet sich der **Alun-alun** ④, der Hauptplatz der Stadt. Hier wurden früher zur Unterhaltung der europäischen Würdenträger Kämpfe zwischen Tigern und Büffeln ausgetragen: Der Tiger symbolisierte Europa, der Büffel Java, und die ausdauernde Stärke des Büffels besiegte fast immer die wilde Kraft des Tigers.

Oben: Das Palastorchester spielt Gamelan-Musik. Rechts. Geflügelte Fassade des Wasserschlosses Taman Sari.

Die **Mesjid Agung** ⑤ (Große Moschee), an der Westseite des Platzes in *pendopo*-Form erbaut, ist dreimal jährlich bei den *garebeg*-Festen Schauplatz einer eindrucksvollen Feier: Inmitten einer Prozession zieht der Sultan, umgeben von blumenbestreuten Reishaufen, die seine Mildtätigkeit symbolisieren, vom Palast zur Moschee. Das berühmteste dieser Feste ist *Garebeg Maulud*. Dann wimmelt der Platz von Schaustellern und Händlern, und auf zwei antiken *gamelan* wird eine Woche lang bis zum Beginn der Prozession musiziert.

Nordwestlich des Hauptplatzes befindet sich das 1935 eröffnete **Sonobudoyo-Museum** ⑥. Durch die holländische Kolonialregierung blieb Yogya von den Veränderungen, die in

» Stadtplan S. 78, Info S. 102-105

Foto: Florian Janku

der späten Kolonialzeit über andere Gebiete Javas hereinbrachen, relativ unbehelligt, und so konnten sich die Bewohner der Stadt der Pflege kultureller Traditionen widmen. Die Holländer unterstützten diese Bemühungen, deren Resultate man in diesem prächtigen Kulturmuseum bewundern kann: z. B. Batik, *wayang*-Puppen oder Masken.

Etwas nördlich passiert man **Gedung Negara** ⑦, das hübsche Haus der holländischen Vertretung aus dem 19. Jh.

Schräg gegenüber kommt man zum holländischen Fort **Benteng Vredenburg** ⑧, dessen Errichtung für die VOC-Truppen der Sultan 1765 zustimmte.

Ganz in der Nähe kann man in die lebendige Atmosphäre des **Pasar Beringharjo** ⑨, Yogyas Hauptmarkt, eintauchen.

An den Ständen von Yogyas Hauptgeschäftsstraße **Jl. Malioboro** ⑩ werden tagsüber Souvenirs und nachts Nahrungsmittel feilgeboten. Eine Spezialität ist *Gudeg*, ein leckeres mildes Curry aus Jackfrüchten. Die zentraljavanische Küche ist die süßeste und am wenigsten scharf gewürzte in Indonesien.

Der Palast von Yogyas jüngerem Königshaus, **Paku Alaman** ⑪, ein Stück weiter östlich auf der Jl. Sultan Agung, wurde von Raffles 1813 als Gegengewicht zum Hof von Hamengko Buwono erbaut, den er kurz zuvor erobert hatte (keine Besichtigung möglich).

Der Angriff der Engländer auf Yogyakarta im Jahr 1812 beendete die Militärmacht der javanischen Höfe, doch nicht den Einfluss der javanischen Aristokratie. Nach vielen Jahren höfischer Korruption, der Aushöhlung aristokratischer Privilegien durch die europäische Regierung und mehreren Naturkatastrophen rebellierte 1825 Prinz Diponegoro, ein muslimischer Visionär und Abkömmling der königlichen Familie, gegen den *kraton* und die Holländer – eine Rebellion, die fünf Jahre andauerte und mehr als 200 000 Menschenleben forderte. Nachträglich zum Freiheitskämpfer ernannt, ist Diponegoro eine der bekanntesten Figuren der indonesischen Geschichte.

★KARIMUNJAWA
JAVA
SEA
INDIAN
OCEAN
JAWA
TENGAH
YOGYAKARTA
Pt. Piring
Balungarto
Keling
Kelet
Bangsri
PANJANG I.
62 Jepara
Mt. Muria 1602
Mantingan
Batealit
Colo
Pecangaan
Robayan
Mutihwetan
Bae
Kaliwungu
61
KUDUS
Cape Korowelang
Gebang
Wira-desa
PEKALONGAN
57
Demak
60
Gajah
Cepiring
Kendal
SEMARANG
99
59
Batang
Weleri
Batu
Dempet
Prawoto
58 Kedungwuni
Plelen
Subah
Limpung
Kaliwungu
Mang-kang
Mranggen
Godong
400
Brati
Doro
Bandar
Gubug
Karang-anyar
Sukorejo
Banyumanik
Karangawen
PURWODADI
Bawang
Bejen
Boja
Ungaran
Lebakbarang
★Dieng Plateau
Mt. Perahu (Prau) 2565
Candiroto
Mt. Ungaran 2050
Kedungjati
Toroh
2177
Batur
49
Dieng
Jumo
Gedung Songo
48
Klepu
Juwangi
Kalibening
95
Kejajar
Bandungan
Geyer
Karangkobar
Wono-kampir
Parakan
Kandangan
Ambarawa
47
Bringin
Dadapayam
Kemusu
Pagetan
3136
Bedono
Rawa-pening
46
SALATIGA
Kedungombo Res.
Wanadadi
Wonosobo
Mt. Sumbing 3371
TEMANGGUNG
1893
Miri
Krasak
Kertek
Windusari
Secang
Kopeng
Karanggede
Klego
Gemolong
Banjarnegara
Kaponan
Mt. Merbabu 3142
Nogosari
Sangiran
52
Kaliwiro
Sapuran
MAGELANG
Sambi
Sadang
1186
Selo
(SURAKARTA)
614
Sawangan
★Mt. Merapi
★SOLO
Karangsambung
Kepil
Blondo
2914
45
Boyolali
50
51
Wadaslintang
★★Candi Mendut
Kartosuro
Wadaslintang Res.
Bruno
90
41
43
Muntilan
44 Kaliurang
Delanggu
97
Alihan
★★Borobudur
42
Baki
Gebang
Loano
Jatinom
Sukoharjo
KEBUMEN
★Candi Pawon
Tempel
Pakem
Kutoarjo
Kalibawang
Juwiring
Klaten
Klirong
Depok
86
Ketandan
Prembun
Purworejo
★★YOGYAKARTA
Wedi
Weru
38
Nguter
Ambal
Mirit
(YOGYA)
36
★★Prambanan
Cawas
Grabag
511
693
Sentolo
Kasihan
Wonogiri
Purwodadi
78
37 Kotagede
Ngawen
Wates
686
Semin
Progo
Bantul
Gading
Gajahmungkur Res.
Sindutan
Glagah
Pandak
Imogiri
39 Royal Graves
Wuryantoro
Pantai Congot
Playen
Wonosari
Galur
Banyusoco
Ponjong
Opak
Semanu
40 Parangtritis
Black Sand Dunes
Pracimantoro
Trowono
Cuwelo
Giritontr
Rongkop-Baran
Ngrenehan
Baron
Joho
Tepus
Jepitu
Wediombo
Sadeng
Sembukan
ZENTRALJAVA
Nummern: 36 - 64
0
20
40 km
© Nelles Verlag GmbH, München

Es folgte ein Jahrhundert von beklemmendem Frieden, des *rust en orde* (Frieden und Ordnung) des holländischen Kolonialismus. Als dieser Frieden schließlich durch Japan und die indonesische Revolution beendet wurde, fand sich Yogya, vom Januar 1946 bis zur Besetzung durch holländische Truppen im Dezember 1948, als Hauptstadt einer jungen Republik im Mittelpunkt des Chaos wieder; das **Museum Sasmitaloka Jenderal Soedirman** ⑫ ist dem berühmtesten Kriegshelden dieser Zeit, General Soedirman, gewidmet.

5 km nordwestlich des *kraton*, in **Tegalrejo**, wuchs der Freiheitskämpfer Diponegoro (1785-1855) auf, und hier wurde sein Haus als **Monumen Diponegoro** ⑬ rekonstruiert. Einige Besitztümer des Helden wie auch realistische Kriegsgemälde sind hier ausgestellt.

Kunst in Yogyakarta

In den ***Batik-Werkstätten** um **Taman Sari** (②) und in der **Jalan Tirtodipuran** entstehen bis heute Batik-Textilien mit den traditionellen, in Wachs vorgezeichneten Mustern sowie Batik-Gemälde.

Wayang kulit, das uralte **Schattenspiel**, ist ein Teil des Lebens in Yogya. Zahlreiche Handwerker stellen die flachen ledernen ***Wayangfiguren** in einem komplizierten Verfahren in Werkstätten her. Die regelmäßig abgehaltenen öffentlichen Vorstellungen des magischen Schattenspiels dauern manchmal die ganze Nacht.

Beim Tanzes ist Yogya neue Wege gegangen: Die alten Tanzdramen aus dem 11. Jh. mit maskierten Tänzern, die heute noch in West- und Ostjava beliebt sind, werden hier kaum noch aufgeführt. Stattdessen zeigt man den *wayang wong*, einen Tanz ohne Masken aus dem 18. Jh., und den *sendratari*, einen westlich beeinflussten Tanz ohne den üblichen Dialog. Ein Beispiel hierfür ist das ***Ramayana-Ballett**,

Foto: Archiv Gunda Amberg

das u.a. im **Loro-Jonggrang-Theater** in Prambanan (s. u.) aufgeführt wird.

Seit der Einführung des künstlerisch orientierten Taman-Siswa-Schulsystems 1922 hat sich Yogya zum Zentrum bildender Kunst entwickelt. Pioniere wie der Maler Affandi, dessen **Museum Affandi** (6 km östlich des Zentrums) zu besichtigen ist, benutzten europäische Ölfarben und Perspektiven. Affandi stellte sich gegen das islamische Verbot der Menschendarstellung in der Kunst und schuf so die erste Welle einer selbstbewussten individualistischen Kunst. Zahlreiche **Galerien** präsentieren die Werke junger Künstler.

Kota Gede

Kota Gede ㊲ ist vor allem bekannt als traditionelles ***Silberschmiedezentrum** mit vielen großen und kleinen Werkstätten. Das Erdbeben von 2006 hat einige schwer getroffen.

Oben: Silberschmied in Kota Gede. Rechts: Der prachtvolle Hindutempel von Prambanan entstand um 850 n. Chr.

In der ersten Hälfte des 10. Jh. verlegte König Sindok das Regierungszentrum nach Ostjava, wo es für die nächsten 600 Jahre blieb. Erst als im 16. Jh. der letzte und größte ostjavanische Staat, Majapahit, gefallen war, verlagerte sich das historische Zentrum der Insel auf ebenso unerklärliche Weise zu den Gebieten unterhalb des Merapi zurück. Der Höhepunkt dieser Entwicklung war die Neugründung von Mataram durch Kyai Gedhe Pamanahan, diesmal als islamisches Königreich. Sein Sohn Senopati begann eine Expansionspolitik, die das zweite Mataram zum letzten ursprünglich javanischen Staat machte.

Senopatis Hof befand sich in Kota Gede, heute ein Vorort Yogyakartas, 5 km südöstlich des Zentrums. **Senopatis Grab** und das seines Sohnes Krapyak, der 1601 an die Macht kam, liegt in einer dunklen, blumenbestreuten Kammer – man kann es montags und freitags besichtigen, Voraussetzung ist das Tragen respektvoller javanischer Kleidung. Im Teich der stillen Gärten lebt eine heilige Albino-Schildkröte.

» Karte S. 82-83, Info S. 102-105

Foto: Florian Janku

**PRAMBANAN

Die Geschichte dieser Region mit dem einzigen Sultanat, das die Nationalrevolution von 1945-49 überlebte, beginnt in **Prambanan** ㊳, 17 km östlich von Yogyakarta. In der Umgebung des Dorfes stehen die schönsten indonesischen Hindutempel.

Der hinduistische ****Tempelbezirk Prambanan** 1 wurde in der Mitte des 9. Jh. erbaut, nachdem die Sanjaya im Jahr 832 wieder an die Macht gekommen waren und ihr als „erstes Mataram" bekanntes Königreich gründeten. Ihr größtes architektonisches Vermächtnis ließen sie errichten, um Borobudur zu übertrumpfen. Der Fluss Opak wurde umgeleitet, um für die drei großzügigen Höfe, die einst den Tempel umgaben, Platz zu schaffen. Die Außenmauern und die umgebenden 224 kleineren Schreine (*perwara*) sind zerfallen; der Hauptkomplex wurde in der Kolonialzeit aufwändig rekonstruiert. Zwar sind nicht alle Erdbebenschäden von 2006 beseitigt, die Besichtigung ist jedoch möglich.

Die drei **Haupttempel** symbolisieren die hinduistische *trimurti* (Dreifaltigkeit): **Candi Brahma**, **Candi Visnu** und **Candi Siwa**. Da der javanische Hinduismus Shiva als den höchsten Gott anerkannte und deshalb die anderen Götter um ihn herum gruppierte, ist der 47 m hohe Turm des Candi Siwa im Zentrum größer und architektonisch perfekter als die Zwillingstempel von Brahma und Vishnu. Die Inschrift zur Erinnerung an seine Einweihung im Jahr 856 beschreibt den Turm als „einen schönen Wohnsitz für den Gott". In seinem Inneren steht eine steinerne Monumentalstatue von Shiva in vierarmiger menschlicher Gestalt; da die gängige Ikonografie den Gott einfach als einen riesigen Phallus zeigen würde, repräsentiert diese Figur vielleicht den König Rakai Pikatan, der angeblich das Heiligtum errichten ließ.

In weiteren Kammern um Shiva befinden sich der dickbäuchige Weise **Agastya**, der elefantenköpfige Sohn Shivas, **Ganesh**, und seine Frau **Durga**. In den örtlichen Überlieferungen ist Durga auch Loro Jonggrang, eine

PRAMBANAN

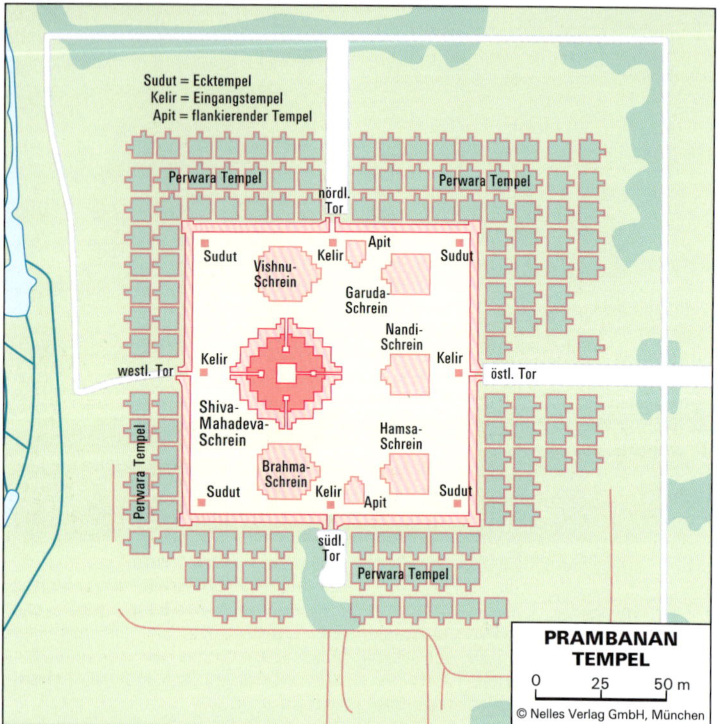
Sudut = Ecktempel
Kelir = Eingangstempel
Apit = flankierender Tempel
Perwara Tempel
Perwara Tempel
nördl. Tor
Apit
Sudut
Kelir
Sudut
Vishnu-Schrein
Garuda-Schrein
Nandi-Schrein
Kelir
westl. Tor
Kelir
östl. Tor
Shiva-Mahadeva-Schrein
Hamsa-Schrein
Perwara Tempel
Brahma-Schrein
Sudut
Kelir
Apit
Sudut
südl. Tor
Perwara Tempel
PRAMBANAN TEMPEL
0 25 50 m
© Nelles Verlag GmbH, München

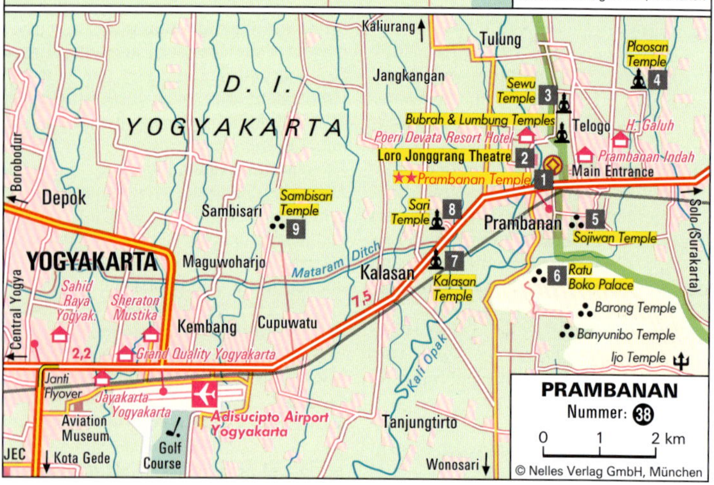
Kaliurang
Tulung
Jangkangan
Plaosan Temple
4
D. I. YOGYAKARTA
Sewu Temple
3
Bubrah & Lumbung Temples
Telogo
H. Galuh
Poeri Devata Resort Hotel
Loro Jonggrang Theatre
2
Prambanan Indah
Main Entrance
★★Prambanan Temple
1
Borobudur
Depok
Sambisari Temple
Sambisari
9
Sari Temple
8
Prambanan
5
Sojiwan Temple
Solo (Surakarta)
YOGYAKARTA
Maguwoharjo
Mataram Ditch
Kalasan
7
Kalasan Temple
Ratu Boko Palace
6
Sahid Raya Yogyak.
Sheraton Mustika
7,5
Barong Temple
Central Yogya
Kembang
Cupuwatu
Banyunibo Temple
2,2
Grand Quality Yogyakarta
Ijo Temple
Janti Flyover
Jayakarta Yogyakarta
Kali Opak
Aviation Museum
Adisucipto Airport Yogyakarta
Tanjungtirto
Golf Course
JEC
Kota Gede
Wonosari
PRAMBANAN
Nummer: 38
0 1 2 km
© Nelles Verlag GmbH, München

„schlanke Maid“, die von einem abgewiesenen Freier zu Stein verwandelt wurde. Noch heute liegen Opfergaben zu ihren Füßen.

Gegenüber von Candi Siwa befindet sich ein Schrein für Shivas Reittier, den heiligen Stier **Nandi**. Großartige ****Reliefs** an den Innenseiten der Balustrade um Candi Siwa erzählen das **Ramayana-Epos**, die Entführung und Befreiung von Sita, der Gattin des indischen Prinzen Rama.

Prambanan gibt eine eindrucksvolle Kulisse für die Freiluftbühne des **Loro-Jonggrang-Theaters** 2 ab: Hier werden jeden Monat in der Trockenzeit in vier aufeinander folgenden Vollmondnächten die berühmten *Ramayana*-Tanzvorführungen gezeigt.

Nördlich der Prambanan-Tempel befinden sich **Candi Lumbung** (mit Apsara-Reliefs), **Candi Bubrah** (mit Buddha-Amitabha-Figuren) und der große **Candi Sewu** 3 („Tausend Tempel“, 792 n. Chr.); frühe buddhistische Heiligtümer, die zu den ältesten Tempeln der Gegend zählen und während der Regierungszeit der Sailendra (750-850 n. Chr.) etwa zeitgleich mit Borobudur erbaut wurden. In Candi Sewu ordneten sich einst 240 kleine Schreine zu einem *mandala*-Muster um ein großes Hauptgebäude.

Etwa 3 km nordöstlich des Prambanan-Bezirks vereint **Candi Plaosan** 4 hinduistische und buddhistische Merkmale. Nachdem die Sanjaya wieder an der Macht waren, verbanden sie sich um 850 durch Heirat mit den buddhistischen Sailendra und unterstützten sogar die Errichtung buddhistischer Tempel. Candi Plaosan ist eine steinerne Interpretation des damals populären zweistöckigen Holztempels.

1,5 km südöstlich des Ortes Prambanan sieht man die Ruinen von **Candi Sojiwan** 5, einem weiteren buddhistischen Tempel.

Rechts: Ramayana-Tanzvorführung auf der Bühne von Prambanan.

Südlich von Prambanan lohnt der Weg hinauf zum **Kraton Ratu Boko** 6. Von den Ruinen der großen Tempelanlage aus dem 9. Jh. auf einem Hügel hat man einen schönen Blick über Prambanan mit dem Mt. Merapi im Hintergrund.

Candi Kalasan 7, den ersten Tempel außerhalb von Yogyakarta, weihte man im Jahr 778. Seine Buddha-Statue ist zwar verloren gegangen, aber die Außenverzierungen sind von feinstem Detail, was umso erstaunlicher ist, wenn man bedenkt, dass sie nur die Basis für noch ausgefalleneres Stuckwerk darstellen. Kalasan war der Kult-Gottheit Tara geweiht.

Candi Sari 8 ist wie der Plaosan-Tempel zweistöckig konzipiert – nur etwas kleiner – und stammt wie dieser aus der Zeit der Sanjaya.

Innerhalb der Anlage liegen auch einige weniger wichtige Hindu-Tempel, wie der kleine, erst kürzlich freigelegte **Candi Sambisari** 9, der durch die Vulkanasche vollständig erhalten blieb. Etwas abgelegen, westlich von Kalasan, gehört er vermutlich zu den letz-

Foto: Archiv Gunda Amberg

ten während der Mataram-Herrschaft erbauten Tempeln von Prambanan.

Imogiri

Das **Grab von Sultan Agung** ㊴ befindet sich in einem sehr schön gelegenen Mausoleum auf einem Hügel in **Imogiri**, auf halbem Weg zwischen Yogya und dem Meer. Agung war der berühmteste Mataram-Herrscher. 1625 eroberte er Surabaya, belagerte 1628 und 1629 das holländische Batavia und nahm schließlich 1641 den Titel Sultan an. Bei seinem Tod im Jahr 1646 herrschte er über Zentral- und Ostjava. Seine Grabstätte zeugt heute noch von seinem Ruhm. Eine große Treppe mit 345 Stufen führt zu einem fortähnlichen Bauwerk, das neben Agungs eigenem schwarzen Grab auch die seiner Nachfolger beherbergt; 2004 wurde Sultan Pakubuwono XII. von Surakarta hier bestattet.

Oben: Kutschfahrt am Strand von Parangtritis. Rechts: Ausdrucksstarke buddhistische Reliefs am Borobudur-Tempel.

Parangtritis

Senopati reiste zur verlassenen Südküste, um sich mit der Königin der Südsee, Ratu Loro Kidul, zu treffen, die ihm Unterstützung durch ihre Geister-Armee versprach. Die schwarzen **Strände** um **Parangtritis** ㊵, die sich wegen gefährlicher Strömungen nicht zum Schwimmen eignen, sind immer noch das Zentrum des Kults um diese Sirenen-Göttin, die junge Männer in den Tod lockt, indem sie sie zum Baden in ihren dunklen Gewässern verführt. Am Krönungstag des Herrschers von Yogyakarta werden hier der Göttin Schnipsel von Haar und Nägeln des Sultans dargebracht.

**BOROBUDUR

Hauptattraktion in der Umgebung von Yogyakarta ist ****Borobudur** ㊶ (40 km nordwestlich), eine der größten buddhistischen Tempelanlagen der Welt. Die kolossale 9-stöckige Stufenpyramide wurde zwischen 750 und 850 während der Regierungszeit der

» Karte S. 82-83, Info S. 102-105

Foto: Jochen Steinhardt

Sailendra geschaffen. Das Bauwerk stammt also aus jener Zeit, als in dieser Gegend indische Religionen zu Hause waren und hinduistische und buddhistische Dynastien prachtvolle Sakralbauten schufen. Die Namen der Baumeister kennt man nicht. Forscher vermuten, dass Reisbauern außerhalb der Pflanz- und Erntezeiten als Bauarbeiter und Handwerker in die Bauprojekte der Herrscher eingebunden waren.

Bereits ein Jahrhundert nach Fertigstellung verlagerte sich der Schwerpunkt der Macht nach Ostjava, später verschwand der Buddhismus ganz aus Java, und Borobudur wurde 1006 unter vulkanischen Aschen des Merapi begraben. Er versank in einen jahrhundertelangen Schlaf, aus dem ihn – 1814 von Raffles wiederentdeckt – erst holländische Archäologen ab 1905 erweckten.

Borobudur ist reich an Symbolen. Einige seiner Botschaften konnten entschlüsselt werden, andere bleiben rätselhaft. Allein seine äußere Form erweckt eine Vielfalt von Assoziationen: Sein Grundriss besitzt die Form eines *mandala*, eines geometrischen Meditationsmusters; im Profil gesehen erinnert er an den hinduistischen Weltberg Meru oder an einen riesigen **Stupa**, Symbol für Buddhas Erleuchtung.

Der Tempel aus 2 Mio. Quadern Vulkangestein (Andesit) ist als Stufenpyramide mit 110 m Seitenlänge angelegt. Die **Reliefs der Basisebene** („Bereich der Begierde“) sind bis auf einige wenige an der Südwestecke zugemauert worden – aus moralischen oder statischen Gründen. Die nächsten vier quadratischen Terrassen bilden umlaufende Relief-Galerien – hier beginnt die Sphäre des *Rupadathu*, der irdischen Existenz, in der es noch greifbare Formen gibt.

Das buddhistische Ritual schreibt vor, dass Pilger im Uhrzeigersinn den Schrein umrunden, bevor sie sich ihm nähern. Borobudurs Galerien bieten dem Pilger eine Wegstrecke von mehr als 5 km. Die 1300 szenischen ****Wandreliefbilder** und die ca. 1200 rein dekorativen Reliefs an den Wänden waren früher bunt bemalt, erzählten die Geschichte Buddhas und dien-

Erste Galerie:

① *Der zukünftige Buddha im Tushita-Himmel mit Musikanten*

② *Königin Maya und König Suddodhana im Palast von Kapilavastu*

③ *Mayas Empfängis*

④ *Maya zieht um nach Lumbini*

⑤ *Buddha als Kaninchen*

⑥ *Siddhartas erste Schritte*

⑦ *Buddha mit Dämonen*

⑧ *Belagerung einer Stadt (unten)*

⑨ *Siddhartas erste Meditation*

⑩ *Siddharta mit Ehefrau Gopa*

⑪ *Siddharta begegnet einem Alten*

⑫ *Siddharta begegnet einem Kranken*

⑬ *Siddharta, in einer Kutsche, sieht einen Toten*

⑭ *Siddharta begegnet einem Mönch*

⑮ *Seeungeheuer attackieren ein Boot*

⑯ *Siddharta verlässt den Palast (Großes Scheiden)*

⑰ *Siddharta schneidet seine Haare ab*

⑱ *Siddharta wird Wandermönch*

⑲ *Siddharta meditiert in einer Höhle*

⑳ *Siddharta als fastender Asket*

㉑ *Siddharta erhält sein Mönchsgewand*

㉒ *Seefahrt des Ministers Hiru (unten)*

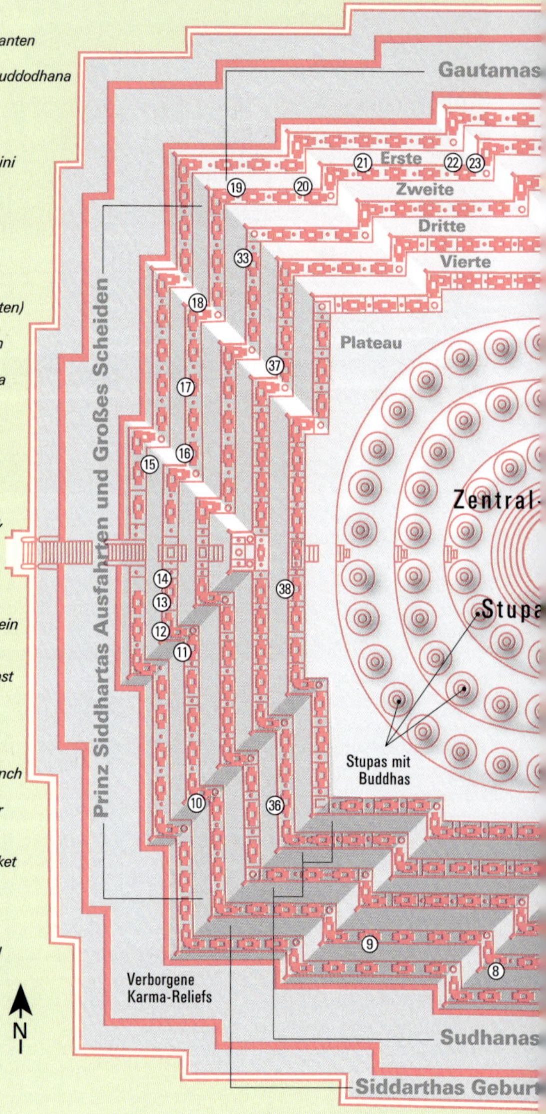

BOROBUDUR
Nummer: 41
0 2,5 5 m

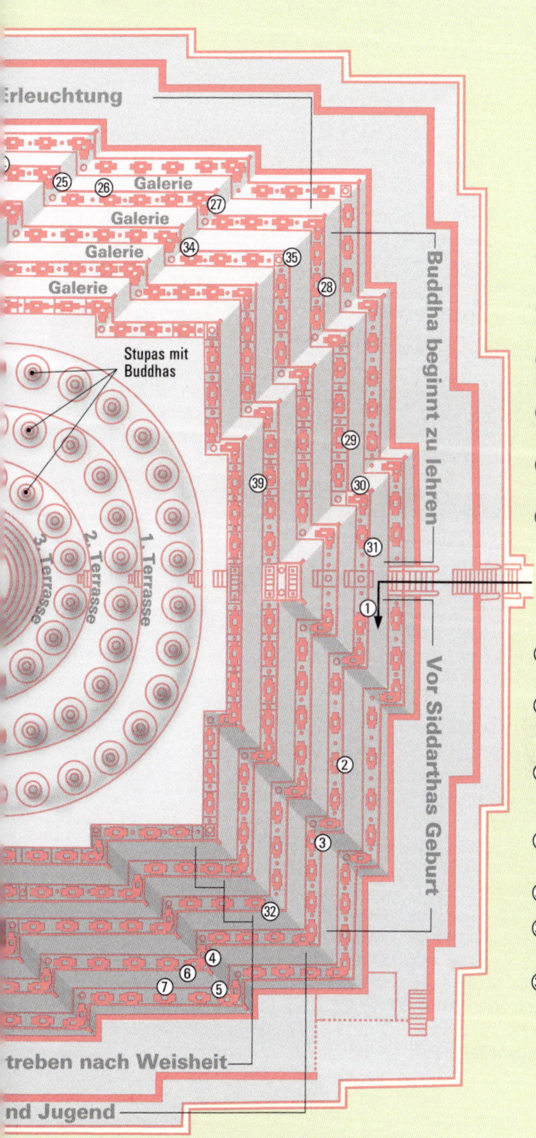

Zweite bis Vierte Galerie:

(23) *Gautama badet im Fluss Nairanjana*

(24) *Brahma huldigt Gautama*

(25) *Gautamas Versuchung durch Mara*

(26) *Gautama wird erleuchtet und zum Buddha*

(27) *Der Schlangenkönig huldigt Buddha*

(28) *Schiffbruch des Maitrakanyaka (unten)*

(29) *Buddha fliegt über den Ganges*

(30) *Buddha trifft seine Jünger*

(31) *Buddha lehrt in Sarnath bei Benares*

(32) *Bodhishattva Manjushri im Turm, mit Sudhana und Mönchen*

(33) *Sudhana besucht eine Göttin*

(34) *Bodhishattva Avalokiteshvara auf einem Löwenthron*

(35) *Bodhishattva Vimaladhvana meditiert. Kämpfende Soldaten*

(36) *Maitreya stehend, in Yoga-Haltung*

(37) *Maitreya als König*

(38) *Schwebender Samantabadhra*

(39) *Bodhishattva Samantabadhra berührt Sudhanas Haupt; Sudhana erlangt die letzte Weisheit*

Foto: Thomas Stankiewicz

ten der religiösen Erbauung der Gläubigen.

Die Wände der **ersten Galerie** sind mit **Episoden aus dem historischen Leben des Buddha** geschmückt, der gut 1200 Jahre vor Borobudurs Grundsteinlegung starb. 120 kunstvolle Reliefs zeigen hier die Biografie des indischen Prinzen **Siddharta Gautama**: die wundersame Empfängnis seiner Mutter Maya, die Geburt des späteren Buddha, seine ersten Schritte, die Vermählung, seine drei Ausfahrten, sein meditatives Asketenleben im Wald, seine Erleuchtung unter dem *bodhi*-Baum und die Lehrpredigt von Benares.

Noch auf der ersten Galerie beginnt außerdem ein in der **zweiten und dritten Galerie** fortgesetzter Zyklus von 720 Reliefs, die Erzählungen über die **500 früheren Existenzen des Buddha** illustrieren. Die **zweite bis vierte Galerie** zeigt **Sudhanas Suche nach Weisheit** und Erleuchtung *(gandavyuha)*; verschiedene Bodhisattvas helfen dem reichen Kaufmannssohn dabei. Darüber hinaus tragen die Mauern der vier Reliefterrassen Nischen mit nicht weniger als 368 **Dhyani-Buddhas**, geordnet nach den Kardinalrichtungen. Im Westen: **Buddha Amitabha** („Das unermessliche Licht“) mit der Meditationsgeste. An der Südseite: **Ratnasambhava** („Der Juwelengeborene“), Geste der Wunschgewährung. Im Osten: **Akshobya** („Der Unerschütterliche“), Geste der Erdanrufung. Auf der Nordseite: **Amoghasiddhi** („Der Verwirklicher der Ziele“), Geste der Furchtlosigkeit. In den 64 Nischen der **fünften Galerie** erscheint Buddha **Samantabhadra** („Der Allgute“) mit den Gesten des Gebens und des Argumentierens.

Oben: Borobudur. Rechts: Eine Neujahrsgabe im Candi Mendut für den „lehrenden“ Buddha (8. Jh. n. Chr.).

Die **drei höchsten Terrassen** sind rund und haben keine Außenwände. Im Inneren der 72 durchbrochenen kleinen **Stupas** sieht man je einen **Buddha**, der mit beiden Händen das imaginäre „Rad der Lehre“ bewegt – die *dharmacakra mudra*, die Buddhas erste Predigt symbolisiert. Es soll Glück bringen, durch

» Plan S. 90-91, Info S. 102-105

Foto: Kalman Muller

die Lücken im Stein zu greifen, um einen der Buddhas zu berühren.

Von hier an wird der Entwurf des Tempels immer abstrakter und geht in den „Bereich der Formlosigkeit“ (oder Körperlosigkeit) über: Die klare Form des unverzierten **Hauptstupa** (11 m Durchmesser) symbolisiert die Erleuchtung; unsichtbar im Inneren des großen *stupa* sind zwei kleine Kammern, sie enthalten: das Nichts – die totale Leere, *nirvana*.

Borobudur ist nicht nur ein großartiges religiöses Denkmal, sondern auch eine wichtige Quelle historischer Informationen: Die dargestellten Häuser und Schiffe, Kleidung, Musikinstrumente und Tänze stammen nicht aus Buddhas Indien, sondern aus dem Java des 9. Jahrhunderts. Tausend Jahre später erkannten Europäer erstmals Borobudurs Bedeutung. Der Brite Sir Stamford Raffles, damals kurze Zeit Gouverneur von Java, entdeckte es 1814 – von Erdbeben beschädigt, von vulkanischer Asche und Vegetation bedeckt. 1911 beendete der Holländer van Erp die erste, 1905 begonnene Restaurierung.

Bis 1968 zerfiel das Erdreich unter der Anlage zusehends, und es war zu befürchten, dass die ganze Struktur zusammenfallen würde; ein umfangreiches UNESCO-Projekt zur Erhaltung der Tempelanlage wurde 1983 vollendet. Voller Stolz weihte Präsident Suharto das restaurierte Nationalmonument. Fanatischen bilderstürmenden Muslimen war das „Buch aus Stein“ jedoch ein Dorn im Auge, und 1985 ließen sie hier neun Bomben explodieren.

Für die buddhistische Welt ist Borobudur heute wieder zu einem bedeutenden Pilgerziel und für den Tourismus ein Magnet ersten Ranges geworden. Die UNESCO zählt Borobudur zum Kulturerbe der Menschheit, für das Gros der Indonesier ist er als nationales Monument ein Symbol der religiösen Toleranz in ihrem zwar multireligiösen, aber überwiegend muslimischen Staat.

Östlich der Tempelanlage stellt das **Archäologische Museum Karmawibhangga** Steinfragmente und Reliefs vom Borobudur sowie interessante Fotos aus und vermittelt einen Eindruck von der aufwändigen Restaurierung.

Foto: Kalman Muller

*Candi Pawon und **Candi Mendut

Zwei kleinere buddhistische Tempel stehen am früheren Pilgerweg nach Borobudur: ***Candi Pawon** ㊷, eine etwa 1200 Jahre alte Miniaturausgabe von Mendut, liegt 1,5 km östlich von Borobudur und weist Zwergendarstellungen am Eingang und ein Wunschbaumrelief an der Rückseite auf. Der 4 km östlich gelegene, meist von Textilhändlerinnen umlagerte ****Candi Mendut** ㊸ (8. Jh.) wurde einst von einem holländischen Historiker „das Juwel unter den antiken Bauwerken Zentraljavas" genannt. Obwohl sich an den Außenwänden bemerkenswert feine **Reliefs** befinden, ist Mendut v. a. wegen der wunderschönen Statue im Inneren berühmt: Ein drei Meter hoher, sitzender ***Buddha**, flankiert von zwei ebenfalls sitzenden Bodhisattva-Figuren, lehrt das Gesetz vom Leiden.

Oben: Ein Blick auf den unruhigen Vulkan Merapi.

MT. MERAPI UND MT. MERBABU

Kaliurang

Kaliurang ㊹, ein kleines Städtchen 25 km nördlich von Yogyakarta, liegt auf 900 m Höhe an den Südhängen des aktiven Vulkans **Merapi**. Angenehmes Klima, spektakuläre Ausblicke und exzellente Wandermöglichkeiten auf den Pfaden des **Forest Park** (Hutan Wisata Kaliurang) und zu den Lavaströmen des Merapi machen Kaliurang zu einem beliebten Wochenendziel für die Bewohner Yogyas. Das **Ullen Sentalu Museum** überrascht mit einer hervorragenden Ausstellung zur Geschichte bekannter javanischer Frauen und widmet sich der javanischen Kultur.

Der 2914 m hohe ***Vulkan Merapi** ㊺ ist der aktivste Indonesiens. Seit 1548 sind regelmäßig Eruptionen zu verzeichnen. Nach dem starken Erdbeben in der Region im Mai 2006, bei dem Tausende Menschen ums Leben kamen, stieß der Merapi eine 3000 m hohe Aschewolke aus. Im Juni 2006 strömten Lava und heiße Gaswolken die Hänge hinab, doch die befürchtete Katastrophe blieb aus. Zuletzt explodierte der Feuerberg im Oktober/November 2010 mehrmals heftig. Rund 150 Todesopfer waren zu beklagen.

Eine Besteigung des Merapi vom kleinen Ort **Selo** an seiner Nordflanke ist nur während relativer Ruhephasen des Vulkans zu empfehlen.

Mt. Merbabu

Am Nordfuß des seit 1968 nicht mehr aktiven **Mt. Merbabu**, des 3142 m hohen Zwillingsvulkans des Merapi, liegt **Salatiga** ㊻. In der Universitätsstadt , 700 m ü. M. gelegen, existiert seit der Kolonialzeit eine große christliche Gemeinde.

Von hier aus kann man den Mt. Merbabu, der fünf Krater aufweist, besteigen: Anfahrt bis zum Bergresort **Kopeng**, dann zu Fuß oder per Motor-

» Karte S. 82-83, Info S. 102-105

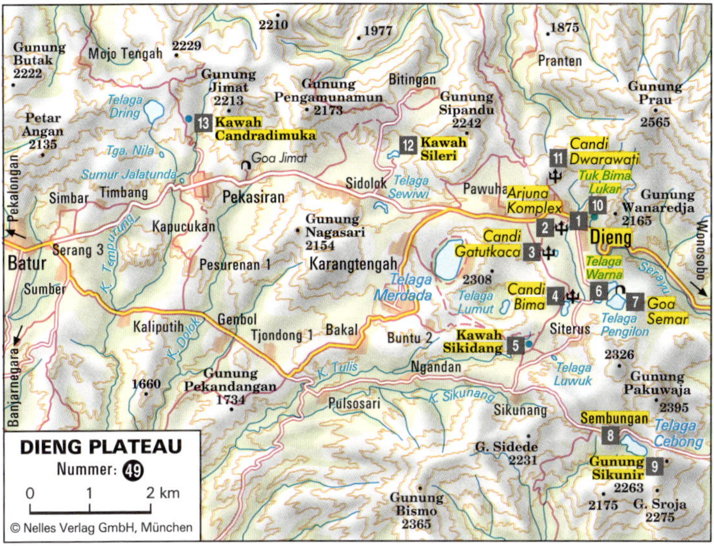

radtaxi zum großen **Base Camp** beim Dorf **Tekelan** (1600 m ü. M.). Ansonsten kann man von Salatiga auch Bootsfahrten auf dem **Lake Rawapening** (10 km), Ausflüge nach Ambarawa oder Gedung Songo (30 km; s. unten) unternehmen.

Ambarawa

Im sumpfigen Tiefland des **Rawapening-Sees** liegt **Ambarawa** ❹❼ (474 m ü. M.), wo Zugpassagiere auf dem Weg nach Yogyakarta früher auf eine Zahnradbahn nach Schweizer Modell umsteigen mussten, um einen Steilhang zu bewältigen. Bis 1977 war Ambarawa eine lebhafte Eisenbahnstadt. Dann wurde die Route Semarang – Magelang – Yogyakarta eingestellt und der Bahnhof zum staatlichen **Museum Kereta Api** (Eisenbahnmuseum) umfunktioniert. Dort kann man mehr als 25 holländische und deutsche Lokomotiven bewundern und besteigen, die zwischen 1891 und 1928 gebaut wurden. Einige davon funktionieren noch, wie Ambarawas **Zahnradbahn** aus dem Jahr 1902, die Gruppen für die 9 km lange Fahrt über Jambu nach **Bedono** (711 m ü. M.) mieten können.

Gedung Songo

Die sehr schön in über 1000 m Meereshöhe gelegenen, durch Wanderwege verbundenen neun **Tempel** von **Gedung Songo** ❹❽ wurden zwischen 730 und 780 n. Chr. erbaut und liegen über sechs Bergkuppen an der Südflanke des **Mt. Ungaran** (2050 m) verstreut. Der Haupttempel jeder Gruppe ist Shiva geweiht. Hier entwickelte sich einstmals der Prototyp des javanischen Hindutempels: Auf einem breiten Unterbau sitzt ein massiver, würfelförmiger Zentralbau, in dem sich der Schrein befindet. Das Dach darüber verjüngt sich stufenförmig, um den Eindruck größerer Höhe zu erwecken.

Ausgangspunkt für den vor allem landschaftlich reizvollen Tempelbesuch ist das rund 6 km entfernte Bergdorf **Bandungan** mit seinem bunten Obstmarkt und einigen einfacheren Hotels.

Foto: Florian Janku

*DIENG-PLATEAU

Das ***Dieng-Plateau** ㊾ (Anfahrt von Yogyakarta über Wonosobo), ist ein Ort von fremdartigem Zauber, eine von pinienbewachsenen Hängen umgebene sumpfige Caldera in über 2000 m Höhe. Hier wechselt das Wetter schlagartig von sanftem Sonnenlicht zu dichten Nebelschwaden oder kalten Schauern. Der vulkanische Untergrund ist ebenso unberechenbar: Schwefelkristalle glitzern in regenbogenfarbenen Tümpeln, und giftige Gase blubbern aus krustigen Erdspalten. Als die Hindukönige vor über 1300 Jahren ihre Kultur nach Mitteljava brachten, wählten sie diese grandiose Kulisse für ihre Tempel und Schreine und nannten den Ort „Heimstatt der Götter".

Von den ursprünglich über 40 kleinen Tempeln, die verstreut auf der Hochebene erbaut wurden, sind heute noch acht erhalten. Alle diese Tempel sind Shiva geweiht und zwischen dem Ende des 7. Jh. bis ca. 780 entstanden. Mit Ausnahme des **Candi Bima** (siehe unten) zeichnen sich alle durch eine strenge, fast düstere Bauweise aus. Die Tempelruinen allein lösen bei Kunstgeschichtslaien noch keine Begeisterungsstürme aus, wohl aber ihre Einbettung in die mysteriös anmutende Landschaft.

Oben: Candi der Arjuna-Gruppe auf dem Dieng-Plateau.

Vom kleinen Ort **Dieng** 1 mit einfachen Unterkünften kann man die Landschaft und die Tempel zu Fuß erkunden (Infos und Eintrittskarten am Kiosk im Ort). Nahe Dieng bilden fünf Tempel den **Arjuna-Komplex** 2. Südwestlich sind in einem kleinen **Museum** beim **Candi Gatutkaca** 3 Skulpturen aus den Tempeln zu besichtigen. Der einzigartige **Candi Bima** 4 fällt mit seinen Reihen von starrenden Köpfen stilistisch aus dem Rahmen.

Im **Kawah Sikidang** 5, einem vulkanischen Krater, treten Gase und Schlamm an die Erdoberfläche. Ca. 1,5 km südlich von Dieng zeigt sich der schöne **Telaga Warna** 6 („Farbiger See") in verschiedensten Farbschattierungen. Ein Pfad führt um den See zu der Meditationsstätte **Goa Semar** 7.

Läuft man weitere 1,5 km Richtung Süden, erreicht man Javas angeblich höchstgelegenes Dorf **Sembungan** 8 (2300 m) mit dem nahen **Telaga Cebong**. Wegen der spektakulären Aussicht über das Dieng-Plateau lohnt eine Wanderung auf den Gipfel des **Gunung Sikunir** 9 (30 Min. von Sembungan nach Süden).

Östlich von Dieng war **Tuk Bima Lukar** 10, ein Badeplatz an einer Quelle, einst ein heiliger Ort. Den letzten der acht Tempel des Plateaus, den **Candi Dwarawati** 11, findet man nördlich von Dieng.

Weitere Seen und dampfende Krater liegen verstreut über die Hochebene nordwestlich des Ortes, wie **Kawah Sileri** 12 (6 km) oder **Kawah Candradimuka** 13 (9 km), den man auf einem schönen Weg (1,5 km) von der Straße zu Fuß erreicht.

» Karte S. 82-83, Plan S. 95, Info S. 102-105

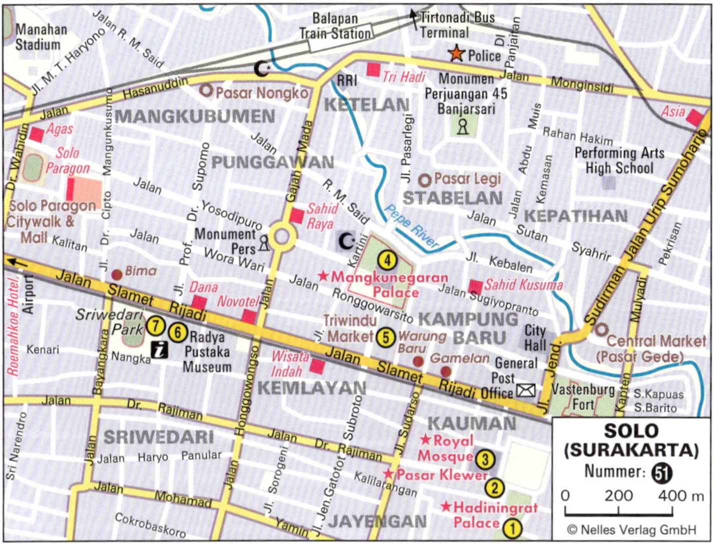

*SOLO (SURAKARTA)

Neben den beiden Höfen in Yogyakarta überdauerten noch zwei weitere Prinzenstaaten die holländische Kolonialisierung Javas. Sie lagen in Surakarta (siehe unten), am östlichen Fuß des Merapi. Als sie sich 1946 gegen die Republik stellten, wurden ihnen alle Hoheitsrechte außerhalb der Palastmauern entzogen.

Acht Kilometer vor Solo, an der Straße von Yogya, liegt die Ortschaft **Kartasura** ㊿. Nur eine bröckelnde Ziegelmauer erinnert noch daran, dass sich hier 66 Jahre lang die Hauptstadt von Mataram befand. Die Höfe Javas waren außerordentlich beweglich. Kriege, Katastrophen oder die Laune eines neuen Königs konnten dazu führen, dass die gesamte Hauptstadt in eine neue, sicherere oder glücksverheißendere Gegend umzog. Kartasura wurde 1680 gegründet, als die vorherige Hauptstadt in Plered (in der Nähe von Kota Gede, Yogyakarta), von einem Herausforderer besetzt wurde. Im Jahr 1743, nach drei verheerenden Kriegsjahren gegen die Holländer und ihre Verbündeten, entschloss sich Pakubuwono II. zum Verlassen dieses unglücklichen Orts.

Im Jahr 1746 zog er dann um nach ***Surakarta** 51, besser bekannt als Solo, der fünften und letzten Hauptstadt von Mataram, in den ***Kraton Hadiningrat** ①. Obwohl der Palast 1985 bei einem Brand beschädigt wurde, ist er immer noch sehenswert. Das heutige **Museum** zeigt eine Ansammlung königlichen Pomps, eine Kanone aus Portugiesisch-Malakka, eine Pagode, in der die „Kaiser" (wie die Holländer sie nannten) sich mit der Königin der Südsee trafen, wie auch eine große **Bibliothek** mit javanischen Handschriften, in der der berühmte javanische Hofdichter Raden Ngabei Ronggawarsita bis zu seinem Tod im Jahr 1873 arbeitete.

Gleich nördlich des Kraton, am **Kraton-Tor**, befindet sich ***Pasar Klewer** ②, der größte **Batik-Markt** von ganz Indonesien. Einige der größten *batik*-Unternehmen, u. a. Batik Keris, haben in Solo ihre Hauptfabriken, aber man kann auch noch die traditionelle

Foto: Philip / www.anthroarcheart.org

Solo-*batik* mit ihren bräunlichen Naturfarben auf zartgelbem Hintergrund erstehen. Nördlich des Markts, auf der Westseite des *alun-alun*, kommt man an Solos größter Moschee, der **Mesjid Agung** ③, vorbei.

Spaziert man in nordwestlicher Richtung durch die Stadt, erreicht man den zweiten Palast Solos, den ***Puri Mangkunegaran** ④. Solo blieb nicht einmal zehn Jahre die Hauptstadt von Mataram. Die Brüder des Königs befanden sich immer noch im Streit, und sein Sohn musste nicht nur die Aufteilung Matarams zwischen Yogya und Solo, sondern auch die Gründung eines neuen Hofs, Mangkunegaran, in Solo miterleben. Er besitzt ein eindrucksvolles zentrales **Pendopo** aus javanischem Teakholz mit einem italienischen Marmorboden, ein berühmtes **Gamelan-Orchester** sowie ein **Museum** für *topeng*-Masken und *wayang*-Puppen.

Oben: Der Göttervogel Garuda, das „Fahrzeug" des Hindugottes Vishnu, in Stein gehauen, im Candi Sukuh (um 1430).

Solo ist der am besten erhaltene *kraton* in Java und ein Hort höfisch-javanischer Hochkultur.

Südlich des Palasts kann man am **Pasar Triwindu** ⑤ indonesische Flohmarkt-Atmosphäre erleben. Ein Stück weiter westlich liegt das unabhängige **Kulturmuseum Radyapustaka** ⑥, gegründet im Jahr 1890. Ausgestellt werden u. a. *Gamelan*-Instrumente, *wayang*-Puppen und *kris* (Zeremonialdolche). Im nahen **Sriwedari-Vergnügungspark** ⑦ lohnt sich vor allem das kulturelle Angebot der **Wayang-orang-Aufführungen**.

UMGEBUNG VON SOLO

In **Sangiran** (52), 15 km nördlich von Solo, wurden 1936 Relikte des **Java-Menschen** entdeckt: der 1,8 Mio. Jahre alte Schädel eines *Homo erectus*. Im **Sangiran Site Museum** sind Nachbildungen der Schädelknochen sowie Tierfossilien ausgestellt.

*Candi Sukuh

Zwar kann sich keine der antiken Stätten in Solos Umgebung mit Yogyas Prambanan messen, aber eine Bergtempelanlage 35 km östlich ist durchaus sehenswert: ***Candi Sukuh** (53) an den Hängen des Vulkans Lawu.

Trotz seiner Lage im heutigen Zentraljava gehört dieser Candi historisch gesehen zu Ostjava und Majapahit; in der Zeit des zerfallenden Imperiums erbaut (um 1430), bildet der Sukuh-Tempel den Endpunkt der religiösen und architektonischen Assimilation, die in Dieng begann: Hier werden die ursprünglichen hindu-indischen Stilelemente von javanischen Neuschöpfungen schier erdrückt. Die zentrale gestufte Pyramide erinnert an mexikanische Tempelruinen. Sukuh wird mit der Verehrung des hier mehrmals abgebildeten *wayang*- (und Mahabharata-) Helden **Bima** in Verbindung gebracht. Zudem gibt es hier etliche **erotische**

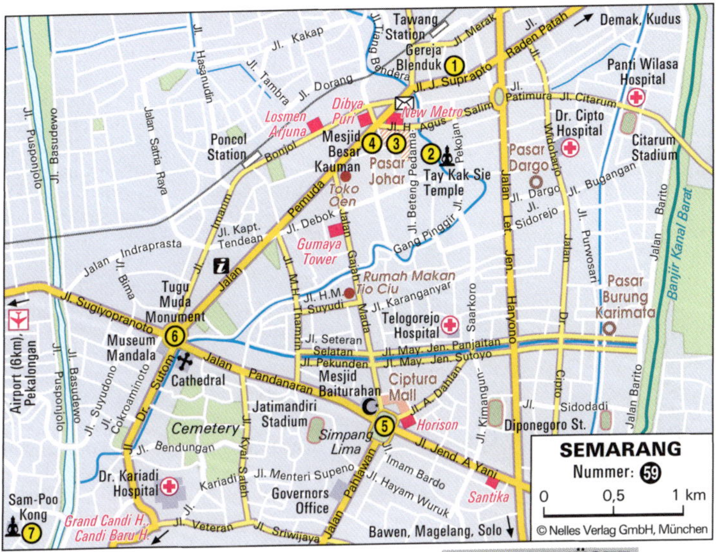

Motive, die einen tantrischen Fruchtbarkeitskult hier vermuten lassen: Ein **Yoni-Lingga-Relief** (Vulva und Phallus) ziert den Boden eines Eingangs, und zwei der **Wächterfiguren** sind auffallend gut bestückt. Trotz der schönen **Aussicht** von der 910 m hoch gelegenen Stätte und der **Reliefs** im Wayang-Stil ist das zwischen dunklen Pinien gelegene Sukuh ein unheimlicher Ort mit merkwürdigen **Tierskulpturen** – Riesenschildkröten, Elefantenmännern und starrenden Schweinen.

Sieben Kilometer nördlich und 600 Meter höher liegt der wenig besuchte, schlecht erhaltene Hindutempel **Candi Ceto** 54 aus dem 15. Jahrhundert. Einige Phallus-Darstellungen sind noch zu sehen. Der *pendopo* und die Tore im balinesischen Stil wurden rekonstruiert.

Hinter Karangpandan windet sich die Straße durch neblige Wälder hinauf zu den Ferienorten **Tawangmangu** 55 und weiter nach **Sarangan** 56 (1290 m ü.M.), dem Ausgangspunkt für eine Besteigung des 3265 Meter hohen **Mt. Lawu**.

DIE NORDKÜSTE

Pekalongan

Pekalongan 57 ist eine bekannte *batik*-Stadt, in der die Frauen aus besseren Kreisen ihre Stoffe bestellen. Vor dem Krieg produzierte die Eurasierin Eliza van Zuylen hier qualitativ hervorragende **Batik-Stoffe** mit holländisch beeinflussten Blumenmustern, die noch heute als Qualitätsmaßstab gelten. Während des Krieges inspirierten japanische Vorbilder die berühmte *Hokukai-Batik*. Heute entwerfen und produzieren hier javanische, arabische, chinesische und europäische Unternehmer *batik*-Stoffe. Die besten Werkstätten findet man in benachbarten Dörfern wie **Kedungwuni** 58.

Semarang

Nicht die alte Königsstadt Solo, sondern der Hafen **Semarang** 59 ist die Hauptstadt der Provinz. Im Jahr 1678 fiel dieser Teil Matarams an die VOC, und Semarang blieb bis 1948 ein hol-

Foto: Rainer E. Kunert

ländischer Küstenstützpunkt, von dem aus die Reichtümer des javanischen Binnenlandes abgezogen wurden. Im Hinterland entstanden Tabakplantagen. Noch heute gibt es holländische Warenlager und Büros in der Stadt.

In der Kirche **Gereja Blenduk** ① (18. Jh.) mit ihrer grünen Kupferkuppel und dem eindrucksvollen Eingangsportal in Semarangs sehenswerter Altstadt, finden noch Gottesdienste statt.

Viele Bürger haben Wurzeln in China: Chinesische Händler ließen sich lang vor den Holländern in Semarang nieder und dominieren heute die Wirtschaft. **Klenteng Gang Lombok** ② (Tay Kak Sie) in Chinatown ist ein chinesischer Tempel von 1772.

Richtung Südwesten erhebt sich gegenüber dem faszinierenden **Pasar Johar** ③ (Johar-Markt) die **Mesjid Agung** ④, Semarangs große Moschee.

Die Jl. Gajahmada führt südlich direkt ins moderne Zentrum der Stadt. Am **Simpang Lima** ⑤ stehen die großen **Einkaufszentren** und Hotels.

Oben: Ein Reisbauer mit seinen Zugtieren.

Das 20. Jh. brachte soziale Umwälzungen in Semarang. Der Marxist Henk Sneevliet beeinflusste um 1913 die Gewerkschaft der Bahnarbeiter, und hier wurde die Kommunistische Partei Indonesiens gegründet. 1945 starben 2000 nationalistische Rebellen bei der „Fünftageschlacht" gegen die Japaner; das **Tugu-Muda-Denkmal** ⑥ im Stadtzentrum erinnert daran.

5 km südwestlich des Zentrums steht der chinesische Tempel **Sam-Poo-Kong** ⑦, geweiht einem chinesischen Muslim-Heiligen, der die Küste im 15. Jh. besuchte und von Chinesen und Indonesiern gleichermaßen verehrt wird.

Beachvolleyballer schätzen den **Marina Beach** im Norden.

★Karimunjawa-Archipel

110 km nördlich von Semarang liegt der **★Karimunjawa-Archipel**, ein noch nicht überlaufenes Paradies mit 27 kleinen Inseln, die mit unberührten weißen Sandstränden und bunten **Korallengärten** punkten. Die Hauptinsel **Pulau Karimunjawa** hat Fährverbin-

» Stadtplan S. 99, Info S. 102-105

dung mit Jepang und Semarang und preiswerte Gästehäuser. Exklusiver ist das **Kura Kura Resort** auf **Pulau Menyawakan** (Charterflug ab Semarang).

Demak

Durch Verschlammung und Verlandung verschiebt sich Javas Nordküste immer weiter nordwärts. Die bei Ankunft der ersten Europäer größten Hafenstädte liegen heute auf dem Trockenen – wie **Demak** ⓺⓪, dessen Flotte einst viele javanische Küsten-Königreiche eroberte, heute aber 12 km vom Meer entfernt ist. Angeblich von einem chinesischen Muslim gegründet, war es der erste islamische Staat Javas. In den 1520er-Jahren, als Majapahits Ruhm erlosch, wurde Demak das erste islamische Glied in der Kette muslimischer Dynastien, durch die Solo und Yogya ihre Legitimität bis zum antiken Hindu-Königreich zurückverfolgen. Angeblich stammen vier der gravierten Säulen in Demaks **Mesjid-Agung-Moschee** vom Hof Majapahits. Die Mosche – Javas heiligste –wurde 1845 und 1987 rekonstruiert.

Die historischen Häfen des nordöstlichen Java sind legendär verbunden mit den *wali songo*, den „neun Heiligen", die die islamische Religion in Java verbreiteten. Einer der Heiligen, Sunan Kalijaga, liegt in **Kadilangu**, 2 km südlich von Demak, begraben.

⋆Kudus

Die von vorislamischen Baustilen geprägte ⋆**Moschee** in **Kudus** ⓺⓵ ist eindrucksvoll. Die geteilten Eingangstore erinnern an balinesische Tempel, und das rote Backstein-Minarett vor der Moschee war früher sicherlich ein hinduistisches *kulkul* (Gong-Turm). „Kudus" ist eine Verformung des Wortes *al-Quds*, Jerusalem; dies ist der einzige Ort in Java mit einem arabischen Namen. Die Moschee wurde von Sunan Kudus, dem früheren Vorsteher der Moschee in Demak, 1549 erbaut. Sunan Kudus wird als einer der *wali songo* verehrt, sein geschnitztes **Grab** befindet sich hinter der Moschee. Die Architektur der Wohnbauten in Kudus, mit den hohen, geweißten, fensterlosen Mauern zur Straßenseite, trägt muslimische Züge.

Der Großteil der weiblichen Bevölkerung arbeitet in der **Nelkenzigaretten-Fabrik**. Der überwältigend süße Duft des *kretek*-Rauchs wurde in den 1890er-Jahren populär; heute sind *kretek*-Zigaretten, die erstmals in Kudus kommerziell hergestellt wurden, aus Indonesien nicht mehr wegzudenken.

Jepara

Jepara ⓺⓶ liegt zwar heute nicht mehr am Meer, aber im 16. Jh. ankerten hier Schiffe aus China, Burma, Indien, Persien und Arabien, und Jeparas Flotte belagerte dreimal Portugiesisch-Malakka. Heute produziert die Stadt Holzschnitzereien und Möbel aus Teak und Mahagoni. Berühmteste Tochter der Gegend ist **Raden Ajeng Kartini**, Indonesiens größte Heldin, deren Geburtstag am 21. April als „Kartini-Tag" gefeiert wird. Kartini (geb. 1879) war die Tochter des Regenten von Jepara. Er erlaubte ihr den Besuch einer europäischen Schule, was zu dieser Zeit für javanische Mädchen undenkbar war. Ihren Einsatz für die Bildung und Emanzipation der javanischen Frau belegen u.a. ihre bewegenden Briefe, später unter dem Titel *Door Duisternis tot Licht* (Durch das Dunkel ins Licht) veröffentlicht. Kartini starb auf tragische Weise mit 25 Jahren, ein paar Tage nach der Geburt ihres ersten Kindes. Das **Kartini-Museum** in Jepara ist ihrem Leben und Werk gewidmet.

Ein weiteres an Kartini erinnerndes **Museum** findet man in **Rembang** ⓺⓷, wo sie ihr einziges Ehejahr verbrachte. Kartini liegt im Dorf **Bulu** ⓺⓸, 19 km südlich von Rembang (an der Straße nach Blora), begraben.

» Karte S. 82-83, Info S. 102-105

YOGYAKARTA (☎ 0274)

Tourist Information Centre, Jl Malioboro 16, Tel. 566000. täglich außer So u. Fei 8-19 Uhr.

GARKÜCHEN: an der Jl Malioboro bieten nachts Imbiss-Stände javanische Spezialitäten wie *gudeg*, *sate* und *sop kaki kambing* (Suppe aus Ziegenfüßen) an.
INDONESISCH: **Ayam Goreng Nyonya Suharti**, Brathuhn, Jl Adi Sucipto 208, Tel. 515522; Jl Solo (beliebtes volkstümliches Lokal).
Joglo Mlati, erlesene javanische Spezialitäten (und internationale Gerichte) in schönem Ambiente, Jl Kebon Agung 170, Sendangadi, Mlati, Sleman, Tel. 866700.
Warung Opera, Lokal mit Künstlerflair in altem javanischem Teakhaus, gute indonesische Küche, Jl Parangtritis, Km 6,3, Tel. 7181977.
INTERNATIONAL: **Atap Café & Resto**, ökologisch ausgerichtetes Café mit guter indonesischer Küche und leckeren Desserts, Jl Sasrowijayan Gt 1/113.
Gadjah Wong, indonesisch, italienisch oder indisch – leckere Speisen am Ufer des Wong-Flusses, Jl Gejayan 79 D, Tel. 588294.
Via Via, trendiges Café-Restaurant, in dem sich die Küchen aus Ost und West vereinen, Jl Prawirotoman 30.

Bintang Café, Live-Musik und immer Bombenstimmung, Jl Sosrowijayan 54.
Hugo's und **Insomnia**, in den beiden Bars trifft sich am Wochenende die Szene der Stadt, im Sheraton Mustika Resort, Jl Adisucipto, Tel. 484208.
Boshem, angesagter Klub mit großer Tanzfläche und Karaoke, Jl Magelang, Km 6,5. Tel. 624041.

Pasar Beringharjo (städt. Markt) an der Jl A. Yani / Malioboro. **Art & Craft Centre** im Pura Wisata, Jl Brigjen. Katomso.
LEDERWAREN: viele Geschäfte auf Jl Malioboro, z. B. **Toko Setia**, Nr. 79 u. 165.
WAYANG KULIT (Schattenspiel-Figuren): **Ledjar**, Jl Mataram DN I/370, östlich von Malioboro. **Mulyo Suhardjo**, Jl Taman Sari 37B, westlich vom Winongo-Fluss. **Swasthigita**, Jl Ngadinegaran MD 7/50, bei Jl Panjaitan, südlich v. *kraton*.
SILBER: **Tom's Silver**, Jl. Ngeksi Gondo 60, Tel. 525416. **MD Silver**, Jl Keboan, Kota Gede.
ANTIQUITÄTEN / RARITÄTEN: viele Geschäfte auf Jl Malioboro, u. a. **Toko Asia**, und in der Taman Sari-Gegend. Teurere, jedoch zuverlässigere Antiquitäten: **Jul Shop**, Jl Mangkubumi 29, Tel. 512157; **Ardianto**, Jl Pejaksan 21; und die Geschäfte an der Jl Tirtodipuran.
BATIK: Großes Angebot, etwa bei **Terang Bulan**, Jl A. Yani 108. Zwei Dutzend Fabriken um Jl Tirtodipuran, südlich des *kraton*, verkaufen *cap* (gedruckte) *batik*.
Die Taman Sari-Gegend ist das Zentrum für billige *batik* Malerei; für teurere Originale sollte man spezielle „Galerien" aufsuchen.

Yogyakarta Kraton Museum, Fr 8-13, sonst 8-14 Uhr, Tel. 512036.
Gembira Loka Zoo, täglich 8-18 Uhr, Jl Gembira Loka. **Museum Perjuangan**, Nationalgeschichte, Di-Do 9-13, Fr bis 11, Sa u. So bis 12 Uhr, Mo geschl., Jl Kol. Sugiyono 24.
Museum Sonobudoyo, Di-Do 8-13, Fr 8-11.30, Sa 8-12.30, So 8-12 Uhr, Mo geschl., Jl Trikora 3, Tel. 512775. **Museum Sasmitaloka Jenderal Sudirman**, Di-So 8-12 Uhr, Jl. B. Harun.
KUNSTGALERIEN: **Museum Affandi**, tägl. 9-16 Uhr, Jl Solo 167, Tel. 588526. **ISI** (Indonesische Akademie der Schönen Künste), Jl Gampingan, westlich des Stadtzentrums jenseits des Winongo-Flusses. **Bagong Kussudiardjo**, Jl Singasaren 9, bei Jl Wates.

GAMELAN: Im **Kraton Yogyakarta** kann man donnerstags von 10-12 Uhr dem hochkarätigen Palastorchester bei den Proben zuhören. **Pakualaman Palace**, an jedem 5. So um 10 Uhr.
WAYANG KULIT: **Agastya Art Institute**, täglich außer Sa, 15-17 Uhr, Jl Gedong Kiwo MJ 1/996, Nähe Jl Bantul im SW der Stadt.
Sasono Hinggil (Pavillon südlich des *kraton*), 2. Samstag in jedem Monat, 21 Uhr bis Frühmorgen. **Ambar Budaya**, Yogyakarta Kunsthandwerks-Zentrum, tägl. 20-21.30 Uhr, Jl Laksda Adi Sucipto.

TANZ: **Pendopo Dalem Pujokusuman**, Mo/Mi/Fr 20-22 Uhr, die Kraton Tänzer proben jeden So 10.30-12 Uhr, Jl Brig Jen Katamso 45.
Mehrere Tanzschulen erlauben Besuch der Proben: **Krido Bekso Wirama**, Jl Wahid Hasyim. **SSTI** (Staatl. Akademie f. Tanz), Jl Colombo, nördl. d. Stadt. **Bagong Kussudiardjo**, Jl Singosaren 9, bei Jl Wates.
Ramayana Ballett, Vorführungen an Vollmond-Nächten in Prambanan Mai-Okt, Reservierung und Information: Tel. 496402, www.vocal.net/twc oder bei der Tourist-Information.

Perumtel,Tel, Fax, Telegramm, 24 Std. geöffnet, hinter dem Postamt, außerdem viele Wartel und Internet-Cafés.

FLUG: **Adisucipto Airport**, Jl Solo, östl. der Stadt. *Fluggesellschaften:* **Garuda**, Jl Mangkubumi 52, Tel. 551515; **Merpati**, Jl Jen. Sudirman 63, Tel. 514272.
ZUG: Hauptbahnhof. 16 Züge tägli. nach Jakarta, 7 nach Bandung, 10 nach Surabaya.
BUS: Busse in die benachbarten Städte ab **Terminal Umbulharjo**, 5 km südöstl. v. Zentrum bei Kota Gede; einige Busse nach Borobudur fahren jedoch ab **Terminal Pingit**, Jl Magelang. Überland-Busse fahren von den Büros der Busfirmen auf Jl Mangkubumi u. Jl Diponegoro ab, oder von Jl Sosrowijayan bei den Fahrkarten-Agenturen.
NAHVERKEHR: **Taxis** bekommt man auf Jl Senopati beim Postamt, oder bei größeren Hotels. **Pferdewagen** *(andong)* zu mieten am Bahnhof, Postamt oder Markt. **Becak** besonders auf Jl Malioboro. **Minibus** Terminal Nähe Jl Senopati, hinter dem Einkaufszentrum. **Fahrräder** vermietet das **Hotel Asiatic** sowie einige *losmen* auf Gang I und II.

PRAMBANAN

Prambanan Tempelkomplex, tgl. 6-18 Uhr, 17 km östl. von Yogyakarta, Tel. 496401.

BOROBUDUR

Informationsbüro, 6-17 Uhr, am Eingang, Tel. 788266, www.borobudurpark.com.

WONOSOBO (☎ 0286)

Dieng Restaurant, Jl Angkatan 45/37, Tel. 322134.
Asia Restaurant, Jl Angkatan 45/33, Tel. 321165.

MAGELANG (☎ 0293)

Museum Diponegoro, geöffnet täglich auf Anfrage, Jl Diponegoro 1.
Museum Soedirman, Gen Sudirman Gedächtnis-Museum, Mo-Sa 8-12 Uhr, Jl Ade Irma Suryani C7.

KALIURANG

Ullen Sentalu Museum, eines der besten Museen des Landes zur javanischen Kultur, Di-So 9-15.30 Uhr, Kaswargan, Tel. 895161.

Forest Park (Hutan Wisata Kaliurang), 8-16 Uhr, Karten am Parkeingang.
Vogels Hostel, organisierte Wanderungen mit Führer, Jl. Astamulya 76, Tel. 95208.

AMBARAWA

Museum Kereta Api, Eisenbahnmuseum, 8-16 Uhr, im ehemaligen Bahnhof.

Zahnradbahn, 9 km lange Fahrt nach Bedono für Gruppen, einige Tage vorher buchen, Tel. 591035.

SOLO (☎ 0271)

Jl Slamet Riyadi 275, Tel. 711435, Mo-Do und Sa 7.30-17 Uhr, Fr 7.30-11 Uhr.

GARKÜCHEN: am besten im **Vergnügungspark Taman Sriwedari** (an der westlichen Jl Slamet Riyadi), auch in der **Jl Yos Sudarso**, südlich der Jl Slamet Riyadi, und in der **Jl Teuku Umar**, nördlich davon.
RESTAURANTS: **Warung Baru**, einfach, aber beliebter Touristen-Treff, Jl K. H. A. Dahlan 23, Tel. 56369.
Cafe Gamelan & Restaurant, westliche und javanische Gerichte, Jl Slamet Riyadi 60, Tel. 41640. **Bizztro Saraswati**, elegantes Lokal mit westlicher Küche (Steaks u. mehr), Jl Yosochipuro 122.
Bima Restaurant, Salate und Steaks, Jl Slamet Riyadi, Ecke Jl Diponegoro.

Alang Alang Café, Garten-Restaurant, manchmal Live-Musik, Jl Gajahan RT 2/3 Nr. 7, Tel. 54842.
Sasono Bujono, indonesische und internationale Gerichte in schönem Ambiente, im Lor In, Jl Adi Sucipto 47, Tel. 724500.

Pasar Gede, öffentlicher Markt, am Ende von Jl Urip Sumoharjo.
Jl Secoyudan ist die Haupt-Einkaufsstraße.
Flohmarkt **Pasar Triwindu**, 9-16 Uhr, Jl Diponegoro, vor dem Palast Kraton Mangkunegaran.
ANTIQUITÄTEN / RARITÄTEN: **Eka Hartono**, Jl Dawung Tengah 11/38. **Parto Art**, Jl Slamet Riyadi 103.
Weitere Läden auf / um Jl Slamet Riyadi und Jl Urip Sumarharjo.
RETRO-MÖBEL: **Mirah Delima**, Jl Kemasan RT 11.
WAYANG SCHATTENSPIEL-FIGUREN: **Usaha Pelajar**, Jl Nayu Kidul, nördlich des Busbahnhofs.
REQUISITEN FÜR TÄNZER: **Toko Bedoyo Serimpi**, Temenggungan 116, Ecke Hayam Wuruk / Ronggowarsito.
BATIK: **Batik Danar Hadi**, Jl Slamet Riyadi. **Batik Semar**, Jl RM Said 132.
Textilmarkt **Pasar Klewer**, beim Kraton Hadiningrat.

Museum Kraton Surakarta, kleines Museum mit ansehnlichen Sammlungen zur javanischen Kultur, Mo-Do 9-14, Sa/So 9-15 Uhr, Tel. 656492. **Museum Istana Mangkunegaran**, 9-14 Uhr, Fr geschlossen. **Museum Radyapustaka**, Di-Do u. So 9-13, Fr und Sa 8-11 Uhr, Mo geschl., Jl Brig Jen Slamet Rijadi 235, Tel. 632306.

GAMELAN-MUSIK: **ASKI**, Proben meist morgens von 9-14 Uhr, Pagelaran Alun Utara.
HÖFISCHE TÄNZE: **Mangkunegaran Kraton**, Mi 10-12 Uhr.
WAYANG ORANG u. KETOPRAK: **Taman Sriwedari**, Mo-Sa 20-23 Uhr, Jl Slamet Riyadi. **Taman Hiburan Bale Kambang**, jeden Abend ab 20 Uhr, Matinee So 10 Uhr.
WAYANG KULIT: **Radio Republik Indonesia** (Nähe Bahnhof), 3. Samstag jedes Monats, die Vorstellungen dauern die ganze Nacht.

Postamt, tägl. 8-19 Uhr, Jl Jen. Sudirman 8.
Gutes Internet-Café im Sahid Kusuma Hotel. Viele Wartel in der Stadt.

FLÜGE: **Adi Sumarmo Airport**, 9 km westl. d. Stadt. **Garuda**, im Cakra Hotel, Jl Slamet Riyadi 201, Tel. 630082, Mo-Do 7.30-16.30, Fr 7.30-17, Sa, So, Fei 9-13 Uhr. **Silk Air**, im Novotel, Jl Slamet Riyadi 272, Tel. 724604, Di, Do, Sa direkt nach Singapur.
ZUG: 18 Züge tägl nach Yogya, 1 nach Semarang, 10 nach Surabaya, alle vom Bahnhof **Solo Balapan**.
BUS: Für Intercity-Busse, **Terminal Tirtonadi**, 3 km nördl. v. Zentrum auf Jl Setiabudi. Einige Nachtbus-Unternehmen fahren ab Jl Urip Sumoharjo, und einige Minibusse nach Yogya ab Jl Yos Sudarso.
NAHVERKEHR: **Minibus-Station** gegenüber dem Pasar Klewer beim Kraton Hadiningrat.
Taxis auf Jl Kratonan.
Fahrrad-Verleih im **The Westerners**, Jl Kemlayan Kidul, Tel. 633106, und im **Warung Baru**, Jl K. H. A. Dahlan 23 (s. a. Restaurants).

PEKALONGAN (☎ 0285)

Pekalongan Remaja, chinesisch, Jl Dr Cipto 20, Tel. 21019.
Es Teler 77, indones. Fastfood-Ketten-Lokal, Suppen, Nasi Goreng, leckere Eis-Desserts, Jl. Urip Sumoharjo 20, www.esteler77.com.
GARKÜCHEN: Abends viele Garküchen in der Jl Angkatan 45, nahe dem Bahnhof bzw dem Sari Dewi Hotel.

BATIK: **Ahmad Yahya**, Jl Pesindon 221, Tel. 22413. **GKBI** (Batik-Cooperative), Jl HA Salim 39, Tel. 25811. **Tobal Batik**, Jl Teratai 7A. Viele Läden auf Jl KH Mansyur u. Jl Hayam Wuruk.

Minibus-Station: hinter Pertamina Tankstelle, Jl Hayam Wuruk.
Intercity Busbahnhof liegt 2 km außerhalb der Stadt.

SEMARANG (☎ 024)

Municipality Tourist Office, Mo-Do 8-14, Fr 8-11, Sa 8-12 Uhr, Dinas Pariwisata, im Taman Raden Saleh, Jl Sriwijaya 29, Tel. 311220.
Central Java Prov. Tourist Office, Mo-Fr 7.30-16 Uhr, Jl Pemuda 136, Tel. 3515451, www.central-java-tourism.com.

Viele kleine Lokale mit indonesischer Küche findet man in den Einkaufszentren am Simpang Lima. Authentische Küche (javanisch und chinesisch) bekommt man für wenig Geld in den Garküchen des **Semawis Night Market** in Chinatown, Jl Warung.
RESTAURANTS: **Toko Oen**, Traditionslokal mit viel kolonialer Atmosphäre und Teehaus, Jl Pemuda 52, Tel. 3541683.
Alamanda, Meeresfrüchte sind die Spezialität des Gartenlokals, Jl Setiabudi, im Taman Tabanas Gombel. Tel. 7498949.
Dokmai, gute Thai-Küche, Ruko Pujasera, Jl Sultan Agung, Tel. 8503271.
Kendali Sodo, internationale Küche; mit einem großartigen Blick über den Hafen, im Patra Jasa Hotel, Jl Sisingamangaraja, Tel. 8414141.
Parkview Bar BQ, tolle Ausblicke und schmackhafte internationale Gerichte in einem der Szene-Lokale der Stadt, Jl Setiabudi, im Taman Tabanas Gombel, Tel. 70777247.
Rumah Makan Tio Ciu, einer der Klassiker in Semarang, frisch in dampfenden Woks zubereitete Meeresfrüchte, Jl Gajah Mada.

EINKAUFSZENTREN: Um den zentralen Platz Simpang Lima: **Gajah Mada Plaza**, **Plasa Simpang Lima**, **Matahari Department Store**.
VOGELMARKT: Jl Kartini, beim Stadion.
BATIK: **Cenderawasih**, Jl Pemuda 66, Tel. 3545986. **Batik Danar Hadi**, Jl Gajah Mada 186, Tel. 3545999. **Batik Keris**, Complex Pertokoan, Gajah Mada Plaza.
ANTIQUITÄTEN: **Pandjang**, Jl Widoharjo 31A, östl. d. Busbahnhofs. Mehrere Läden auf Jl Pemuda.

Staatl. Museum von Zentraljava, Jl Abdul Rahman (2 km vom Flughafen).
Museum Jamu Nyonya Meneer, Mo-Fr 10-15.30 Uhr, Naturheilkunde, Jl Raya Kaligawe Kilometer 4, Tel. 285732.

WAYANG ORANG und KETOPRAK: jeden Abend im **Ngesti Pandowo**, Jl Pemuda 116, **Sri Wanito**, Jl Dr Dipto, und **Wahyu Budoyo**, Kopleks Tegal Wareng, Jl Sriwijaya.
TANZ: Vorstellungen im **Taman Raden Saleh**, Jl Sriwijaya.

Pasar Johar, Mo-Sa 6.30-20 Uhr, oberhalb Jl Pemuda. Nebenan **Telecom office** (24 Std.). Internetzugang bieten viele kleine Internet-Cafés sowie Hotels.

FLUG: Ahmad Yani Flughafen, 8 km westl. v. Semarang. *Fluggesellschaften:* **Garuda**, Graha Santika Hotel, Jl Pandanaran 116-120, Tel. 310045, 413217. **Merpati**, Jl Gajah Mada 17, Tel. 3517137. **Mandala**, Bangkong Plaza, Jl Letjen. M. T. Haryono 864, Tel. 444737.
ZUG: Hauptbahnhof, **Tawang**, auf der Hauptroute Jakarta – Cirebon – Surabaya.
BUS: Intercity-Busbahnhof **Terminal Bis Terboyo**, 6 km vom Zentrum, erreicht man mit *mikrolet* vom Terminal Sendowo (s. u.).
SCHIFF: **Pelni**, Jl Empu Tantular 25, Tel. 3555156.
NAHVERKEHR: Wichtigste Station für den Nahverkehr mit Bus / *mikrolet* ist **Terminal Sendowo** an der Jl Suari, südlich von Gereja Blenduk.
Taxi mit Klimaanlage und Taxameter bei: **Atlas Taxi**, Jl Telaga Bodas 1, Tel. 412412.

KUDUS (☎ 0291)

Garuda, Jl Jen Sudirman 1. Gute Garküchen an der *Simpang Tujuh* vor dem *Kabupaten*-Büro.

JEPARA

Museum Kartini di Jepara (Raden Ajeng Kartini Gedächtnis-Museum), Mo-Sa 8-16, So 9-16 Uhr, Jl Kartini 1.

Pondok Rasa, indonesische und chinesische Küche, schöner Garten, Jl. Pahlawan.

2 Java

Foto: Florian Janku

OSTJAVA

In Ostjava findet man noch das ursprüngliche, volkstümliche, ländliche Java. Hier gelang es javanischen Künstlern, ihren indischen Vorbildern gerecht zu werden, hier konnten Ahnenverehrung und Mystizismus über die Theologie triumphieren, und hier gründete ein Bauernrebell eine der mächtigsten Dynastien. Ostjava brachte den einflussreichsten König Javas hervor, aber der letzte König musste bereits vor 300 Jahren abdanken. Die Zeiten der Hofkünste gehören deshalb schon sehr lange der Vergangenheit an, aber auch die des leeren Palastpomps der kriecherischen Ehrerbietung vor Rajas oder Adeligen.

In Ostjava trifft man – abgesehen vom Vulkan Bromo – eher selten auf ausländische Besucher.

DIE NORDKÜSTE

Nördlich des vulkanischen Rückgrats winden sich die Zwillingsflüsse Solo und Brantas durch weite Ebenen, Teakwälder, Zucker- und Reisfelder, bevor sie sich in das breite Delta an der Straße von Madura ergießen. Der letzte Ausläufer des trockenen Kalksteinmassivs, die „Nördlichen Kalkhügel“ (auch die Insel Madura ist ein Teil dieses Höhenzuges), trennt das Solo-Tal vom Javanischen Meer. Was Kultur, Geschichte und Landschaftsstruktur betrifft, stellt die Küstenseite dieses Gebietes eine Fortsetzung des zentraljavanischen *pesisir* dar. **Tuban** ❻❺, einst Majapahits wichtigster Hafen (etwa 100 km von Rembang), rühmt sich des **Grabs** des *wali* **Sunan Bonang**.

Weiter im Landesinneren ist in **Bojonegoro** ❻❻ an der **Sendangduwur-Moschee** eine wunderschöne **Gapura** (geschmückte Tür) aus dem 16. Jh. zu besichtigen. Blumen und Korallen, flankiert von beeindruckenden Garuda-Flügeln, schmücken das Relief oberhalb der Türschwelle und erinnern an das Nationalwappen.

Der alte Hafen **Gresik** ❻❼ an der zerklüfteten Nordostküste – heute ein Vorort von **Surabaya** – konnte sich einst mit Demak messen. Chinesische Aufzeichnungen besagen, dass Händler aus Kanton Gresik im 14. Jh. gründeten. Da es ein gut geschütztes Hafenbecken besaß, entwickelte es sich zu einem bedeutenden internationalen Umschlagplatz. Hier setzten Europäer zum ersten Mal Fuß auf Java, und zwar portugiesische Händler auf ihrem Weg zu den Molukken. Der Portugiese Tome Pires, der sich zwischen 1512 und 1517 in Malakka auhielt, beschrieb Gresik als „das Juwel aller javanischen Handelshäfen“.

Gresik bildete wie auch Demak einen der Hauptausgangspunkte zur Verbreitung des Islam, nicht nur auf Java, sondern im gesamten östlichen Indonesien. Der allererste *wali*, Malik Ibrahim, starb 1419 und ruht mit seiner Familie in dem Grab **Makam Maulana Malik Ibrahim** in Desa Candipuro. Noch größere Verehrung findet jedoch das **Grab von Sunan Giri** (gest. 1506) auf dem Hügel **Giri**, ungefähr 2 km südlich des Stadtzentrums. Anders als die anderen *wali* setzte Sunan Giri eine Reihe geistlicher Führer ein, die seine Lehre nach seinem Tode fortführten. Diese Gelehrten wurden sowohl von den Holländern gefürchtet, die sie die „Päpste von Java“ nannten, als auch von den Herrschern Matarams. Obwohl der letzte dieser Führer 1680 von seinen vereinigten Gegnern getötet wurde, ist Giri auch heute noch Wallfahrtsort.

Um die heiligen Grabstätten und in den engen Gassen des „Arabischen Viertels“ mit seinen kleinen Cafés ist noch das ursprüngliche Gresik zu finden. Ansonsten wird das moderne Stadtbild geprägt von Industrie und Sägewerken, die Holz aus Kalimantan zu Pappe und Furnieren verarbeiten.

Links: Ausbruch des 3676 m hohen Semeru.

Semen Gresik
Cape Awarawar
Karangdowo
Bulu
Jenu
Sekaran
Tuban
Paciran
Point Pangkah
Tanjungbumi
Merakurak
Klampis
Cape Bulupandan
Bangilan
Montongsekar
Kepek
Pambon
175
Drajat
Arosbaya
Air Mata Royal Tombs
Jojogan
525
Plumpang
Laren
Karanggeneng
Ujungpangkah
Sedayu
Campor
Kokop
Senori
Rengel
Solo
Bangkalan
Bandung
Malo
Parengan
Baureno
Babat
Sukodadi
Bungah
Tanamerah
GRESIK
Kebanyartimur
Kalitidu
Bojonegoro
Lamongan
Manyarrejo
Kamal
Belega
Kapas
Kedungpring
Tikung
Cerme
Suramadu Bridge (Toll)
Tanjung Perak
Ngasem
Dander
Bluluk
Ngimbang
Boboh
SURABAYA
Labuhan
Ngambon
Mantup
Babulan
Temayang
172
Dawirblandong
Surabaya Juanda International Airport
Sukorame
Kemlagi
(u.c.)
Taman
Kabuh
Krian
WARU
Sekar
Ngluyu
Kesamben
Jetis
899
JAWA
Ploso
Brantas
Krembung
Sidoarjo
Gondang
Mojokerto
Porong
Sidoarjo / Lapindo Mud Flow
JOMBANG
Bagor
Jabon
Widas
Trowulan
Mt. Penanggungan
Saradan
Perak
Mojoagung
1653
Bangil
PASURUAN
Nganjuk
Kertosono
Candi Jalatunda
Candi Balahan
Gudo
TIMUR
PPLH
Pandaan
Berbek
Pace
Pacet
Candi Jawi
Nguling
Sawahan
Papar
Ngoro
Tretes
Sukrejo
Sedudo Waterfall
Candi Tegowangi
Arjuno-Lalijiwo Res.
Mt. Arjuno 3339
Winongan
Tongas
Grogol
Pare
Kandangan
Purworejo
Mt. Liman 2563
KEDIRI
Kepung
Selekta
Lawang
Lumbang
Pesantren
Sukapura
Tosari
Wonokitri
Besuki
Selorejo
Batu
Candi Singosari
Singosari
Ngadiluwih
Mt. Kelud 1731
Tutur
Ngadisari
Mojo
Mt. Butak 2868
Mt. Bromo 2329
Wates
Pagerwojo
Sendang
Mt. Kawi, Mt. Kelud Res.
Sengon
Pakis
Cemoro Lawang
Pelas
MALANG
(450)
Candi Jago
Tengger Caldera
Karangrejo
Candi Penataran
Semen
Tumpang
Ngantru
Penataran
Kebonagung
Candi Kidal
Bromo-Tengger-Semeru National Park
Trenggalek
Garum
Wlingi
Ngajum
Poncokusumo
Tulungagung
BLITAR
Kepanjen
Ngunut
Tejotangan
Blubuk
Mt. Semeru 3676
Candipuro
Kalidawir
Sumberpucung
Turen
Campurdarat
Lodoyo
Karangkates Res.
Binangun
Pagak
Pasirian
Tasikmadu
Popoh
Panggungrejo
Dampit
Pronojiwo
Pucanglaban
499
Donomulyo
Iburaja
Tambakrejo
644
Serang
Pancursari
Cape Popoh
Makam Bung Karno
Bantur
Kalibesar
Ngliyep
Tambaksari
Pujiharjo
Sendang Biru
Balekambang
SEMPU ISLAND
Sempu I. Reserve
INDIAN OCEAN
OSTJAVA
Nummern: 65 - 105
0 20 40 km
© Nelles Verlag GmbH, München

MADURA ISLAND
Tambaru
Ambunten
Lebak
Legung
Ketapang
270
Waru
Manding
Batuputih
IYANG ISLAND
Jelegung
499
Sumenep
71
Gapura
Dungkek
(Jurangan)
Lenteng
Kalianget
Kedungdung
Palengaan
Pakong
Saroka
Saronggi
Sombang
Rasang
SAROK I.
Prenduan
SAPUDI
Omben
Pamekasan
53
Karduluk
Tanjung
PUTERAN ISLAND
Trebung
Ketupat
Brakas
72
Galis
120
ISLAND
Sampang
Gayam
RAJA ISLAND
Lombi
RAAS ISLAND
Tambakan
30
Kamadu
GENTENG ISLAND
Cape Padelegan
Padelagan
KAMBING I.
Car Ferry
Strait of Madura
BALI
SEA
Cape Pacinan
Kalbut
KETAPANG I.
Cape Gerinting
Cape Ketah
Panarukan
Kapongan
Paiton
Pasir Putih
98
31
Cape Jangkar
Jangkar
Asembagus
PROBOLINGGO
Situbondo
Karanganyar
94
Besuki
Kendit
72
Buduan
Sampean
Baluran
Pejarakan
Prajekan
Banta
Gondosuli
1369
28
Mt. Beser
Klabang
1275
103
Gending
Maronwetan
Bekol
Nat. Park
Cape Canding
Baderan
34
Gudang
Banyuputih
Mt. Argopuro 3088
Bondowoso
99
Wonosari
Kayumas
Ijen-Merapi-Maelang Reserve
Wonorejo
40
Tiris
Wongsorejo
Klakah
Bremi
33
Tamanan
Sempol
Yang Plateau Res.
Sumbersari
Kembang
IJEN PLATEAU
102
Mt. Merapi 2800
(EAST JAVA)
Sukowono
Kawah Ijen
Kaliselogiri
MENJANGAN I.
Wonorejo
Jampit
Jatiroto
Glengseran
Arjasa
Kalisat
Bali Barat
Labuhan Lalang
Mount Raung 3332
Ketapang
101
26
Tanggul
LUMAJANG
20
Sempolan
Tamansari
Gilimanuk
21
11
JEMBER
Bajukidul
Nat. Park
Rambipuji
Mangli
BANYUWANGI
100
40
BALI
Yosowilangun
18
40
Kabat
Melaya
.920
Glenmore
Singojuruh
Meleman
Kasiyan
Wuluhan
Kebonpinang
Kalibaru
34
Rogojampi
Sanen
35
Genteng
Banyubiru
Jeni
Mt. Betiri 1213
Malangsari
Bali Strait
Cape Pelindu
Puger
Wonowiri
Tegalsari
Benculuk
Muncar
Pengambengan
Watu Ulo
Nusa Barung Reserve
Meru Betiri
Cape Sembulungan
Baru
104
Purwoharjo
Bandialit
Papuma Beach
Nat. Park
BARUNG ISLAND
Meru Bay
Sukamade
Sumbermulyo
Bangorejo
Tegaldelimo
Pasaranyar
Sukamade Beach
Grajagan
Alas Purwo
Cape Kucur
425
105
Rajegwesi Bay
375
Pancer
C. Capil
Grajagan Bay
National Park
BLAMBANGAN
Plengkung (G-Land)
PENSINSULA
Cape Purwo
Cape Bantenan

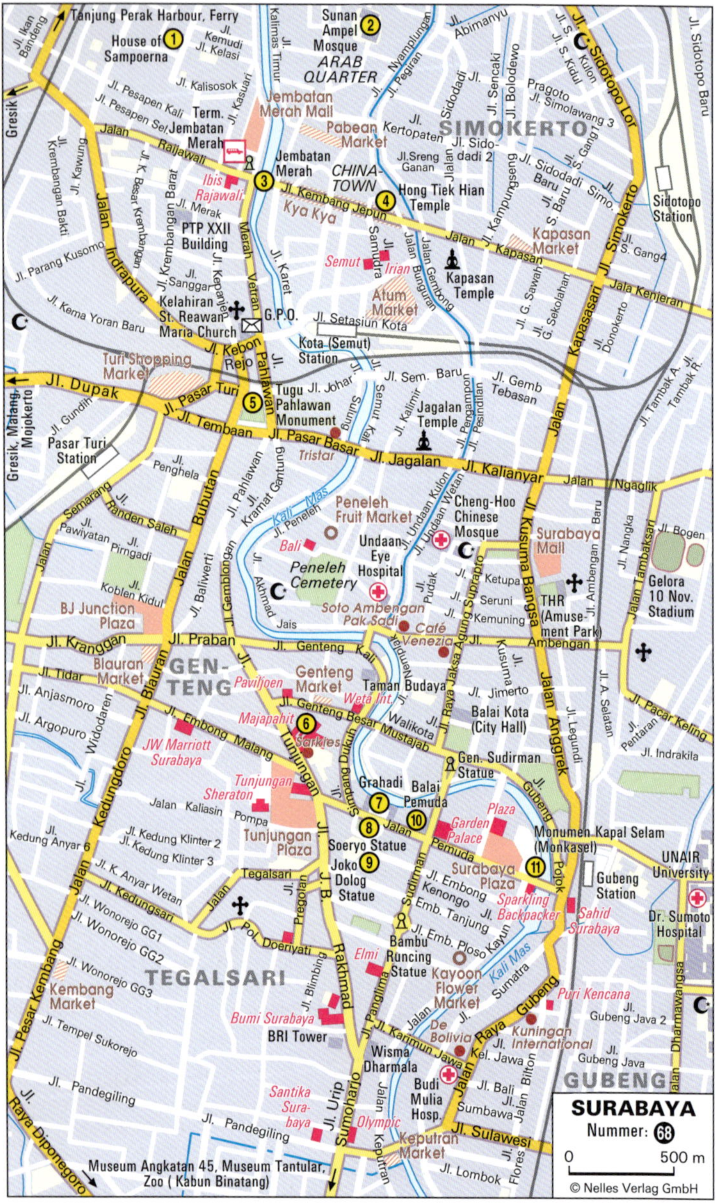

Tanjung Perak Harbour, Ferry
House of Sampoerna 1
Sunan Ampel Mosque 2
ARAB QUARTER
Jl. Ikan Bandeng
Jl. Kemudi
Jl. Kelasi
Jl. Kalisosok
Jl. Kasuari
Kalimas Timur
Jl. Nyamplungan
Jl. Pegirian
Jl. Abimanyu
Jl. Sidotopo Lor
Jl. S. Kulon
Jl. S. Kidul
Jl. Sidotopo Baru
Gresik
Jl. Pesapen Kali
Jl. Pesapen Sel.
Term. Jembatan Merah
Jembatan Merah Mall
Pabean Market
Jl. Kertopaten
SIMOKERTO
Jl. Sidodadi
Jl. Sencaki
Jl. Bolodewo
PrAgoto
Jl. Simolawang 3
Jl. S. Gang 1
Jl. Sido-dadi 2
Jl. Sreng Ganan
Jalan Raja Rajawali
Jl. Krembangan Bakti
Jl. Kawung
Jl. K. Besar
Jl. Krembangan Barat
Jembatan Merah 3
CHINA-TOWN
Hong Tiek Hian Temple 4
Ibis Rajawali
Jl. Merak
PTP XXII Building
Jl. Kembang Jepun
Kya Kya
Jl. Sidodadi Baru
Jl. S. Baru
Jl. Simo.
Jl. Kampungseng
Sidotopo Station
Jalan Indrapura
Jl. Parang Kusomo
Jl. Krembangan
Jl. Sanggar
Jl. Keparjen
Merah Vetran
Jl. Karet
Semut
Irian
Jl. Samudra
Jalan Bunguran
Jalan Gembong
Kapasan Temple
Jalan Kapasan
Kapasan Market
Jl. Simokerto
Jl. S. Gang4
Jala Kenjeran
Jl. Kema Yoran Baru
Kelahiran St. Reawan Maria Church
G.P.O.
Atum Market
Jl. Setasiun Kota
Kota (Semut) Station
Jl. G. Sawah
Jl. G. Sekolahan
Jl. Kapasari
Jl. Donokerto
Turi Shopping Market
Jl. Kebon Rejo
Jl. Pahlawan
Jl. Dupak
Jl. Pasar Turi
Tugu Pahlawan Monument 5
Jl. Johar
Jl. Sulung
Jl. Semut Kali
Jl. Sem. Baru
Jl. Kalimir
Jagalan Temple
Jl. Pengampon
Jl. Pesindilan
Jl. Gemb Tebasan
Jalan
Jl. Tambak A.
Jl. Tambak R.
Gresik, Malang, Mojokerto
Jl. Gundih
Pasar Turi Station
Jl. Tembaan
Jl. Pasar Basar
Tristar
Jl. Jagalan
Jl. Kalianyar
Jalan Ngaglik
Jl. Penghela
Jl. Semarang
Jl. Pahlawan
Jl. Kramat Gantung
Kali Mas
Jl. Peneleh
Peneleh Fruit Market
Jl. Undaan Kulon
Jl. Undaan Wetan
Cheng-Hoo Chinese Mosque
Surabaya Mall
Jl. Ambengan Baru
Jl. Nangka
Jalan Tambaksari
Jl. Bogen
Gelora 10 Nov. Stadium
Jl. Pawiyatan
Jl. Pirngadi
Jl. Praden Saleh
Jalan Bubutan
Bali
Undaan Eye Hospital
Peneleh Cemetery
Jl. Akhmad Jais
Jl. Gemblongan
Jl. Baliwerti
Jl. Pudak
Jl. Ketupa
Jl. Seruni
Jl. Kemuning
Jl. Kusuma Bangsa
THR (Amuse-ment Park)
Jl. Koblen Kidul
BJ Junction Plaza
Soto Ambengan Pak Sadi
Café Venezia
Jl. Kranggan
Jl. Praban
Jl. Genteng Kali
Jl. Ambengan
Jl. Tidar
Blauran Market
GEN-TENG
Paviljoen
Genteng Market
Taman Budaya
Jl. Raya Jaksa Agung Suprapto
Jl. Kusuma
Jl. Jimerto
Jl. A. Selatan
Jl. Pacar Keling
Jl. Anjasmoro
Jl. Argopuro
Jl. Widodaren
Jl. Blauran
Jl. Embong Malang
JW Marriott Surabaya
Weta Int.
Jl. Genteng Besar
Majapahit 6
Sarkies
Jl. Walikota Mustajab
Balai Kota (City Hall)
Jalan Anggrek
Jl. Legundi
Jl. Pentaran
Jl. Indrakila
Jalan Kedungdoro
Tunjungan
Sheraton
Jalan Kaliasin
Pompa
Jl. Simpang Dukuh
Grahadi 7
Balai Pemuda
Gen. Sudirman Statue
Jl. Gubeng
Plaza
Garden Palace
Jalan Pemuda 8 10
Monumen Kapal Selam (Monkasel) 11
UNAIR University
Jl. Kedung Anyar 6
Jl. Kedung Klinter 2
Jl. Kedung Klinter 3
Tunjungan Plaza
Soeryo Statue
Joko Dolog Statue 9
Surabaya Plaza
Jl. Pojok
Gubeng Station
Jl. K. Anyar Wetan
Jl. Kedungsari
Tegalsari
Jalan
Jl. J. B.
Jl. Sudirman
Jl. Embong Kenongo
Jl. Emb. Tanjung
Sparkling Backpacker
Sahid Surabaya
Dr. Sumoto Hospital
Jl. Wonorejo GG1
Jl. Wonorejo GG2
Jl. Pol. Doeriyati
Jl. Pregolan
Jl. Emb. Ploso
Bambu Runcing Statue
Jl. Kayun
Kali Mas
Elmi
Kayoon Flower Market
Jl. Sumatra
TEGALSARI
Jl. Wonorejo GG3
Kembang Market
Jl. Pesar Kembang
Jl. Blimbing
Rakhmad
Bumi Surabaya
Jl. Panglima
Jalan Raya Gubeng
Puri Kencana
Jl. Gubeng Java 2
Jl. Dharmawangsa
De Bolivia
Kuningan International
BRI Tower
Jl. Karimun Jawa
Jl. Tempel Sukorejo
Wisma Dharmala
Jl. Kel. Jawa
Jl. Gubeng Java
GUBENG
Jalan
Budi Mulia Hosp.
Jl. Bali
Jl. Sumbawa
Jalan Bilton
Jl. Pandegiling
Santika Surabaya
Jl. Urip Sumoharjo
Olympic
Jalan Keputran
Keputran Market
Jl. Sulawesi
Jl. Raya Diponegoro
Jl. Pandegiling
Museum Angkatan 45, Museum Tantular, Zoo (Kabun Binatang)
Jl. Lombok
Jl. Flores
SURABAYA
Nummer: 68
0 500 m
© Nelles Verlag GmbH

SURABAYA

Den Untergang Gresiks bewirkte der einflussreiche Kolonialhafen **Surabaya** 68, 25 km südöstlich am Fluss Mas gelegen. Surabaya ging 1743 von Mataram in den Besitz Hollands über. Obwohl es auch 1800 noch kleiner als Gresik war, erkoren es die Holländer zum Hauptumschlagsplatz und Verwaltungszentrum Ostjavas. Durch das enorme Wirtschaftswachstum in den Kolonien während des 19. Jh. konnte Surabaya zum wichtigsten Hafen und der größten Stadt von Niederländisch-Indien werden.

Jakarta hat zwar inzwischen Surabaya bei weitem überholt, doch mit seinen mehr als 5 Mio. Einwohnern – Javanern, Maduresen, Chinesen und Arabern – ist Surabaya immerhin die zweitgrößte Stadt des Landes; Verkehrsstaus sind alltäglich, Kaufhäuser und Foodcenter sprießen wie Pilze aus dem Boden. Männer und Frauen aus den kleinen Dörfern finden hier Arbeit und die Chance auf ein besseres Leben. Die wohlhabende Oberschicht hat ihren Lebensstil längst dem des Westens angepasst: Man spielt Golf und feiert Kinderpartys bei McDonald's. Zugleich gibt es jedoch auch einen harten Kern islamistischer Aktivisten. Touristen sind in der feuchtheißen, anstrengenden Großstadt eher rar.

Der Hafen war schon vor der Kolonialzeit sehr bedeutend: 1620 maß der Umfang der befestigten Handelsstadt über 30 km. Sie besaß einen eigenen Rechtsstatus und regierte über Gresik und Sidayu. Fünf Jahre später fiel sie in die Hände Matarams, womit die Glanzzeit Surabayas für 200 Jahre ein Ende fand. Nach der Tradition musste der Sohn des besiegten Königs ein Leben als Asket führen, am heiligen Grab des Gründers von Surabaya, *wali* Sunan Ampel.

Oben: Klassische Pose beim Ramayana-Tanz in Surabaya.

Foto: Kalman Muller

Der Hafen

Auch heute pulsiert das Leben der Stadt nördlich ihres Verwaltungszentrums am großen Hafen **Tanjung Perak**. Die Dockanlagen haben sich seit Surabayas Glanzzeit sehr verändert. Aber seit der Herrschaft der Holländer ist dies auch der Militärhafen Indonesiens. Hier legt – wohl nur noch bis zur Brückenfertigstellung – die Fähre zur 4 km entfernten Insel Madura ab, die man vom Hafen aus sieht.

Hauptattraktion ist der traditionelle Hafen ***Kali Mas**, wo das alte Indonesien noch lebendig ist: Hölzerne **Makassar-Schoner** bringen Bimsstein aus Lombok, Kopra aus Sulawesi und laden Matratzen, Bananen und Reis für Kalimantan oder Gaskocher für Sumatra.

Das alte Surabaya

Bevor man in das orientalische Flair des Arabischen Viertels eintaucht und sich somit an den Ursprungsort der Stadt begibt, kann man westlich des

Kali-Mas-Flusses das **House of Sampoerna** ① besichtigen. Der indonesische Zigarettenmarkt ist der viertgrößte der Welt, und bei Sampoerna in Surabaya wurden die berühmten *kretek,* die indonesischen Nelkenzigaretten, erfunden. Das liebevoll zusammengestellte kleine **Museum** dokumentiert die Erfolgsgeschichte des Chinesen Liem Seng Teh, der das heutige Gebäude 1932 übernahm. Es duftet überall nach Nelken und man kann den Frauen zuschauen, die im Akkord und zum Klang sanfter Gamelanmusik Zigaretten rollen und verpacken.

Östlich des Kali Mas erreicht man Surabayas Altstadt. Im **Arabischen Viertel**, dem **Kampong Ampel**, befindet sich in der großen Moschee **Mesjid Ampel** ② (15. Jh.) das heilige **Grab** des *wali* **Sunan Ampel**, Gründer der Stadt. Man gelangt zu diesem für die Javaner sehr bedeutenden Pilgerort über die Jl. **Ampel Suci**, eine überdachte **Basarstraße**.

Das Herz des holländischen Surabaya schlug weiter südlich an der einst berühmten **Roten Brücke** ③ (Jembatan Merah), wo die Jl. Rajawali den westlichen Ausläufer des Mas-Flusses kreuzt. 1920 drängten sich „unbeschreibliche Massen zwei- und vierrädriger Fuhrwerke, beladen mit Waren, Seeleute auf der Durchreise, einheimische und chinesische Kaufleute und Kulis ...“ – heute lärmen Autos vor ehemaligen holländischen Lagerhallen und Bürogebäuden aus der Vorkriegszeit. Zur Glanzzeit dieser Gegend war die Brücke im Zentrum der Stadt, auf halbem Weg zwischen den Docks im Norden und dem großzügigen Verwaltungsbezirk im Süden, an den **Bahnhof Gubeng** angebunden.

Nordöstlich der Roten Brücke drängen sich Hunderte von kleinen Läden und Lagerhäusern in Surabayas lebhafter **Chinatown**. Das spirituelle Herz ist der über 300 Jahre alte, dunkle und stimmungsvolle **Hok-Teck-Tian-Tempel** ④, ein buddhistisches Heiligtum.

Rechts: Komodo-Warane im Zoo von Surabaya.

Surabayas Zentrum

Von der Roten Brücke aus gelangt man über die Richtung Süden führende Jl. Veteran Pahlawan zu dem Heldendenkmal **Tugu Pahlawan** ⑤, das an die Tausenden Gefallenen der für den Unabhängigkeitskampf bedeutenden „Schlacht von Surabaya“ gegen (proholländische) britisch-indische Truppen erinnert – militärisch zwar eine Niederlage, moralisch jedoch ein Sieg. Die ganze Stadt wird deshalb ehrerbietig „Kota Pahlawan“ (Stadt der Helden) genannt; am 10. November feiert man den „Heldentag“.

Weiter südlich an der Jl. Tunjungan erinnert ein Gebäude sowohl an den Höhepunkt als auch an den Niedergang des Kolonialismus in Indonesien. Das 1910 ursprünglich als *Hotel Oranje* eröffnete **Hotel Majapahit** ⑥ ist heute wieder das erste Haus am Platz. Vor einigen Jahren wurde es liebevoll restauriert. Unzählige holländische Grundbesitzer, Reeder und Schiffspassagiere dinierten im palastähnlichen Speisesaal *rijsttafel* und nippten auf den Terrassen Bols.

Die Jl. Tunjungan geht über in die **Jl. Pemuda**, die einstige Prachtstraße Surabayas, die allerdings von der wachsenden Stadt begraben wurde – heute säumen Banken und Hotels die moderne Durchgangsstraße. Als einzige Oase der Ruhe hat sich **Grahadi** ⑦, einst Residenz des holländischen Gouverneurs, heute Sitz des Gouverneurs von Ostjava, inmitten gepflegter Rasenflächen erhalten können.

Auf der gegenüberliegenden Straßenseite sieht man die **Statue von Soerjo** ⑧, Ostjavas erstem Provinzgouverneur und ein paar Schritte weiter erhebt sich die **Statue** des korpulenten **Joko Dolong** ⑨ aus dem 13. Jh., lange das Wahrzeichen Surabayas. Auch

 » Stadtplan S. 110, Info S. 130-131

Foto: Paul Spierenburg

heute noch bringen ihm die Menschen Essens- und Blumengaben dar.

Läuft man weiter an der Jl. Pemuda entlang, kommt man am **Balai Pemuda** ⑩ vorbei. 1907 als Theater erbaut, beherbergt es heute die **Tourist-Info**, eine **Kunstgalerie** und ein **Kino**.

Nahe dem Einkaufszentrum **Delta Plaza** wartet das **Monumen Kapal Selam** ⑪ (Monkasel), ein am Ufer des Kali Mas vertäutes russisches **U-Boot** von 1962, auf Besucher.

Kebun Binatang (Zoo)

Das **Museum Angkatan 45** am südlichen Ende der Stadt enthält Zeugnisse der Revolution.

Surabayas **Zoo Kebun Binatang** südlich des Stadtzentrums (nahe Joyoboyo-Busbahnhof) ist vor allem wegen seiner **Komodo-Warane** interessant. Insgesamt leben 3500 Tiere aus 400 Arten – aus ganz Indonesien und aus anderen Teilen der Welt – in dem schön angelegten Park. Besondere Attraktion für Kinder sind Kamel- und Elefantenritte.

Literatur und Kunst Ostjavas

Ostjava ist die ursprüngliche Heimat der klassischen Literatur der Insel. Hier wurden die ersten großen altjavanischen Werke geschaffen, wie *Arjunawiwaha*, *Bharatayuddha* und das *Ramayana*, alles klassisch gewordene Versionen althergebrachter Sanskrit-Mythen. Die Liebesromane *Panji* und *Damar Wulan* beziehen ihre Themen aus Episoden der Geschichte Ostjavas. Als *wayang*-Repertoire bieten sie einen leichteren Stoff als die indischen Epen. Panji ist ein vollkommener Ritter auf der Suche nach seiner wahren Liebe, der makellosen Dewi Anggreni. Seine Reisen eröffnen ihm ungezählte Möglichkeiten, seinen Mut und seine Ehrenhaftigkeit zu beweisen.

Die Ostjavaner besitzen eigene Stilformen und Texte. Der Panji-Zyklus wird oft vom *wayang gedog* gespielt – im Wesentlichen eine Form des *wayang kulit*, jedoch sind die Puppen etwas anders, und das Stück wird von einem siebentönigen *pelog gamelan* begleitet und nicht, wie üblich, vom

Foto: Kalman Muller

fünftönigen *slendro gamelan*. *Ludruk* ist eine speziell in Surabaya beliebte Dramenform. Es spielt in einem zeitgenössischen städtischen Haushalt, und die menschlichen Darsteller sprechen den heimischen *arek*-Dialekt. Das raue, wahrheitsgetreue und satirische *ludruk* betont die volkstümliche Ader der ostjavanischen Kunst und Gesellschaft. Vorstellungen in Surabaya stellen den gesamten Umfang der örtlichen darstellenden Künste vor, die besten **Tanzvorstellungen** jedoch finden im Freilufttheater **Candra Wilwatikta** in der Nähe von **Pandaan** (**75**) statt, das 45 km südlich liegt.

MADURA

Es sieht fast so aus, als sei die unfruchtbare Insel **Madura** wie ein herrenloses Schiff nur lose direkt vor Surabaya angebunden. **Fähren** setzen von Surabayas Hafen hinüber, und seit 2009 überspannt auch die 5,4 km lange **Suramadu-Brücke** die **Madura Strait**. Madura hat ausgerpägte Trockenzeiten; und sollte es einmal regnen, saugt der Kalkstein das Wasser auf. Als Folge dieses Klimas bauen die maduresischen Landwirte eher Mais und Maniok als Reis an, und sie züchten Rinder anstelle der sonst üblichen Wasserbüffel. Bei einer Fahrt über die Insel trifft man auf hübsche Fischerdörfer, weiße Salzbecken und farbenprächtige *prahu*, die auf den Strand gezogen werden. An der Nordküste werden die letzten Exemplare dieses Segelboottyps gebaut.

Da sie sich ständig von javanischen Dynastien unterdrückt fühlten und außerdem mit der Armut ihrer Insel zu kämpfen hatten, verbrachten die Maduresen den größten Teil ihrer Geschichte damit, Java zu erobern – jedoch vergeblich. Sultan Agung von Mataram besetzte die Insel 1624 und zwang die Kleinstaaten, sich unter einer einheitlichen Führung zu vereinigen, die später Cakraningrat genannt wurde. Doch mit dem Niedergang Matarams wendete

Oben: Ein Rennbulle mit seinem stolzen Eigentümer auf Madura. Rechts: Traditioneller Tanz auf Madura.

» Karte S. 108-109, Info S. 130-131

sich das Blatt. Immer wieder spielten die Armeen Maduras eine wesentliche Rolle in den Kriegen um die javanische Krone. Aber es waren immer zu wenige, um mehr als Statistenrollen zu besetzen. Zweimal, 1677 und 1742, nahmen sie den Hof in Mataram, doch verloren sie ihn gleich wieder. Wo die Armeen einst erfolglos blieben, siegen heute die Auswanderer: Von den 12 Mio. Maduresen leben nur 3 Mio. auf der Insel selbst, der Rest wanderte zum „Festland" über. An Teilen der Nordküste östlich von Surabaya setzt sich die Bevölkerung hauptsächlich aus Maduresen zusammen.

Die Maduresen sind der Inbegriff kriegerischer Tapferkeit. Doch richtete sich ihr kriegerisches Vorgehen hauptsächlich gegen Java. Und sie kämpften häufiger mit den Holländern als gegen sie. Die Herrscher Maduras erhielten von den Holländern als Gegenleistung für erwiesene Dienste Rang und Privilegien zugeteilt. Die Cakraningrat wurden die offiziellen Bewacher des *Oosthoek* Ostjavas und durften sich eine Zeit lang sogar Sultane nennen. Einige dieser Cakraningrat liegen auf dem Friedhof **Air Mata** (Tränen) nahe dem Ort **Arasbaya** ⑥⑨ begraben. Hier sind viele im präislamischen Stil verzierte **Muslimgräber** zu finden. Eines von ihnen wird durch eine riesige behauene Steinplatte in der Form des *gunungan* gestützt, das das Ende einer *wayang-kulit*-Vorführung ankündigt.

Für viele scheint Madura der Beweis dafür zu sein, dass ein raues Land raue Menschen hervorbringt. Andere wiederum sagen, die heutigen Maduresen seien so wie die Javaner vergangener Tage, bevor ihre Höfe verwaisten und sich die Menschen den Holländern unterwarfen: stolz, tapfer, rachsüchtig, erregbar und von langen Messern fasziniert. Diese Eigenschaften spiegeln sich auch in der Art und Weise wider, in der sich die Maduresen der Religion gegenüber verhalten. Madura befand sich zwar nicht unter den ersten Pro-

Foto: Kalman Muller

vinzen, die der Islam gewann, aber es nahm diesen Glauben mit dem Eifer so manches Spätbekehrten an. Die kantigen, asketischen Gesichter und lauten, eifrigen Stimmen der Madura-Männer rufen auf dem Festland ehrfürchtigen Respekt hervor.

Friedlicher zeigen sich die Motive der *Madura-Batik*. Stilisierte Vögel, Fische und Blätter schweben vor einem rotbraunen Hintergrund, der seine Färbung einer Baumrinde verdankt. Die Stoffe aus Madura riechen ganz anders als die aus anderen Gegenden. *Batiken* ist hier ausschließlich eine Heimindustrie, und das Wachs wird von Hand aufgetragen. Die Hauptproduktionsstätte liegt in **Tanjungbumi** ⑦⓪ an der Nordküste. Trotz der Nähe zu dem geschäftigen Surabaya sind der Norden und das Innere Maduras doch die ursprünglichsten Gegenden West-Indonesiens. Überreste der Traditionen leben noch in den *destar*-Kopfbedeckungen der älteren Männer und den *sarong kebaya* der Frauen fort sowie in der großen Anzahl von Ochsen- und Pferdewagen auf den Straßen.

» Karte S. 108-109, Info S. 130-131

In **Sumenep** ⓱ im Osten der Insel herrschte eine weitere Dynastie im Namen der Holländer. Das **Museum** in dem Palast **Kraton Sumenep** aus dem 18. Jh. enthält allerlei königliche Insignien. Die königlichen Gräber liegen etwa einen Kilometer außerhalb der Stadt auf dem **Asta-Tinggi-Friedhof**. Einer der Prinzen Sumeneps war ein guter Freund von Stamford Raffles und versorgte ihn mit vielen Informationen, die er in seinem Klassiker *History of Java* verarbeitete. Ungefähr zur gleichen Zeit wie der Palast entstand die **Mesjid-Jamik-Moschee**, die mit einem graziösen „Hindutempeldach" geschmückt ist. Diese Dachbauart wurde später durch das flache arabische *qubbah* auf Javas Moscheen verdrängt. Bemerkenswert sind auch die klassischen Säulengänge, die den Kolonialgebäuden in dieser netten, kleinen, ruhigen Stadt so viel Anmut verleihen.

Bekannt ist Madura für seine einzigartigen ***Bullenrennen**: Massige Zuchtbullenpaare bewältigen in 10 Sekunden eine Strecke von 130 Metern. Ihre „Jockeys" klammern sich dabei an leichten Holzsätteln fest, die zwischen die Tiere gebunden werden. Bei der größten Touristenattraktion Maduras stehen Ehre, Leben, Glieder und eine Menge Geld auf dem Spiel. Die holländische Regierung führte vor 100 Jahren Geldpreise ein, um die Züchtung besserer Tiere anzuregen. Seitdem haben sowohl die Bullen als auch die Preise an Umfang zugenommen. In den Monaten vor der Endausscheidung (im Oktober in **Pamekasan** ⓲, dem Verwaltungssitz) finden überall auf der Insel Qualifikationsrennen statt. Dieses Ereignis bildet einen gesellschaftlichen Höhepunkt und wird von *gamelan*-Musik, Tänzen und bewaffneten Raufereien begleitet. Madura wird nur zur Zeit der Bullenrennen von vielen Touristen besucht.

Rechts: Provianteinkauf für eine Vulkanbesteigung in Ostjava.

VON SURABAYA NACH MALANG

Südlich von Surabaya drängen sich 40 km flaches, üppiges, glitzerndes, reisbeladenes Land zwischen die Stadt und die Berge. Auf halbem Weg, in **Sidoarjo** ⓳, werden im Brackwasser eines Meerarmes Fische gezüchtet und *krupuk* (Krabbenmehl-Cracker) produziert. Werkstätten fertigen fein gezeichnete rote und weiße *batik*-Stoffe.

Am 29. Mai 2006 kam es im Bezirk Sidoarjo in Folge einer fehlerhaften Ölbohrung in 3000 m Tiefe zur Bildung eines **Schlammvulkans**. Heiße, stinkende Schlammfluten (im Mai 2007 100 000 m^3 täglich) überschwemmen seitdem ganze Dörfer, Fabriken und Felder. Zehntausende haben ihr Zuhause und ihre Existenz verloren und mussten evakuiert werden. Im Januar 2007 war bereits eine Fläche von 400 ha überschwemmt. Die Hauptverbindungsstraßen von Surabaya in den Süden nach Malang sind blockiert. Zeitweise war die Bahnstrecke zwischen Sidoarjo und dem etwas südöstlich gelegenen Bangil, die wichtigste Bahnverbindung in den äußersten Osten Javas, unterbrochen. Man hat zwar mittlerweile Dämme gebaut und das Bahngleis höher gelegt, aber noch immer steigen Schlammmassen auf und warten die Opfer auf Entschädigung.

Auf den mehr als 400 Kilometern zwischen Solo und dem Ostzipfel Javas wechseln sich majestätische Gipfel mit fruchtbaren Becken ab, in dieser imposanten Reihe von Vulkanen ist kein er niedriger als 2000 m. In jedes Becken schmiegt sich eine Stadt – von Westen nach Osten Madiun, Kediri, Malang, Lumajang, Jember und Banyuwangi an der Straße von Bali. Da große Höhenunterschiede und ausgeprägtere monsunale Regen- / Trockenzeitwechsel herrschen, ist das Rückgrat Ostjavas reich an Kontrasten: Hitze und Kälte, Regen und Dürre, Unfruchtbarkeit und Üppigkeit.

» Karte S. 108-109, Info S. 130-131

Foto: Florian Janku

Das kulturelle Leben Ostjavas fokussierte sich nicht auf einen zentralen Feudalbereich wie den Magelang-Yogya-Solo-Bogen in Mitteljava. Die ehemaligen hiesigen Königreiche verbreiteten und bewegten sich in einem weitläufigen Gebiet; ihre Relikte liegen in einem unterbrochenen Kreis um die **Arjuna-Butak-Kelud-Gebirgskette** herum verstreut, die sich zwischen Surabaya und der Südküste über die Insel ausstreckt. Obwohl Zeugnisse von einer Hindu-Zivilisation in Ostjava im 8. Jh. berichten, trat dieses Gebiet erst im frühen 10. Jh. auf die Bühne der Geschichte, als unerklärlicherweise die Führung von Zentraljava hierher umzog. Über die ersten Könige Ostjavas herrscht Ungewissheit, ihre Residenz wurde nie gefunden. Die frühesten Spuren ihrer Anwesenheit sind am Fuß des **Arjuna** zu finden, nicht weit von Tretes entfernt.

Einer der Ausläufer des Arjuna, der **Gunung Penanggungan** ⓻⓸ (1653 m ü. M.), ist von besonderem Interesse, denn er wurde als Abbildung des Meru angesehen, des Weltenberges im Hinduismus. Die Hindus Javas gaben sich nicht damit zufrieden, künstliche Merus in ihrer Tempelarchitektur zu schaffen, sondern suchten das Ebenbild des heiligen Berges auch in ihrer natürlichen Umgebung. Der Penanggungan bot sich mit seinen vier Ausläufern um den zentralen Gipfel geradezu an. Diese faszinierende Silhouette des Berges bildet daher eine geeignete Kulisse für die **Tanzvorführungen** im Freilufttheater **Candra Wilwatikta** in der Nähe von **Pandaan** ⓻⓹.

Auf den Hängen des **Penanggungan** ruhen mehr als 80 kleine **Schreine**, die meisten sind allerdings sehr verwittert. Der Berggipfel war einst ein bedeutendes Pilgerziel der Hindus, die auch an den heiligen Quellen ein Bad nahmen. Die wichtigsten Badeplätze der Gegend waren **Candi Jalatunda** (an den südwestlichen Hängen des Gunung Penanggunan) und **Candi Belahan** (südöstlich des Berges). Sie fungierten seit dem 10. Jh. als Vorbild für viele der kunstvollen *mandi* Ostjavas und Balis. Beide bestehen aus bemoosten Steinbecken, die in einen behauenen Hang

eingelassen sind – feuchte Orte voller Zauber. In Belahan sprudelt das heilige Wasser aus den Brustwarzen der Göttinnen Lakshmi und Sri, der Frauen Vishnus. Welche Zeremonien hier abgehalten wurden, ist nicht bekannt, aber ein Text aus dem 14. Jh. deutet erotische Riten an. Jedenfalls spielten die Badehäuser eine so bedeutende Rolle, dass Könige ihre Asche hierher bringen ließen. Während der Ausgrabungen in Jalatunda wurde eine Urne mit Asche und Gold gefunden.

In Belahan wurde 1049 einer der mächtigsten Herrscher Javas begraben, **Airlangga**. Seine Statue in der Gestalt Vishnus stand zwischen den beiden Göttinnen, heute ist sie im Archäologischen Museum von Mojokerto zu finden. Airlangga war ein halb-balinesischer Einsiedlerkönig, der Ostjava 1019 nach einer kriegerischen Auseinandersetzung vereinigte und bis zu seinem Tod 1049 regierte. Vor seinem Tod teilte er das Land jedoch wie ein Bauer unter seinen beiden Söhnen auf. Die neue Grenze wurde *pinggir rekso*, „bewachte Grenze", genannt. Sie verlief vom Gipfel des **Mt. Kelud** aus nach Norden und Süden und stimmte so mit der Sprachgrenze zwischen Zentral- und Ostjava überein.

Oben: Candi Jawi, einer der eindrucksvollen im 13. Jahrhundert entstandenen Tempel von Singosari.

Das westliche Königreich hieß **Kediri**, da es sich um die gleichnamige Stadt konzentrierte (s. S. 124); dieses Reich trug auch den Namen Daha und gewann zunächst die Oberhand. Das östliche Königreich, dessen Residenzstaat das heutige Malang war, wurde **Janggala** genannt. Zu Beginn des 13. Jh. war es lediglich ein Vasall Kediris. Im Jahr 1222 ergriff jedoch der Usurpator Ken Arok die Macht, nachdem er den Regenten von Janggala ermordet und seine Gattin geheiratet hatte, und begründete eine neue Dynastie, die alsbald Kediri unterwarf. Der Name dieses neuen Reiches, **Singosari**, ist noch in einem Dorf nördlich von Malang erhalten (siehe unten). Obwohl es nur 70 Jahre existierte (1222-1292), hinterließ es doch das reichhaltigste

» Karte S. 108-109, Info S. 130-131

Erbe ostjavanischer Geschichtszeugnisse.

Etwas südlich von Candi Jalatunda kann man sich im **PPLH Environmental Education Centre** erholen. Das Umweltzentrum inmitten großartiger Landschaft an den Hängen des Gunung Penanggungan bietet ein vegetarisches Restaurant, Unterkunft in Bungalows, geführte Wanderungen und Heilpflanzen-Kurse.

Die *Singosari-Tempel

Nicht weit von Jalatunda entfernt thront der wohl besterhaltene Singosari-Tempel, der **Candi Jawi** ⓻⓺. Er ist weder Buddha- noch Hindu-Schrein, sondern stellt eine Mischform dar. Das Fundament entstammt dem Hinduismus, doch gekrönt wird das Monument von einer buddhistischen Stupa. Zu Zeiten des Singosari-Reichs vermischten sich die beiden Glaubensrichtungen. Die Religion war mystischer, emotionaler, eben javanischer geworden. Hinduismus bedeutete die Verehrung von Shiva, und Shiva war Buddha, und die Könige auf der Erde wurden als Inkarnationen der beiden Götter angesehen. Als König Kertanegara (er regierte von 1268 bis 1292) Candi Jawi errichtete, ließ er eine Statue seiner Person als „Siwabuddha" anfertigen – halb Shiva, halb Buddha. Fast alle Tempel Ostjavas dienen sowohl der Verehrung der Könige als auch der Gottheiten. Aber nicht nur die Religion, auch die Architektur löste sich von ihren indischen Vorbildern. Im Gegensatz zu der flachen indischen Bauart in Dieng stellt Jawi eine Weiterentwicklung des freieren, in die Höhe gestreckten Stils dar, der sich in Prambanan zu entwickeln begann.

Südwestlich des Candi Jawi liegt der Ort **Tretes** 77, beliebtes Ausflugsziel von Surabaya aus, am Fuß des Vulkans Arjuno. Der Berggipfel ist Teil des fast unbekannten **Arjuno-Lalijiwo-Reservats** 78, das zu schönen, aber anstrengenden Wanderungen lädt.

Bevor man den kunstvollsten Tempel der Singosari-Dynastie, den Candi Singosari, besichtigt, passiert man **Lawang** 79, einst beliebter Altersruhesitz für holländische Beamte und reiche chinesische Geschäftsleute. Der Dorfplatz von Lawang ist wohl der schönste und geruhsamste ganz Indonesiens. Nur einige Brunnen plätschern neben einem einfachen Denkmal vor dem weißen Rathaus, umgeben von grünem Rasen. Der Botanische Garten von Bogor unterhält in **Kebun Raya Purwodadi**, etwas hinter Lawang, einen Außenposten.

Weitere Singosari-Tempel sind in der Umgebung des Dorfes Singosari selbst zu finden, in den Bergen südlich des Candi Jawi. Der kunstvollste Tempel der Dynastie, ***Candi Singosari** 80 (etwas nördlich von Malang), 1304 posthum für König Kertanegara errichtet, ist fast das einzige noch sichtbare Überbleibsel der früheren Reichshauptstadt. Er wurde nie vollendet. Die Bildhauer scheinen von oben nach unten vorgegangen zu sein, denn nur im oberen Bereich sind vollkommen ausgeschmückte Teile zu sehen. Eine Statue von **Agastya**, dem Weisen aus Indien, ist noch erhalten. Etwa 100 m davor stehen zwei große **Raksasa-Statuen** (Riesen) als Wächter.

Der ***Candi Jago** 81 in **Tumpang** unterscheidet sich von den anderen Tempeln. Sein hohes Fundament besteht aus drei Ebenen, darauf wurde ein kleinerer Schrein gesetzt. Besondere Aufmerksamkeit verdienen die eher zweidimensionalen **Reliefs**, die sich von dem ausdrucksstarken Realismus der Bildhauerarbeiten am Borobudur abheben und wahrscheinlich an die Schattenfiguren des *wayang kulit* angelehnt sind. Einige der abgebildeten Figuren, wie z.B. die grotesken *panakawan*-Clowns, sind heute noch im *wayang* vertreten. Köpfe und Füße zeigen zur Seite. Andere Reliefs veranschaulichen die Holzarchitektur des 13. Jh., die der Balis stark ähnelte.

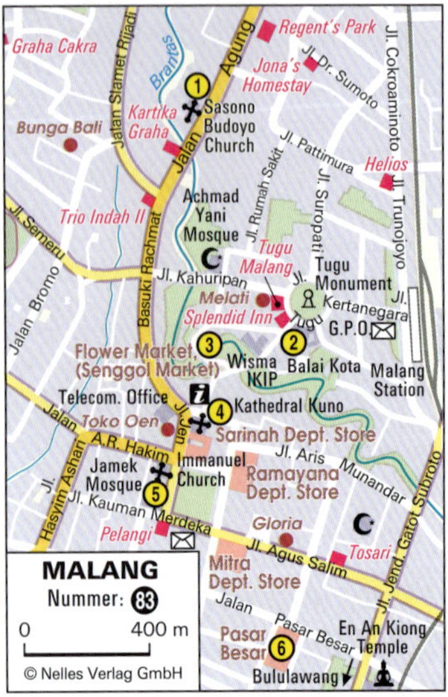

Candi Kidal ❽❷ in der Nähe von Tumpang streckte sich noch kühner gen Himmel als Jawi. Durch ein Erdbeben beschädigt, wurde es inzwischen restauriert und erreicht wieder die ursprüngliche Höhe von 12,5 m.

*Malang

Als Ausgangspunkt zur Erforschung der Singosari-Tempel und der umliegenden Berge bietet sich ***Malang** ❽❸ an, das als schönste Stadt Ostjavas gilt. Da sich das Hochland um Malang, ebenso wie das Sunda-Gebiet, vorzüglich zum Kaffeeanbau eignet, brachte es die Stadt im 19. Jh. zu beträchtlichem Reichtum. Nach dem Ende des Zwangsanbaus durch die Holländer bevorzugten die Einheimischen den Tabak- und Obstanbau, für den die Stadt auch heute noch bekannt ist. Malang erstreckt sich über mehrere Hügel, und die holländische Architektur und der noch gegenwärtige Sinn für Disziplin und Sauberkeit unterstreichen die Anmut dieser kleinen Stadt. Obwohl auch hier viel gebaut wird, hat Malang noch immer viel Charme und auch kulturell einiges zu bieten. Zum Beispiel erzählt *Topeng Malang*, eine spezielle Form des Maskentanzes, Geschichten des Panji. *Wayang topeng*, ein einst weit verbreitetes Schauspiel, konnte sich seine Popularität nur in zwei – weit auseinander liegenden – Orten erhalten, in Cirebon und Malang. In Malang wird das Schauspiel gern anlässlich von Hochzeiten und Beschneidungen aufgeführt. *Gamelan*-Musik und javanische Tänze begleiten noch heute die Gottesdienste in der katholischen **Sasono-Budoyo-Kirche** ①.

Das **Balai Kota** ② (Rathaus) an der Jl. Tugu ist ein Verwaltungsgebäude im Kolonialstil aus holländischer Zeit. Malang hat außerdem ein paar interessante Märkte zu bieten. Den **Pasar Bunga** ③, den Blumenmarkt am Fluss, besucht man am besten morgens. Nebenan lohnt es sich, über den **Pasar Senggol**, den Vogelmarkt, zu schlendern. Etwas weiter südlich stehen die **Gereja Kathedral Kuno** ④, die protestantische Kirche, und die **Hauptmoschee** ⑤ auf dem größten Platz friedlich Seite an Seite. In Malang ist von religiöser Spannung nichts zu spüren. Der riesige Zentralmarkt der Stadt, der **Pasar Besar** ⑥, befindet sich südöstlich des *Alun-alun*.

MAJAPAHIT / TROWULAN

Im Bergerholungsort **Selekta** ❽❹ (1200 m ü. M.), 23 km nordwestlich von Malang, ist das wunderschön in einem gepflegten Park gelegene **Schwimmbad** mit Restaurant Inbegriff für den Luxus, den sich einst auch einfachere Kolonialbedienstete leisten konnten. Die **Apfelplantagen** der Umgebung – exotisch für viele Indonesier – ziehen zahlreiche Besucher an.

In der Nähe von Selekta entspringt der **Brantas**, Javas zweitgrößter Fluss nach dem Solo. Obwohl die Quelle

Rechts: Bananenernte.

 » Karte S. 108-109, Stadtplan S. 120, Info S. 130-131

Foto: Jochen Steinhardt

nur 40 km Luftlinie vom Meer entfernt liegt, bewältigt er bis zur Mündung eine 252 km lange Rundreise. Zuerst geht es Richtung Südosten nach Malang, dann durch einen steilen Engpass parallel zur Südküste, zurück nach Norden und Osten durch Kediri und Mojokerto, bis er sich schließlich in das breite Delta südlich von Surabaya ergießt. Dieses Delta bildete die Kulisse für den nächsten Akt in der Geschichte der Hindus in Java.

Kurz vor seinem Ende besaß Kertanegara, der letzte Singosari-König, die Frechheit, Kublai Khan, den Eroberer Chinas, zu erzürnen: Kublai entsandte einen Botschafter, um von Java die Anerkennung der Oberhoheit des Reichs der Mitte zu verlangen. Kertanegara schickte ihn mit einem verstümmelten Gesicht wieder zurück. Als die Vergeltungstruppen 1293 Java erreichten, hatten Rebellen aus Kediri die Stadt schon eingenommen und den König ermordet. Ironischerweise sollte die chinesische Armee darüber wachen, dass eine neue und mächtigere javanische Dynastie heranwuchs. Wijaya, ein Schwiegersohn Kertanegaras, überredete die Chinesen, ihm bei der Unterdrückung des Rebellen Jayakatwang zu helfen. Dann stellte er sich gegen seine Helfer, trieb sie zurück zu ihren Booten und ernannte sich zum uneingeschränkten Herrscher Ostjavas.

1294 gründete Wijaya am Delta des Brantas eine neue Hauptstadt, die er **Majapahit** nannte – die Keimzelle des letzten großen Hindureichs Indonesiens, das erst 1527 endgültig verlosch. In dem außergewöhnlich fruchtbaren Tal des Brantas gediehen Reis und Zucker, es war die wohl am dichtesten besiedelte Gegend der Welt. Außerdem bedeutete der Zugang zum Meer auch, am hochprofitablen Gewürzhandel teilhaben zu können. Innerhalb der Stadtmauern Majapahits entstanden prächtige Paläste, Tempel und Kanäle. Die Überreste dieser Gebäude sind heute in einem Umkreis von 15 km^2 um das Dorf **Trowulan** ⓼⓹ verstreut (13 km südwestlich von Mojokerto).

Wie in anderen javanischen Städten bestanden die meisten Häuser aus Holz. Da selbst Gebäude, die lange fortbeste-

Foto: www.EastJava.com

hen sollten, aus roten Ziegeln anstatt aus Stein gebaut wurden, hinterließ der Zahn der Zeit irreparable Schäden. Es bedarf großer Fantasie, sich das Bild vorzustellen, das der Dichter Prapanca 1365 beschrieb: zwar wunderschön und himmelsgleich wie ein balinesischer Tempel, jedoch ungleich großartiger und kostbarer. An der Stelle des heute ausgetrockneten Sumpfes von **Segaran** lag einst ein sechs Hektar großer Teich. Auf den umliegenden Feldern erhoben sich vergoldete Pavillons, in denen der große König der Dynastie **Hayam Wuruk** (1350-1389) und sein mächtiger Premierminister **Gajah Mada** ihre Gäste empfingen und Turnieren und Opferfeierlichkeiten beiwohnten. Der monumentalste Torbau aus roten Ziegeln ist der Haupteingang zum Reichszentrum ***Wringin Lawang** 1 im gespaltenen Candi-Bentar-Stil. Blütenblätter der Bäume wurden vor den Füßen des Königs ausgestreut, wo immer er auch ging. **Candi Brahu** 2, der größte Tempel der Stadt, überblickt die Felder von Bubat, auf denen einst Abgesandte Westjavas ihre Zelte aufschlugen, als sie eine sundanesische Prinzessin herbeibrachten, die Hayam Wuruks Braut werden sollte.

Oben: Wringin Lawang, das Tor zur Reichshauptstadt von Majapahit (14. Jh.).

Der Weg vom 16 m hohen Torturm **Candi Bajang Ratu** 3 (14. Jh., restauriert) führt auf den Hof eines inzwischen verschwundenen Tempels. Der **Candi Tikus** 4 („Rattentempel") stellte die rituelle königliche Badeanlage dar.

Das **Museum Purbakala Trowulan** 5 enthält Hunderte archäologischer Funde aus der einstigen Majapahit-Hauptstadt, darunter eine Skulptur, die König **Airlangga** als Gott Vishnu auf Garuda zeigt, und einige Terrakotta-Köpfe, die so griechisch aussehen, dass manche auf europäischen Einfluss schließen. Ein verwegenes Männergesicht wurde, ob richtig oder nicht, als das von **Gajah Mada** identifiziert und schmückt nun indonesische Schulbücher und Regierungsgebäude.

Da Majapahit wohl auf der gesamten Inselkette Niederlassungen besaß,

» Karte S. 108-109, Plan S. 123, Info S. 130-131

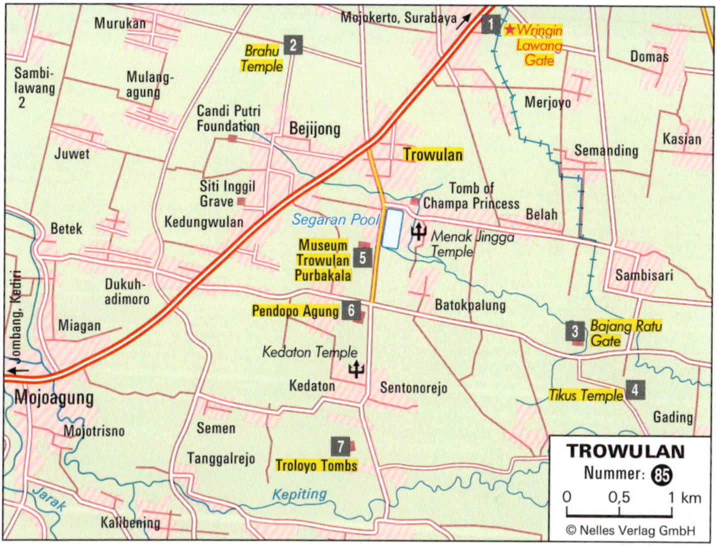

dient es dem modernen Staat Indonesien als historischer Vorgänger. Einige der Denkmäler wurden eher neu aufgebaut als restauriert; so errichtete die Armee auf einem Originalfundament einen riesigen neuen **Pendopo Agung** 6 (Große Audienzhalle).

Die **Muslimgräber von Troloyo** 7, 2 km südlich des Museums, revolutionierten die Geschichtsschreibung Javas. Sie datieren auf das Jahr 1376 und später und sind, außer einer, die in Trowulan selbst gefunden wurde, die ältesten islamischen Grabstätten in Java. Man hatte immer geglaubt, der Islam hätte sich von unten nach oben verbreitet, indem zunächst die Händler und das Volk, durch die Hindu-Kaste und das Königreich unterdrückt, gewonnen wurden. Doch die Troloya-Gräber scheinen Ruhestätten des Adels zu sein, vielleicht sogar der königlichen Familie selbst, was eine Islamisierung von oben nach unten nahe legt. Eines der Gräber besitzt noch die Form eines hinduistischen *lingga* (Phallus).

Einem Herrscher des nahen **Mojokerto** 86, Kromodjojo Adinegoro, ist es zu verdanken, dass noch so viele der Majapahit-Ruinen erhalten sind: Anfang des 20. Jahrhunderts gründete er ein Archäologisches Museum für die hier gefundenen Hinduskulpturen, die heute in Trowulan ausgestellt sind. Im Jahr 1936 gruben Anthropologen in der Mojokerto-Region den 1,8 Millionen Jahre alten Schädel eines Hominiden-Kindes aus – eine wissenschaftliche Sensation.

Inwieweit Majapahit im 14. Jh. wirklich die anderen Inseln beherrschte, ist unklar, mit Sicherheit umfasste es Ostjava und Bali, da seine Könige und Priester auf ihren Prozessionen die religiösen Stätten dort besuchten; vielleicht auch Sumatra, Borneo und die Malaiische Halbinsel. Neben den Singosari-Schreinen verehrten sie auch ihre selbst erbauten Tempel. **Candi Tegowangi** 87 und **Candi Surowono** nahe **Pare** 88 sind beides Majapahit-Stätten. Pare ist eine typische javanische Kleinstadt, so typisch sogar, dass Clifford Geertz sie als Vorbild für das „Mojokuto“ in seinem Klassiker *The Religion of Java* hernahm.

Relikte aus Majapahit und dem älteren Kediri-Reich wurden rund um die Stadt **Kediri** ⓼⓽ entdeckt. Einige sind im **Museum Airlangga** ausgestellt. Kediri war 1045-1221 Reichshauptstadt und später der letzte Zufluchtsort der hindu-javanischen Führung während der Zeit der Islamisierung. Nach dem Tod Hayam Wuruks 1389 von inneren Unruhen gequält, taumelte Majapahit weiter, bis es von islamischen Sultanen eingeschlossen war. Als die Portugiesen 1512 das Land erreichten, hatten sich die Hindus nach Kediri und Bali zurückgezogen – ob sich der Staat noch Majapahit nannte, ist unbekannt; die hindu-javanische Ära war mit der Eroberung der Stadt durch Demak 1527 zu Ende gegangen. Heute ist Kediri, das schon im 12. Jh. am Weltgewürzhandel teilhatte, der Sitz des Nelkenzigaretten-Imperiums **Gudang Garam** und ein Zentrum der Zuckerindustrie.

Oben: Die Tempelanlage von Penataran stammt aus dem 14. Jahrhundert. Rechts: Blick vom Bromo zum Semeru.

**PENATARAN

Reich an Zeugnissen vergangener Zeiten ist das Gebiet um Tulungagung und Blitar, jenseits von Kediri am Brantas. In der Einsiedlerhöhle **Goa Selamangleng** bei Sanggrahan, südöstlich von **Tulungagung** ⑨⓪, schildern eingemeißelte **Reliefs** die Versuchung Arjunas. **Candi Sawentar**, in dem gleichnamigen Dorf nahe **Blitar** ⑨①, ähnelt den Tempeln Jawi und Kidal.

Wirklich sehenswert ist jedoch **Candi Penataran** ⑨②, eine heilige Stätte Majapahits an den Hängen des hoch aktiven Vulkans **Mt. Kelud** (2007 u. 2014 waren Evakuierungen nötig), oberhalb von **Blitar**. Penataran ist die größte und schönste **Tempelanlage** Ostjavas. Während die großen Tempel Zentraljavas ihre Bedeutung durch Masse auszudrücken scheinen, liegt die Betonung in Penataran auf Weite. Reich verzierte Tore verbinden drei große Höfe, die hintereinander auf den Berg zulaufen. Hinter der Anlage liegt eine **Badestelle** (*mandi*); eine weitere wurde in der Nähe des Dorfes

 » Karte S. 108-109, Info S. 130-131

Foto: Florian Janku

Penataran vollkommen restauriert. Der heiligste Teil befand sich hoch am Berg, doch nur die Fundamente blieben erhalten. In besserem Zustand befinden sich **Candi Naga** auf der zweiten Ebene, der von Furcht erregenden Schlangen auf dem Dach bewacht wird, und der restaurierte **Datierte Tempel** auf der ersten Ebene, eine verkleinerte Nachbildung von Candi Jawi. Der Tempel erhielt seinen Namen, weil eine Inschrift 1369 als Entstehungsjahr angibt. Heute ist er das Emblem der Brawijaya-Armee.

Die ***Steinreliefs** in Penataran stellen die höchste Entwicklungsstufe dieser Darstellungsform dar. Wie im Candi Jago sind die Bilder stark stilisiert. Ihre Themen reichen von der Gagang-Aking-Geschichte bis zu den klassischen indischen Epen wie dem Ramayana (am Haupttempel). Das **Museum Penataran** zeigt die wichtigsten Funde.

Indonesiens größter Schrein des 20. Jahrhunderts, das **Makam Proklamator**, ist in **Sentul**, 2 km nördlich des Stadtzentrums von **Blitar** auf dem Weg nach Penataran zu besichtigen. Hier befindet sich das **Grab von Sukarno** (1901-1970), des Mannes, der die junge Nation durch ihre ersten und gefährlichsten Jahre – die der Revolution und Unabhängigkeit – führte. Obwohl dem linksgerichteten diktatorischen Präsidenten Bescheidenheit fern lag, bat Sukarno angeblich darum, als einfacher Mensch neben seiner Mutter begraben zu werden, und zwar in der kleinen Stadt, in der er den größten Teil seiner Jugend verbracht hatte. Acht Jahre lang wies außer einem verblichenen Schirm, dem alten Symbol für Macht, nichts auf sein Grab hin. Im Gegensatz dazu ließ sein Nachfolger, Diktator Suharto, der Sukarno 1966 entmachtet hatte, sich ein pompöses Mausoleum 35 km östlich von Solo errichten. Erst 1977 machte man Sukarno offiziell zum verehrten Nationalhelden und errichtete über seinem Grab ein kunstvolles **Denkmal**, das viele indonesische Touristen anzieht.

Das Haus, in dem Sukarno seine Jugendjahre verbrachte, dient heute als **Sukarno-Museum**.

Foto: Florian Janku

★★BROMO / BROMO-TENGGER-SEMERU-NATIONALPARK

Ostjava fand sich bis nach Malang seit jeher in den Bugwellen der javanischen Geschichte; auch nach der Islamisierung und dem Rückzug der Hindu-Führung nach Zentraljava blieb das Herzstück des Ostens Matarams Einflussbereich, Quelle von Tributen und Rebellionen. Das Gebiet jenseits von Malang jedoch erschien den meisten Javanern so weit entfernt, dass sie es „Land im fernen Osten" nannten. Vulkanische Bergszenerie und Tropenlandschaften prägen die große östliche Halbinsel Javas; hier gibt es nur wenige Großstädte und keine Monumente.

Am wildesten gibt sich die Gegend um den berühmten ★★**Mt. Bromo** ➒➌, benannt nach dem Hindu-Schöpfergott Brahma. Er ist mit 2329 m zwar der kleinste, aber der bekannteste der drei Vulkane, die sich aus der **Caldera** des großen **Tengger-Vulkanmassivs** erheben. Der Schlund des Bromo zeigte sich in der Vergangenheit abwechselnd als Kratersee oder tiefer Schlot. Er ist immer wieder aktiv, Anfang 2011 war der Aufstieg zum Kraterrand innerhalb der Caldera deshalb nicht möglich. Seine Vulkan-im-Vulkan-Formation ähnelt der des Mt. Batur auf Bali; doch wo am Batur ein blauer See ruht, erstreckt sich am Bromo ein unfruchtbares Sandmeer.

Eine **Besteigung** des Bromo, zu Fuß oder zu Pferd, beginnt um 4.30 Uhr in dem von der Küstenstadt **Probolinggo** ➒➍ über **Ngadisari** (Eingang zum **Bromo-Tengger-Semeru-Nationalpark**) zu erreichenden Übernachtungsort **Cemoro Lawang** ➒➎. Von hier geht es zunächst in die **Tengger-Caldera**, und dann über viele Stufen hinauf zum **Bromo-Kraterrand** zum ★**Sonnenaufgang**. Man kann aber auch, oberhalb des ehemaligen Holländer-Kurorts **Tosari** ➒➏, von **Wonokitiri** mit Geländewagen zum Bromo fahren.

Die 60 000 **Tengger** im **Tengger-Hochland** betrachten den Bromo als

Oben: Aufstieg zum Bromo durch die Tengger-Caldera. Rechts: Ungesunde Schwefeldämpfe am Kawah Ijen.

» Karte S. 108-109, Info S. 130-131

Foto: Florian Janku

heiligen Berg. Sie versammeln sich einmal im Jahr zu einer Besänftigungszeremonie auf dem schmalen Grat des Vulkans, um Obst, Gemüse und Blumen in den dampfenden Abgrund zu werfen. Früher wurde sogar ein Mensch geopfert. Die Tengger sind keine Muslime, sondern Hindus und die letzten Bewahrer der Kultur Majapahits. Hayam Wuruk befreite sie von Steuern und gebot ihnen, sich der Verehrung des Bromo (Brahma) zu widmen. Dieses Gebot befolgen sie noch nach 600 Jahren. Sie leben nach einem prä-islamischen Kalender, und ihre *dukun* oder Priester besitzen Becher, auf denen Sternzeichen und Daten aus dem 14. Jh. eingraviert sind. Da Reis hier im kühlen Höhenklima nicht gedeiht, kultivieren die Tengger Mais, Zwiebeln, Möhren und Blumenkohl. Bis vor noch nicht allzu langer Zeit bauten sie für Java ungewöhnliche hölzerne Langhäuser; heute leben sie in Wellblechhütten.

Im Süden des **Bromo-Tengger-Semeru-Nationalparks** erhebt sich der höchste Berg Javas, der 3676 m hohe **Mt. Semeru** 97. Für die javanischen Hindus war er der hinduistische Weltenberg und das Zentrum des Universums, sie nannten ihn auf Sanskrit *maha-meru* (Großer Berg). Laut Legende bröckelten alle übrigen Berge Javas von ihm ab, als die Götter den Semeru vom Himalaja hierher transportierten; Wenn der Vulkan Semeru ausbricht, richtet er beträchtlichen Schaden an; mit Aktivität ist jederzeit zu rechnen. Für die zweitägige Besteigung (ab dem **Ranupani-Park-Office**) ist ein Permit der Nationalparkverwaltung in Malang nötig und ein Führer sinnvoll.

DIE OSTSPITZE JAVAS

An der Nordküste des *Oosthoek* reihen sich Reisfelder und Mangrovenwälder aneinander. Dazwischen schiebt sich der Sandstrand von **Pasir Putih** 98. Die Bevölkerung besteht v. a. aus Maduresen, die als Soldaten, Händler, Plantagenarbeiter oder Siedler hierher zogen. In **Bondowoso** 99 haben die Maduresen für ihr Lieblingstier eine eigene Sportart erfunden: Stierkämpfe,

Foto: Florian Janku

bei denen nur die Tiere kämpfen.

Blambangan (s. S. 129), der Name der kleinen Halbinsel im äußersten Südosten Javas, bezeichnete einst ein mächtiges Hindu-Königreich, das im Westen bis zum Mt. Bromo reichte. Doch eingeklemmt zwischen expandierenden Reichen im Westen und seinen balinesischen Feinden konnte es keine Unabhängigkeit bewahren. Zum Niemandsland degradiert, wurde es zur Zuflucht von Banditen und Flüchtlingen, die sich zwischen den beiden Blöcken ihre eigenen Reiche schufen.

Sultan Agung besetzte Blambangan 1639. Doch da auch er es nicht gegen die Balinesen halten konnte, verfrachtete er den Großteil von dessen Bevölkerung als Sklaven nach Zentraljava. 1697 besetzte der ehemalige Sklave Surapati, ein Erzfeind der VOC, das Königreich erneut. Trotz aller Unruhen blieb Blambangan dem Hinduismus treu. Ausgerechnet die Holländer bewirkten seine Islamisierung: Sie verhalfen zwei muslimischen Prinzen an die Macht, um den balinesischen Einfluss von der noch nicht kolonialisierten Nachbarinsel zurückzudrängen.

Oben: Rajegwesi, ein paradiesischer Strand am Ostrand des Meru-Betiri-Nationalparks. Rechts: Am Schildkrötenstrand Sukamade.

Banyuwangi

Ein Relikt des Reichs Blambangan ist der balinesische Dialekt der 400 000 *Osing* in der Umgebung von **Banyuwangi** 100 an der Straße von Bali. Bis 1881 organisierten die Holländer von Banyuwangi aus ihre Handelsbeziehungen zu dem damals noch unabhängigen Bali und Lombok. Noch 1920 lebte der Hafen vom Bananen- und Kopraexport nach Australien. Kokospalmen säumen die Küste; an der Straße von Banyuwangi nach Jember erinnert der Name **Glenmore** an die Zeiten, als die Plantagen große Vermögen erwirtschafteten. Die Fähre nach Bali legt zwar in **Ketapang** 101 ab, 8 km nördlich von Banyuwangi, aber der alte Hafen ist noch immer ein beliebter Zwischenstopp.

 » Karte S. 108-109, Info S. 130-131

Foto: Florian Janku

Nationalparks

Hinter Banyuwangi steigt das Land zum **Ijen-Plateau** (102) an, der riesigen Caldera in Javas östlichstem Vulkanmassiv, geschützt als **Ijen-Merapi-Maelang-Reservat**. Ijen besteht aus mehreren Kratern. Der bekannteste ist, an der Westflanke des Merapi, der wassergefüllte ***Kawah Ijen**: Umschlossen von steilen Wänden liegt auf 2148 m Höhe ein grünblau-milchiger **See**, aus dem ein saurer Fluss entspringt. Am Südufer wird Schwefel abgebaut, den starke Männer in Bambuskörben an Stangen talwärts tragen. Höchster Vulkan des Massivs ist der aktive **Gunung Raung** mit 3332 m ü. M.

Der Ostzipfel Javas ist dünn besiedelt und wild und kann daher den Tieren, die von Motorsägen und Pflügen immer weiter vertrieben werden, ein neues Zuhause bieten. Doch im **Nationalpark Baluran** (103), am nordöstlichen Ende des *Oosthoeks*, fällt wenig Regen, und während der Trockenzeit (April bis Oktober) gleicht die Gegend einer afrikanischen Savanne, die nur trockenes Gras bedeckt. *Banteng*-Herden (Wildrinder) und Wild sammeln sich an den Wasserlöchern. An den Rändern gibt es Mangrovensümpfe und Wälder.

An der Südostküste Javas liegt der ***Meru-Betiri-Nationalpark** (104), zur Regenzeit selbst mit Jeeps kaum erreichbar – eine Naturidylle, wo große ****Meeresschildkröten** nachts am ***Sukamade-Strand** ihre Eier ablegen und Nashornvögel in den Bäumen nisten. Der Java-Tiger, für den das Reservat 1972 gegründet wurde, ist längst ausgestorben. Westlich des Parks sind der wellenreiche Strand **Watu Ulo** und der hellere, geschütztere Nachbarstrand **Papuma** beliebte Ausflugsziele ab Jember; die touristische Infrastruktur ist aber noch recht bescheiden.

Im ***Alas-Purwo-Nationalpark** (105) auf der **Blambangan-Halbinsel** konnte der **Ajak**, der asiatische Wildhund, überleben sowie Leoparden, Wildrinder, Affen, Sambarhirsche, Muntjakhirsche und **Meeresschildkröten**. In der **Grajangan-Bucht** an der Südostspitze der Halbinsel liegt **Plengkung**, einer der besten Surfspots Indonesiens.

SURABAYA (☎ 031)

East Java Regional Tourist Office, Mo-Fr 7-14 Uhr, Jl Wisata Menanggal, Tel. 8531822.

Sarkies, Seafood-Restaurant im Stil eines Chinese Teashop der 1920er Jahre, wunderbares Ambiente, ausgezeichnete Küche, im Hotel Majapahit, Jl Tunjungan 65. **House of Sampoerna**, schickes Café-Restaurant, in dem sich die Szene Surabayas zum Business-Lunch und Dinner trifft, Jl Taman Sampoerna 6, Tel. 3539000.
Sea Master Food Garden, man schnappt sich den Einkaufswagen, wählt die besten (noch lebenden) Fische und Meeresfrüchte aus, dazu Gemüse; nun muss man nur noch entscheiden, ob man das Erstandene gegrillt, gebraten oder gedünstet verzehren möchte, Jl May Jend. Sungkono, Surabaya-Bundaran, Tel. 7321721.
Café Venezia, internationale Speisekarte reicht von Steaks bis Sushi, köstliche Eis-Desserts, Jl. Ambengan 16, Tel. 5343335.

Zahlreiche Shopping-Center, von Textilien bis Unterhaltungselektronik, z. B. (**Delta Plaza**, **Surabaya Plaza**) in der Jl Pemuda.
***ANTIQUITÄTEN**:* auf Jl Tunjungan (inkl. 3. Etage von **Pasar Tunjungan Surya**).

House of Sampoerna, Privatmuseum der Zigarettenfirma Sampoerna, tgl. 9-21.30 Uhr, Jl Taman Sampoerna 6. **Museum 'Mpu Tantular'**, Museum d. Provinz Ost-Java, Di-Do 8-14.30, Fr 8-11, Sa 8-12.30, So 8-13.30 Uhr, Mo geschlossen, Jl Taman Mayangkara 6. **Ost-Java Kunstmuseum**, Mo-Do 9-12, Fr 9-10, Sa 9-11 Uhr, Jl Pemuda 3. **Surabaya Zoo**, tägl. 7-16 Uhr, Jl Diponegoro, Surabaya. **Monumen Kapal Selam**, 9-21 Uhr, Jl. Pemuda.

***FLUG**:* wichtiger Inlands-Knotenpunkt für Luftverkehr, Flüge zu den meisten indon. Städten, auch nach Sulawesi oder Bali. **Juanda Airport** liegt 15 km südl. der Stadt; nur Taxiverbindung. Fluggesellschaften: **Garuda**, Tel. 5326321 o. 5468505. **Merpati**, Tel. 5680777. **Mandala**, Tel. 5610777. **Bouraq**, Tel. 5353878.
***SCHIFF**:* viele Abfahrten tägl. v. **Tanjung Perak** u. **Kalimas** Hafen daneben. **Pelni** Büro: Jl Pahlawan 20, Tel. 3551092, Mo-Fr 8-12/13-16, Sa 8-13 Uhr. Fähre nach Madura von Ujung Baru in Tanjung Perak, oder per Bus direkt vom Purabaya Terminal.
***ZUG**:* Drei Bahnhöfe. Züge nach Jakarta über Semarang fahren ab **Pasar Turi**. **Kota** und **Gubeng** sind die Terminals für Züge nach Westen (über Solo, Yogya und Bandung) und für Malang und Banyuwangi. Züge ab Kota fahren über Gubeng. Surabaya ist unumgänglich für Zugpassagiere nach Bali.
***BUS**:* 2 Haupt-Busbahnhöfe. **Jembatan Merah** für Nordküsten-Städte von Gresik nach Semarang. **Purabaya**, am südl. Stadtrand für restl. Ost-Java (einschließl. Madura) und Solo sowie für lange Überland-Busreisen (Jakarta, Bali etc.). Alle Bus-Firmen haben Büros am Purabaya Busbahnhof. Zahlreiche Verbindungen nach Malang oder Banyuwangi, aber auch Fernverbindungen nach Yogyakarta oder Jakarta. Für die Strecke Surabaya – Malang (ca. 80 km) muss man mit 2,5 Stunden rechnen (Abfahrt: Station Bungurasi).
***ORTSVERKEHR**:* Bequemer als die meist überfüllten Busse sind Taxis. Die meist himmelblauen Wagen mit Taxi-Schild verfügen über Taxameter (Stadtfahrt US$ 1-2).

MADURA

Mustika Kempang, *batik*, Jl Trunojoyo 78. **A Ba'bud**, Kunsthandwerk u. Antiquitäten, Jl A Yani, in Sumenep.

MALANG (☎ 0341)

Gunung Bromo National Park Head Office, Mo-Do 8-15, Fr 8-11 Uhr, Jl Raden Intan 6. Tel. 490885.

Melati Restaurant, wunderbare javanische Küche zu erstaunlich günstigen Preisen in zauberhaftem Ambiente, im Hotel Tugu, Jl Tugu 3, Tel. 363891; wer nach längerem Asienaufenthalt Sehnsucht nach Apfelstrudel und Käsekuchen hat, wird im angrenzenden Coffeeshop im Warungstil fündig. **Rumah Makan Inggil**, liebevoll gestaltetes Museumsrestaurant mit javanischer

Küche, später abends manchmal laute Musik, jeden Samstag trad. Gamelanmusik, Jl Gajah Mada 4, Tel. 332110.
Toko Oen, eine Institution in Malang, Schnitzel, Milchshakes, Korbstühle wie in Kolonialtagen, Jl Jen. Basuki Rahmat 5, Tel. 364052.

BATIK: ***Wisma Batik*** (Danar Hadi), Jl Basuki Rachmat.
ANTIQUITÄTEN: mehrere Läden auf Jl Basuki Rachmat; interessant auch der große Zentralmarkt **Pasar Besar**, Jl Pasar Besar.
SONSTIGES: **Pasar Senggol** (Vogelmarkt), Jl Tjembaran; der **Pasar Bunga** (Blumenmarkt) nebenan ist morgens am schönsten.

ORTSVERKEHR: Ideales Verkehrsmittel ist das *becak*, die Fahrradrikscha. Preise aushandeln!
ÜBERLANDBUSSE: An der Station Arjosari fahren die Busse nach Probolinggo (Bromo) ab. Dort muss man nach Cemoro Lawang in Minibusse umsteigen. Die Busse Malang – Blitar fahren ab Station Gadang. Busse auf der Strecke Probolinggo – Banyuwangi sind rund 5 Stunden unterwegs.
ZUG: Nach Surabaya fahren mehrere Züge täglich. Außerdem gibt es Verbindungen nach Jakarta, Yogya und Solo.

TROWULAN / MOJOKERTO

Museum Purbakala Trowulan, Di-So 7-16 Uhr, Mo geschl., Jl Mojokerto 349, Trowulan.
Museum Purbakala Mojokerto, Di-So 7-13 Uhr, Mo geschl., Jl Ahmad Yani 14.

VULKAN BROMO

Über **Tosari**: Inland-Bus ab **Pasuruan**, Übernachtung in **Cemoro Lawang**. Von dort 1 Stunde durch die Caldera zum Bromo, dann folgen etwa 250 Stufen hinauf zum Bromo-Kraterrand. Über **Ngadisari**: die Nordküsten-Straße bei **Probolinggo** verlassen, dann mit Minibus nach **Sukapura** oder, wenn möglich, bis nach Ngadisari.

Von Ngadisari 3 km Wanderung nach **Cemoro Lawang** am Rand der Caldera, 2 Std. weiter zu Fuß oder 1 Std. mit Pony zum Gipfel des Bromo.

VULKAN SEMERU

Von **Malang** mit dem Minibus über **Tumpang** und **Gubugklakah** nach **Ngadas**, dann zu Fuß über **Rano Pani** (dort Führer erhältlich) und **Rano Kumbolo**. Sehr anstrengend, gute und vollständige Camping-Ausrüstung, Verpflegung und Wasser sind unbedingt erforderlich.

BANYUWANGI (☎ 0333)

Jl Ahmed Yani 78, Tel. 424172, Mo-Do 7-15.30, Fr 7-10.30 Uhr.

SCHIFF: Fähren nach Bali von Ketapang, 8 km nördl. der Stadt, halbstündlich. ***ZUG***: Von Banyuwangis Bahnhof fahren Züge nach Surabaya über Jember und Probolinggo. ***BUS***: Drei Busbahnhöfe. Nach Blambangan und dem Süden: **Terminal Brawijaya** 3 km südlich vom Zentrum. Zum Ijen Plateau: **Terminal Banjarsari** im Westen. Nach Surabaya und dem Norden: **Terminal Ketapang**, 10 km nördlich vom Zentrum, 2 km nördlich vom Fährhafen.

NATIONALPARKS

Naturschutz-Büros (PKA): beide in Banyuwangi, in der Jl A Yani 108, Tel. 410857, zuständig für Alas Purwo Nationalpark und Meru Betiri Nationalpark; in der Jl Haji Agus Salim 132, Tel. 424119, zuständig für Baluran Nationalpark; erteilen Besuchs-Genehmigungen. Genehmigungen für Baluran auch in Wonorejo am Parkeingang (HQ). Mo-Do 7-15, Fr 7.30-11 Uhr.

BALURAN: Park-Eingang ist in **Wonorejo**, hier ist auch das HQ. Einfaches Guesthouse in **Bekol**, 12 km im Park, und in **Bama**, 2,5 km weiter am Strand.
ALAS PURWO (Blambangan): keine Straßen südl. von Grajangan, 52 km von Banyuwangi aus über die Straße. Surf-Camp und Park können nur zu Fuß erreicht werden, oder mit dem Boot von Grajangan oder direkt von Bali.
MERU BETIRI: Auf Erdpisten von **Genteng** (über Pasanggaran) oder von **Glenmore** aus. Unterkunft in **Wisma Sukamade** auf dem Sukamade-Landgut oder im PKA Resthouse in **Rajegwesi**.

Kevin Miller (iStockphoto)

Foto: Kalman Muller

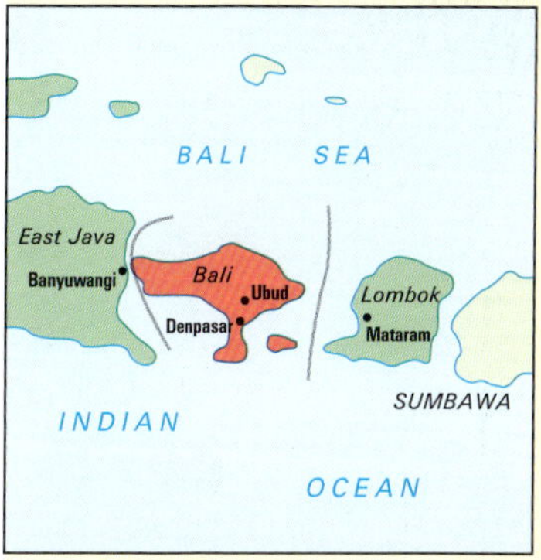

BALI

PORTRÄT BALIS

Die üppig grüne Tropeninsel Bali und die sympathischen, offenen Balinesen, die soviel Achtsamkeit im Umgang mit ihren Mitmenschen und der Natur zeigen, waren im 20. Jh. ein beliebtes Thema für völkerkundliche Dissertationen, Reiseschriftsteller und Fotografen. Die Bezeichnungen, die der Insel in Reiseführern und Bildbänden zuteil werden, reichen von „Insel der Götter" über „Insel der 1000 Tempel" bis zu „Letztes Paradies". Und tatsächlich beeindruckt diese Insel durch ihre Schönheit, Exotik und Einzigartigkeit ausländische Besucher – und auch die Indonesier, die es als *Bali indah*, „liebliches Bali", rühmen.

Palmen, Strände und Reisterrassen; Hindutempel im Schatten mächtiger Vulkane; Dorfidylle und Bauern, die zugleich Maler, Tänzer und Musiker sind – wer aus dem winterkalten Europa nach Bali kommt, wähnt sich im Garten Eden. Schon seit den 1930er-Jahren ist Bali für Aussteiger ein beliebter Fluchtpunkt fernab der westlichen Leistungs- und Stressgesellschaft.

Vorherige Seiten: Blick über die ruhige Jemeluk Bay (in Südostbali, bei Amed) zum majestätischen Agung-Vulkan. Links: Junge bei einer Initiationszeremonie in dem altbalinesischen Dorf Tenganan.

Für den Hinduismus in Indonesien ist Bali das letzte Refugium in dem vorwiegend islamischen Staat. Die Holländer unterwarfen Bali zwar 1849-1906 mit Waffengewalt, achteten ansonsten aber weitgehend die örtlichen Sitten und Bräuche und versuchten auch nicht, die Hindus zu missionieren. Im Gegensatz dazu versuchen heute immer wieder islamische Politiker in Jakarta, dem sinnlichen Bali ihre rigiden Moralvorstellungen aufzuzwingen. Wobei das von ihnen für die Badeinsel angestrebte Bikiniverbot wohl negative Auswirkungen auf das Staatsbudget hätte, aus dem sich dieselben Politiker gerne bedienen.

Die Kultur Balis ist durch mehrere Faktoren geprägt, die auf die austronesische Grundlage in den letzten 2000 Jahren eingewirkt haben – Buddhismus und Hinduismus aus Indien, das indisierte Südostasien, Java, Lombok, China, im 20. Jh. erst die Niederlande und dann der internationale Tourismus mit all seinen Licht- und Schattenseiten.

Sprache und Kasten

Balinesisch ist am nächsten mit den Sprachen Ost- und Zentraljavas, Lomboks und Sumbas verwandt, verwendet aber auch Worte aus anderen austronesischen Sprachen: Das Wort *lima* zum Beispiel bedeutet nicht nur in Baline-

Foto: Florian Janku

sisch „fünf", sondern auch in anderen Sprachen zwischen Taiwan und Samoa. Das Balinesische gehört demnach zum malayo-polynesischen Zweig der austronesischen Sprachfamilie. Aus Taiwan und Südchina stammenden seefahrenden Austronesier besiedelten seit 3000 v. Chr. die südostasiatische Inselwelt und die Südsee, erreichten um 1000 v. Chr. Bali, um 700 n. Chr. Madagaskar und um 1200 n. Chr. Neuseeland.

Balinesisch ist wegen der unterschiedlichen Sprachebenen, die die gesellschaftliche Hierarchie widerspiegeln, eine schwierige Sprache; Jede Kaste besitzt ihren eigenen Dialekt, den das jeweilige Kastenmitglied aber sofort verlässt, wenn es den Angehörigen einer anderen Kaste anspricht. So sollte ein Mann aus der Shudra-Unterkaste (90 % der Bevölkerung) einen Brahmanen der Oberkaste (wozu auch Kshatriya und Vaishya gehören) auf Hochbalinesisch (*singgih*), einer alten javanischen Hofsprache, ansprechen.

Oben: Liebevoll hergerichtete Opfergaben im Tempel Gunung Kawi.

Tempel und Gehöfte

Die Betonung der Hierarchie spiegelt sich auch in der räumlichen Vorstellung wider. Das Meer stellt im dreigeteilten geografisch-spirituellen Kosmos der balinesischen Hindus den Ort dar, an dem Dämonen, Hexen und Geister hausen. Den Gegenpol dazu bilden die erhabenen Vulkanberge. Hier residieren die Götter, vergöttlichte Naturgewalten und die Geister der Ahnen. Dazwischen liegt die Welt der Menschen, um die sich die Kräfte von Gut und Böse im ewigen Widerstreit befinden und die Menschen versuchen, nicht nur durch große Prozessionen und Tempelfeste, sondern auch durch ihre alltäglichen ästhetischen Opferrituale das Gleichgewicht und die Harmonie zu erhalten und den Zusammenhalt von Familie und Dorfgemeinschaft zu fördern. Vor allem in diesem permanenten Streben nach innerer und äußerer Harmonie unterscheiden sich die Balinesen grundlegend von den wiedererstarkten muslimischen Glaubenskämpfern der Nachbarinseln.

Jede der drei Welten des Hindukosmos hat Anspruch auf einen eigenen Tempel im Dorf – einen oben (bergwärts, wo die Götter wohnen): *pura puseh*; einen in der Dorfmitte (der Menschenwelt): *pura desa*; und einen unten (meerwärts, wo die Dämonen hausen): *pura dalem*. Dabei weisen die Tempel unterschiedlich viele übereinander „gestapelte" Dächer (*tumpang*) auf – je nach Ranghöhe der darin verehrten Gottheit. Große Häuser und Tempel stehen auf Podesten, also „oben", wo das Gute regiert.

Das Dorf Sembiran im Norden, etwa 30 km östlich von Singaraja, ist bereits seit der Steinzeit bewohnt. Dort gibt es Tempel mit gigantischen Steinstufen, die heute noch für Zeremonien genutzt werden. Sie ähneln Tempeln in Java, Kambodscha und sogar solchen im entfernten Polynesien. Direkte Nachfahren dieser Bauweise sind Terrassentempel wie Besakih (der Urtempel Balis), Pura Kehen (der ehemalige Staatstempel Banglis) und Pura Penulisan am Kraterrand des Vulkans Batur (nahe Kintamani).

Die Bergnähe eines Tempels bedeutet Macht, Reinheit, hoher Status. Die richtungsanzeigenden balinesischen Worte *kaja*, *kelod*, *kangin* und *kauh*, die fälschlich mit Norden, Süden, Osten und Westen übersetzt werden, bedeuten „in Richtung Berge", „in Richtung Meer", „wo die Sonne aufgeht" und „wo die Sonne versinkt". Damit hängt die Richtung von den jeweiligen landschaftlichen Gegebenheiten ab. Auch das Bahasa-Indonesia-Wort *selatan* für Süden mag vielleicht einmal „Richtung Meer" bedeutet haben (*laut* = Meer).

Die Bauweise der Gehöfte Balis orientiert sich ebenfalls an den Bergen und dem Meer. Die Hausaltäre oder Familientempel für die Gottheiten und Vorfahren befinden sich an der Berg-/Ostseite, anschließend folgen der Pavillon des Familienoberhauptes und seiner Frau, kleinere Pavillons für die übrigen Familienmitglieder, die Küche, Reislager und so weiter, bis hin zu den Schweineställen und Latrinen am westlichen, meerzugewandten Ende des Grundstücks.

Der Eingang zum Gehöft ist meist nur ein schmaler, über Treppen zu erreichender Durchgang, hinter dem sich unmittelbar eine Aling-Aling-Mauer erhebt – zur Abwehr von Dämonen, die angeblich nur geradeaus gehen können.

Geburt und Tod

Ein weiteres austronesisches Merkmal ist, wie in China, der Ahnenkult. Viele Austronesen können ihre Abstammung weit zurückverfolgen. Nicht so die Balinesen: Nur einige Königs- und Priesterfamilien besitzen Stammbäume. Die Verbindung zu den Vorfahren wird vielmehr als Beziehung eines nicht-individualisierten ursprünglichen Landerschließers mit seinen Nachkommen gesehen, den Menschen, die dieses Gebiet heute bewohnen. Jedes Dorf besitzt ein *pura puseh*, einen Ursprungstempel, in dem dieser verehrt wird. Gleichermaßen ist in jedem Haus ein *sanggah*, Hausschrein, für die eigenen Vorfahren zu finden. Clans wiederum verehren ihre Vorfahren in einem *pura kawitan*, einem Ursprungstempel.

Den Vorfahren gebühren Gaben. Diese ermöglichen ihnen ein ständiges Aufsteigen zu den höheren Ebenen des Himmels, was ihnen größere Macht verleiht. Gaben können die Vorfahren ebenfalls dazu bewegen, begünstigend auf die Familienangelegenheiten einzuwirken. Die Ahnen sind nicht direkt Götter, sie werden nicht angebetet, jedoch erlangen sie im Lauf der Zeit einen gottähnlichen Status, bis sie schließlich mit dem Gott des Bodens eins werden. Bis dahin müssen sie geehrt werden, da sie ein bedeutendes Verbindungsglied zwischen einer bestimmten sozialen Gruppe und der Welt der Götter darstellen.

Der Ahnenkult kommt in seltsam anmutenden Begräbniszeremonien zu-

tage, die in unterschiedlichen Formen in Südostasien zu finden sind. Diese Praktiken werden „Doppelbegräbnis" genannt. Zunächst wird der Leichnam begraben, verbrannt oder ausgesetzt. Nach einer bestimmten Zeit folgen nochmals spezielle Riten, woraufhin die Überreste erneut beigesetzt werden. Diese Reihe von Riten verdeutlicht: Familienbande lassen sich nicht durch eine einzige Zeremonie lösen, sie erfordern eine allmähliche, formelle Auflösung. Gaben stellen sicher, dass die Seele in höhere und angenehmere Ebenen des Jenseits emporsteigen kann.

Einige Austronesier legten die Überreste ihrer Ahnen in Urnen (Laos), ausgehöhlte Holzstämme (Sulawesi) oder Steinsarkophage (Sumatra). Andere brachten sie in hoch gelegene Felsnischen, verbrannten sie oder bemalten die Knochen und deponierten sie in Höhlen. In Bali wurden Urnen in Gilimanuk, Steinsarkophage im Pejeng-Bedulu-Gebiet gefunden. Am weitesten verbreitet ist heutzutage auf Bali die Verbrennung; Tausende von Fotos der farbenprächtigen hinduistisch-balinesischen Einäscherungszeremonien gingen um die Welt. Doch im Gegensatz zu Indien wird auf Bali der Leichnam nicht direkt verbrannt, sondern zunächst begraben und manchmal erst Jahre später dem Feuer übergeben, wenn das nötige Geld aufgebracht worden ist, denn die Einäscherung wird von einer Reihe aufwändiger Zeremonien begleitet; die Reichen und Hochgestellten können sich bis zu sieben Feiern erlauben.

Oben: Eine hindubalinesische Verbrennung ist keine Trauerfeier (Ubud). Rechts: Balinesische Musiker bei einer Totenfeier.

Die Geburt wird, wie der Tod, als ein gradueller Vorgang betrachtet, bei dem jedes Stadium von einer Zeremonie begleitet wird. Auf Bali beginnen diese Riten bereits in dem Moment, in dem die Empfängnis bekannt wird. Sie setzen sich während der gesamten Schwangerschaft, während und nach der Geburt fort, bis das Baby ein balinesisches Jahr (210 Tage) alt ist. Nun darf das Kind zum ersten Mal auf den Boden gesetzt werden. Der Eintritt in

Foto: Rainer E. Kunert

die Pubertät, das Feilen der Zähne als Beginn des Erwachsenenalters und schließlich die Heirat werden ebenfalls von Zeremonien begleitet.

Balinesische Frauen

Bemerkenswert ist die Rolle der Geschlechter. Trotz weit verbreiteter Gewohnheit, menstruierende Frauen von der Gemeinschaft auszuschließen, genießen Frauen relative Gleichheit. Bei der Erbvergabe gilt die Verwandtschaft der Frau ebenso viel wie die des Mannes. Frauen können Eigentum verwalten sowie religiöse und politische Macht ausüben. Frauen haben einst verschiedene Gesellschaften Südostasiens und Polynesiens regiert. Die bekannteste Persönlichkeit in Bali ist Königin Mahendradatta aus dem 11. Jh., die als das Vorbild der *Rangda* gilt, der balinesischen bösen Hexe. Die Frauen verwalten auf Bali die Finanzen der Familien, und sie haben ihre eigenen Wege gefunden, Geld zu verdienen, vor allem in den überall zu findenden *warung*, den Kaffeebuden.

Hinduismus und Islam haben allerdings die Rolle der Frau unterminiert. Die muslimischen Gesellschaften ziehen die väterliche Erbfolge vor. In Bali begünstigen die Scheidungsgesetze ganz eindeutig den Mann. Im Streitfall kann er alle Kinder und das Haus an sich nehmen. Die Frau muss entweder allein leben oder zu ihrer Familie zurückkehren.

Die Polygamie („so viele Frauen, wie man würdig unterhalten kann") war früher weit verbreitet. Aus moralischen und nicht zuletzt aus finanziellen Gründen hat sich die Ein-Frau-Ehe jedoch längst durchgesetzt.

Frauen können sich in Bali weitaus freier bewegen als in islamischen oder manchen christlichen Ländern. Männer und Frauen begegnen sich auf lockere, ungezwungene Weise, doch sind die Moralvorstellungen Balis etwas konservativer als die der westlichen Welt. Sowohl Frauen als auch Männer sollten den Körper, einschließlich der Oberarme und der Beine oberhalb des Knies, bedecken. Shorts und tiefe Ausschnitte sollten bei offiziellen Terminen und

Festlichkeiten sowie beim Tempelbesuch vermieden werden, es sei denn, man möchte sich als *kurang sopan*, unhöflich, ungehörig, bezeichnen lassen.

Am Strand und an Orten, die starkem westlichen Einfluss unterliegen, wie etwa Kuta oder Sanur, scheint zwar fast alles erlaubt. Doch der westliche Besucher, der mit den Dorfbewohnern Balis echten Kontakt aufnehmen möchte, sollte das nicht durch unangemessene Kleidung erschweren. Beim Besuch eines Tempels sollten sowohl Frauen als auch Männer einen *sarong,* ein Hemd oder eine Bluse mit langen Ärmeln tragen sowie eine Schärpe, den balinesischen *selendang.* Frauen sollten unbedingt die Gesetze der „rituellen Reinheit" beachten: Es gilt als schwerwiegendes Vergehen gegen die Hindu-Religion, wenn eine menstruierende Frau einen Tempel oder das Haus eines Priesters betritt.

Oben: Die Balinesinnen ernten den Reis auf ihre besondere traditionelle Weise – Halm für Halm mit dem ani-ani-Messer.

Indisierung

Die Indisierung Südostasiens bleibt ein Streitpunkt der Gelehrten. Wurde sie durch Kolonialisten, Händler, Brahmanen bzw. Missionare oder Eroberer verursacht? Stellte sie eine vollkommene Umwälzung bisher bestehender Kulturen dar oder handelte es sich eher um ein subtiles, weitgefächertes Einfließen in gefestigte Strukturen? Diese Fragen bleiben unentschieden, doch tendieren Wissenschaftler zu der Annahme, dass der Seehandel viele Inder nach Südostasien führte und das vermehrte Verkehrsaufkommen viele Balinesen in die entgegengesetzte Richtung.

Mehrere Jahrhunderte lang brachte der Handel neben Waren auch Gedankengut nach Südostasien, verschiedene Vorstellungen des Göttlichen, Strukturen gesellschaftlichen Lebens sowie einen unermesslichen Reichtum an Worten und Ideen des Sanskrit. In der Nähe des Dorfes Sembiran an der Nordküste wurde südindische Keramik gefunden, die auf die Zeit zwischen 200 v. Chr. und 200 n. Chr. zurückgeht. Dies lässt darauf schließen, dass Bali in fast direkter Verbindung zu Indien stand.

Als die Händler und Gelehrten Indiens nach Bali kamen, trafen sie sicherlich nicht auf ein kulturelles Vakuum. Die dortige Kultur pflegte ein hoch entwickeltes System des Reisanbaus und der Metallverarbeitung; die religiösen Vorstellungen konzentrierten sich auf eine Gottheit der Erde oder einen verehrten Vorfahren und orientierten sich an stufenförmigen Tempeln und den Bergen als speziellen Orten der Verehrung. Die Inder besetzten wohl nie Südostasien, sondern die einheimische Kultur leistete der weiten Verbreitung ihrer Vorstellungen und Symbole Vorschub. Die indische Mythologie und Gedankenwelt ließen sich leicht auf die heimischen Strukturen und religiösen Ideen übertragen. Der Gott des Bodens wurde zu Shiva (in Bali Siwa) oder Buddha; die indischen *varna* (Kasten) wurden in die örtliche Hierarchie eingewoben, der heilige Berg wurde zu Mahameru, dem Weltenberg, der Säule der Welt in der indischen Mythologie. Die indische Vorstellung von Staatskunst beeinflusste die lokalen Häuptlinge; indische Götter und Göttinnen wurden in das Pantheon der göttlichen Baum-, Boden- und Wassergeister aufgenommen.

In jedem Aspekt modellierten jedoch die einheimischen balinesischen Eigenarten die indischen Elemente, so dass der Hinduismus Balis von der ursprünglichen Religion Indiens abweicht.

Die Religion Balis ist eine Mischung aus Hinduismus, Buddhismus und Animismus. Die Balinesen nennen ihre Religion *Agama Tirtha*, „Religion des Heiligen Wassers". Alle Zeremonien beinhalten freigiebiges Versprühen von Wasser, das von einem Priester geweiht wurde. Die bedeutendsten Götter sind Siwa (Shiva), Wisnu (Vishnu), Iswara (Isvara) und Brahma. Sie werden von einer großen Anzahl von Vorfahren und Bodengottheiten begleitet, weiterhin von Dewi Sri, der Reisgöttin, Bhatara Surya, dem Sonnengott, und Bhatari Durga, der Göttin des Todes, eine der schrecklichen Verkörperungen von Siwas Gemahlin Parvati.

Über und jenseits all dieser Gottheiten bekennen sich die Balinesen zu einem einheitlichen göttlichen Prinzip, Sanghyang Widhi Wasa, die Summe und der Ursprung aller Gottheiten. Indem sie sich auf den Glauben an Wasa berufen, behaupten manche moderne, rational eingestellte Balinesen, monotheistisch zu sein.

Da die Religion und Mythologie Balis der Indiens ähnelt, findet sich hier eine Vielfalt verwandter Vorstellungen und Symbole des religiösen Mutterlandes wieder. Man sagt, dass Gunung Agung, Balis heiligster Berg, von den Hindu-Gottheiten aus einem Stück des indischen Mahameru gebildet worden sei. In den balinesischen Tempeltürmen (*meru*) spiegeln sich sowohl der Weltenberg als auch die unterschiedlichen Ebenen des Himmels wider. Die Hindu-Götter und -Göttinnen werden genauso wie in Indien und mit gleichen Attributen dargestellt. Religiöse Abhandlungen, die klassischen poetischen Stile und eine Unzahl von Geschichten stammen ebenfalls aus Indien.

Bali hat viele der literarischen und linguistischen Traditionen des präislamischen Java bewahrt, mit dem es jahrhundertelang kulturell und politisch verbunden war. Die Einsiedlerhöhlen, die bei Bedulu (*Goa Gajah* = „Elefantenhöhle") und Tampaksiring in die Felsen gehauen sind, ähneln den Höhlenheiligtümern Ostjavas und Indiens. Sie weisen auf Klöster aus dem 10. und 11. Jh. hin. Die beeindruckenden, in Fels gehauenen Bestattungs-*candi* (Totenschreine) in Gunung Kawi (Tampaksiring) gehen auf das 11. Jh. zurück und stellen den Prototyp der balinesischen Tempeltürme dar.

Jedoch ist der indische Einfluss nicht im gesamten Gebiet Balis zu spüren. Die letzten Dörfer der Bali-Aga

Foto: Paul Spierenburg

(Trunyan sowie Tenganan) haben sich den indischen Einflüssen entzogen. Die Bali-Aga verehren nach althergebrachter Weise als Götterthrone Megalithen, heiraten nur innerhalb des Dorfes, bahren ihre Toten im Freien auf und überlassen sie der Natur, anstatt sie nach Bali-Hindu-Art zu begraben und später zu verbrennen.

In den Hindu-Dörfern, wo indische und javanische Elemente überwiegen, kann man heute nicht mehr von einem engen Austausch „klassischer Kultur“ zwischen Bali und dem schon vor Jahrhunderten muslimisch gewordenen Java sprechen – Gamelan-Musik und religiös inspirierter Tanz sind in Bali viel lebendiger, ideenreicher, weniger in der Etikette erstarrt.

Es gibt noch Spuren einstigen chinesischen und vietnamesischen Einflusses: In Gilimanuk, Manuaba und Pejeng wurden Bronzegongs und andere Geräte gefunden, die in Form und Ausstattung jenen der Dongson-Kultur des alten Vietnam (beginnend etwa 2000 v. Chr.) ähneln. In Pejeng, dem zentralen Gebiet eines frühen balinesischen Königreichs, kann der schönste dieser Gongs, der „Mond von Pejeng“, besichtigt werden.

Der chinesische Einfluss tritt in einer alten balinesischen Legende zutage und in der häufigen Erwähnung chinesischer Handelsschiffe im balinesischen *babad* (althergebrachte Geschichten). Historisches chinesisches Porzellan wird heute noch manchmal zum Kauf angeboten. Weit verbreitet sind die alten chinesischen runden Münzen mit einem viereckigen Loch in der Mitte; sie dienen oft als Opfergaben. *Barong*, die Personifikation der Kräfte des Guten, der die böse *Rangda* in einer traditionellen balinesischen Tanzdarbietung bekämpft, ähnelt dem chinesischen Drachen, dem Glücksbringer.

Die Einflüsse Chinas scheinen ihren Weg über den Handel nach Bali gefunden zu haben. Einen Beleg dafür birgt die Geschichte des Königs Sri Adi Jayapangus, der das Gebiet um den Batur vor dem Aufkommen des Königreichs

Oben: Die Bali Aga (Altbalinesen) von Tenganan im Festtagsgewand.

von Bedulu-Pejeng beherrschte. Er konnte keine einheimische Prinzessin heiraten, weil alle unter seinem Rang standen. Daraufhin suchte er eine chinesische Prinzessin aus, die Besitzerin eines prächtigen Schiffes, und umwarb sie, als sie in einem seiner Häfen anlegte. Er war so gefangen von dem Mädchen, dass er ihr einen Heiratsantrag machte. Sie lehnte jedoch ab mit dem Hinweis, er sei Hindu, sie jedoch Buddhistin. Der König schwor, dass beide Religionen in seinem Land gleichermaßen anerkannt würden, heiratete sie und ließ in einem Tempel Statuen von sich und seiner chinesischen Braut errichten. Später stellte sich heraus, dass das Paar keine Kinder bekommen konnte. Der König liebäugelte daraufhin mit Dewi Danu, der Göttin des Batur-Sees, und gründete die Dynastie, die unter den Königen von Bedulu-Pejeng ihren Höhepunkt erreichte. Jayapangus Ehebruch mit Dewi Danu rief den göttlichen Zorn ihres Vaters hervor, woraufhin der König und seine Frau von übernatürlichen Feuern im Batur-Tempel verschlungen wurden. Im Pura Batur erinnern die beiden Statuen noch an diese Mischehe. Im *Barong Landung*, einer Tanzdarbietung, wird die Liebesgeschichte wieder lebendig: Zwei Männer sind dabei als riesige Puppen verkleidet – eine weibliche chinesische und eine männliche balinesische. Der *Barong Landung* wird in einigen Dörfern während der Galungan-Feierlichkeiten, dem Fest der Götter, in den Straßen getanzt. Zu diesem Fest erscheinen alle Vorfahren und Gottheiten zehn Tage lang auf Bali, um an den Feiern und Gaben teilzuhaben, die ihnen von den Nachkommen dargeboten werden.

Der balinesische Buddhismus stammt wahrscheinlich von dem Königreich Srivijaya auf Sumatra, dessen Glanzzeit vom 7.-12. Jh. währte. Balinesische Königreiche verwalteten zu verschiedenen Zeiten Ostjava sowie Teile Lomboks und Sumbas; die früher wenigen kleinen muslimischen Gemeinden Balis gingen auf Händler, Soldaten und Gefolgsleute balinesischer Herrscher zurück. Die balinesische Geschichte und Literatur belegen gelegentliche Kontakte zwischen balinesischen Herrschern und islamischen Königreichen, aber die Elite, wenn nicht sogar das gesamte Volk, verteidigte die balinesische Religion als letzte Bastion des Hinduismus in einer islamisierten Welt. Trotz ihrer prinzipiell toleranten Einstellung zu anderen Religionen zeigen heutige Balinesen religiöses Selbstbewusstsein, besonders gegenüber dem immer aggressiver auftretenden Islam, den die vielen Zuwanderer aus Java mitbringen und der ganz Indonesien zu dominieren droht.

Westlicher Einfluss

Zu den ersten europäischen Besuchern Balis gehörten möglicherweise der englische Freibeuter Sir Francis Drake (um 1540-1596) oder einige von Fernão Magellans Männern während der ersten Weltumsegelung (1519-1522). Im Lauf des 18. Jh. tauchten englische und amerikanische Walfänger in den benachbarten Gewässern auf. Javas britischer Gouverneur Raffles schätzte 1816 das Entwicklungspotential der offenherzigen Balinesen höher ein als das der überhöflichen, aber eher reservierten Javaner.

Alfred Russell Wallace (1823-1913), der Namensgeber der Wallace-Linie, verweilte 1856 einige Tage hier. Die nach ihm benannte Wallace-Linie folgt einem Meeresgraben zwischen Sulawesi und Borneo und läuft dann durch die enge Straße, die Bali von Lombok trennt. Wallace erkannte, dass diese biogeografische Linie die Tiger, Affen und Urwaldbäume Asiens von den Beuteltieren und Eukalyptusbäumen Australiens trennte.

Die interessanteste Erscheinung unter den westlichen Besuchern war wohl der Däne Mads Lange. Zuerst trieb er

Foto: Swisshippo (Dreamstime)

in Lombok Handel, kam dann 1839 nach Bali, wo er zwei Frauen, eine Balinesin und eine Chinesin, heiratete und bis zu seinem Tod im Jahr 1856 blieb. Von Zeit zu Zeit befasste er sich im Auftrag der vorrückenden Holländer mit diplomatischen Missionen. Da er sich leicht dem Leben auf Bali anpasste, fungierte er oft als Mittler zwischen den verunsicherten *raja* und den entschieden auftretenden Günstlingen der holländischen Kolonialregierung.

Die Holländer, die 1849 Nordbali erobert hatten, unterstützten die organisierte Erforschung der balinesischen Kultur, versuchten aber zugleich, die übrigen Teile der Insel zu unterwerfen. 1906 nahmen sie eine Schiffsplünderung zum Anlass, mit Kolonialtruppen in der Nähe der Hauptstadt des Königreichs Badung, dem heutigen Denpasar, zu landen. Der König, seine Familie und der ganze Hofstaat begingen rituellen Selbstmord, was die holländische Öffentlichkeit im europäischen „Mutterland“ dann doch schockierte. Bis 1908 hatten die Holländer die gesamte Insel unterworfen.

Oben: Der Jimbaran-Beach ist ideal für ein Sunset-Dinner – mit den Füßen im Sand. Rechts: Der Lohn eines Aufstiegs bei Nacht zum Gipfel des Batur-Vulkans ist der Sonnenaufgangsblick über die Caldera bis hinüber zum Agung-Vulkan.

Die Kolonialbeamten versuchten, das scheinbare Durcheinander in Verwaltung, Gesellschaftsaufbau, *adat* (Gewohnheitsrecht) und Landaufteilung zu „reformieren“, „aufzuräumen“ und zu „rationalisieren“. Die Holländer bevorzugten die Mitglieder der drei oberen Kasten (*Triwangsa* – Brahmanen, Kshatriya und Vaishiya) bei der Auswahl von einheimischen Verwaltern, Führungskräften und Soldaten. Damit benachteiligten sie jedoch die kastenlose Unterschicht, die die große Mehrheit darstellte.

Eine positive Folge der holländischen Kolonialisation war, dass westliche Gelehrte und Künstler auf die Insel kamen. Man begann, balinesische Handschriften in einer Bibliothek in Singaraja (Gedong Kirtya) zusammenzutragen und zu lagern, wo sich

Wissenschaftler mit ihrer Auslegung beschäftigten.

In den 1930er-Jahren lebte und arbeitete eine ganze Kolonie von Europäern auf Bali. Die Maler Walter Spies, Theo Meier und Rudolf Bonnet unterstützten die Künstler Balis. Im Puri Lukisan, dem Kunstmuseum in Ubud, sind die Resultate ihrer Bemühungen zu besichtigen. Margaret Mead, Jane Belo, Gregory Bateson, Katherine Mershon und Miguel Covarrubias stellten anthropologische Studien an. Vicki Baum schrieb den lesenswerten Roman *Liebe und Tod auf Bali*.

Ab den 1960ern erlebte der Tourismus einen enormen Aufschwung, und mit dem Bau der ersten großen Hotels in den 1970er-Jahren wurde der Massentourismus eingeläutet. Der faszinierenden Hindukultur der Götterinsel konnten die Fremdeinflüsse scheinbar nichts anhaben – im Gegenteil, die damals überwiegend westlichen Besucher wollten gerade diese Kultur erleben und kauften Tickets für Barong- und Kecak-Tanzvorführungen. Muslimische Bustouristen aus Java hingegen bestaunten lieber westliche Oben-Ohne-Urlauberinnen am Strand von Kuta.

Die Balinesen wähnten sich als Günstlinge der Götter. Viele verkauften ihre Reisfelder, um als Hoteliers, Kellner oder Fremdenführer zu Wohlstand zu kommen. Doch politische und wirtschaftliche Probleme Indonesiens führten Ende der 1990er-Jahre zu sinkenden Touristenzahlen auf Bali, und nach den Terroranschlägen islamistischer Javaner in Kuta 2002 und Jimbaran 2005 gingen die Buchungen aus Australien, USA und Europa dramatisch zurück.

Heute hat sich der Tourismus erholt, und mit Russland und Ostasien wurden neue Besuchermärkte erschlossen. Die chronischen Verkehrsprobleme versucht man durch neue Umgehungs- und Mautstraßen zu entschärfen. Balinesische Politiker mahnen, dass die Grenzen des Wachstums auf Bali nun erreicht seien und fordern u. a. ein besseres Wasser-, Abwasser- und Abfallmanagement – im Jahr 2013 lebten bereits 4,2 Mio. Menschen auf der Insel. Und dazu gesellen sich pro Jahr mehr als drei Millionen Touristen.

Foto: Paul Spierenburg

BALI

SÜDBALI

DENPASAR

Der Süden Balis ist heute der am dichtesten besiedelte Teil der Insel. Hier, wo zu Füßen der Vulkanberge die touristischen Hochburgen an den Küsten mit Palmen und Sandstränden locken, liegt auch die immer weiter ausufernde Hauptstadt **Denpasar** ❶.

Hupende Sammeltaxis, qualmende Busse und knatternde Mopeds tragen bei zum Nonstop-Verkehrsgewühl im Großstadtdschungel, zu dem sich Denpasar, mit heute über 550 000 Einwohnern, seit seiner Ernennung zur Hauptstadt der Insel 1958 entwickelt hat. Die Einheimischen nennen ihre Hauptstadt oft noch *Badung*, was zugleich die frühere Raja-Residenz, das ganze einstige Fürstentum sowie den modernen Regierungsbezirk bezeichnet, der sich von der Halbinsel Bukit Badung bis zum Catur-Vulkan erstreckt.

Die Rajas und die Adligen von Badung kamen traditionell aus der Ksatriya-Kaste, die auch heutzutage die moderne Elite von Denpasar stellt – vom Verwaltungsbeamten bis zum Hotelbesitzer. Die Masse der Einwohner ist ethnisch wenig homogen. Bereits in den 30er Jahren waren im Gefolge der niederländischen Kolonialherren muslimische Händler buginesischer, arabischer und indischer Herkunft nach Denpasar gekommen. In den letzten Jahrzehnten wanderten besonders zahlreich Muslime aus Java und Madura ein. Geschäftstüchtige Chinesen buddhistischen und christlichen Glaubens gehören zur Wirtschaftselite von Denpasar.

Kulturelle Neuorientierung findet die dem balinesischen Dorfleben entfremdete junge Generation von Denpasar einerseits im verwestlichten Lebensstil von Kuta, andererseits – und vielleicht nachhaltiger – im großen Vorbild Jakarta. Die Lingua franca der indonesischen Inselwelt, die aus dem Handels-Malaiisch abgeleitete Staatssprache Bahasa Indonesia, tritt von Denpasar aus via Universität, Schule, Kino und Fernsehen ihren Siegeszug über die Insel an.

Trotzdem erfährt das traditionell eingestellte Hinterland ausgerechnet von Denpasar aus neue Impulse – in Religion und Kunst, in Tanz, Musik und Malerei. An den staatlichen Hochschulen für Tanz werden neue Choreografien für alte Tempeltänze entwickelt, aber auch völlig neue Tänze, die das ganze Jahr über, besonders eindrucksvoll aber zur Zeit des *Bali Arts Festival* im Juni und Juli, im Werdi Budaya Art Center (s. u.) vorgeführt werden.

Denpasars urbanes Zentrum ist der **Puputan Square**. Der Name des Platzes erinnert an den *Puputan*, den Massenselbstmord des Pemecutan-Hofstaats am 20.9.1906, und damit an die heroische Selbstaufopferung von Balis Oberschicht angesichts der überlegen bewaffneten holländischen Soldaten, die eine Strafexpedition gegen den Raja von Badung wegen einer von ihm befohlenen Plünderung eines zuvor gestrandeten chinesischen Schiffes durchführen sollten. Im Zentrum des Platzes erhebt sich ein **Bronzedenkmal** zum Gedenken an die Märtyrer des Freiheitskampfes gegen die Holländer nach dem Zweiten Weltkrieg.

In der Nordwestecke des Puputan Square, an der Kreuzung von Jalan Gajah Mada und Jalan Udayana, blickt der viergesichtige **Batara Guru** von seinem Podest erhaben über den weltlichen Großstadtverkehr hinweg in alle vier Himmelsrichtungen. Die 5 m hohe Steinstatue ist Shiva als dem „Großen Lehrer" geweiht.

An der Ostseite des Platzes erhebt sich der moderne **Pura Jagatnata**,

Links: Balinesische Bäuerinnen tragen ihre kunstvoll drapierten Opfergaben durch ein Reisfeld zum Dorftempel.

JAVA
BALI SEA
25
Bangsring
MENJAGAN I.
60
PRAPAT
Bali AGUNG
Barat
PENINSULA
320
Selogiri
Cap Batulicin
Ketapang
Terima Bay
Pt. Burung
Banyu-wedang
Matahari Beach Resort
Agung Pulaki Temple
C. Gondol
59
Pemuteran
Lovina
Beach
57
Gilimanuk
Labuhan Lalang
Letkol Wisnu Airfield
Gondol
Grokgak
Celukanbawang
Pengastulan
Kalibukbuk (Lovina)
Dauh
Klatak
Cekik
Nat. Park
61
702
64
Seririt
21
58
Banjar Buddhist Monastery
Sukawidi
BANYUWANGI
Mt. Merbuk 1386
BULELENG
Ringdikit
Pedawa
Cape Pakem
2
Belimbingsari
Bali
Barat
Mt. Patas 1412
Mayong
Kayuputi
Melaya
Palasari
JEMBRANA
Reserve
Mt. Jajang 1045
Telaga
Bali
Nusasari Kelod
Mekarsari
Candikesuma
31
Dewasana
BALI
Kemosing
Pupuan
Tibulanggang
Strait
Banyubiru
Negara
Tista
Kebonpadangan
Cupel
Budeng
Mendoyo
Yehbua
Pangkungjelati
TABANAN
Pengambengan
Bunukbolong
Cape Perancak
Perancak
Yehkuning
Rambut Siwi Temple
Pekutatan
Pasut
Medewi Surfing Beach
61
Pengragoan
Cape Sembulungan
Selabih
Antosari
Suraberata
Soka Beach
JAVA
322
INDIAN
South Banyuwangi
Reserve
(Blambangan Wildlife Reserve)
Cape Keben
375
Cape Kucur
BLAMBANGAN PENSINSULA
Plengkung
OCEAN
Cape Bantenan

Cultural Landscape of Bali Province: the Subak System as a Manifestation of the Tri Hita Karana Philosophy
- Supreme Water Temple Pura Ulun Danu Batur
- Lake Batur
- Subak Landscape of Pekerisan Watershed
- Subak Landscape of Catur Angga Batukaru
- Royal Water Temple Pura Taman Ayun
Cape Bungkulan
Beji Temple
Sangsit
Yeh Sanih (Air Sanih)
Kubutambahan
Jagaraga
Singaraja
Bondalem
Cape Gulah
Tejakula
Sembiran
Galiran
Sawan
Geretek
Cape Tekurenan
Peginyahan
Mandul
Silangjana
Tegeh Koripan Temple
Tamansari
Gitgit
Waterfall
BULELENG
Blandigan
Tianyar
Penulisan
Mt. Batur
Songan
Mt. Catur 2096
Catur
1717
Lake Batur
Cape Sukadana
Kintamani
Lake Buyan
Lake Bratan
Batur Temple
Toya Bungkah
Abang
Trunyan (Bali Aga Village)
Kubu
USS Liberty Shipwreck
Tiingan
Batur
Ulun Danu Temple
Mengan
Peludu
2153
Tulamben
Bedugul
Semanik
Penelokan
Kedisan
Suter
Ayung
KARANGASEM
Amed Beach
Batukaru
Mt. Batukaru
BANGLI
Mt. Agung
Amed
Dalah
2276
Pacung
Gata
Pisang
Besakih Temple
3031
Culik
Reserve
Jatiluwih
Sandakan
Petanu
Sangsang
Aas
Mt. Seraya 1175
Pempatan
Besakih
Petang
Penaga
Tirthagangga
Kikian
Penebel
Sebatu
Tirtha Empul
Yeha
Sebudi
Rendang
Seraya
Songan
Penatahan
Tampaksiring
Gunung Kawi
Selat
Bebandem
Amlapura (Karangasem)
Leba
Keliki
Kehen Temple
Subagan
Monkey Forest
Tangkas
Bangli
Unda
Putung
Tenganan
Ujung
Buruan
Saren
Sidemen
Perasi
Marga
Ubud
Panarukan
Timuhun
Telangan
Pasir Puteh
Sangeh
Candi Dasa
Meliling
Pejeng
SEMARAPURA
Lombok Strait
Peken
Taman Ayun T.
Penestanan
Tihingan
Besan
Padangbai
Amuk Bay
C. Bugbug
Bedulu
Kutri
Semarapura
Blue Lagoon Beach
BADUNG
Peteluan
Tabanan
Mengwi
Bukit Dharma Durga
Gianyar
Kamasan
Goa Lawah
Mas
White Sand Beach
Sada Temple
Kapal
Batuan
Kusamba
Sukawati
Batu Klotok Temple
Tegaltamu
Boats to Penida Island
Sempidi
Masceti Beach
Tanahlot
Batubulan
Celuk
Saba
Keliki
GIANYAR
Batubidak
Pemalukan
Tohpati
Seseh
Gumicik
DENPASAR
Seseh Beach
Seminyak
Badung Strait
LEMBONGAN I.
Prapat
Kutampi
Sanur
Jungutbatu
Dalem
Kangin
Sanur Beach
Toyapakeh
Legian Beach
Legian
Lembongan
Karangsari
CENINGAN I.
Klumbu
Blanjong
Sakti
Kuta Beach
Kuta
Pesanggaran
Suwana
Tuban
SERANGAN I. (TURTLE I.)
529
Batu Medahu Temple
Benoa Port
Benoa
Cape Sari
Pejukutan
Jimbaran Bay
Batumadeg
Jimbaran
Nusa Dua Beach
PENIDA ISLAND
Balangan Temple
Bualu
Cengiling
NUSA DUA I.
Sekartaji
Nusa Dua
Ulu Watu Temple
Bargol
213
Sawangan
Kutuh
Cape Bakung
Masaku Temple
Batu Pageh Temple
BADUNG PENINSULA
Speedboats to Gili Trawangan
Car Ferry to Lembar (Lombok)
BALI
0
10 km
© Nelles Verlag GmbH, München

Foto: Martin Thomas

der „Tempel des Weltenherrschers". In seinem Inneren steht inmitten eines Lotosteichs ein siebenstufiger Steinthron, der die vergoldete Statue des Sanghyang Widhi Wasa trägt.

An den Jagatnata-Tempel grenzt im Süden das **Bali-Museum** an. 1932 als ethnografisches Museum eingerichtet, zeigt es neben archäologischen Funden, Kunsthandwerk, Tanzmasken und Gemälden die wichtigsten balinesischen Tempel- und Palastbaustile.

Am Hauptplatz vorbei Richtung Westen führt eine der hektischen Haupteinkaufsstraßen von Denpasar, die **Jalan Dr. Wahidin / Jalan Gajah Mada** mit dem geschäftigen Gemüse- und Textilmarkt **Pasar Badung** und dem großen **Kumbasari Shopping Centre** am Badung-Fluss.

Neben dem Kumbasari-Einkaufszentrum findet ab dem späten Nachmittag der **Pasar Malam** statt, ein beliebter Treff für alle, die gut und preiswert indonesisch zu Abend essen möchten.

Nahe der Kreuzung Jalan Dr. Wahidin / Jalan Dr. Sutomo kommt man zum ältesten Hindu-Tempel der Stadt, dem **Pura Maospahit** aus dem 14. Jh., der Frühzeit der javanischen Kolonisation. Seinen Eingang in Form eines gespaltenen Candi-Bentar-Tores bewachen Statuen des mythischen Göttervogels Garuda und des Windgottes Batara Bayu.

Ein weiteres Einkaufsparadies ist die südliche Verlängerung der Jalan Dr. Sutomo, die **Jalan Thamrin**, dominiert vom **Lokitasari Shopping Centre**. Unweit davon liegt der 1906 bei der holländischen Eroberung zerstörte Palast des Pemecutan-Adelsclans an der Jalan Hasanuddin. Nach seinem Wiederaufbau wurde er in das **Pemecutan-Palace-Hotel** umgewandelt.

In südöstlicher Richtung findet an der Jl. Diponegoro der **Pekambingan-Markt** statt, ein Nachtmarkt mit viel Lokalkolorit und der ganzen Bandbreite balinesischer und javanischer Küche.

Östlich des Puputan Square steht die Kirche **Gereja Katolik St. Joseph**, deren Innenausstattung auf originelle Art balinesische Kunstformen mit christlicher Ikonografie verbindet.

Geht man weiter ostwärts, befindet sich außerhalb des Stadtzentrums an der Ecke Jl. Hayam Wuruk / Jl. Nusa Indah das **Werdi Budaya Art Center**, Denpasars Zentrum für Festivals und Ausstellungen und Veranstaltungsort für das alljährlich im Juni und Juli stattfindende *Bali Arts Festival* mit vielen Tanz-, Musik- und Theateraufführungen. Anspruchsvolle Souvenir-Liebhaber finden in einer Verkaufsausstellung Gemälde und Holzschnitzereien, die einen repräsentativen Querschnitt balinesischen Kunstschaffens zeigen.

Moderne balinesische Architektur kann man im neuen Verwaltungsviertel im südöstlichen Stadtteil **Renon** sehen. Dort befinden sich der **Regierungssitz** des Gouverneurs und diverse Ministerien sowie die **Hauptpost**, das **Immigration Office** und das **Tourist Office**.

Oben: Beim Bali Arts Festival in Denpasar.
Rechts: Am breiten Sandstrand von Kuta.

» Karte S. 148-149, Info S. 172-173

Foto: Volkmar E. Janicke

★KUTA, LEGIAN, SEMINYAK

Der breite, 5 km lange ★**Sandstrand** von **Kuta** ❷ ist nach Westen gerichtet und bietet phänomenale, blutrote Sonnenuntergänge. Seit den 1970er Jahren hat sich Kuta zum populärsten und geschäftigsten Touristenziel Indonesiens entwickelt, beliebt vor allem bei jungen Reisenden, denn jede Art von Amüsement ist geboten. Wenn es am Strand langweilig werden sollte, auf den warten Souvenirhändler, Getränkeverkäufer, Sarong-Händlerinnen und Masseusen (die tatsächlich massieren, Kuta ist nicht Pattaya!).

Die Stars von Kuta Beach sind die **Surfer**. Die besten Wellen bieten sich zwischen März und Juli an einem dem Strand vorgelagerten Korallenriff. Keinesfalls unterschätzen sollte man die Meeresunterströmungen, beim Baden bleibt man am besten in Strandnähe und innerhalb des Riffs!

Wer mehr Ruhe am Strand sucht, braucht nur an der Küste Richtung Norden zu gehen. Hinter **Legian** ❸, am Strand von **Seminyak** ❹, chillt eine wohlhabende Klientel. Designhotels, schicke Restaurants und Beach-Lounges bestimmen das Bild. Die wilden dunklen Strände bei **Seseh** ❺ hat der Tourismus noch kaum vereinnahmt.

Die **Jalan Legian**, die 5 km lange, von hektischer Geschäftigkeit erfüllte Hauptentwicklungsachse, welche die Strandorte miteinander verbindet, ist chronisch von hupenden Bemos, Taxis, Mietwagen und Mopeds verstopft. Dafür bietet sie alles, was das Urlauberherz begehrt.

Der direkte Weg zum Strand führt über die **Jalan Pantai Kuta** (zur Sonnenuntergangszeit ziemlich verstopft). Dort treffen sich Lebenskünstler und solche, die es werden wollen, zu jeder Tages- und Nachtzeit in **Made's Warung** bei australischen Jaffles, javanischem Gado-gado, italienischem Cappuccino, deutschem Apfelkuchen und englischem Gin Tonic.

Nach dem islamistischen Anschlag am 12. Oktober 2002 war es rund um den **Kuta Square** ruhiger geworden; nun wird an der touristischen Infrastruktur weitergebaut – in **Tuban**, süd-

Foto: Jochen Steinhardt

lich von Kuta, lockt ein klimatisiertes **Shopping-Center** der Superlative.

Niveauvoll und in schönem Ambiente speist man im Garten des **Poppies** – wie Made's Warung längst ein Klassiker. Ambitionierter sind die Lokale in den nördlichen Nachbarorten; angesagt ist dort das **Ku De Ta** in Seminyak.

Ab 22 Uhr herrscht in Kuta, Legian und Seminyak Disko-Fieber. Das Angebot an Clubs ist groß. Die alten Bali-Hasen treffen sich dann im **Double Six** oder im **Gado-Gado** im Norden Legians direkt am Strand.

*NUSA DUA

Das Fischerdorf **Jimbaran** ❻ am mangrovengesäumten Isthmus, der Bali mit Bukit Badung verbindet, ist der Aufsteiger unter den Strandorten des Südens; dem **Four Seasons Resort** folgten andere Luxushotels an diesem schönen hellen Sandstrand.

Oben: Der Tempel Pura Luhur Ulu Watu thront hoch über dem Meer. Rechts: Wassersport am Strand von Nusa Dua.

Den Süden und Westen der trockenen, unfruchtbaren Halbinsel umgibt eine dramatische Steilküste, an der sich die langen, hohen Wellen des Indischen Ozeans brechen, was Surfer aus aller Welt anlockt. Spektakulär thront auf einem jäh abfallenden, weißen Kalkkliff an der Südwestecke der besuchenswerte ***Meerestempel von Ulu Watu** ❼, der „Tempel hoch über dem Felsen". Wenn die Sonne im Meer versinkt und das helle Korallengestein des Tempels in rotes Licht taucht, ist die beste Zeit, um den der Meeresgöttin Dewi Danu geweihten Pura zu besichtigen.

Nicht weit vom Tempel tummeln sich die Surfer und ihre Bewunderer an einem der schönsten Strände Balis: **Dreamland**, der allerdings jüngst eine Betonkulisse verpasst bekam. Zum Ritt auf den Wellen verlocken weiterhin **Padang Padang Beach** oder **Balangan Beach**. Eine schicke Alternative: der weiße Strand des Karma Kandara Hotels mit dem angesagten **Beach Club Nommos**. Bei einem Drink in der Bar des exklusiven **Bulgari Resort** kann man manchmal Promis sichten.

» Karte S. 148-149, Info S. 172-173

Foto: Martin Thomas

Am herrlichen ⋆**Sandstrand von Nusa Dua** wurde in den 80er Jahren die Hotelzone **Nusa Dua** ❽ („Zwei Inseln") buchstäblich aus dem Boden gestampft. Das künstliche, mit Hilfe von Gartenarchitekten stilvoll unter Kokospalmen angelegte Paradies ist umzäunt und bewacht. Die komfortablen Hotels bieten große Pools, gute Restaurants, Sportangebote, Boutiquen, balinesische Kulturshows und Erholung pur. Etwas abseits vom Strand findet man kleinere Lokale und Souvenirshops.

Nördlich von Nusa Dua schiebt sich eine schmale Landzunge in die Bucht von Benoa vor, mit einem schönen ⋆**Sandstrand** an der Ostseite. An ihrer Spitze, am Hafenort **Benoa** ❾, sind exklusive Resorthotels für Wellnessurlauber und Wassersportfans entstanden.

SANUR

Das ruhige **Sanur** ❿ mit seinem grobkörnigen, bei Flut schmalen Sandstrand südöstlich von Denpasar gehörte zu den Badeorten der ersten Stunde. Sanur war immer etwas kultivierter als Kuta und zieht mit komfortablen Hotels in gepflegten Gärten eher Pauschal- als Rucksackreisende an. Der Strand ohne Brandung ist familientauglich, allerdings ist Schwimmen bei Ebbe wegen der Korallen kaum möglich. Ein Zugewinn ist die neue **Strandpromenade**.

Zu den Künstlern, die in den 1930er Jahren Sanur als Paradies unter Palmen entdeckt hatten, gehörten der deutsche Maler Walter Spies und der belgische Maler Adrien Jean Le Mayeur, dem das **Museum Le Mayeur** (am Strand, südlich des Diwangkara-Hotels) gewidmet ist. Ebenso wie heutige Frühaufsteher genossen damals die Maler das pittoreske Schauspiel des Sonnenaufgangs über der Insel Nusa Penida.

Die Inseln **Lembongan** ⓫ und die größere **Nusa Penida** ⓬ liegen knapp 20 km von Sanur entfernt. **Taucher** und **Schnorchler** kommen im kristallklaren Wasser der vorgelagerten Korallenriffe voll auf ihre Kosten. Die faszinierenden Tauchgründe von Nusa Penida (u. a. Rifffische, Mantas, Mondfische) mit ihren extremen Abbruchkanten sind nur erfahrenen Tauchern zu empfehlen.

Foto: Bernd F. Gruschwitz

ZENTRALBALI

Zentralbali ist das kulturelle Kernland der hinduistisch geprägten Insel. Dort findet man abseits der großen Straßen alte Tempel, malerische Reisterrassen und eine bäuerliche Dorfkultur. Die Reisgöttin Dewi Sri ist den Bewohnern Zentralbalis wohlgesonnen: Bis zu drei Ernten pro Jahr sind möglich. Bewässerungswasser ist reichlich vorhanden; unzählige Flüsschen entspringen in den zentralen Vulkanmassiven. Ein hoch entwickeltes System der Landbewirtschaftung, dessen Basis das *subak*, die traditionelle Bewässerungskooperative bildet, lässt den Balinesen viel Zeit für Opferrituale, sakrale Kunst und Zeremonien, die ihr Leben und ihre Gesellschaft zu bestimmen scheinen.

Die Entwicklung von Balis künstlerischem Reichtum war eng mit dem Bedürfnis seiner Raja-Höfe nach ritueller Musik, Tempeltanz, Schmuck und Architektur verbunden und erreichte im südlichen Bergland um Ubud ihre höchste Stufe. Die auffallendste Manifestation balinesischer Kultur sind die Tempel. Die Hügel des südlichen Bali sind mit 15 000 Tempeln übersät, jedes Dorf hat zumindest einen, viele gleich drei, für verschiedene rituelle Zwecke. Der Wald von *meru*-Türmen, geschnitzten Eingangstoren, überdachten Schreinen und Wächterstatuen verleiht Bali seine überirdische Schönheit. Das „geteilte Tor" (*candi bentar*), durch das man jeden Tempel betritt, ist zum Symbol der Insel geworden.

Oben: Der Meerestempel von Tanahlot. Rechts: Barong-Tanzvorführung im Tempel von Batubulan.

BADUNG

16 km nordwestlich von Denpasar steht in **Kapal** ⓭ der sehenswerte **Pura Sada**, Ahnen- und Staatstempel der Rajas von Mengwi.

Die *Tempel von Mengwi

In **Mengwi** ⓮, einst Machtzentrum der Region, erhebt sich der ***Pura Taman Ayun**, einer der schönsten baline-

» Karte S. 148-149, Info S. 172-173

Foto: Martin Thomas

sischen Tempel. Der um 1740 erbaute Reichstempel der Mengwi-Rajas liegt auf einer Flussinsel in von Lotosblüten bedecktem, ruhigen Gewässer. An seinem Ufer stehen blühende Bäume. Der Jeroan, der Haupthof, ist zusätzlich von einem inneren Wassergraben umgeben.

Affenwald von Sangeh

12 km nordöstlich von Mengwi liegt der **Affenwald von Sangeh ⓯**; ein Besuch des darin befindlichen, von einem Mengwi-Raja im 17. Jh. gegründeten, sehenswerten **Bukit-Sari-Tempels** kann zum unvergesslichen Erlebnis werden: Der umliegende Hain mit auf Bali sehr seltenen Muskatnuss-Bäumen (*pala*) beherbergt drei Affenhorden, die hemmungslos Touristen beklauen.

Tabanan

Der zweite königliche Ort in dieser Region, **Tabanan ⓰**, befindet sich weiter westlich inmitten üppig grüner, fruchtbarer Nassreisterrassen. Der letzte Raja des 1906 von den Holländern aufgelösten, prosperierenden Reichs Tabanan residierte im **Puri Tabanan** (17. Jh.). Das Kulturzentrum im Ort, **Gedung Mario**, ist nach Balis größtem Tänzer und Choreografen des 20. Jahrhunderts, I Nyoman Mario, einem Sohn Tabanans, benannt.

*Tanahlot

Eines der berühmtesten Bauwerke Balis, ist der ***Meerestempel von Tanahlot ⓱** (16. Jh.). Der malerisch auf einer Felsinsel gelegene Tempel der Meeresgottheiten hebt sich bei Sonnenuntergang scherenschnittartig als scharfe Silhouette vom glutrot gefärbten Himmel ab. Über eine betonierte Furt erreicht man ihn auch bei Flut.

GIANYAR

Batubulan

Batubulan ⓲, der Geburtsort des *kecak*-Tanzes und heute der Sitz des Konservatoriums für Musik und Tanz, ist bekannt für seine ***Barong-**

Tanzvorführungen und als Zentrum für **Bildhauerei**. Hier meißeln junge Künstler die Gestalten von Göttern oder Dämonen aus den örtlichen Tuffstein-Blöcken heraus. Überall in Bali schmücken und bewachen Statuen aus Batubulan die Tempel.

Celuk

In **Celuk** ⓳ wird filigraner **Gold- und Silberschmuck** hergestellt. Obwohl die Goldschmiede von Celuk gut verdienen, arbeiten sie noch mit traditionellen Methoden. Das Design ihrer Schmuckstücke folgt jedoch längst den aktuellen Trends.

Sukawati, Batuan und Mas

In **Sukawati** ⓴ hält man die Tradition des balinesischen *wayang kulit*-Schattenspiels, das von allen Künsten der Insel vielleicht am wenigsten vom Westen beeinflusst wurde, lebendig. Obwohl Bali sein Schattenspiel wahrscheinlich von Ostjava übernommen hat, konnte hier ein eigener Stil mit kleinen, robusten **Schattenspielfiguren** entstehen. Im **Art Center** werden außerdem alle erdenklichen balinesischen Kunsthandwerksarbeiten angeboten, von Schnitzereien über Textilien bis hin zu Gemälden.

Sukawati ist mit seinem nördlichen Nachbardorf **Batuan** ㉑ zusammengewachsen. Dieser Ort gehört zu den ältesten Kulturzentren Balis. Die Vorstellungen der berühmten **Tanzgruppen** von Batuan werden von balinesischer *gamelan*-Musik begleitet. Nur hier wird der *Gambuh* getanzt. Für die ebenfalls im Dorf gepflegten *Wayang Topeng* (Maskentanz) und *Wayang Wong* (Tanztheater) stellen die örtlichen Schnitzer kunstvolle Holzmasken her.

Rechts: Der Eingang zum Höhlentempel von Goa Gajah.

Das etwas nördlich gelegene ★**Mas** ㉒ hat begnadete **Holzschnitzer** hervorgebracht. Während brahmanische Künstler früher ausschließlich Sakralkunst schnitzten, hat die enorme Nachfrage von Touristen und Exporteuren neue Motive hervorgebracht, wie z. B. bunt bemaltes „Holzobst".

Gianyar und Bukit Dharma

Die Bezirkshauptstadt **Gianyar** ㉓ ist ein bedeutendes Zentrum der balinesischen **Weberei**. Es lohnt sich hier vor allem, nach Seiden-Ikat-Stoffen Ausschau zu halten. In den Manufakturen am westlichen Stadtrand weben (unterbezahlte) Mädchen mit flinken Händen Sarongs aus Seide und Baumwolle.

Im **Puri Dalem**, dem Palast im Zentrum der Stadt, wohnt noch heute die auch auf nationaler Ebene einflussreiche Raja-Familie (Besichtigung nur mit Sondergenehmigung).

Ein weiteres wichtiges, aber wenig besuchtes historisches Monument findet sich in **Bukit Dharma Durga** ㉔, einem aussichtsreichen Hügel westlich von Gianyar nahe dem Dorf **Kutri**. Sehenswert im Tempel (*pura pusek*) ist das Steinrelief der sechsarmigen Hindugöttin **Durga**, die auf einem von ihr erschlagenen dämonischen Bullen steht. Die lebensechte Form deutet darauf hin, dass es sich um ein posthumes Bild der Mutter von Airlangga, dem aus Bali stammenden ersten großen Herrscher Ostjavas aus dem 11. Jh., handelt.

★★REGION UBUD

★Goa Gajah und ★Yehpulu

Bei **Bedulu** ㉕ liegt ★**Goa Gajah** ①, die „Höhle des Elefanten" – ein Name, den holländische Archäologen der Felsengrotte bei der Wiederentdeckung im Jahr 1923 gaben, angeblich wegen der übergroßen Ohren der aus dem Fels gehauenen gigantischen **Dä-**

 » Karte S. 148-149, Stadtplan S. 158-159, Info S. 172-173

Foto: Kay Maeritz

monenfratze, die den Höhleneingang umgibt. Im dunklen, T-förmigen Inneren kann, wer eine Taschenlampe dabei hat, einen echten Elefantengott sehen: In einer der 15 Nischen steht ein vierarmiger, knapp 1 m hoher Ganesha, der den Hindus als elefantenköpfiger Sohn des Gottes Shiva gilt. Die shivaitische Ausrichtung des Grottenheiligtums, das vermutlich im 11. Jh. als Meditationsort entstand, unterstreichen mehrere Linggas, Phallussymbole aus Stein, die Shivas Zeugungskraft versinnbildlichen.

Vor der Elefantenhöhle wurde 1954 ein großer, wohl an die 1000 Jahre alter **Badeplatz** ausgegraben, der aus sechs Wasserspeiern in Form von Quellnymphen *(widadari)* gespeist wird.

Ein anderer historischer Badeplatz wurde in ***Yehpulu** ② südlich von Bedulu entdeckt; er ist von Goa Gajah aus auch zu Fuß in einer halben Stunde durch die Reisfelder zu erreichen. Einzigartig in Indonesien ist der 27 m lange **Steinfries** aus dem 14. Jh. mit seinen lebensgroßen, aus dem graubraunen Lavagestein gemeißelten Figuren.

Pejeng

Bis zur Eroberung durch den ostjavanischen General Gajah Mada im 14. Jh. war die Gegend um Bedulu und das 2 km nördlich gelegene **Pejeng** ㉖ die Mitte eines prosperierenden Königreichs, von dessen kultureller Blüte zahlreiche buddhistische und hinduistische Statuen zeugen. Noch wesentlich älter ist der berühmte „**Mond von Pejeng**" ③ im **Penataran-Sasih-Tempel**: ein überdimensionaler Bronzegong mit 1,10 m Durchmesser und 1,86 m Länge, der aus dem dritten vorchristlichen Jahrhundert stammen soll, dem Beginn der Bronzezeit in Indonesien.

Am Südrand von Pejeng beherbergt das **Archäologische Museum** ④ Sarkophage, jungsteinzeitliche Beilklingen, Bronzestatuen aus vorchristlicher Zeit sowie Porzellan aus China.

Im **Pura Kebo Edan** ⑤, dem „Tempel des wilden Büffels", steht der nahezu 700 Jahre alte „**Riese von Pejeng**": die fast 4 m hohe Statue eines auf einem Dämon tanzenden Fruchtbarkeitsgottes, den die Balinesen Bhima

» Karte S. 148-149, Stadtplan S. 158-159, Info S. 172-173

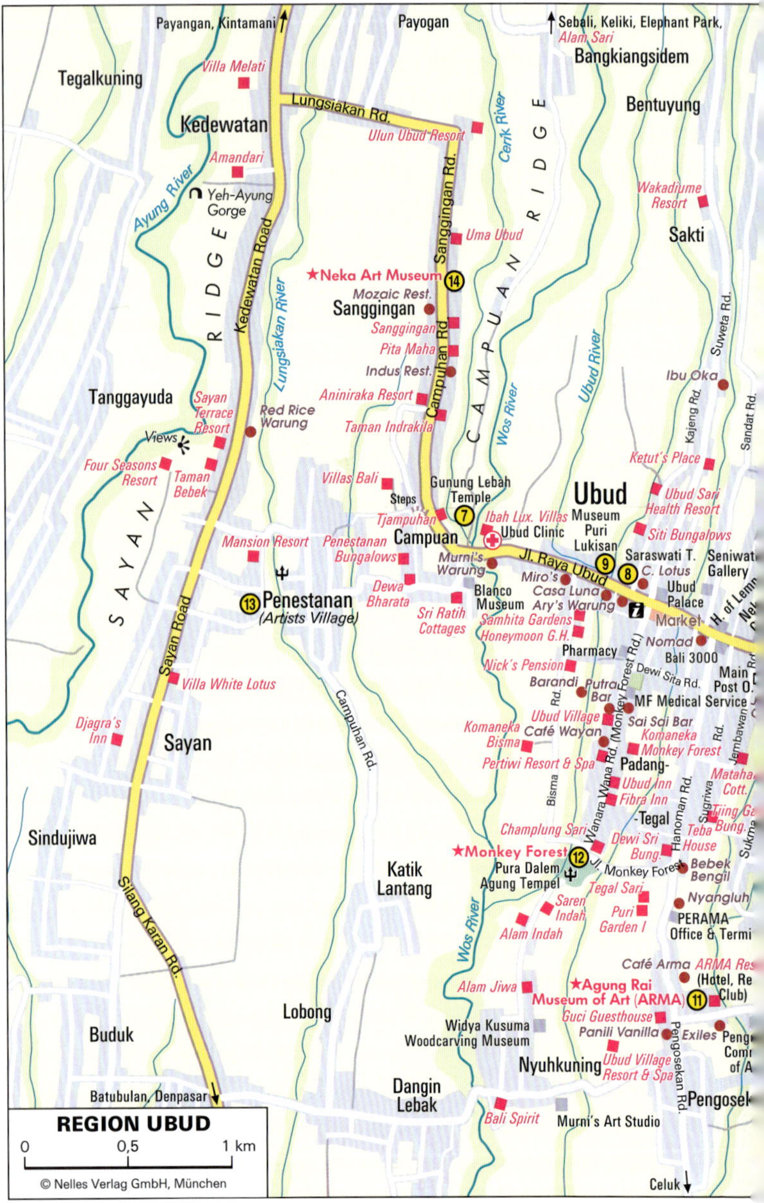
REGION UBUD
0 0,5 1 km
© Nelles Verlag GmbH, München
Payangan, Kintamani
Payogan
Sebali, Keliki, Elephant Park, Alam Sari
Bangkiangsidem
Tegalkuning
Villa Melati
Lungsiakan Rd.
Kedewatan
Ulun Ubud Resort
Bentuyung
Amandari
Ayung River
Yeh-Ayung Gorge
Cerik River
CAMPUAN RIDGE
Wakadiume Resort
Sakti
Kedewatan Road
Sanggingan Rd.
Uma Ubud
Neka Art Museum
Mozaic Rest.
Sanggingan
Lungsiakan River
Pita Maha
Indus Rest.
Campuhan Rd.
Ubud River
Suweta Rd.
Ibu Oka
Tanggayuda
Sayan Terrace Resort
Red Rice Warung
Aniniraka Resort
Taman Indrakila
Wos River
Kajeng Rd.
Sandat Rd.
Views
Four Seasons Resort
Taman Bebek
Villas Bali
Ketut's Place
Gunung Lebah Temple
Steps
Ubud
Ubud Sari Health Resort
Tjampuhan
Ibah Lux. Villas
Museum Puri Lukisan
Campuan
Ubud Clinic
Siti Bungalows
Mansion Resort
Penestanan Bungalows
Murni's Warung
Jl. Raya Ubud
Saraswati T.
Seniwati Gallery
C. Lotus
Miro's
Ubud Palace
Dewa Bharata
Blanco Museum
Casa Luna
Ary's Warung
Market
Penestanan (Artists Village)
Sri Ratih Cottages
Samhita Gardens
Honeymoon G.H.
Nomad
Bali 3000
SAYAN RIDGE
Sayan Road
Pharmacy
Monkey Forest Rd.
Nick's Pension
Dewi Sita Rd.
Main Post O.
Villa White Lotus
Barandi
Putra Bar
MF Medical Service
Ubud Village
Sai Sai Bar
Djagra's Inn
Komaneka Bisma
Café Wayan
Komaneka Monkey Forest
Sayan
Pertiwi Resort & Spa
Padang-Tegal
Jembawan Rd.
Matahari Cott.
Ubud Inn
Bisma Rd.
Wanara Wana Rd.
Hanoman Rd.
Sugriwa
Fibra Inn
Sindujiwa
Champlung Sari
Tiying Gading Bung.
Teba House
Dewi Sri Bung.
Monkey Forest
Katik Lantang
Pura Dalem Agung Tempel
Jl. Monkey Forest
Bebek Bengil
Tegal Sari
Saren Indah
Nyangluh
Puri Garden I
PERAMA Office & Termi
Alam Indah
Wos River
Silang Karan Rd.
Café Arma
ARMA Res (Hotel, Re Club)
Alam Jiwa
Agung Rai Museum of Art (ARMA)
Guci Guesthouse
Lobong
Widya Kusuma Woodcarving Museum
Panili Vanilla
Exiles
Buduk
Nyuhkuning
Ubud Village Resort & Spa
Pengosekan Rd.
Pengosek
Batubulan, Denpasar
Dangin Lebak
Bali Spirit
Murni's Art Studio
Celuk

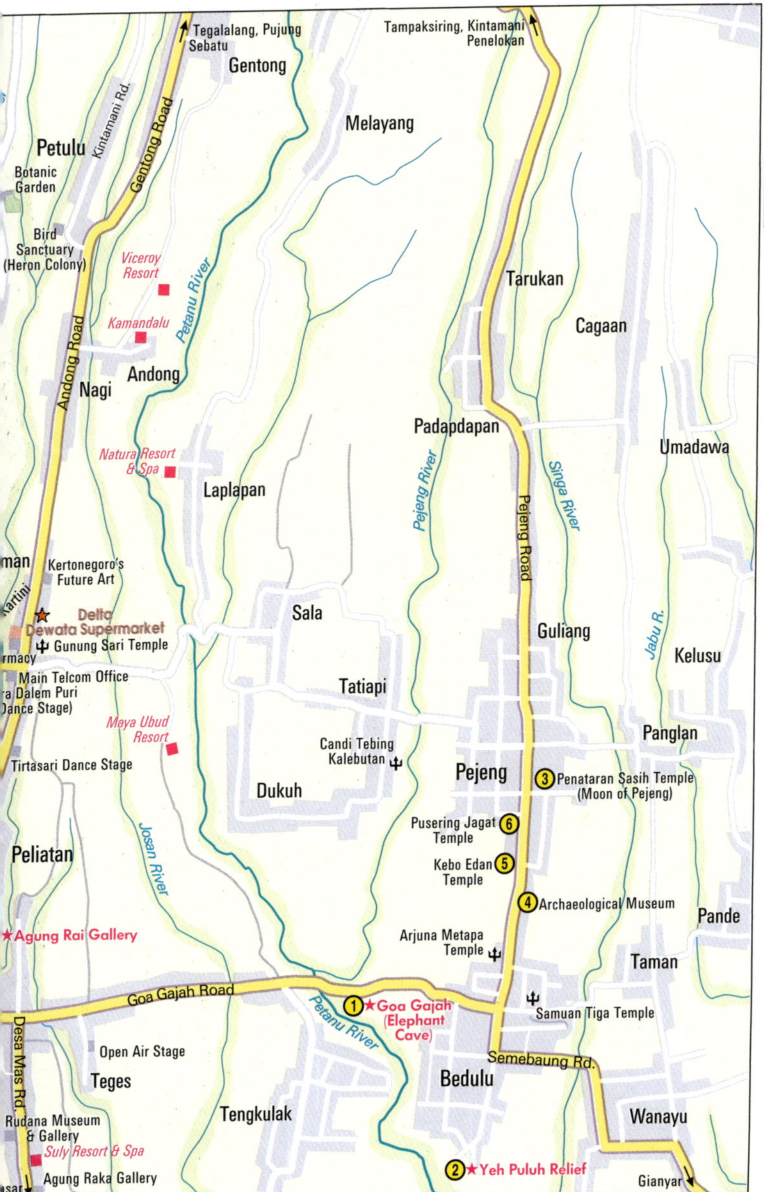
Tegalalang, Pujung
Sebatu
Gentong
Tampaksiring, Kintamani
Penelokan
Kintamani Rd.
Gentong Road
Melayang
Petulu
Botanic
Garden
Bird
Sanctuary
(Heron Colony)
Viceroy
Resort
Petanu River
Kamandalu
Andong Road
Andong
Nagi
Tarukan
Cagaan
Padapdapan
Umadawa
Natura Resort
& Spa
Laplapan
Pejeng River
Pejeng Road
Singa River
Kertonegoro's
Future Art
Kartini
Delta
Dewata Supermarket
Gunung Sari Temple
Main Telcom Office
Dalem Puri
Dance Stage)
Maya Ubud
Resort
Sala
Tatiapi
Guliang
Jabu R.
Kelusu
Panglan
Tirtasari Dance Stage
Candi Tebing
Kalebutan
Dukuh
Pejeng
3 Penataran Sasih Temple
(Moon of Pejeng)
Pusering Jagat 6
Temple
Kebo Edan 5
Temple
4 Archaeological Museum
Peliatan
Josan River
Pande
Agung Rai Gallery
Arjuna Metapa
Temple
Taman
Goa Gajah Road
1 Goa Gajah
(Elephant
Cave)
Petanu River
Samuan Tiga Temple
Desa Mas Rd.
Open Air Stage
Teges
Semebaung Rd.
Bedulu
Tengkulak
Wanayu
Rudana Museum
& Gallery
Suly Resort & Spa
Agung Raka Gallery
2 Yeh Puluh Relief
Gianyar

Foto: Peter Rex

nennen. Der enorme Penis der Gottheit und die zu beiden Seiten knienden Stiere weisen auf den altindischen Shiva-Bhairava-Kult hin, der in Bali mit tantrischen Elementen angereichert wurde – vier Nägel mit Rundköpfen im Glied Bhimas, zur Luststeigerung der Begatteten, verdeutlichen das sexuelle Raffinement der hinduistischen Tantriker im 14. Jh. Sie suchten im Orgasmus ihre Erleuchtung und drangen durch das Brechen von Tabus zu Ekstase und neuen Wahrnehmungsebenen vor.

Ebenso drastische Fruchtbarkeitssymbolik lassen Skulpturen im **Pura Pusering Jagat** ⑥ („Nabel-der-Welt-Tempel") erkennen: Vier schnurrbärtige Dämonen tanzen keulenschwingend um einen zentralen Shiva-Lingga. Der aus dem Jahr 1329 stammende Tempel enthält außerdem ein bemerkenswertes, 75 cm hohes Steingefäß mit einem Relief, welches das „Quirlen des Milchozeans" zeigt: Die Hindugötter winden die Weltenschlange um den Berg Mandara, der als Weltachse gilt, versetzen ihn damit in Drehung und gewinnen so, quasi durch „buttern", das Lebenselixier *Amrita*.

Oben: Ein traditionelles balinesisches Motiv, neu interpretiert. Rechts: Moderne Plastik vor der Agung Rai Gallery in Peliatan (Ubud).

**Ubud

Die Hauptstraße von ****Ubud** ㉗ flankieren Souvenirshops und Restaurants, aber wenn man durch die Seitengassen bummelt, spürt man noch immer den besonderen Charme des Künstlerorts. Romantiker finden abseits, in kleinen Hotels mitten im Reisfeld, in würziger Nachtluft die Tropenparadies-Stimmung, die Kuta schon in den 1970er Jahren abhanden kam. Die Region Ubud hat das Image von Bali als Insel der Künstler geprägt. In den Bauerndörfern rund um Ubud haben viele der berühmtesten Maler, Tänzerinnen, Musiker und Holzschnitzer ihre Wurzeln.

Bis ins frühe 20. Jh. hatten Kunsthandwerk, Malerei und Tanz einen rein religiösen Hintergrund; Statuen und

» Stadtplan S. 158-159, Karte S. 148-149, Info S. 172-173

Gemälde porträtierten ausschließlich Hindugötter, und Tänze fanden nur im Rahmen von Tempelfesten statt. Das änderte sich in den 20er Jahren, als der *Cokorda* (Prinz aus der Ksatriya-Kaste) Gede Raka Sukawati begann, ausländische Künstler in seine Residenz in Ubud einzuladen. Ein schöpferisches Klima entstand, als wichtige Impulse für die naive, naturalistische Malerei, aber auch für Musik und Tanz von dem Berliner Maler und Musiker Walter Spies kamen, der nach einem Engagement als Hofdirigent des Sultans von Yogyakarta 1927 nach Ubud zog. Sein damaliges Domizil an der Campuan-Brücke, über dem Subak-Tempel **Pura Gunung Lebah** ⑦, ist heute eines der teureren Hotels des Ortes.

Der holländische Maler Rudolf Bonnet richtete 1931 ein Studio in Ubud ein. Unterstützt von Prinz Sukawati, gründete Spies zusammen mit Bonnet 1936 eine Künstlervereinigung, der an die 150 einheimische Kunstschaffende beitraten, darunter so talentierte, vielseitige Künstler wie I Gusti Lempad, der neben heute hochbezahlten Tintenzeichnungen und meisterhaften Barong-Masken den steinernen **Lotosthron** in Ubuds **Saraswati-Tempel** ⑧ schuf.

Der **Puri Lukisan** ⑨, der 1956 von Prinz Sukawati in einem kleinen Park angelegte „Gemälde-Palast" von Ubud, hält, was sein Name verspricht: Die Exponate dokumentieren die Spannbreite der Malerei in der Region von 1930 bis 1978, dem Todesjahr von Rudolf Bonnet, der an der Museumsgründung maßgeblich beteiligt war. Klar lässt sich die Stilentwicklung von der klassischen Wayang-Malerei mit ihren Figuren in Seitenansicht bis hin zur modernen naturalistischen Malerei mit ihrer erstaunlich realistischen Menschendarstellung erkennen.

Bevor man ein Gemälde oder eine Holzskulptur kauft, sollte man sich einen Überblick über die verschiedenen Kunstrichtungen verschaffen – am

Foto: Martin Thomas

besten zunächst in den großen Galerien und Museen. Im Südosten von Ubud bietet die ★**Agung Rai Gallery** ⑩ in **Peliatan** ein breites Spektrum. Das neue ★**ARMA** ⑪ (Agung Rai Museum of Art, www.armamuseum.com) ist das größte Kunstmuseum der Region und gleichzeitig ein Zentrum zur Förderung und Erhaltung der balinesischen Kultur, wo Balinesen genauso wie Besucher Tanz- und Gamelankurse belegen können. Peliatan ist außerdem berühmt für die Tanzaufführungen seiner ★**Legong-Gruppe**.

Ebenfalls südlich von Ubuds Zentrum liegt der **Affenwald** ⑫. Hanumans Nachfahren tummeln sich gerne in dem großen Waringin-Baum vor dem **Pura Dalem Agung Padang Tegal**. Den Tempel der Todesgöttin Durga schmückt ein beachtenswertes Candi-Kurung-Tor, das nur für Opferzeremonien geöffnet wird.

Im westlich benachbarten Malerdorf **Penestanan** ⑬ ließ sich 1956 der holländische Künstler Arie Smit nieder. Seine balinesischen Schüler, die *Young Artists*, haben einen eigenen farben-

Foto: Florian Janku

frohen, naiven Malstil entwickelt. Zur Gemäldesammlung des im Jahr 1982 eröffneten ★**Museum Neka** ⑭ nordwestlich von Ubud zählen Werke von Spies, Bonnet und Lempad.

★Gunung Kawi und Tirtha Empul

Etwa auf halber Strecke nach Penelokan kommt man zum Holzschnitzerdorf **Tampaksiring**. 1,5 km nördlich liegt das Heiligtum von ★**Gunung Kawi** ㉘ idyllisch in der Schlucht des Pakerisan. Insgesamt zehn **Candis** im javanischen Stil stehen in 7 m hohen Felsnischen an den steilen Wänden auf beiden Seiten des Flussbetts.

Die Anlage wurde vermutlich im ausgehenden 11. Jh. erbaut. Die fünf Hauptmonumente erinnern wahrscheinlich an die Könige Udayana und Anak Wungsu (1049-1077) und die Frauen, die sich auf dem königlichen Scheiterhaufen verbrannten, um im nächsten Leben bei ihnen zu sein. In der Nähe liegen **Einsiedlerhöhlen** im Fels, für die Mönche, die sich einst um die *candi* kümmerten.

Oben: Fels-Candis zur Erinnerung an Könige des 11. Jh. in Gunung Kawi. Rechts: Balinesische Nassreisterrassen.

Im Norden von Tampaksiring entspringt der heilige Fluss Pakerisan. Unweit dieser segensreichen Quelle, die nach balinesischem Glauben ewige Jugend verspricht, wurde von einem Warmadewa-Raja 960 n. Chr. ein Badeplatz angelegt, den König Airlangga im 11. Jh. mit Statuen und Schreinen ausschmücken ließ. Insgesamt 31 Wasserspeier speisen die drei Becken von **Tirtha Empul** ㉙; das linke ist Frauen vorbehalten, das mittlere Männern.

Bangli

Bangli ㉚ liegt etwas weiter südöstlich am Fuß des Gebirges; von einem Aussichtspunkt in der Nähe entfaltet sich das großartige Panorama der üppigen südbalinesischen Landschaft. Der Hoftempel von Bangli, **Pura Kehen**, gehört zu den schönsten der Insel und wird fast immer als einer der sechs heiligen *Sad Kahyangan* genannt. Pura

Foto: Martin Thomas

Kehen wurde auf acht aufsteigenden Terrassen angelegt, und auf dem zentralen Tempelhof erhebt sich ein elfstöckiger *meru*-Turm. Eine Inschrift von 1204 stützt die These, dass sich hier schon vor der Majapahit-Zeit ein Tempel befand.

OSTBALI

KLUNGKUNG/ SEMARAPURA

Der Regierungsbezirk **Klungkung** ist heutzutage zwar der kleinste aller Kabupaten der Insel, doch der Einfluss dieser Region prägte das gesamte Bali nachhaltig; war sie doch mit dem Untergang des Reiches von Majapahit in religiöser, kultureller und politischer Hinsicht das geistige Zentrum der hinduistischen Elite der Insel. Damals regierte der Raja, den man Dewa Agung („Großer Göttlicher") nannte, in Gelgel einige Kilometer südlich der Stadt Semarapura. Mitte des 16. Jh. erstreckte sich sein Herrschaftsbereich von Ostjava über Bali, Lombok, Sumbawa bis nach Südsulawesi. 1685 wurde die Residenz nach Semarapura verlegt, das nach der Zersplitterung der Gelgel-Dynastie zwar nicht mehr die mächtigste Stadt Balis war, doch weiterhin Sitz des obersten Gerichtshofs und Bewahrerin der Hindu-Tradition blieb.

Semarapura (Klungkung) ㉛ vermittelt einen ausgezeichneten Eindruck von der höfischen Kunst Balis vor ihrer Vermischung mit westlichen Einflüssen. Kaum zu glauben, dass noch bis 1950 der ehrwürdige oberste Gerichtshof von Bali in der Gerichtshalle ***Kerta Gosa** tagte. Der quadratische Bale steht etwas erhöht unmittelbar hinter dem Eingang des **Taman Gili**. Der „Inselgarten" gehörte zu dem von den Holländern 1908 zerstörten Raja-Palast und ist kaum zu verfehlen, da er direkt an der Hauptkreuzung von Semarapura liegt. Berühmt ist dieser Gerichts-Bale für seine Malereien im Wayang-Stil, die himmlische Freuden, besonders aber Höllenqualen und Folterungen sehr drastisch darstellen.

Im **Bale Kambang** („Schwimmender Pavillon"), einer offenen Halle, die gleich neben der Gerichtshalle inselartig in einem Lotosteich liegt, machten balinesische Künstler die *Sutasoma*-Legende zum Thema farbenprächtiger, detailreicher Deckengemälde, die zuletzt 1983 restauriert wurden.

An der Westseite des Taman Gili steht das **Pemadal Agung**. Das Tor, in dessen Reliefs man auch Holländer erkennen kann, ist das einzige Bauwerk, das vom 1908 im Kolonialkrieg abgebrannten Raja-Palast Semara Pura übrig blieb.

Künstlerdörfer um Gelgel

Im Dorf **Tihingan** ㉜, 3 km westlich von Semarapura, kann man Schmieden, die nach alten Formen Bronzegongs und Metallophone für die Gamelan-Orchester gießen, bei der Arbeit zusehen. Die altbalinesische Maltradition des Wayang-Stils wird dagegen im Künstlerdorf **Kamasan** ㉝ gepflegt, das 4 km südöstlich von Semarapura in der Nähe der ehemaligen Raja-Stadt Gelgel liegt. Sowohl die Originalgemälde der Kerta Gosa aus dem 18. Jh. als auch ihre Erneuerung ist Künstlern aus Kamasan zu verdanken, die zum Großteil noch mit Naturfarben arbeiten. Die Vorfahren der zahlreichen hier ansässigen Gold- und Silberschmiede fertigten seit dem 14. Jh. den Kronschmuck der Rajas von Gelgel an.

DIE OSTKÜSTE

Am ruhigen **Strand** von **Klotok** mit sehr feinem schwarzem Sand bringen Prozessionen, die den Muttertempel von Besakih zum Ziel haben, zuvor im **Pura Batu Klotok** ㉞ den Meeresgottheiten Opfer dar.

Goa Lawah und *Padangbai

Der Reiseweg von Semarapura nach Osten ins alte Raja-Reich Karangasem führt zunächst zur **Fledermaus-Grotte** namens **Goa Lawah** ㉟. Tausende von Fledermäusen bevölkern die tief ins Innere eines Felsenkliffs führende Höhle, die – so glauben die Balinesen – erst im 20 km entfernten Besakih enden soll. Am Eingang steht der **Pura Goa**, ein Staatstempel der Rajas von Klunkung.

In einer malerischen blauen Meeresbucht, umgeben von palmenbestandenen Hügeln, liegt der wichtige **Fährhafen** von ***Padangbai** ㊱, ein Engpass für javanische Transitlastwagen auf ihrem Weg über Lombok nach Ostindonesien. Farbenprächtig bemalt präsentieren sich die großen **Auslegerboote** der überwiegend muslimischen Fischer. Ihre Prahus haben einen besonders originellen Bug, der dem aufgerissenen Rachen eines Krokodils ähnelt. Am schönen weißen ***Strand** haben sich Losmen und preiswerte Restaurants angesiedelt. Nur einen Spaziergang entfernt: zwei bildschöne Badebuchten – ***White Sand Beach** und ***Blue Lagoon**. Leider haben auch Investoren diese Idylle schon entdeckt.

Candi Dasa

Eine Verwandlung von der Geheimtipp-Idylle zum touristischen Rummelplatz à la Kuta erhoffte sich so mancher auswärtige Investor vom Beach Resort **Candi Dasa** ㊲. Übersetzt bedeutet das „Zehn Tempel", doch vielleicht wurde während des Baubooms der 80er Jahre zu wenig gebetet. Denn seit der Abtragung des vorgelagerten Korallenriffs sind die anarchischen Meeresgötter dabei, mit starker Brandung den Losmen-, Restaurant-, Disko- und Souvenirshop-Besitzern ihr wichtigstes Kapital wieder wegzunehmen: den schmalen Sandstrand, der selbst bei Ebbe kaum noch als solcher zu erkennen ist. Candi Dasa bleibt trotzdem der beste Ausgangsort für die Erkundung Ostbalis.

In ***Tenganan** ㊳, 3 km nördlich von Candi Dasa, leben die so genannten

Rechts: Wasserspeier in den Königsbädern von Tirthagangga.

» Karte S. 148-149, Info S. 172-173

Foto: Martin Thomas

Bali Aga, die Ureinwohner Balis, die bis heute ihre Traditionen durch Einhaltung strenger Regeln bewahrt haben. Das von einer Mauer umgebene, nur durch eine schmale Pforte zu betretende Dorf (Eintrittsgebühr) hat einen altmalaiischen Grundriss: Die Häuser liegen traufständig an der überbreiten „Hauptstraße“, in deren Mitte die einzelnen Reisspeicher, Schreine und Bales stehen.

Berühmt und teuer sind die **Ikat-Stoffe** aus Tenganan: Die traditionellen *Kamben Geringsing*, von Frauen in monatelanger Arbeit in der Doppelikat-Technik gewebt, weisen Muster auf, die Gott Indra selbst entworfen haben soll. Bei allen wichtigen Riten, wie bei Namensgebung oder Heirat, *Rejang*-Tanz und *Gong-Selonding*-Musik ist das Tragen eines *Geringsing*-Sakraltuchs religiöse Pflicht.

Amlapura

Karangasem war das östlichste der vorkolonialen Königreiche Balis. Nach dem verheerenden Ausbruch des Agung 1963 gab man der Stadt den neuen Namen **Amlapura** ❸❾. Karangasem spielte im späten 18. und frühen 19. Jh. eine tragende Rolle in dem balinesischen Vorhaben, die Nachbarinsel Lombok zu erobern und zu kolonialisieren. Im Jahr 1849 verbündete sich Karangasem mit Buleleng in dem aussichtslosen Unterfangen, die Holländer zu besiegen.

1894 gaben die Holländer Karangasem die „Unabhängigkeit“ zurück, dirigierten aber indirekt weiter seine Geschicke. Seine Könige widmeten sich der Verschönerung der Architektur im javanischen Stil und verbrachten ihre Tage im **Puri Agung Karangasem**, einem schlichten Gebäudekomplex aus rotem Backstein. Die Residenz ihrer Nachkommen war der **Puri Kanginan** mit seiner eklektischen Mischung aus europäischem, chinesischem und balinesischem Stil.

Der **Wasserpalast von Ujung** ❹⓿, romantisch gelegen (4 km südlich von Amlapura), wurde beim Agung-Ausbruch 1963 zerstört und dann wenig authentisch wieder aufgebaut.

Foto: Volkmar E. Janicke

Einen Besuch und vielleicht auch einen mehrtägigen Aufenthalt wert sind dagegen die ★**Königsbäder von Tirthagangga** ❹❶ („Heiliges Wasser der Göttin Gangga"), 6 km nordwestlich von Amlapura. In den Becken, die in einer bezaubernden Landschaft mitten in den Reisfeldern am Fuß des Agung liegen, kann man herrlich planschen. Kühles Süßwasser sprudelt aus dämonenköpfigen Wasserspeiern.

Die ★★**Reisterrassen** unweit der Bäder gehören zu den schönsten der Insel.

Amed und Tulamben

Fährt man von Tirthagangga auf der Straße nach Singaraja weiter nach Norden, lohnt sich im Dorf **Culik** ein Abstecher zum muslimischen Fischerdorf **Amed** ❹❷. Ein ruhiger **Strand** in schöner Landschaft und entspannter Atmosphäre lädt zum Baden, Schnorcheln und Tauchen ein. Den einfachen Losmen sind in letzter Zeit komfortablere Unterkünfte gefolgt. Der noch vor wenigen Jahren von Touristen kaum entdeckte, traditionell sehr arme Küstenstreifen entwickelt sich zum Urlaubsziel. Fantastische ★★**Tauchgründe** v. a. im **Jemeluk Sea Garden** locken immer mehr Wassersportbegeisterte an.

Die Attraktion im etwas nordwestlich gelegenen **Tulamben** ❹❸ ist das ★**Tauchrevier**, das zu den besten Balis zählt. Das strandnahe, von Korallen bewachsene **Wrack** des 1942 von einem japanischen U-Boot versenkten US-Frachters *Liberty Glo* bietet Tauchern ein einzigartiges Unterwassererlebnis.

Oben: Der Vulkan Agung wird als Sitz von Gott Shiva verehrt. Rechts: Prozession im Tempelkomplex des Pura Besakih.

DIE BERGREGION

★★PURA BESAKIH – MUTTER ALLER TEMPEL

Die Berge spielen eine zentrale Rolle in der Kultur Balis. Schon vor der Ankunft der Hindu-Götter lebten dort die Ahnen; und es überraschte niemanden, dass es auch die indischen Götter dorthin zog. Der Muttertempel aller Puras,

» Karte S. 148-149, Info S. 172-173

Foto: Martin Thomas

der heilige **★★Pura Besakih** ㊹, ist allein schon wegen seiner imposanten Lage eines der lohnendsten Ausflugsziele der Insel: Er steht in 950 m Höhe am Südwesthang des **Gunung Agung**, des 3031 m hohen Schicksalsbergs der Balinesen. Alle Raja-Familien und viele andere Gemeinschaften – Dörfer, Kasten, Clans – opfern im „Muttertempel Balis" ihren eigenen Schreinen. Besucher, die zu viel Bein zeigen, müssen einen Leih-Sarong anlegen, um die heiligste Stätte Balis nicht zu entweihen.

Prächtig verziert sind die kleinen Tempel entlang dem allgemein zugänglichen langen **Treppenweg**, der, gesäumt von Kunsthandwerksläden, zum Haupttempelbereich hinauf führt.

Die Fundamente des **großen Tempels von Besakih** stammen wahrscheinlich von einem prähistorischen Terrassen-Heiligtum für den Ahnenkult. Schon im 11. Jh. wurde es von Hindu-Königen benutzt, und im 15. Jh. bestimmte es der Dewa Agung von Gelgel, Nachkomme der Vizekönige von Majapahit, zu seinem Ahnentempel. Nach einem Erdbeben im Jahr 1917 wurde die Anlage restauriert. Die Lavaströme des Agung-Ausbruchs von 1963 verschonten die heiligen Schreine von Besakih – für die balinesischen Hindus kam das einem Wunder gleich.

Die Größe der Tempelanlage mit rund 30 Tempeln und unzähligen kleinen Schreinen spiegelt ihren einzigartigen Status wider, und nur Hindus dürfen sie betreten. Andersgläubige können beim Umwandeln der niedrigen Tempelmauer ins Innere blicken, wo laufend Opferzeremonien stattfinden. Der Baustil ist streng und frei von der ausufernden Ornamentik balinesischer Dorftempel.

Besakihs Silhouette mit dem gespaltenen Tor und den schwarzen *meru*-Türmen hebt sich von den nebligen oberen Hängen des Vulkans Agung ab. Der Hauptschrein enthält nur drei leere Throne, je einer für Brahma, Vishnu und Shiva; Bildhauer durften zwar geringere Götter und Dämonen, aber nie die *Trisakti*, die drei höchsten Götter, abbilden.

Einmal im Jahrhundert ist Besakih der Mittelpunkt der *Eka-Dasa-Rudra-*

Foto: Bernd F. Gruschwitz

Zeremonie, deren Zweck die Reinigung und Stabilisierung des gesamten Kosmos ist, während die alltäglichen Rituale die Harmonie von Familie und Dorf erhalten sollen.

RUND UM DEN **BATUR-VULKAN

Penelokan ㊺ (30 km von Ubud) bedeutet „Schöne Aussicht“, hier bietet sich aus 1450 m Höhe der beste Überblick über die Batur-Region: Tief unten in einem gigantischen Vulkankrater liegt der langgezogene **Batur-See**, flankiert vom noch aktiven Batur-Vulkan (1717 m) im Westen und dem Gunung Abang (2153 m) im Osten.

Nach den Vulkanausbrüchen von 1917 und 1926, die Tausende von Menschenleben kosteten, zogen es die Bewohner des Dorfes Batur vor, ihre Siedlung und ihren Seetempel vom Seeufer auf den Kraterrand zu verlegen. So entstand der **Pura Ulun Danu Batur** ㊻, ein ausgedehnter, aus neun Haupttempeln bestehender Komplex auf dem Grat an der Straße nach Kintamani.

Oben: Der Ulun-Danu-Tempel, am Kraterrand über dem Batur-See, mit Blick zum heiligen Gunung Agung. Rechts: Auch im Bratan-See steht ein Ulun-Danu-Tempel.

Weiter nördlich zweigt bei **Penulisan** ein Weg zum höchstgelegenen Tempel Balis ab, dem **Pura Tegeh Koripan** ㊼. Eine schier endlose Treppe führt hinauf in 1745 m Höhe, doch die Mühe lohnt sich: Morgens kann die Fernsicht bis nach Java und Lombok reichen.

Aufstieg zum **Gunung Batur

Den Sonnenaufgang auf dem **Gunung Batur** ㊽ (1717 m ü. M.) zu erleben gehört zu den stärksten Eindrücken einer Bali-Reise. Das beste Basislager für diese Bergtour ist das kleine Dorf **Toya Bungkah** ㊾ am Ufer des Batur-Sees, das einfache Losmen und Restaurants sowie ein Hotel bietet. Nach der Tour kann man seine müden Knochen im heißen Schwefelwasser eines **Air Panas** wiederbeleben. Neueste Attrak-

» Karte S. 148-149, Info S. 172-173

Foto: Rainer E. Kunert

tion ist ein öffentliches **Schwimmbad** mit heißen Pools und Zeltplatz.

Trunyan

Am anderen Ufer des **Batur-Sees** liegt, abgeschieden und am besten per Boot zu erreichen, das Bali-Aga-Dorf **Trunyan** ⓹⓪. Seine dessen altbalinesische Bewohner haben ihre animistischen Bräuche bewahrt. Sie begraben ihre Toten nicht, sondern lassen sie in Bambuskäfigen verwesen, eine makabre Touristenattraktion.

*BRATAN-SEE

Am Fuß des 2096 m hohen Gunung Catur liegt der ***Bratan-See** ⓹① malerisch in einem alten Vulkankrater. Man erreicht ihn von Norden kommend über die gut ausgebaute Straße von Singaraja aus oder von Südbali über Mengwi.

Im fotogenen ***Pura Ulun Danu** am Westufer wird der Wassergöttin Dewi Danu (Drei-Tumpang-Meru), Shiva (Sieben-Tumpang-Meru) und Vishnu (Elf-Tumpang-Meru) geopfert.

Pflanzenfreunde kommen im 130 ha großen Botanischen Garten **Kebun Raya Eka Karya Bali** südwestlich des Bratan-Sees auf ihre Kosten. Über 600 Baumarten und mehr als 400 verschiedene Orchideenspezies sind dort zu sehen. Der gepflegte Park eignet sich gut zum Picknicken, und sein **Klettergarten** erfreut sich besonders bei Familien großer Beliebtheit.

DIE NORDKÜSTE

SINGARAJA

Die Nordküste Balis unterscheidet sich vom Rest der Insel durch ihre Geografie und Geschichte. **Singaraja** ⓹② an Balis Nordküste ist die Verwaltungshauptstadt des Regierungsbezirks Buleleng. Die Küstenregion liegt im Regenschatten der großen Inlandsvulkane und hat daher ein deutlich trockeneres und heißeres Klima. Die Bauern Nordbalis bauen in den Ebenen neben Nass- und Trockenreis auch Mais und Trauben an, in höheren Lagen Früchte, Kaffee und Nelken. Außerdem züchten

» Karte S. 148-149, Info S. 172-173

Foto: Martin Thomas

sie Schweine, Büffel und Rinder für den Verkauf.

Im 17. Jh. reichte die Macht des Rajas von Buleleng bis nach Ostjava. Der Handel blühte und machte aus Singaraja eine reiche Residenzstadt. Da die Holländer bereits 1849 in der Region Fuß fassten, war der europäische Einfluss im Norden Balis bis zur indonesischen Unabhängigkeit 1949 viel weitreichender als im Süden.

1882 erhielt Singaraja den Status der Kolonialhauptstadt Balis und der Kleinen Sundainseln und einen florierenden Hafen. Doch die holländisch geprägte Kapitale verlor nach dem Zweiten Weltkrieg ihren Status und ihren Handelshafen. Singaraja ist heute eine verschlafene Kleinstadt mit **Kolonialbauten**, restaurierten chinesischen Handelshäusern, schattigen Alleen und noch einigen *dokar*-**Pferdekutschen**. Im Zentrum der Stadt liegt der quirlige **Markt**, wo man vor allem abends in den kleinen **Garküchen** vorzüglich und preiswert essen kann.

Oben: Am dunklen Strand von Lovina. Rechts: Faszinierende Unterwasserwelt am Riff der Insel Menjangan.

Die historische Bibliothek **Gedong Kertya**, 1928 gegründet, enthält kostbare Palmblatt-Manuskripte und in Kupfer gestochene Berichte über Balis Geschichte, Mythologie und Medizin.

DIE TEMPEL NORDBALIS

Ein besonders schönes Beispiel für die fast barock anmutende Tempelarchitektur Nordbalis findet man in **Sangsit** ❺❸, 7 km nordöstlich von Singaraja. Der ***Pura Beji** ist ein Subak-Tempel der örtlichen Reisbauern. Bekannt wurde er wegen seiner überbordenden **Reliefs** und detailreichen **Skulpturen**, die im Gegensatz zum dunklen Vulkangestein der Tempel im Süden aus rosa Sandstein gemeißelt wurden.

Etwa 5 km südöstlich von Sangsit liegt das Dorf **Jagaraga** ❺❹, dessen ***Pura Dalem** wegen seiner originellen ***Reliefs** einen Besuch wert ist: Zwei beleibte Holländer sitzen in einem liebevoll und detailgetreu dargestellten Ford Modell T und werden von einem

» Karte S. 148-149, Info S. 172-173

Balinesen angehalten, der mit einem unförmigen Revolver droht.

Wieder zurück an der Küstenstraße, heißt die nächste Station **Kubutambahan** ⑤⑤. Im ***Pura Meduwe Karang** bringen Regenfeld-Bauern dem Sonnengott Surya als dem „Herrn der Felder" sowie der Mutter Erde Opfer dar, um die Fruchtbarkeit ihrer nicht bewässerbaren Felder zu erbitten. Berühmt ist ein ***Relief**, das einen Mann auf einem Fahrrad darstellt. Es handelt sich um den holländischen Völkerkundler Nieuwenkamp, der im Jahr 1904 per Fahrrad die Insel erkundete.

Weiter entlang der von Alleebäumen beschatteten Küstenstraße trifft man 18 km nordöstlich von Singaraja an einem ruhigen, schwarzen Strand auf die kühlen Quellwasserbecken von **Air Sanih** ⑤⑥ (Hotel/Restaurant).

Foto: Günther Kohl

LOVINA BEACH, NORDWESTKÜSTE, **MENJANGAN

Südwestlich von Singaraja lockt **Lovina Beach** ⑤⑦, ein kilometerlanger, bei Flut ziemlich schmaler **schwarzer Sandstrand** mit vielen Bungalowhotels und schöner Unterwasserwelt am vorgelagerten **Korallenriff**. Mit Fischerbooten kann man sich zum Schnorchelrevier an den Korallenbänken bringen lassen. Dort am Riff tummeln sich in der Morgendämmerung zahlreiche **Delfine**.

Ein netter Ausflug als Abwechslung zum Strandleben führt in den Ort **Banjar** ⑤⑧. Oberhalb des Hindu-Dorfes steht auf einem Hügel das 1958 gegründete buddhistische Kloster **Brahma Vihara Arama**, das nicht nur wegen der schönen Aussicht auf Reisterassen und Küste einen Besuch lohnt. Die **Heißen Quellen** (*air panas*) bei Banjar sind ein beliebter (und jüngst renovierter) balinesischer Badeplatz.

Zieht **Lovina** eher Reisende mit kleinerem Geldbeutelan, so ist in **Pemuteran** ⑤⑨ – am westlichen Zipfel der Nordküste – ein exklusives kleines Urlaubszentrum gewachsen; das **Matahari Beach Resort,** das kleinste 5-Sterne-Hotel der Insel, verwöhnt dort betuchte Gäste in balinesischem Ambiente mit einem vorzüglichen Spa. Entlang des schönen **Lavastrandes** haben sich auch einfachere Hotels angesiedelt. Alle bieten Tauchgänge am Riff vor der Bucht an. Hauptattraktion sind jedoch Ausflüge zur Nationalparkinsel ****Pulau Menjangan** ⑥⓪, ein Schnorchel- und Tauchparadies, das zu den schönsten Indonesiens zählt. Die tropische ****Unterwasserwelt** mit ihren Steilwänden und Höhlen wird von einer ungeahnten Vielfalt leuchtend bunter Fische bevölkert, darunter Büschelbarsche, Papageien- und Skorpionfische, die sich zwischen Korallen tummeln.

Die fast unbewohnte Bergwelt des äußersten Westens ist heute ein weiträumiges Naturschutzgebiet, der **Nationalpark Bali Barat** ⑥①. Diese Wildnis war die letzte Heimstätte des balinesischen Tigers, der in den 1930er Jahren ausstarb.

» Karte S. 148-149, Info S. 172-173

DENPASAR (☎ 0361)

Bali Tourism Board, Jalan Raya Puputan 41, Renon, Denpasar. Tel. 235600; www.balitourismboard.org.

INDONESISCH: **Ayam Bakar**, wunderbare Atmosphäre und ausgezeichnete Küche, Spezialität des Hauses: *ayam bakar* – Brathuhn, Jl Merdeka 18, Tel. 23119.
Nachtmarkt am **Pasar Pekambingan**, mit vielen günstigen Garküchen, Jl. Diponegoro.

Pasar Badung: Obst, Gemüse, Gewürze u. v. m., außerdem großes Angebot an Kunsthandwerk. Viele kleine Kunsthandwerks-Läden entlang **Jl Gajah Mada**. Das junge Bali shoppt in der **Ramayana Shopping Mall**, Jl Diponegoro.

Bali Museum, So, Di-Do 8-15, So 8-12.30 Uhr, Puputan-Platz.

Taman Werdi Budaya Art Center, ausgestellt werden die Werke balinesischer Maler und Holzschnitzer, nekannt ist das Kunstzentrum aber vor allem für den *Kecak*-Tanz, tgl. 18-19 Uhr, im Juni/Juli findet hier das **Bali Arts Festival** (www.baliartsfestival.com) statt, Jl Bayusatu. In **Batubulan**, auf dem Weg nach Ubud, tgl. 9-10 Uhr Barong-Tanz.

FLUG: **Ngurah Rai Internationaler Flughafen**, 12 km südl. d. Stadt; mit Schalter für *prepaid*-Taxis, die zum Festpreis Touristenorte anfahren. **Garuda**, Mo-Sa 8-16.45, Sa und Feiertag 9-13 Uhr, Sanur Beach Hotel, Jl. Danau Tamblingan, Sanur, Tel. 288011 Ext 1789, www.garuda-indonesia. com; **Merpati**, Jl Melati 51, Tel. 235258. **Bouraq**, Jl Sudirman 7A, Tel. 241397.

KUTA / LEGIAN / SEMINYAK (☎ 0361)

Bali Government Tourist Information Centre, Jl.Bana Sari 7 Legian, Tel. 754092

Viele Lokale bieten die gesamte Ost-West-Palette an, über indonesisch, chinesisch, australisch bis hin zu Hamburgern.
Made's Warung, indonesisch u. international, der Klassiker unter den Traveller-Hangouts, Jl Pantai Kuta.
Poppies, ein Klassiker mit schönem Garten, bei Poppies Lane 1, Tel. 751059.
Aromas Kafe, vegetarisch, eine grüne Oase im trubeligen Kuta, Jl Legian, Tel. 761113.
Ku De Ta, schickes Lokal, coole Musik, großartige Lage am Strand, Jl Laksmana 9, Seminyak, Tel. 736969, www.kudeta.net.

Kuta ist ein Einkaufsparadies. Ob günstige Sarongs und Bikinis, Modeschmuck, schicke junge Mode, ausgefallene Wohnaccessoires, Kunsthandwerk aus ganz Indonesien – es gibt kaum etwas, was man hier nicht bekommt. **Outletshopping** und eine **Shopping Mall** der Superlative findet man im Ortsteil **Tuban**.

Bunt ist das Nachtleben: mit vielen Pubs, großen Diskos und Clubs.
Ein Evergreen: **Double Six**, am Strand, sehr trendy, Jl Double Six.
Hu'u Bar, Lychee-Martinis zu cooler Musik, Jl Oberoi, Tel. 0361-736443.

Internetcafés bieten an fast jeder Ecke relativ günstig ihre Dienste an.

Bali International Medical Centre, Jl Ngurah Rai 100X, Tel. 761263.

SANUR (☎ 0361)

Deutsches Honorakonsulat, Jl Pantai Kovang 17, Tel. 288535.

Die großen Hotels verfügen über mehrere Restaurants. Zum Sanur Beach Hotel (Jl Danau Tamblingan, Tel. 288011) gehört das **Basilico**, wo hervorragende mediterrane Küche, Fisch und Meeresfrüchte romantisch direkt am Meer serviert werden.
Liebhaber der italienischen Küche schätzen das **The Village**, Jl Danau Tamblingan 47.
Wer leichte Crossover-Küche im Bistro-Ambiente mag, sollte das **Café Batujimbar**, Jl Danau Tamblingan 152, versuchen.

Museum Le Mayeur, So-Do 8-16, Fr 8-13 Uhr, Sanur Beach.

UBUD UND UMGEBUNG (☎ 0361)

Tourist Office (Yayasan Bina Wisata) an der Hauptstraße, neben dem Markt.

Café Wayan, ein Klassiker in der schnelllebigen Restaurantlandschaft Ubuds, schönes Gartenlokal mit leckerer Küche, Jl Monkey Forest, Tel. 975447.
Im **Mozaic** genießt man Gourmetküche in stillvollem Ambiente, auch gute Weinkarte, Jl Raya Sanggingan, Tel. 965768.
Bei **Ibu Oka** lässt man sich Spanferkel à la Bali schmecken, Jl Suweta.
Murni's Warung, angenehme Atmosphäre, gutes Hühner-*sate*, Campuan, Tel. 975233.
Casa Luna, internationale Küche u. köstliche Backwaren im Ortszentrum, Jl Raya Ubud.
Nasi Ayam Kedewatan, berühmt für geniale Hähnchengerichte, Jl. Raya Kedewatan.
Café Lotus, an Ubuds Hauptstraße, besticht vor allem durch sein romantisches Ambiente mit Lotusteich direkt am Saraswati-Tempel.

Auf dem **Markt** kann man neben Obst und Gemüse günstiges Kunsthandwerk erhandeln. Entlang der **Jl Raya** und der **Jl Monkey Forest** reiht sich Geschäft an Geschäft. Neben viel Ramsch auch ausgefallenes Kunsthandwerk und schöne Stoffe.

Seniwati Gallery, einzige Galerie, in der die Werke balinesischer Künstlerinnen präsentiert werden, angeschlossen ist eine Malschule für Mädchen, Mo-Sa 10-17 Uhr, Jl Sriwedari, www.seniwatigallery.com. **Puri Lukisan Museum**, täglich 8-16 Uhr, Ubud. **Museum Neka**, täglich 8-17 Uhr, Campuan. **Agung Rai Gallery** und **ARMA** (Agung Rai Museum of Art), hier werden auch Tanz- und Malkurse angeboten, täglich 9-18 Uhr, Peliatan.

Einzelheiten über tägl. Veranstaltungen im Tourist Office am Markt.
TANZ: **Banjar Padangtegal**, *kecak*-Tanz, Mi, Sa und So 19-20 Uhr, Padangtegal. **Pura Dalem Puri**, *legong*-Tanz, Sa 19.30-20.30 Uhr, Tebesaya.
WAYANG KULIT: **Oka Kartini**, Mi u. So 20-21 Uhr, Tebesaya.

PADANGBAI (☎ 0365)

Manggala, sehr gute Fischgerichte, schöner Blick, Jl. Silayukti, Tel. 41424.

FÄHRE: nach Lembar (Lombok) tgl. alle 1,5 Std. (Fahrzeit zwischen 3 u. 5 Std.). **Gili Cat** fährt in 1-1,5 Std. zu den Gilis und nach Lombok. Außerdem Boote nach Nusa Penida (Fahrzeit 1 Std.).

CANDI DASA (☎ 0363)

Lotus Seaview, schöne Lage am Meer, gute internationale und indonesische Küche, Tel. 41257.
Seasalt, internationale und balinesische Gerichte in schönem Ambiente am Meer, auch Kochkurse, im Hotel Alila in Buitan, ca. 4 km westlich von Candi Dasa, Tel. 975963.

AMED / TULAMBEN (☎ 0363)

Gute **Tauch- und Schnorchelmöglichkeiten** an zwei kilometerlangen Küstenabschnitten am Ostzipfel Balis.

BATUR-KRATER (☎ 0366)

Ausflüge zum **Batur** mit Besteigung werden in allen Urlaubsorten angeboten. Wer vor Ort übernachtet, kann in **Toyabungkah** am Batursee die Besteigung mit lokalen Führern buchen und bereits, was sehr ratsam ist, vor Sonnenaufgang starten.

SINGARAJA (☎ 0362)

Museum Gedong Kirtya, Manuskript-Museum, Mo-Do 8-14, Fr 8-11, Sa 8-12 Uhr, Jl Veteran 20, Tel. 41645.

Nach Einbruch der Dunkelheit wird neben dem Obst- und Gemüsemarkt ein **Nachtmarkt** mit Garküchen aufgebaut, die unverfälschte indonesische Küche servieren.

LOVINA BEACH / PEMUTERAN (☎ 0362)

Viele kleine Lokale mit internationaler Küche findet man in Lovina; ein Tipp für Feinschmecker: **Damai Villas**, fantasievolle Crossover-Menüs, Lovina, Tel. 41008.
Matahari Beach Hotel, sehr feine Küche, französisch inspiriert, in Pemuteran in Nordwestbali, Tel. 92312.

Foto: Thomas Stankiewicz

LOMBOK

AMPENAN, MATARAM, CAKRANEGARA
SENGGIGI
DIE GILIS
GUNUNG RINJANI

LOMBOK

Lange nur als Stiefschwester Balis betrachtet, profitiert das vom Rinjani-Vulkan geprägte Lombok nun von der „Osterweiterung“ des Bali-Tourismus – Lombok ist preisgünstiger und ruhiger. Pauschalurlauber schätzen den langen Strand Senggigis, Individualreisende die kleinen Koralleninseln („Gilis“) im Nordwesten. Die einheimischen Sasak – früher Animisten, heute meist Muslime – litten seit dem 17. Jh. unter der Herrschaft balinesischer Hindu-Rajas und riefen deshalb die Holländer zu Hilfe. Diese kamen 1894, besiegten die Balinesen und blieben bis zum 2. Weltkrieg. Im Westen der Insel siedeln noch viele Balinesen (10 % der Bevölkerung). Lomboks Bauern kultivieren u. a. Reis, Pfefferschoten (indon. *lombok*), Sojabohnen, Kaffee, Tabak, Baumwolle, Chili, Zimt und Vanille.

*Gili Nanggu

In der **Lombokstraße**, der schmalen und sehr tiefen Meerenge zwischen Bali und Lombok, verläuft die biogeografische Wallace-Linie, welche die asiatische Fauna von der australischen Tierwelt im Osten trennt.

Links: Senggigi lockt mit langen Palmenstränden.

Ankunftsort für Fähren aus Bali ist der Hafen **Labuhan Lembar** ❶, der in einer geschützten Bucht liegt. Hier kann man Boote zur kleinen Insel ***Gili Nanggu**, mit schönem Strand, attraktiven Schnorchelplätzen und einfachen Bungalows, chartern.

Mit Bemo oder Bus erreicht man von Labuhan Lembar aus in einer Stunde die Drei-Städte-Metropole Ampenan-Mataram-Cakranegara.

*AMPENAN, MATARAM, CAKRANEGARA

***Ampenan** ❷ ist die ursprünglichste der drei zusammengewachsenen Städte im Westen Lomboks – am Ufer liegen bunte Fischerboote malerisch auf dem Sand, die Stadt besitzt viel Flair.

Eine Brücke verbindet Ampenan mit **Mataram** ❸, der Hauptstadt von Nusa Tenggara Barat, das neben Lombok die Nachbarinsel Sumbawa umfasst. Demgemäß befinden sich hier vor allem moderne, repräsentative Regierungsgebäude, Banken und Firmensitze.

Abgesehen von einem Bummel durch Matarams Straßen und Gässchen lohnt ein Besuch des **Provinzmuseums von Nusa Tenggara Barat** mit Exponaten zur Geografie, Geologie, Kultur und Geschichte Lomboks.

Das östlich anschließende **Cakranegara** ❹ gibt sich äußerst geschäftig,

» Karte S. 177, Info S. 179

hier wohnen viele chinesische Händler. Der **Pura Meru** ist Lomboks größter balinesischer Tempel, man erkennt ihn schon von weitem an seinen drei hoch aufragenden Merus. Die 1720 neben dem Markt errichtete Anlage enthält über 30 Schreine, ist Shiva, Vishnu und Brahma geweiht und sollte der Einheit der zerstrittenen balinesischen Feudalherren auf Lombok dienen.

Gegenüber, auf der anderen Seite der Jalan Selaparang, liegen die Reste des **Mayura-Wasserpalasts** von 1744. Er diente bis zur Eroberung Lomboks (1894) der balinesischen Karangasem-Dynastie als Residenz. In einem großen Lotosteich steht der „schwimmende“ Pavillon, die Gerichtshalle des Raja-Reiches und Versammlungsort der Hindu-Fürsten. In dem weitläufigen Palastbezirk wurden 1894 zwei erbitterte Schlachten ausgetragen, bei denen am Ende die Holländer siegten.

Vor den Toren von Cakra liegt **Bertais**, die Drehscheibe des Überlandverkehrs und der größte **Markt** Lomboks. Ein Marktbesuch ist ein Erlebnis, weil man hier einmal alle Erzeugnisse der Insel in üppiger Fülle versammelt sieht.

Südlich der drei Städte wurde im Tempel von **Pagutan** ❺ im Jahr 1894 von einem holländischen Völkerkundler eine Kopie des *Nagarakertagama* gefunden und vor der Zerstörung bewahrt. Das 1365 vom Hofdichter und Historiker Prapanca in Altjavanisch verfasste Werk beschreibt in der Form einer dichterischen Eloge auf die jeweiligen Herrscher die Zustände im Reich des Königs Hayam Wuruk (1350-1389) und das Leben und Wirken von dessen Urgroßvater Kertanagara (1268-1292). Das Epos gilt als die bedeutendste einheimische Quelle über das javanische Majapahit-Reich.

Am **Gunung Pengson**, 10 km südlich von Cakranegara, steht der **Pengson-Tempel** ❻ mit weißen Schreinen und einem Altar mit einem eiförmigen Stein. Schön ist vor allem der ***Blick** über die Reisfelder zum Rinjani.

Narmada, Suranadi und Lingsar

Ein geruhsamer Ausflug führt nach ***Narmada** ❼, 12 km östlich von Cakranegara, in dessen Zentrum der ehemalige **Sommerpalast** der balinesischen Rajas steht. Die 1805 errichtete, terrassierte Anlage mit dem künstlichen See am Fuß des Hügels soll den Gunung Rinjani, den heiligen Berg Lomboks mit seinem Kratersee, symbolisieren. Nordöstlich von Narmada steht in idyllischer Landschaft der älteste und einer der heiligsten Tempel der Balinesen Lomboks: das ***Quellheiligtum von Suranadi** ❽. Die Badestellen zieren alte Reliefs, im Teich schwimmen Aale.

Nach wenigen Kilometern Richtung Westen erreicht man den **Doppeltempel von Lingsar** ❾, der 1714 auf Veranlassung des Rajas von Lombok, I Gusti Wayan Tegeh aus der balinesischen Karangasem-Dynastie, errichtet wurde. Die Tempelanlage besitzt sowohl Hindu- als auch *Waktu-Telu*-Schreine, und in einem Becken tummeln sich heilige Albino-Aale.

*SENGGIGI

***Senggigi** ❿ ist ein ruhiger, erholsamer Badeort, von dem man auf Ausflügen das westliche Lombok erkunden kann. Attraktiv ist der Ort wegen seiner langen, weißen ***Sandstrände** beiderseits einer palmenbestandenen Landzunge und der Schnorchelmöglichkeiten am vorgelagerten **Riff**. Hinzu kommen die Bilderbuchsonnenuntergänge hinter dem Vulkan Agung auf Bali.

Auf einem Strandspaziergang Richtung Süden stößt man nach einer halben Stunde auf den **Batu Bolong**, einen kleinen, sehr alten Hindu-Tempel. Der Legende nach wurden hier Jungfrauen geopfert, die man den Haien zum Fraß ins Meer warf.

Nördlich von Senggigi schließt sich der einladende **Strand** von **Mangsit** ⓫ mit einigen Hotels an.

» Karte S. 177, Info S. 179

DIE **GILIS

Die küstennahen ****Gilis** ⓬, drei kleine Inseln namens **Gili Air**, **Gili Meno** und **Gili Trawangan**, sind berühmt für ihre **Korallenriffe** und mit Bungalowhotels touristisch voll erschlossen. Die Eilande, auf denen früher nur buginesische Fischer in Pfahlbauten lebten, sind seit Jahrzehnten Backpacker-Ziele. Die *Villa Ombak* auf Trawangan, mit deutschsprachiger Tauchschule, ist bereits pauschal buchbar. Sind Gili Air und Gili Meno ruhig und beschaulich geblieben, erwacht Gili Trawangan, die Partyinsel, abends so richtig zum Leben. Die Riffe haben zwar durch Dynamitfischen, Anker und Korallenbleiche gelitten, zum Schnorcheln und Tauchen (es gibt seriöse Tauchbasen) empfehlen sich die Gilis dennoch. Myriaden kleiner Rifffische leuchten in allen Farben; Riffhaie, Mantas und Schildkröten ziehen vorbei. Die Trawangan vorgelagerten Korallenriffe werden mit Spendengeldern seit einigen Jahren erfolgreich renaturiert. Boote steuern die Inselchen, die man je in einer Stunde umwandern kann, von Senggigi und Mangsit und von den Hauptstrandorten Balis an; am kürzesten ist die Überfahrt vom Küstendorf **Bangsal** ⓭.

**GUNUNG RINJANI

Der ****Vulkan Rinjani** ⓮ beherrscht das gesamte Landschaftsbild

Foto: Paul Spierenburg

Lomboks; zuletzt war er 2009 aktiv. Mit seinen 3726 m Höhe ist der Rinjani der dritthöchste Berg Indonesiens. Eine zweitägige Wanderung führt (nur in der Trockenzeit) durch den **Nationalpark** hinauf zum Kraterrand und dann hinunter zum smaragdfarbenen, piniengesäumten Kratersee **Segara Anak** ⓯. Geführte Touren kann man in Mataram, Senggigi oder auf den Gilis buchen.

Der Rinjani mit seinem See ist ein heiliger Ort für das hier ansässige Volk der **Sasak**. Ihre Sprache ist verwandt mit der Balis, und wie die Balinesen sind auch die Sasak eher Bauern als Seefahrer. Da aber indische und javanische Einflüsse nie weit nach Lombok eindrangen, haben die Sasak ihre strohgedeckten Stelzenhäuser, simplere Ackerbbau-Methoden und Elemente ihrer alten animistischen Religion beibehalten. Auch Handwebstühle werden noch benutzt. Der Teil der Sasak, der noch am tiefsten mit seiner Tradition verbunden blieb, hängt der *Wetu-Telu*-Religion an, einer Mischung aus islamischen und animistischen Elementen. Die ursprüngliche Heimat des *Wetu Telu* liegt bei **Senaru** ⓰ (dem Startpunkt für die Rinjani-Besteigung) und **Bayan** ⓱ (älteste *Wetu-Telu*-Moschee) an der Nordflanke des Rinjani. Die Mehrzahl der Sasak sind heute jedoch orthodoxe Muslime.

Oben: Eine Sasak-Frau verkauft Jackfrucht auf dem Markt von Sengkol.

Labuhan Lombok und Tetebatu

Wichtigster Ort im touristisch wenig erschlossenen Osten Lomboks ist **Labuhan Lombok** ⓲ mit dem Hafen für Fähren nach Sumbawa. An der windgeschützten Bucht siedeln Bugis in zum Teil buntbemalten Pfahlhäusern. Sie widmen sich vor allem dem Fischfang und dem Bau hölzerner Lastensegler.

Tetebatu ⓳ liegt am Südfuß des Rinjani-Massivs in 600 m Höhe, zwischen Reisterrassen und Fischteichen. Jenseits des Orts findet man Wälder mit Langschwanzaffen. Wegen seines kühleren Klimas ist der Ort ein guter Ausgangspunkt für Wanderungen zu den **Wasserfällen** der Umgebung.

» Karte S. 177, Info S. 179

In den Süden

Auf dem Weg nach Kuta kommt man in **Sukarara** ⑳ vorbei. Das typische **Sasak-Dorf** ist bekannt wegen seiner schönen **Webarbeiten** wie dem *Purbasari*, der an Festtagen wie ein Sarong getragen wird. Gewebt werden auch Schärpen und Gürtel.

In **Penunjak** ㉑ kann man rote **Keramik** mit traditionellen Mustern kaufen und zuschauen, wie die Töpferwaren geformt werden.

Der Ort **Sengkol** ㉒ ist vor allem donnerstags während des großen **Wochenmarktes** eine Attraktion, weil dann die Menschen aus den umliegenden Sasak-Orten vielfach noch in Tracht zum Ein- und Verkaufen erscheinen.

6 km vor Kuta präsentiert sich auf einer Anhöhe das kleine **Sade** ㉓. Das *Wetu-Telu*-Dorf mit seinen traditionellen grasgedeckten **Sasak-Häusern** und Reisspeichern auf Stelzen ist tourismuswirksam zurechtgemacht, mit regem Souvenirhandel: Webwaren werden an einfachen Holzwebstühlen hergestellt. Die Form der örtlichen Moschee gilt als typisch für die Gebetshäuser der *Wetu-Telu*-Muslime.

Etwas ruhiger geht es im Nachbardorf **Rambitan** zu, dessen Bewohner stolz auf ihre alte **Moschee** sind.

★Kuta

★Kuta ㉔ ist bislang noch eine Ansammlung von Fischerhäusern und kleineren Hotels. Die fischreiche Bucht lockt mit breiten hellen **Sandstränden**, auch schnorcheln kann man dort. Das *Novotel* in exklusiver Lage am **Seger Beach** war das erste Hotel im Süden nach internationalem Standard; östlich davon, an den weiten weißen Sandbuchten bei **Tanjung Aan** ㉕, soll nun die Resorthotelzone *Mandalika* entstehen, begünstigt durch den nahen neuen **Internationalen Flughafen Lombok**.

Auch 9 km westlich von Kuta, in **★Mawun** ㉖, gibt es schöne Strände.

MATARAM UND UMGEBUNG (☎ 0370)

Jl Singosari 2, Mataram, Tel. 632723, Mo-Do 7-14, Fr 7-11 und Sa 7-13 Uhr. Infos unter: www.lombok-network.com.

Rumah Makan Cirebon, chinesisch, Jl Yos Sudarso, Ampenan.
Mie Ayam Jakarta, indonesisch, Jl Yos Sudarso 109, Ampenan, Tel. 623965.
Sekawan, chinesisch, Seafood, Jl Pejanggik 59, Mataram, Tel, 621883.
Denny Bersaudara, authentische Sasak-Küche, Jl Pelikan 6, Mataram, Tel. 623619.

TEXTILIEN: **Rinjani**, Werkstatt mit Showroom, wunderschöne Ikat-Stoffe, Jl Pejanggik 44-46 10.
ANTIQUITÄTEN: **Renza**, Jl Yos Sudarso 29, Ampenan. **Gallery Lombok Asli**, Jl Raya Montong, Mataram, Tel. 624646.

Staatliches Museum Nusa Tenggara Barat, Di-So 8-16 Uhr, Jl Panji Tilar Negara 6, Mataram, Tel. 622159.

FLUG: **Selaparang Flughafen**, etwas nördlich von Mataram. **Merpati**, Jl Yos Sudarso 6, Ampenan, Tel. 623762.
SCHIFF: Fähren pendeln zwischen Padangbai (Bali) und Lembar (45 Min. südl. von Mataram mit *bemo* oder Bus). Von Padangbai, Sanur u. Benoa (Bali) fahren kleinere Boote direkt zu den Gilis. Von Labuhan Lombok mehrtägige Bootstouren nach **Komodo**, alle 2 Std. Fähren nach Sumbawa – zu buchen in den Reisebüros von Senggigi.

SENGGIGI BEACH (☎ 0370)

Square, trendiges Lounge-Restaurant mit indonesischer u. internationaler Küche, Jl Raya Senggigi, Tel. 693688.
Yessy Cafe, leckere Meeresfrüchte u. Fisch.
Café Wayan, Vegetarisches, Seafood, Tel. 693098, Batu Bolong.
Alang-Alang, Seafood, italienische und chines. Küche in schönem Open-Air-Lokal am Meer, im gleichnam. Resort, Tel. 693518.
Asmara, in der offenen Küche werden Wok-Gerichte und internationale Spezialitäten gebrutzelt, Tel. 693619.

» Karte S. 177

C. Kai
Uluserang
Mt. Mambulilia
2865
Baruppu
Kepe
Barana
Tandung
Tandung
Lawatu
Lebani Bay
Mambi
Mamasa
Rantepao
Palopo
Malunda
Mehalaan
Malabo
Bittuang
184
Seppong
Panna
2619
Salo Tambung
SULAWESI
Makale
Sangalla
Bua
Onang
Mandar
Nosu
Masupu
Tabone
Buakayu
Mebali
Anakdara
Ponrang
C. Jenemeja
Lanipa
Tibung
Taramanu
Masawa
SULAWESI
Noling
Patedong
Kolaka
Palangpalang
BARAT
Mt. Rantemario
3440
Belopa
Matakali
Kalosi
2153
Somba
Mapili
Polewali
Barakka
Latimojong
Bajo
Cimpu
Urung
Limboro
Cakke
Tibaesang
Sidodadi
Lampuka Mampie Reserve
Mamasa
Mts.
3239
Tinambung
Nating
Larompong
Majene
Mandar B.
Enrekang
Reserve
Keppe
C. Rangasa (C. Mandar)
Matakali
Sampano
Paria
Pekabata
SELATAN
Pabetangan
Malimpung
Siwa
Balikpapan, Samarinda
C. Salipolo
Maiwa
C. Lokoloko
Pinrang
Barukku
Bila
Rappang
Kera
Langga
Sidenreng
Sarawatu
Bone
Anabanua
Jampue
L. Sidenreng
Liu
PAREPARE
Amparita
Jalang
Batucilin
FLORES
Biloka
Doping
Tanga
L. Tempe
Sengkang
Peneki
Palanro
Batu Batu
Pampanua
Bay
Sido
Waringtasi
Kamiri
Pising
Gua Mampu Cave
Uloe
C. Tanahmerah
Kolaka
Takalasi
Cabenge
Palima
Sumpangbinangae
Watangsoppeng (Soppeng)
Lamurukung
Surabaya
SEA
Takalala
1463
Padaelo
Tacipi
Watampone (Bone)
Tanete
Walanae
Ralla
Lalabata
Lampoko
Balikpapan
Segeri
Patiroriolo
Marang
Tujuwe
Lonrong
Patiro
Lamuru
Bakunge
Teko
Bontobonto
1696
Kariango
Barrier Reef
PABBIRING
C. Tua
Lejang
Malawa
Camming
Mare
ISLANDS
Pangkajene
Tonasa
Kalibong
C. Salangketo
Kassijala
Bulubulu
Bantimurung Reserve
Camba
Maros
Palatae
Salomeko
Cani
Mandai
Banjarmasin, Batucilin
MAKASSAR (UJUNG PANDANG)
Sultan Hasanuddin
Bantimurung
Mario
Bajo
Bontoriliu
Tangka
Sinjai
Balangnipa
Bakdak
Monconglowe
Tombolo
Bacikoro
Sungguminasa (Gowa)
Manipi
Takalala
Malino
Hill Resort, Waterfall
Bikeru
Jakarta, Semarang
Limbung
Berang
Jepara
Galesong
Tanete
Kajang
Sapaya
Mt. Lompobatang
Bissaloro
Singga
2871
KAYANGAN I.
Sonrobone
Pattalasang
Mt. Lompobatang Reserve
Ponre
Hilahila
BAULUANG I.
Takalar
Mangadu
Bangkoa
Ara
TANAKEKE I.
Bantaeng
Nipanipa
Bira
Tanaberu
Baubau
Laikang
Allu
Tolo
Bulukumba
Laikang B.
Kalumpang
Togotogo
Tabutule
Malasoro B.
Jeneponto
Bontosunggu
LIUKANGLU I.
Selayar Strait
C. Malasoro
Tangatanga
Maumere
SELAYAR ISLAND
SÜDSULAWESI
Nummern: 1 - 5
0
25
50 km
© Nelles Verlag GmbH, München

SÜDSULAWESI

MAKASSAR
BIRA
TORAJA-HOCHLAND
RUND UM RANTEPAO

Die von 16 Millionen Menschen bewohnte, 189 000 km^2 große Insel am Äquator mit der eigenartigen, an eine Orchidee erinnernden Gestalt erhielt erst 1949 mit der indonesischen Unabhängigkeit den Namen Sulawesi (von *sula besi* = Eisenschmiede). Unter den holländischen Kolonialisten hieß sie seit der Eroberung von 1667 „Celebes", nach der von portugiesischen Ostindienfahrern im 16. Jh. geprägten Bezeichnung *Ponto dos Celebres* = „Ort der Berüchtigten". Gemeint waren damit die gewieften einheimischen Seefahrer: muslimische Bugis und Makassaren, die Piraterie, Seehandel und Fischerei betrieben.

Erst im 20. Jh. gelang es den Holländern, das Hochland der altmalaiischen Toraja zu „befrieden": Seitdem sind die ehemaligen Kopfjäger mit ihren spektakulären Beerdigungsfeiern, archaischen Büffelopfern und markanten Clanhäusern eine ethnologische und touristische Attraktion von internationalem Rang.

Der englische Naturforscher A. R. Wallace erkannte bereits 1858 den Ausnahmecharakter der Tierwelt von Sulawesi („Wallace-Linie"). Da die Insel von Tiefseegräben umschlossen ist und dadurch im Lauf der Erdgeschichte meist isoliert war, sind 98 Prozent der einheimischen Säugetierarten (wenn man von den Fledermäusen absieht) endemisch, d. h. sie kommen nur dort vor. Dazu gehören: der Hirscheber *babirusa*, dem zwei gewaltige zusätzliche Hauer aus dem Oberkiefer durch den Nasenrücken wachsen, der wilde Zwergbüffel *anoa*, der Pflanzen fressende *cuscus*-Bär, der seinen muskulösen Schwanz als Kletterhilfe gebraucht, der schwanzlose Makake sowie der winzige, nur 100 Gramm schwere Zwergaffe *tarsier* (Geistertierchen). Ein ausgesprochen seltsamer Vogel ist der *maleo*: Nach Art der Krokodile vergräbt er seine 250 Gramm schweren Eier im warmen Sand und vergisst sie. Wallace selbst entdeckte in Südsulawesi den *papilio androcles*, einen der größten schwalbenschwänzigen Schmetterlinge der Welt.

MAKASSAR

Seit dem 16. Jh. prägen Händler und Seefahrer das Bild der geschäftigen Makassaren-Hauptstadt **Makassar** ❶ (1949-2001 offizieller Name „Ujung Pandang"), die einst eine Festung des mächtigen Sultans von Gowa war. Zu den ca 1,3 Millionen Einwohnern der überwiegend muslimischen Hafenstadt zählen heute auch Bugis, Chinesen, Mandaresen, Toraja, Minahasa, Javaner, Balinesen, Minang, Batak und darüber hinaus Angehörige der östlichen Inselwelt.

» Karte S. 180, Info S. 185

Foto: Volkmar E. Janicke

Für die Stadtbesichtigung reicht ein halber Tag. Sehenswert ist das **Fort Rotterdam**, das Admiral Speelman nach dem holländischen Sieg von 1667 über den Makassaren-Sultan Hasanuddin ausbaute und nach seiner Heimatstadt benannte. Damit hatte die holländische VOC eine Schlüsselposition im Kampf um die Gewürzhandelswege gegen die rivalisierenden Portugiesen, Engländer, Makassaresen und Buginesen errungen. Links vom Eingang steht **Speelmans Haus**, das älteste Gebäude der Festung von 1686. Die niederländische Kapelle in der Hofmitte stammt aus dem 18. Jh.

In den einstigen Lagerhallen der VOC zeigt das **Museum La Galigo** *lepa lepa* (Auslegerboote), Fischfang- und Ackergerät, Hochzeitsgewänder aus golddurchwirkter Seide sowie *kris* (Dolche) und Schmuck aus der Sultanszeit. Das Be- und Entladen von Bugis- und Makassarschonern kann man im Hafen **Pelabuhan Paotere** beobachten, der ca. 3 km nördlich des Forts liegt. Traditionsreiche hölzerne Einmaster, die *prahu pinisi*, bringen Bauholz aus Kalimantan und javanische Industrieprodukte ins Land.

Oben: Aus Holz geschnitzte Tautau-Figuren sollen die Seelen der Ahnen aufnehmen. Rechts: Bestattungsfeier im Torajaland.

Ein kleines Stück südlich liegt der quirlige **Fischmarkt** – vor allem in den Morgenstunden sehenswert.

Indonesier chinesischer Abstammung bitten die „Himmlische Königin" um Wohlstand im **Tian Hou Hong-Tempel** (Jl. Sulawesi/Jl. Serui). Die *orang cina* dominieren Handel und Gewerbe in Makassar. In der **Jalan Somba Opu**, der Hauptgeschäftsstraße, betreiben sie eine erstaunliche Vielzahl von **Goldschmiede- und Schmuckgeschäften**. Damit bedienen sie die muslimische Nachfrage nach Gold für die Morgengabe der Braut. Mit ethnischen Souvenirs von Sulawesi bis West-Papua lockende **Antiquitätenläden** konzentrieren sich am Nordende der Somba Opu. Doch Vorsicht: Wirklich alte *tautau*-Puppen (Effigien) der Toraja dürfen weder verkauft noch exportiert werden!

» Karte S. 180, Info S. 185

Foto: Paul Spierenburg

Wenn beim **Hotel Makassar Golden** die rote Sonne im Meer versinkt, bauen unzählige Betreiber von **Garküchen** improvisierte Freiluftrestaurants am südlichen Ende der **Uferpromenade Jl. Penghibur** auf: Wie wär's mit gegrilltem Fisch (*ikan bakar*), makassaresischer Suppe aus Büffelinnereien (*coto makassar*) oder Ziegenspießchen (*sate kambing*) mit Erdnusssoße?

BIRA

Rund 200 km südöstlich von Makassar finden sich beim Ort **Bira** ❷ zwei schöne weiße **Sandstrände** (Pantai Bira Barat, Pantai Bira Timur) und preiswerte Hotels. Man kann dort auch traditionellen Bootsbauern, Fischern und Webern bei der Arbeit zusehen.

**TORAJA-HOCHLAND

Abwechslungsreiche Landschaft bietet die achtstündige Busfahrt (328 km) von Makassar ins Torajaland: Küstenstriche mit Bugis-Booten, Krabbenteiche, Reisfelder, bizarre Turmkarstfelsen, eine traditionelle Schiffswerft und dann die weite Bucht von **Pare Pare** ❸ mit ihren Fischrestaurants (Spezialitäten: *udang* und *red snapper*). Weiter geht es am Sadang-Fluss entlang und dann durch hügeliges, muslimisches Gebiet. Man passiert die berühmte **Kaffeeregion Kalosi** ❹ sowie einen 1100 m hohen Pass und erreicht dann schließlich *tanah toraja*, das malerische **Hochland der Toraja**.

In der Region um die Verwaltungsstadt **Makale** ❺ und das touristische Zentrum **Rantepao** leben die (heute meist christianisierten) Sadang-Toraja, die noch vor 120 Jahren als Kopfjäger gefürchtet waren. Ihre an Blutopfern reiche animistische Religion *(aluk todolo*) mit dem höchsten Wesen *puang matua* gilt offiziell als Variante des Hinduismus. Das Tourist Office in Rantepao informiert über anstehende Toraja-Bestattungen und deren rituellen Status: je höher die Kaste des Toten, desto länger die Feier (bis zu zwei Wochen), desto prächtiger das eigens errichtete „Bestattungsdorf" und zahlreicher die Gäste und die zu opfernden

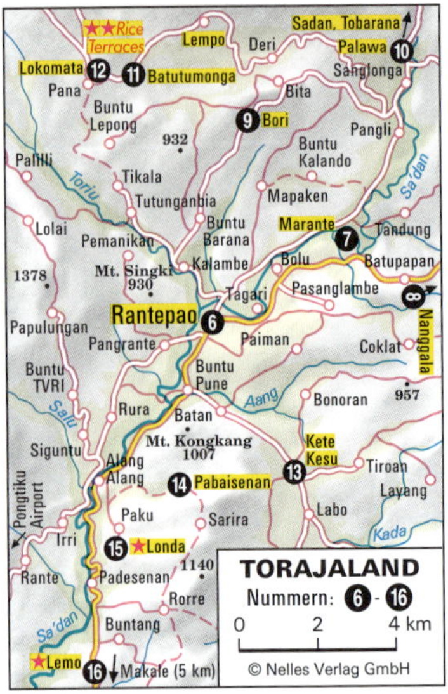

Schweine und Wasserbüffel. In der wohlhabenden Raja-Kaste schneidet man bis zu hundert Büffeln die Kehle durch, während in der Ex-Sklavenkaste oft ein Hahn genügen muss.

Endgültig bestattet werden die meist schon jahrelang im Haus gelagerten, einbalsamierten Toten an einer dorfnahen Felswand in beschnitzten Holzsärgen, in Grabkammern, Beinhäusern oder Karsthöhlen. Davor platziert man die berühmten **Tau-Tau-Figuren**; Effigien, also Totenpuppen, die als Aufenthaltsort der Ahnenseelen gelten und die Lebenden an die Verehrung ihrer Vorfahren und die rituelle Neueinkleidung der Ahnenknochen erinnern sollen.

Die **Tongkonan**, die traditionellen Clanhäuser der Toraja, besitzen als Merkmal einen in der Mitte stark nach unten gebogenen Firstbalken, dessen beide Enden steil gen Himmel weisen. Von der Seite betrachtet, erinnert die Dachform an polynesische Segel, Schiffsrümpfe oder Büffelhörner. Am Clanpfeiler an der Frontseite prangen die schönsten Horntrophäen vergangener Bestattungen. Gegenüber der Häuserzeile stehen aus Holz und Bambus erbaute Reisspeicher, in denen die Ernte durch kunstvoll geschnitzte und bemalte Sonnen-, Hahn- und Büffelkopfmotive magisch geschützt ist.

Oben: Toraja-Kaffee, Babirusa-Zähne, Bambusflöten – alles käuflich, nur der Kerbau-(Büffel-)Kopf am Giebel nicht.

RUND UM RANTEPAO

Alle 6 Tage findet in **Rantepao** ❻ der große ***Viehmarkt** statt, täglich als kleinere Veranstaltung. Als Opfertiere begehrte, symmetrisch gefleckte Wasserbüffel mit blauen Augen werden dort zu Preisen weit jenseits von vielen Millionen Rupiah gehandelt. Neben Hängebauchschweinen in allen Größen gehört auch schäumender *tuak* zum Angebot, der unvermeidliche, in Bambusrohre abgefüllte Palmwein.

In einem Turmkarstfelsen beim Torajadorf **Marante** ❼ sind eindrucksvolle **Ahnengalerien** mit *Tau Taus*, Karsthöhlen voller Schädel und verwitternde Holzsärge *(erong)* zu sehen.

 » Karte S. 184, Info S. 185

Nanggala ❽ bietet eine imposante Reihe von 14 **Reisspeichern** und *tongkonan* sowie einen **Fledermausbaum**.

In **Bori** ❾ sind gewaltige **Menhire** im Kreis zu einem **Büffelopferplatz** (*rante*) angeordnet. Sie erinnern an das neolithische Erbe der Torajakultur.

Ein Besuch in **Palawa** ❿ lohnt wegen der mit geschnitzten Büffelköpfen verzierten **Clanhäuser** und der traditionellen **Webarbeiten** – schöne Tagesdecken, hergestellt von Frauen in den Nachbardörfern **Sadan** und **Tobarana**.

Zu den schönsten ****Reisterrassenlandschaften** der Welt zählen die *sawah*-Felder an den steilen Hängen auf der Strecke von **Lempo** in Richtung Westen nach **Batutumonga** ⓫. Vom Panorama-Restaurant in Batutumonga führt ein Spaziergang mit überwältigender Aussicht ins benachbarte **Lokomata** ⓬. Dort sieht man Steinmetze beim mühsamen Anlegen von Grabkammern im dunklen Vulkangestein.

Südlich von Rantepao liegt das altehrwürdige Torajadorf **Kete Kesu** ⓭ inmitten sattgrüner Reisfelder; sein **Clanhaus**, das *tongkonan kesu,* gehört zu den ältesten der Gegend. Leider wurden die Totenpuppen am nahen **Bestattungsfelsen** durch Kunsträuber dezimiert. Gut erhalten sind dagegen uralte in der Wand hängende geschnitzte **Holzsärge**.

Südwestlich in **Pabaisenan** ⓮ steht ein **heiliger Baum**, dessen Stamm ein Babygrab birgt.

***Londa** ⓯ besitzt einen 70 m hohen **Grabfelsen** mit tiefen **Karsthöhlen** voller Gebeine (Taschenlampe mitbringen!) und Galerien mit vielen *tautaus*. In schwindelnder Höhe sind die Grabkammern der Aristokratie zu erkennen.

Neben dem alten Dorf ***Lemo** ⓰ findet sich einer der beeindruckendsten **Bestattungsfelsen** der Toraja. Der örtliche Adel ließ in das Kalkgestein **Grabkammern** hineinmeißeln, die man mit ornamentverzierten Holztüren verschloss. Als Wächter fungieren überlebensgroße **Tau-Tau-Puppen**.

MAKASSAR (☎ 0411)

Sulawesi Tourist Information Center (STIC), Mo-Fr 8-16 Uhr, Jl Sam Ratulangi / Jl Sungai Saddang, Tel. 872336.

Lae Lae, Top-Adresse für frische Meeresfrüchte, riesige Auswahl und günstige Preise, Jl Datu Musseng 8, Tel. 334326. **Kias Semarang**, leckeres und preiswertes Seafood, Jl Sanghibur.
Rumah Makan Malabar, indisches Restaurant, leckere Curries, Jl Sulawesi 264.

Ballairate Sunset Bar, die beste Bar der Stadt steht auf Stelzen im Meer, perfekt für den Sundowner, Jl Pasar Ikan 10, Hotel Pantai Gapura.

General Post Office, tgl. 8-21 Uhr, Jl Slamet Riyadi 10.

Internet-Café: Expresso Café Net, Jl Pasor Ikan / Jl Ahmad Jami.

BUS: Terminal **Panaikano**, Jl Urip Sumoharjo Km 5 (Richtg. Airport), für Fernbusse mit Zielen in Süd- u. Zentral-Sulawesi; Terminal **Sungguminasa**, 3 km südöstl. v. Zentrum, Ziele im Süden d. Provinz.
FLUG: **Hasanuddin Airport**, 22 km nördl. d. Stadt, mit Taxi zu erreichen (Bosowa Taxi, Jl Urip Sumoharjo 188, Tel. 454545). *Airlines:* **Garuda**, Jl A. P. Pettarani, Tel. 437672/6, Mo-Fr 7.30-16.30, Sa u. Feiertag 9-12 Uhr. **Merpati**, Jl G. Bawakaraeng 109, Tel. 442471, Mo-Fr 8-21, Sa u. So 8-13 Uhr.
SCHIFF: **Pelni**, Jl Jen. Sudirman 14, Tel. 331401, tägl. 8-13 Uhr.

RANTEPAO (☎ 0423)

Tourist Information, Mo-Fr 7.30-16 Uhr, Jl A. Yani 62, Tel. 21277.

INDONESISCH: **Surya Restoran**, günstige indonesische Küche, Jl J. A. Yani.
TORAJA: **Rimiko Restoran**, Sate-Spieße u. gute Toraja-Gerichte, Jl A.i Mappanyukki. **Mart's Café**, beliebter Touristen-Treff, Jl Sam Ratulangi 44, Tel. 25732.

» Karte S. 184

Paul Spierenburg

Foto: Thomas Stankiewicz

SUMATRA

PORTRÄT SUMATRAS

Die alten Zivilisationen rund um den Indischen Ozean sahen in der großen Insel Sumatra – 1700 km lang, 370 km breit – ein mysteriöses „Land des Goldes“ – *Suvarna-dvipa*. Für die Indonesier ist Sumatra ein vergleichweise dünnbesiedeltes Land der Möglichkeiten (45 Mio. Einwohner), der unerschöpflichen Rohstoffe (u. a. Erd- und Palmöl) und des wirtschaftlichen Aufschwungs. Dem Besucher bietet es landschaftliche Schönheit; interessante Ethnien; Regenwälder, in denen Orang-Utans, Elefanten, Tapire, Tiger und Nashörner leben; sowie eine gute Infrastruktur. Die Bewohner des erst relativ spät im 19. Jh. kolonialisierten Sumatra sind zwar nicht alle so kultiviert wie die überhöflichen Javaner, dafür aber mehr von Unternehmergeist und Selbstverantwortung geprägt.

Diese sechstgrößte Insel der Welt, doppelt so groß wie England, wurde erst vor etwa 10 000 Jahren durch den nacheiszeitlichen Meeresspiegelanstieg vom asiatischen Festland (sowie von Java und Borneo) abgetrennt. Markant ist die langgezogene vulkanische Bergkette Bukit Barisan im Westen, die durch den Zusammenstoß der nordwärts treibenden Indischen Festlandplatte mit dem asiatischen Kontinent vor 60 Millionen Jahren aufgeworfen wurde. Vor 74 000 Jahren entstand der Toba-See, der größte Vulkansee der Erde, als Folge des Ausbruchs des Toba-Supervulkans, der das Weltklima um 15 Grad abkühlte. Im Jahr 1883 verursachte der Krakatau am Südende der Insel die größte Explosion der jüngeren Geschichte; fast 36 000 Menschen mussten damals ihr Leben lassen. Ende 2004 forderte nach einem Seebeben eine Tsunami-Welle über 170 000 Todesopfer in Aceh.

Die Weite der Wildnis, die geografische und ethnische Vielfalt Sumatras und seiner Inseln stehen in krassem Gegensatz zu Java oder Bali. Obwohl seine günstige Lage, seine großen Flüsse und seine Exporte eine Basis für mächtige Königreiche darstellten, boten die östlichen Marschlandschaften und die westlichen Berge den Völkern im Inneren Schutz, die daher ihre eigenen Lebensformen ohne größere Einwirkungen von außen entwickeln konnten.

Obgleich die Insel ganz Indonesien die Nationalsprache, die Hauptreligion (Islam) und die moderne Literatur gab, erhielt sie sich eine Vielfalt untereinander nicht zu verstehender Sprachen und ein breit gefächertes religiöses und kulturelles Spektrum.

Vorherige Seiten: Rekonstruktion des Königspalasts von Pagaruyung (Westsumatra). Links: Im Karo-Batak-Dorf Lingga.

Foto: Albrecht G. Schaefer

Das Reich Srivijaya

Sumatra mag vielleicht das Taprobana des Ptolemäus gewesen sein – sicher aber bildete es einen Teil des „Goldlands" der frühen indischen Epen und das „Jawah" muslimischer Reisender. Weder Seeleute von außerhalb noch die Einheimischen besaßen eine genaue Vorstellung von der in viele Königreiche unterteilten Insel. Sie wussten aber von den Königen, die den Goldexport kontrollierten und die wichtigen Straßen von Sunda und Malakka beherrschten. Alte chinesische Berichte erwähnen Reiche in Südostsumatra, die aber verschwanden, als das mächtige buddhistische Königreich Srivijaya sich im 7. Jh. zu entwickeln begann. Srivijaya-Inschriften aus Palembang sind die frühesten Zeugnisse malaiischer Sprache aus der Zeit von 683 bis 686.

Obwohl Srivijaya bis zum 11. Jh. die Straße von Malakka beherrschte, hinterließ es keinerlei bedeutende Monumente, die mit Borobudur in Java verglichen werden könnten. Die Tempel, die in dieser Zeit entstanden, fielen der Militanz des Islam zum Opfer, die auf Sumatra größer war als auf Java. Die Herrscher konzentrierten sich auf die Überwachung der internationalen Häfen im Osten Sumatras und auf der malaiischen Halbinsel. In vielen dieser Häfen fand man Inschriften und vergrabene buddhistische Statuen. Die Hauptstadt Palembang wurde 1025 von Indern geplündert. Im Lauf des folgenden Jahrhunderts entstanden in Java, Nordsumatra und Malaysia unabhängige Handelszentren, das wichtigste in der Nähe des heutigen Jambi.

Das Haupterbe Srivijayas trat das dicht bevölkerte Minangkabau an, das Gold und Reis produzierende Gebiet in den Bergen. Nachdem Java im 13. Jh. die wichtigsten Häfen an Sumatras Ostküste erobert hatte, errichtete ein Prinz, der behauptete, sowohl von Majahapit als auch von Srivijaya abzustammen, sein eigenes Königreich in der Nähe der Quellen der Flüsse Indragiri und Batang Hari und kontrollierte somit

Oben: Traditionelle Toba-Batak-Häuser auf der Insel Samosir (Ambarita, Nordsumatra).

das Gold Minangkabaus. Die vielen Statuen und Inschriften, die dieser (tantrische) buddhistische König Adityavarman (1356-75) hinterließ, deuten darauf hin, dass ihm der größte Teil Zentralsumatras unterstand.

Die Ankunft des Islams

Die Nord- und Westküste Sumatras konnte sich über lange Zeit einen relativ eigenständigen Status bewahren. Die Flüsse waren nicht befahrbar, die Häfen dem Nordwest-Monsun ausgesetzt, und die Bevölkerung bestand wohl teilweise aus Kannibalen. Entlang der Küste zwischen Barus und dem heutigen Medan reihten sich eine Reihe kleinerer Häfen aneinander. Während einer Expedition, die eine Prinzessin des mongolischen Reiches nach Persien bringen sollte, wartete Marco Polo in einem dieser Häfen 1292 auf den Monsun. Er berichtet: „Aus Angst vor diesem gemeinen, brutalen Volk, das Menschen zum Verzehr tötet, hoben wir einen tiefen Graben um den Lagerplatz aus, innerhalb dessen wir fünf Monate zubrachten." Trotz dieser Spannungen betrieb Polo genügend Handel mit ihnen, um die Europäer mit Sago, Palmwein, Nashörnern und Kannibalismus bekannt zu machen. Er hielt sich an dem Hafen *Samudra* (Sanskrit für „Meer") oder Sumatra, nahe dem heutigen Lhokseumawe, auf. Dieser Ort gelangte in den folgenden zwei Jahrhunderten zu solcher Bedeutung, dass er der gesamten Insel seinen Namen verlieh, zumindest für die Araber und Europäer, die von Westen kamen. Zu den Zeiten Marco Polos prägte noch schamanischer Animismus das kleine Königreich Samudra. Er berichtet jedoch, dass im benachbarten Königreich Perlak (nahe des heutigen Lagsa) bereits der Islam dominierte, da „sich häufig sarazenische Kaufleute mit ihren Schiffen hier aufhielten."

Die Inschriften der ältesten Grabsteine auf dem Friedhof von Geudong deuten darauf hin, dass Samudra 1297 muslimisch wurde. Als der bedeutendste aller arabischen Reiseschriftsteller, der Marokkaner Ibn Battuta, 1323 Samudra besuchte, fand er ein hoch entwickeltes Sultanat, das weitreichende Verbindungen um den Indischen Ozean und nach China unterhielt. Die damals geprägten Goldmünzen tragen seinen muslimischen Namen Pasai. Von Pasai liefen Schiffe zu den wichtigsten Häfen Asiens aus, und hier entstanden malaiische Texte in arabischer Schrift. Die Stadt galt als das südostasiatische Zentrum islamischer Wissenschaften. Pasai lieferte Seide und exportierte im 15. Jh. große Mengen Pfeffer nach China.

Trotz seiner wirtschaftlichen und religiösen Vormachtstellung vereinigte Samudra/Pasai den Norden Sumatras nie politisch. Als die Portugiesen 1509 hier landeten, bestanden (von Westen nach Osten) Barus, Daya, Lamri, Pidië, Pasai und Aru noch als eigenständige Hafen-Stadtstaaten. 1511 besetzten die Portugiesen Melaka (Malakka), vertrieben viele muslimische Händler und versuchten anschließend, Einfluss in Pasai und Pidië zu gewinnen, indem sie eine Seite bei Erbzwistigkeiten unterstützten. Das führte jedoch dazu, dass alle anti-portugiesischen Kräfte, einschließlich der reichen muslimischen Händlergemeinde, sich unter der Flagge des neuen Sultanats von Aceh vereinigten, das um 1500 auf den Ruinen des alten Lamri am nordwestlichen Zipfel Sumatras entstand. Zwischen 1519 und 1524 vertrieb Acehs Sultan Ali Mughayat Syah die Portugiesen aus dem nördlichen Sumatra und entfachte damit einen hundertjährigen Zwist mit den christlichen Eindringlingen.

Als die Portugiesen Sumatra erreichten, waren die wichtigsten Hafenstädte bereits islamisiert. Der Islam hatte auch einige Erfolge bei den Minangkabau erzielt. Sie basierten hauptsächlich auf dem Reichtum und Ansehen der muslimischen Händler und dem Bedürfnis des am Handel interessierten Volkes

Foto: Kalman Muller

nach einem überregional akzeptierten Glauben und Wertesystem.

Die Angriffe der katholischen Portugiesen auf den muslimischen Handel und Acehs Gegenfeldzüge begründeten die „heiligen Kriege". Von 1540 bis 1630 griff Aceh immer wieder das animistische Volk der Batak an. Im Norden Sumatras bildete sich eine Grenze zwischen jenen heraus, die die Herrschaft Acehs, den Koran und die arabische Schrift akzeptierten, und jenen, die sich ins Hochland zurückzogen, die Bezeichnung „Batak" hinnahmen, weiterhin Schweine- (und manchmal Menschen-)fleisch aßen, ihre alte indische Schrift benutzten und Geister verehrten. In Südsumatra drang der Islam ohne großen Widerstand auf den Flüssen von der Küste ins Binnenland vor.

Das Sultanat Aceh

Anfänglich gelang es den Portugiesen noch, den muslimischen Pfefferhandel von Indien nach Ägypten und Europa zu stören. Doch Aceh weitete den Pfefferanbau auf Sumatra aus und fand Wege des direkten Transports zu den Häfen des Roten Meeres, unter Umgehung der Bastionen der Portugiesen an der Westküste Indiens. Im Jahr 1550 lieferte Aceh Europa bereits über die Hälfte von dessen Pfefferbedarf.

Da zu jenen Zeiten Ägypten türkischer Herrschaft unterstand, kam das Sultanat Aceh nun erstmals mit den Osmanen in Berührung. Um 1560 überbrachten Gesandte des Sultans Ala'addin al-Kahar („der Eroberer") Sulaiman dem Großen Pfeffergaben, um ihn um Unterstützung im Kampf gegen die Ungläubigen zu bitten, die Melaka besetzt hatten und muslimische Händler und Pilger im Indischen Ozean terrorisierten. Als Antwort schickten die Osmanen Waffenschmiede und Soldaten, die Aceh im „heiligen Krieg" gegen die Batak und die Portugiesen unterstützten. Das potugiesische Melaka musste zwischen 1537 und 1629 ein Dutzend Angriffe der acehnischen Flotte über sich ergehen lassen.

Wegen seines Pfefferreichtums und seiner Aversion gegen die Portugiesen war Aceh für Holländer (1598), Engländer (1600) und Franzosen (1602) beliebter Anlaufpunkt. Diese christlichen Besucher wurden mit allen Ehren empfangen. Das Sultanat erreichte den Höhepunkt seiner Macht und seines Reichtums unter Sultan Iskandar Muda („der junge Alexander", 1607-36).

Der Niedergang der Hafensultanate

Während Aceh die Nordküste beherrschte, entwickelten sich an den Flüssen im Süden ähnliche Sultanate. Aufgrund der wachsenden europäischen Nachfrage im 16. und 17. Jh. machte sich in allen dafür geeigneten Teilen Sumatras der Pfefferanbau breit. Die Minangkabau kultivierten ihn in den Hochebenen Zentralsumatras. Als sie die Monopolstellung Acehs an der

Oben: Ein muslimischer Händler geht an Land. Rechts: Muslim-Paar in Aceh.

Westküste zu bedrohlich empfanden, suchten sie sich andere Exportwege über die Flüsse Musi und Batang Hari. In Palembang und Jambi lieferten sich Engländer und Holländer erbitterte Kämpfe um den Pfeffer, wobei die Holländer Mitte des 17. Jahrhunderts die Oberhand gewannen.

Um 1700 schwand die Macht der Hafensultanate. Minangkabau, Bugis aus Südsulawesi, sogar Araber aus Südjemen konnten nun eigene Fürstentümer auf Sumatra errichten. Die wichtigste Rolle spielten nun die holländischen und britischen Handelskompanien VOC und EIC. Als Folge des Painan-Vertrages errichteten die Holländer 1663 ihre Zentrale für Sumatra in Padang; Fort Marlborough in Bengkulu wurde 1685 Zentrale der britischen Handelsaktivitäten. Doch da im 18. Jh. Pfeffer kein wichtiges Handelsprodukt mehr war, kümmerten sie sich nicht übermäßig um Sumatra.

Foto: Kalman Muller

Neue Blüte von Handel und Islam

Im ausgehenden 18. Jh. verursachten private Händler den Niedergang der holländischen und britischen Monopole, und eine neue Expansion der Handelsaktivitäten begann. Aus Indien kamen britische und tamilische Händler, von dem neuen britischen Freihafen Penang (1786) britische und chinesische Kaufleute, aus Réunion französische Pfeffereinkäufer, aus Nias Sklavenhändler, und es trafen sogar Amerikaner aus Neu-England ein. Die Amerikaner konzentrierten sich auf die Westküste zwischen Sibolga und Meulaboh, wo acehnische Häuptlinge Anfang des 19. Jh. die größten Pfefferernten der Welt erwirtschafteten.

Neben den Amerikanern wurden auch andere Kaufleute durch den Anbau von Kassia (ein Zimtersatz), Gambir (zum Gerben) und, ab 1790, Kaffee angelockt. Im 18. Jh. begannen Chinesen, in Bangka Zinn abzubauen.

Nach dem Niedergang der Sultanate übernahmen islamische Sufi-Bruderschaften *(tarikat)* die Islamisierung des Hinterlandes. Unter ihrer Obhut lernten junge Männer in *tarikat*-Schulen. Diese waren bei den jungen Männern Minangkabaus beliebt, da ihnen die mutterrechtliche Vererbung wenig Raum ließ. Aus diesen Schulen rekrutierte sich eine starke reformistische Bewegung. Der durch Handel erworbene Reichtum stellte zwar einerseits den Hauptangriffspunkt dieser Bewegung dar, ermöglichte jedoch andererseits vielen Sumatranern, sich auf die Wallfahrt nach Mekka zu begeben. 1803 waren drei Pilger in Mekka Zeugen des Sieges der grausamen fundamentalistischen Wahhabiten und wollten nun auch die Minangkabau zur Orthodoxie bekehren. In der Bevölkerung bildeten sich alsbald zwei Fraktionen, da die „Reformer“, die als Padri bekannt waren, versuchten, nicht nur die beliebten Hahnenkämpfe und den Betelgenuss zu verbieten, sondern auch Tabak und Opium, und zugleich forderten, dass das Volk bete und sich arabisch kleide. 1815 fielen die Padri über die Reste des alten Königreiches Minangkabau in Pagaruyung her, töteten mehrere Prinzen und steckten den Palast in Brand.

Die holländische Eroberung

Nach den Napoleonischen Kriegen gaben die Briten 1816 das von ihnen zwischenzeitlich besetzte holländische Kolonialterritorium wieder zurück. Obwohl die Holländer im 17. Jh. mit den meisten Küstenstaaten Sumatras (außer Aceh) ungleiche Verträge geschlossen hatten, mussten sie nun wieder von vorne anfangen. Sie waren nicht in der Lage, die Vorherrschaft der britischen Häfen Penang und Singapur im Handel mit Sumatra zu brechen, die bis weit ins 20. Jh. andauerte. Nur langsam konnte sich die holländische Armee vorwärtskämpfen, denn die Sumatraner akzeptierten ihre Autorität meist erst nach bewaffneten Auseinandersetzungen.

Der heutige Grenzverlauf zwischen Malaysia und Indonesien beruht auf dem holländisch-britischen Friedensvertrag von 1824, in dem die Briten auf alle Ansprüche und Besitzungen auf Sumatra und die Holländer auf die malaiische Halbinsel verzichteten. Vom Sultanat Riau-Johor erhielt Britannien Johor, Holland Riau. Wegen seiner Ansprüche auf das Zinn Bangkas und seiner Nähe zu Singapur betrachteten die Holländer Palembang als äußerst wichtigen Stützpunkt. Doch es waren zwei militärische Vorstöße, viele Verwundete und wiederholte Versuche, einen fügsamen Sultan zu finden, vonnöten, bevor die Holländer 1825 das Sultanat abschaffen und Palembang direkt regieren konnten. Aufstände waren während des gesamten 19. Jh. häufig, auch im benachbarten Jambi, wo die Holländer 1834 eine starke Festung errichteten.

Rechts: Schatztauchen vor Sumatra – in der Malakka-Straße liegen Wracks aus über 1000 Jahren Handelsschifffahrt.

In Padang waren die Holländer nun mit den islamistischen Padri konfrontiert. Von 1820 bis 1841 wurden sie in eine Reihe langwieriger Auseinandersetzungen verwickelt, die als „Padri-Kriege“ in die Geschichte eingingen. Dadurch wurde das dichtbesiedeltste Gebiet Sumatras auch zum wichtigsten Stützpunkt der Holländer. Die Unterhaltskosten für die Festung bestritten sie durch erzwungene Kaffeelieferungen. Geschäftstüchtige Minangkabau nützten die gut ausgebauten Verkehrswege und Marktplätze und bauten ebenfalls Kaffee, Tabak, Zucker, Kassia und Gambir an. In vielen Gebieten entwickelte sich so eine handelsorientierte und wohlhabende Mittelklasse. Diese Schicht begrüßte die Neuerungen im Bildungssystem und unterhielt seit Mitte des 19. Jh. ihre eigenen Sekundarschulen. Bereits 1872 besuchten etwa 1200 Kinder diese Schulen – siebenmal mehr als in Java, wo Bildung ein Privileg der Aristokratie darstellte. Diese erste des Malaiischen in lateinischer Umschrift kundige Generation Sumatras brachte viele Lehrer, Journalisten und Politiker hervor.

An der Ostküste jedoch leisteten mit Sumatra-Produkten handelnde Kaufleute aus dem britischen Singapur und örtliche Machthaber *(raja)* Widerstand. Der wertvollste Gebietsgewinn der Holländer war die Eroberung der bis dahin kaum bekannten malaiischen Lokalfürstentümer Langkat, Deli, Serdang und Asahan im Jahr 1865. Jacob Nienhuys begann mit Hilfe von chinesischen Arbeitern aus Penang, in Deli Tabak anzubauen. Schon bald errang dieser Tabak den Ruf, das beste Deckblatt für Zigarren zu liefern. Jedes Jahr kamen tausende chinesische Arbeiter, um Regenwald zu roden und Tabakplantagen anzulegen. 1890 übernahmen billigere und gefügigere Javaner diese Rolle. In den 1920er-Jahren arbeiteten 260 000 Kontraktarbeiter auf diesen Feldern. Dem Tabak folgten später Gummibäume, Tee und Ölpalmen. In

Foto: Harald Mielke

Medan, Binjai, Pematang Siantar und Tanjung Balai entstanden wohlhabende moderne Städte. Die malaiischen *raja*, die das Land besaßen, gelangten durch Pachteinnahmen zu großem Reichtum.

Die größte Herausforderung für Holland stellte das stolze Aceh dar. Diese „Veranda Mekkas" besaß dank des Pfeffer- und Betelhandels weitreichende Beziehungen und großen Wohlstand. Zudem begegnete es den Vorstößen der Holländer an der Ost- und Westküste Sumatras äußerst skeptisch. In Anerkennung der britischen Beziehungen mit Aceh, die auch einen Verteidigungspakt auf Gegenseitigkeit einschlossen, trafen die Holländer 1824 die Vereinbarung, die Unabhängigkeit des Sultanats zu respektieren – bis zur Aufhebung des Vertrags 1871.

Der holländische Angriff beschleunigte sich durch Acehs Versuche, sich mit der Türkei, Frankreich und den Vereinigten Staaten zu verbünden. Im April 1873 griffen 3000 Soldaten Banda Aceh an, zogen sich aber wieder zurück, nachdem sie den Befehlshaber und 80 Männer verloren hatten. Dies bildete allerdings nur das erste Kapitel eines Krieges, der bis 1903 anhalten sollte und Hollands Männer, Geld und Moral fast erschöpfte; das Resultat auf Seiten Acehs war Verbitterung.

Holland verdankte seinen letztendlichen Erfolg Oberst J. B. van Heutsz, dem Militärgouverneur von Aceh. Während seiner Dienstzeit von 1898 bis 1904 belohnte die Regierung sein rücksichtsloses Vorgehen mit der Beförderung zum Generalgouverneur (1904-1909). In dieser Eigenschaft entsandte er Truppen in alle Teile des Archipels, um die letzten unabhängigen *raja* und Dörfer zu unterwerfen. 1910 war Sumatra zum ersten Mal unter einer Führung vereint – allerdings unter holländischer.

Die Christianisierung der Batak

Christliche Missionare besuchten schon im 14. Jh. die (meist bereits muslimischen) Häfen Sumatras. Es boten sich jedoch nur einige abgelegene Völker wie die Batak und die Bewohner einiger Inseln vor der Westküste,

Foto: Thomas Stankiewicz

die sich dem Islam widersetzt hatten, als lohnende Bekehrungsziele an. Die Missionierung auf Sumatra begann erst 1861 richtig, mit dem Engagement der Rheinischen Mission: Der Deutsche Ludwig Nommensen konnte als Arzt, Vermittler und Lehrer Vertrauen gewinnen und so die Missionsarbeit von Silindung bis zum Tobasee tragen, immer dem holländischen Zugriff zuvorkommend. Mit großem Einfühlungsvermögen verwob er den Protestantismus mit den Eigenheiten der Batak. So konnte er zwischen 1862 und 1900 große Teile der „Orang Batak" für das Christentum gewinnen.

Als Antwort auf die Nationalisten-Bewegung während der 1920er-Jahre schufen die Batak 1930 eine eigenständige Kirche (HKBP) und höhere Schulen, was ihnen in Verbindung mit kirchlichen Auslandsstipendien dabei half, erfolgreich als Kaufleute, Lehrer, Theologen, Ärzte oder Politiker in ganz Indonesien tätig zu werden.

Oben: Karo-Batak-Hochzeit nach Adat-Stammesrechtsriten in Nordsumatra.

Die Batak sind heute überwiegend Christen – bekannt als begeisterte Kirchenchorsänger und Schweinefleischesser –, es gibt aber auch etliche Muslime (z. B. bei den Karo) und Anhänger von Naturreligionen. Derzeit schreitet die Islamisierung vom Tiefland weiter in Richtung Tobasee voran.

Sumatra und Indonesien

Zu Beginn des 20. Jh. war Sumatra in drei Wirtschaftszonen unterteilt, deren „Hauptstädte" den Mittelpunkt eines Eisenbahn- und Straßennetzes bildeten – Medan im Norden, stark europäisch und chinesisch geprägt und durch Fähren mit dem britischen Malaysia verbunden; Padang, die älteste, aber verschlafenste der großen Städte, in der Mitte; und das an Öl reiche Palembang, dessen Eisenbahn- und Straßensystem sich nach Süden zu der Fähre nach Java orientierte. Eine 1916 geplante Trans-Sumatra-Straße wurde erst 1938 fertig gestellt. Im gleichen Jahr schuf die Kolonialregierung eine übergreifende Verwaltung, deren Gouverneur von Medan aus zehn Distrikte überwachte.

1917 bildeten einige Studenten in Batavia die Junge Liga Sumatras, die 1921/22 Konferenzen in Sibolga, Bukittinggi und Padang veranstaltete, um die Einheit Sumatras zu unterstützen. Großen Zuspruch erhielten sie von den islamischen Minangkabau. Während der 1920er-Jahre forderten die zahlenmäßig starken Batak-Christen ihre eigene Organisation. 1926 wurde klar, dass nur eine übergreifende indonesische Position die verschiedenen ethnischen Gruppen vereinigen konnte. Sumatra steuerte einen großen Anteil zur Entwicklung des indonesischen Nationalismus bei. So entwickelten Mohammad Hatta (später Vizepräsident), Soetan Sjahrir (erster Premierminister) und Amir Sjarifuddin (zweiter Premierminister) die wichtigsten Ideen zur Schaffung der nationalen Einheit.

Noch bedeutender war Sumatras Einfluss auf die Literatur. Die meisten Sumatraner waren mit Malaiisch als Schriftsprache vertraut, dessen Übernahme als Sprache des Nationalismus ihnen daher weniger Probleme bereitete als den Javanern. Die Entwicklung des malaiischen Romans betrieben hauptsächlich Minangkabau-Autoren; Marah Rusli, Takdir Alisjabana, Nur Iskandar, Abdul Muis und der Muslimführer Hamka bestimmten die Literatur der 1920er- und 1930er-Jahre.

Da Sumatra bedeutende Beiträge auf vielen Gebieten des indonesischen Nationalismus geleistet hatte und keiner einheitlichen Führung unterstand, widersetzte sich die Insel während der turbulenten Vierzigerjahre allen Versuchen, von Java politisch abgetrennt zu werden. Während die Japaner 1945 ein unabhängiges Sumatra mit Zentralregierung in Bukittinggi planten, wollten die Holländer 1948/49, nach der Rückeroberung, die verschiedenen Teile Sumatras als Bundesstaaten vereinigen. Doch den Intellektuellen Sumatras war schon seit den Zwanzigerjahren klar, dass die unterschiedlichen ethnischen Gruppen nur auf indonesischer Ebene vereint werden könnten.

Revolution, Aufstand und Integration

Als am 17. August 1945 in Jakarta die Unabhängigkeit verkündet wurde, unterstand Sumatra zehn getrennten japanischen Verwaltungen, die den Kontakt der Gemeinden untereinander erschwert hatten. Die indonesische Revolution, die sich erst gegen die Japaner, dann gegen die Briten und schließlich gegen die Holländer richtete, musste in jedem Bezirk ihren Sieg erkämpfen. Außer der schwachen Unterstützung durch einen javanischen Radiosender fehlte jegliche Motivation von außerhalb. Bevor sich Sumatra in einen neuen nationalen Rahmen einfügen konnte, erlebte die Insel einige der gewalttätigsten Variationen von Revolution.

In Aceh überrannte im Dezember 1945 eine von Muslimen angeführte Koalition gewaltsam die *uleebalang*, die unter den Holländern und Japanern regiert hatten. Drei Monate später waren die malaiischen Sultane und wohlhabenden Simalungun-Batak-Rajas um Medan, die durch die holländische Plantagenwirtschaft reich geworden waren, Ziel eines Angriffs, der von den beteiligten Marxisten mit dem Namen „Soziale Revolution“ beschönigt wurde. Besonders in Ostsumatra wüteten nationalistische Gangs.

Obwohl sich einige Gruppen angesichts dieser Überfälle von 1947 bis 1949 gezwungen sahen, bei den Holländern Schutz zu suchen, lehnte Sumatra, besonders Aceh, noch stärker als die übrigen Kolonialgebiete jede weitere holländische Vormundschaft ab. Als Indonesien 1950 – auf amerikanischen Druck hin – die volle Unabhängigkeit von den Niederländern erhielt, war Sumatra weit von einer politischen Einheit entfernt. Die Kämpfer waren nicht erpicht darauf, sich wieder dem Zivilleben zuzuwenden, sondern beanspruchten, an der Gestaltung der Republik teilzuhaben. Nur ungern gaben sie den ertragreichen Schmuggel mit Singapur auf, der während der japanischen Besatzung und der Revolution noch patriotisch genannt worden war, denn die Zentralverwaltung in Jakarta hatte als Gegenleistung wenig zu bieten.

In Aceh wurde Unmut laut: Man wollte nicht mit Batak-Christen in einer Provinz Nordsumatra zusammengeschlossen werden; Indonesien war kein Muslimstaat geworden; ihre Führer wurden nicht ihren Verdiensten entsprechend belohnt. 1953 lehnte sich die islamische Führung Acehs gegen Jakarta auf und erklärte Aceh zu einem Teil des Dar ul-Islam. Obwohl Truppen aus Java die acehnischen Städte zurückeroberten, konnten sich die Rebellen bis 1959 im Hinterland halten und gaben erst auf, als ihnen Autonomie zugesichert wurde; dennoch schwelt der Konflikt bis heute, und seit 2010 setzt sich die Scharia-Rechtsprechung durch.

Zuvor hatten sich Toba-Batak- und Minang-Führer mit nationalen Politikern zusammengeschlossen, da sie mit dem Zentralismus, der Korruption und der prokommunistischen Politik der Zentralregierung in Jakarta nicht einverstanden waren, um 1958 die „Revolutionsregierung der Republik Indonesien“ (PRRI) zu bilden. Die Regierung in Jakarta bombardierte darauf Padang und Bukittinggi und entsandte Truppen aus Java. Die Minangkabau fühlten sich fortan wie in einer besetzten Provinz, in der den Einheimischen weder hohe Militär- noch Verwaltungsposten anvertraut wurden.

Präsident Suharto konnte den Ärger besänftigen. Die Neue Ordnung führte eine antikommunistische Politik der freien Marktwirtschaft ein und kam damit den Forderungen der PRRI entgegen. Außerdem war die Zentralregierung in der Lage, die Provinzen großzügig für ihre Treue zu belohnen. Das Straßensystem wurde in den Siebzigerjahren verbessert. Große Provinzen mit verschiedenen ethnischen Gruppen wurden so aufgeteilt, dass bald alles – außer der neuen Provinz „Nordsumatra“ (das ehemalige Ostsumatra mit Tapanuli, ohne Aceh) – wieder so aussah wie in den Tagen holländischer Verwaltung. Auch das Militär zog sich zurück. Natürlich ist hier und da Kritik über das *pusat* (Zentrum) zu hören, doch ähnelt sie der auch in Java geäußerten.

Rechts: Ein Gummibaum „weint“ Kautschuk in das Auffanggefäß (Plantage bei Pematang Siantar, Provinz Nordsumatra).

Wirtschaftliche Entwicklung

Sumatra wird oft die Insel der Zukunft genannt, da sie enorme Ressourcen an Bodenschätzen (u. a. Erdöl, Erdgas, Kohle, Gold, Bauxit, Zinn) und großes landwirtschaftliches Entwicklungspotential (z. B. für Palmölplantagen) besitzt. Die Schattenseite sind häufige großflächige Brände in den Regenwaldgebieten. Seit der Vereinigung Indonesiens zu Beginn des 20. Jh. konnte Sumatra das größte Wachstum an Bevölkerung, Exporten und Wohlstand verzeichnen. Sowohl durch massenhafte Zuwanderung (*transmigrasi*) aus Java (die zu Spannungen führt) als auch durch natürliche Vermehrung wuchs Sumatras Bevölkerung um drei Prozent pro Jahr, im Rest des Landes lediglich um zwei Prozent – heute leben hier 45 Mio. Menschen. Die Stadt Medan wächst am schnellsten: von 5800 Einwohnern im Jahr 1893 auf heute über zwei Millionen (6 Mio. in der Metropolregion).

Der Überfluss an fruchtbarem Boden, ausländische Investitionen und der Unternehmungsgeist der Menschen ließ die Insel in den 1920er-Jahren einen Boom der Gummiplantagen erleben. Später steuerten Nelken, Pfeffer, Kaffee, Tabak, Palmöl und andere

Foto: Günther Kohl

Produkte ihre Erträge bei. Außerdem wurde Sumatra der größte Erdöllieferant, mit Bohrlöchern in Langkat und Palembang, dann in Pekanbaru. Später wurden gewaltige Erdgasvorkommen in Lhokseumawe entdeckt.

Während im 19. Jh. Java die meisten Exportgüter produzierte, übernahm im 20. Jh. Sumatra diese Rolle: In den 1930ern wurden in den Häfen Sumatras fast die Hälfte der Ausfuhrgüter Indonesiens verladen, während der nächsten Dekaden stieg deren Anteil auf 70 %. Da unter Sukarno jedoch die Produktion nach Java verlagert und die Wirtschaft mehr zentralisiert wurde, ging diese Vorherrschaft auf 53 % des – ständig wachsenden – Exports zurück.

Ab den 1950er Jahren entwickelten sich viele *pribumi* (einheimische, d.h. nicht-chinesische) Exporthändler zu reichen Unternehmern. Zu den erfolgreichsten Unternehmern zählen jedoch nach wie vor solche mit chinesischen Vorfahren, und so wurden in der Wirtschaftskrise 1998 Chinesen in Medan zu Opfern pogromartiger Übergriffe.

Der Reichtum an Rohstoffen und Plantagenprodukten ermöglichte den Sumatranern einen höheren Lebensstandard als den Javanern, obwohl die Entwicklung der Infrastruktur unter javanischem Niveau lag – der Trans-sumatra-Highway etwa war bis in die 1980er Jahre über weite Strecken nur eine Lehmpiste im Dschungel und die medizinische Versorgung mangelhaft.

Von 1920 - 1960 war das Durchschnittseinkommen auf Sumatra doppelt so hoch wie auf Java; die Verlagerung von Industrie auf die Hauptinsel Java ließ jedoch dort die Einkommen steigen, und heute liegen die sumatranischen Provinzen Lampung und Bengkulu unterhalb des Landesdurchschnitts. Dennoch gehen die Sumatraner länger zur Schule, besitzen mehr Autos, Motorräder und Fernsehapparate und geben mehr Geld aus für Essen (Reis und Trockenfisch sind Hauptnahrungsmittel) und Kleidung als andere Indonesier. Allerdings blüht auch hier *korupsi*, die allgegenwärtige Korruption, die Politik, Verwaltung, Justiz und tragischerweise auch den Schutz des Regenwaldes unterminiert.

Foto: Kevin Miller (iStockphoto)

NORDSUMATRA

Nordsumatra ist die dichtbesiedeltste, fruchtbarste, vielfältigste und am meisten bereiste Provinz auf Sumatra. Die Hauptstadt Medan besitzt einen der großen Exporthäfen Südostasiens. Der Tobasee ist Nordsumatras bekannteste Naturschönheit. Noch Mitte des 19. Jh., als Java schon Europa mit Zucker und Kaffee belieferte, bewohnten kriegerische „Kannibalen“ – die altmalaiischen Batak – die Regenwälder im Inneren. Medan war ein Fischerdorf im Küstensumpf und gehörte zu einem kleinen Sultanat, um das sich Acehner und Holländer stritten. 1853 bekam der erste Europäer den Tobasee zu Gesicht, der erste Tabak wurde 1863 bei Medan plantagenmäßig angepflanzt, und 1883 begann die *Royal Dutch Shell* mit der Erdölförderung.

Monatelang in den Medien war Sumatra nach dem verheerenden Seebeben am 26.12.2004 im Indischen Ozean, als ein Tsunami in Nordsumatras Nachbarprovinz Aceh den 240 km langen Küstenstrich zwischen Banda Aceh und Meulaboh zerstörte: Weit über 170 000 Menschen kamen dabei ums Leben. Touristisch interessant geblieben ist in Aceh die von Korallen umgebene Vulkaninsel Pulau Weh in der Andamanensee.

MEDAN

Medan ❶, Indonesiens drittgrößte Stadt – mit 6 Mio. Einwohnern in der Metropolregion viel zu schnell gewachsen –, ist kein Erholungsort. Die Fabrikarbeiterlöhne sind lächerlich niedrig, doch zugleich ist viel Geld im Umlauf. Luxusautos, exklusive Clubs und Designerboutiquen zeugen vom Reichtum derer, die seinen Fluss kontrollieren, darunter viele Chinesen.

Links: Blick von der Insel Samosir (nahe Tomok) auf die Halbinsel Tuktuk und den Tobasee .

Auch leichte Mädchen und schwere Jungs möchten davon profitieren. Knatternde *becak* (Mopedtaxis mit Beiwagen) und Motorräder verpesten die ganzjährig schwüle Luft. Immerhin birgt die Stadt bemerkenswerte Gebäude aus einer Zeit, in der die Schattenseiten des Plantagen- und Erdölbooms noch nicht überwogen.

Gründer und geistiger Vater der modernen Stadt war Jacob Nienhuys, der Pionier der Tabakpflanzer. Mit dem Tabak begann Medans Aufstieg, und Sumatra-Zigarren stehen unter Kennern immer noch hoch im Kurs. Es folgte der Anbau anderer „Goldesel“-Pflanzen: Ölpalme, Tee und Kautschukbäume, deren Milch in der jungen Automobilindustrie zu Gummireifen verarbeitet wurde. Dieses „Geldland“ hieß *Deli cultuurgebied* (Plantagengebiet Deli) nach dem Sultanat, zu dessen Herrschaftsbereich es nominell gehörte, und Medan war seine Metropole. Der Sultan zog aus dieser Allianz mit dem holländischen Kapitalismus keinen schlechten Gewinn, und so ist der (zu besichtigende) **Maimoon-Palast** ①, den 1888 ein italienischer Architekt für ihn baute, die eindrucksvollste (allerdings renovierungsbedürftige) Feudal-Residenz in Indonesien. Mit seinen imposanten Bögen und Kolonnaden ist der Palast eines der Wahrzeichen Medans. Zu bestaunen ist jedoch nur der **Thronsaal**, der größte Teil des Palasts ist immer noch Wohnsitz der Sultansfamilie; der amtierende Sultan bestieg 2005 als 8-jähriger den Thron. Angenehm ist der große **Park** um den Palast.

Die **Große Moschee** ② (Masjid Raya) im indosarazenischen Stil, mit schwarzen Kuppeln und maurischen Hufeisenbögen, entwarf 1906 ein holländischer Architekt; auch Nicht-Muslime dürfen sie besuchen.

Die Ausländer, die Medan groß machten (Briten, Amerikaner, Holländer und Chinesen) errichteten einige interessante Gebäude. Die meisten davon findet man entlang der **Jl. A. Yani**

6 Sumatra

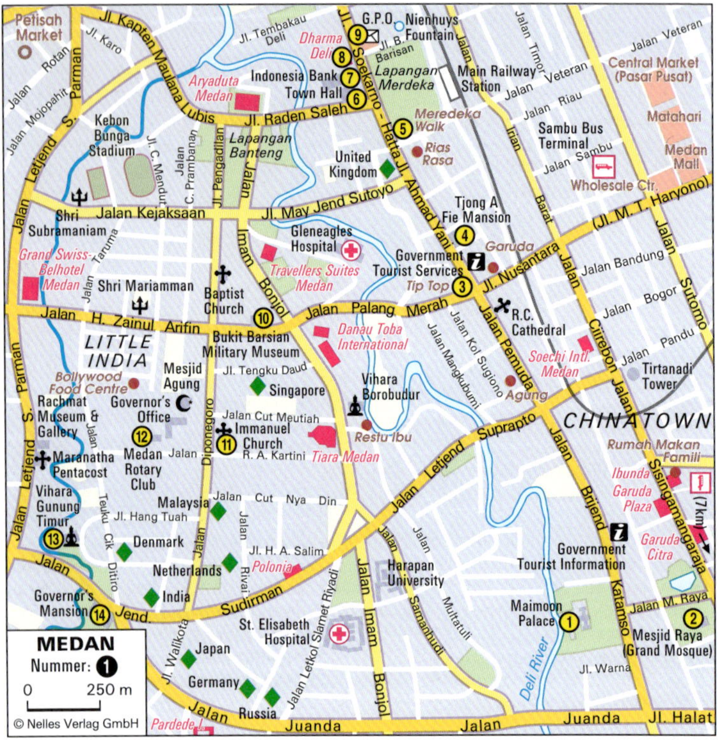

– der ältesten Einkaufsstraße – und um den Merdeka-Platz. Auf dem Weg dorthin passiert man rechter Hand Medans **Chinatown** und an der Ecke Jl. A. Yani / Jl. Palang Merah das populäre Kolonialstilrestaurant **Tip Top** ③.

Schräg gegenüber erinnert das prächtige Vorkriegsherrenhaus **Tjong A. Fie Mansion** ④ an einen wohlhabenden Chinesen. Das Mausoleum dieses Millionärs, der in einem japanischen Gefangenenlager an Unterernährung starb, steht im Friedhof **Pulau Brayan**.

Am **Merdeka-Platz** trifft man zuerst auf das moderne, beliebte Foodcenter

Rechts: Becaks sind billiger als Taxis – in den Städten der rohstoffreichen Provinz Nordsumatra herrscht dichter Verkehr.

Merdeka Walk ⑤ mit zahlreichen Cafés und einem McDonald's. Ansonsten gruppieren sich um den Platz mehrere Gebäude aus der Kolonialzeit: Auf der Westseite steht neben der Stadthalle **Balai Kota** ⑥ das Gebäude der **Negara Indonesia Bank** ⑦, in der sich einst die *Witte Societeit*, ein exklusiver europäischer Club, befand. Das alte **Hotel de Boer** (für Medan einst, was das Raffles Hotel für Singapur war) heißt heute **Hotel Dharma Deli** ⑧. Vor dem sehenswerten kolonialen **Postamt** ⑨ zeigt der **Nienhuys-Springbrunnen**, dass der Name des ehemaligen Tabakmoguls bis heute präsent ist. Am anderen Ufer des Sungai Deli widmet sich das **Bukit-Barisan-Militärmuseum** ⑩ mit Fotos und einer Waffensamm-

Foto: Davor Lovincic (iStockphoto)

lung dem Unabhängigkeitskrieg und dem Sumatra-Aufstand von 1958. In der **Emmanuelkirche** ⑪ im Art-déco-Stil von 1921 erklingen heute die Lieder sangesfreudiger Bataker.

Im 1944 von den japanischen Besatzern an der Jl. Kartini erbauten Hirohara-Jinja-Shinto-Schrein treffen sich heute Einheimische und Expat-Langnasen – in dem darin eingerichteten, früher einmal elitären **Medan Club** ⑫ (Restaurant und Pub).

Am Ufer des Sungai Babura (Jl. Hang Tuah) befindet sich der **Vihara Gunung Timur** ⑬, Sumatras größter chinesischer Tempel. Wie in Indonesiens anderen Handelszentren erbten vor allem Chinesen die wirtschaftliche Macht der Holländer. Die historische **Gouverneursresidenz** ⑭ an der Jl. Jen. Sudirman wird noch heute als solche genutzt.

Außerhalb des Zentrums, in der Jalan H. M. Joni, stellt das **Museum von Nordsumatra** Exponate zur Geschichte und Kultur Nordsumatras aus.

28 km vom Stadtzentrum entfernt liegt Medans Hafen, **Belawan** ❷. 1914 wurden hier schon 3000 Schiffe pro Jahr umgeschlagen. Heute wirkt Belawan wie der düstere Spielplatz eines Riesen, mit Silos, Containern, Lagerhallen und Tanks.

In **Pangkalan Brandan** ❸, nordwestlich von Medan, erschloss die *Royal Dutch Shell* 1883 ein Ölfeld und baute die erste **Raffinerie**, aus der sich Indonesiens bedeutende Ölindustrie entwickelte.

Plantagengebiet Deli

Deli nannten die europäischen Plantagenbesitzer den Landstreifen östlich des Zentralmassivs von Aceh im Norden bis hinunter zum Asahan-Fluss im Südosten. Hier behandelten um 1900 die Besitzer der großen **Plantagen** ihre chinesischen und javanischen Kulis, denen sie Opium gaben, um sie völlig abhängig zu machen, wie Sklaven.

1916 stieg hier der amerikanische Reifenproduzent *Goodyear* groß ins Kautschukgeschäft ein – die Automobilhersteller in aller Welt verlangten nach Gummireifen. Die Plantagen von

STRAIT OF MALACCA
MALAYSIA
INDONESIA
Georgetown
Jakarta (Tanjungpriok)
Tanjungpinang,
Aru Bay
Kualasimpang
Sungailiput
Seumadam
Pangkalansusu
Besitang
Pangkalanbrandan
Gebang
Tanjungpura
Darat
Gunung
Secanggang
Pondok
Stabat
Hampenan-perak
BELAWAN
Kg. Tebing
Sei Bingai
Leuser
Bukit Lawang
BINJAI
MEDAN
Pantaicermin
Baungan (Perbaungan)
Kuala
Polonia
Lubukpakam
Tanjungberingin
Bohorok
National
Park
Tg. Langkat
Kotalimbaru
Delitua
Galang
Sei Rampah
Bangunpurba
TEBINGTINGGI
Kualatanjung
Batubelin
Perteguhan
Durian
Sibolangit
Dolokmasihul
Indrapura
1383
Mt. Sibayak
2212
Moriji
Mt. Sinabung 2451
Brastagi
Gambus
Tanjungtiram
Dolokmerawan
Perdagangan
Labuhanruku
Perbulan
Lingga
Kabanjahe
Limapuluh
Durian
Silaulaut
Simpang Perbesi
Rajalinggae
Pematangbandar
Kuta Buluh
Sinaksak
Bahalbatu
Baganasahan
SUMATERA
KISARAN
Merek
Sopobutar
Bumaraya
Pematang Purba
PEMATANGSIANTAR
Sipisopiso Waterfall
Tongging
Tigarunggu
Tigadolok
Pematangtanahjawa
Sukajadi
TANJUNG-BALAI
Bongkaras
Silalahi
Lake
Tigaras
Sialangoman
Asahan
Simanindo
Sidikalang
Pingolloba
Parapat
992
Kasingahan
Tomok
Ulakmedan
Sibande
Parbakalan
Pangururan
Labunanlobu
Harimo Waterfall
SAMOSIR
Lumbanjulu
Kutaliang
1568
Tele
ISLAND
Aekanopan
Salak
Banjarsiantar
Nanrunggu
Sigurugura Falls
Guntingsaga
Simpang Kanan
1908
Hutagalung
2157
Siregar
Porsea
Kualu
Toba
2110
Situbutubu
Lagubott
Bandardurian
209
Muara
Parsoburan
878
Bungas
Pusuk
Bakara
Balige
UTARA
Merbau
Saragih
Mt. Pinapan 2038
Doloksanggul
Siborongborong
Mt. Sihabuhabu 2300
Manduamas
Pakkat
Onanganjang
Sipahutar
Sibalanga
Padangnabidang
Borbula
1921
1642
RANTAUPRAPAT
Simargarap
Pangasean
Barus
Tarutung
Najumambe
Payaumbun
INDIAN
Kalang
Onanhasang
Sarumatinggi
Sorkam (Pasarsorkam)
Sibatunanggor
Simoleole
1804
Adian Koting
Sarula
Sipiongot
Bonandolok
Mt. Tampu Inanjing 2008
OCEAN
Sibolga
Sipogu
Sihapaskaspas
512
Tungka
Hiteurat
MUSALA I.
1226
Sibolga Bay
Buluhpayung
1097
Sipirok
Hutaimbaru
Batang Toru
Mt. Lubukraya 1886
Parlabian
Gunungtua
Pargarutan
Padang Lawas
Nias Island
PADANG SIDEMPUAN
Pasarmatangor
Binanga
NORDSUMATRA
Nummern: 1 - 18
0 25 50 km
© Nelles Verlag GmbH, München

Foto: Frank Holl

Deli sind, wie die Öl- und Gasraffinerien, zuverlässig Devisen bringende Exportmaschinen, mit endlosen Reihen von **Ölpalmen**, **Gummibäumen**, **Teesträuchern** und **Kakaobäumen**. Reisebusse legen hier gern Infostopps ein.

Die Früchte der Ölpalme sind derzeit besonders gefragt: Man kann daraus außer Margarine und Kosmetika auch Biodiesel herstellen, und Brandrodungen für neue Plantagen tief in den Regenwäldern Sumatras verpesten die Luft oft bis nach Malaysia.

**Orang Utans in *Bohorok

1973-1997 wurden im Orang-Utan-Rehazentrum am Dschungelfluss ***Bohorok ❹**, am Rand des ***Gunung-Leuser-Nationalparks** (90 km westlich von Medan), in Gefangenschaft aufgewachsene ****Orang Utans** an ein Leben in Freiheit gewöhnt. Heute gehört deshalb die Schlucht des wilden Bohorok River und der **Regenwald** nebenan zu den letzten geschützten Rückzugsgebieten der großen Affen.

Oben: Junge Orang Utans im ehemaligen Rehabilitationszentrum Bohorok.

Der Touristenort **Bukit Lawang** mit seinen einfachen Hotels wurde 2003 von einer Flutwelle zerstört, aber wieder aufgebaut. Hier kann man einen Guide für die **Orang-Beobachtung** und für ***Dschungeltrekking** (Übernachtung in Dschungelcamps möglich) engagieren oder feuchtfröhliches **Rafting** auf dem Bohorok wagen.

Im Leuser-Nationalpark leben außer Orang Utans u. a. auch der Sumatra-Tiger, das Sumatra-Nashorn, Elefanten, Krokodile und Nashornvögel.

DAS BATAKGEBIET

Die Batak

Das koloniale *cultuurgebied* dehnte sich bis in die Stammesgebiete aus, die die alten Sultanate nie unter ihre Kontrolle gebracht hatten. Seit Jahrtausenden siedeln die Stämme der *Batak* im Bergland Nordsumatras, zwischen Aceh und Westsumatra. Mittendrin liegt der Tobasee. Dieser wiederum umschließt die Insel Samosir, das Rückzugsgebiet der Toba-Batak. Das weitgehend malariafreie Batakland gehört zu den produktivsten, gastlichsten Gegenden Sumatras, doch entstand hier nie ein mächtiger Staat wie auf Java, sondern eine dezentralisierte Gesellschaft von bewehrten Dörfern, zwischen denen zwar oft Fehden herrschten, in der aber Handel und Marktfrieden, Verwandtschaftsbeziehungen und religiöse Rituale letztlich doch zum Zusammenhalt führten.

Als Heiden und Kannibalen erregten die Batak Abscheu bei europäischen Besuchern von Marco Polo bis Stamford Raffles. Heute dagegen ist das sangesfreudige Volk für seine Kirchenchorwettbewerbe und für Batak-Rock und -Pop bekannt. Die Batak gehören zu den dynamischsten ethnischen Gruppen im modernen Indonesien. Sie stellen nicht nur Taxi- und Busfahrer in Jakarta; aus ihren Reihen gingen dank der Missionsschulen Theologen, Ärzte, Generäle, Musiker und Politiker hervor. Das Klischee vom Batak ist das eines ehrlichen, aber etwas derben (*kasar*) Menschen, der – in Java unvorstellbar – direkt sagt, was er denkt.

Die heute 3 Millionen Batak sprechen verschiedene Dialekte und unterscheiden sich in Sitten und Religion. Heute überwiegend Christen, für die Hängebauchschweinebraten ein Festmahl ist, sehen sie sich jedoch von expandierenden muslimischen Ethnien umzingelt. Traditionell unterteilt man die Batak in sechs Gruppen: **Karo**, **Pakpak**, **Simalungun**, **Toba**, **Angkola** und **Mandailing**.

Am nächsten bei Medan leben die *Karo*-Batak. Obwohl leicht erreichbar, gelten die Karo als besonders konservativ. Sie sind teils Christen, teils Muslime. Missionare hatten es hier schwer; bis heute wird oft noch Ahnenkult betrieben, man glaubt an Zauberei.

Rechts: Bootsausflug auf dem 1103 km² großen Tobasee.

Exogame Clans (*marga*) reglementieren bei den Batak die Wahl der Ehepartner – sie dürfen nur jemanden heiraten, der einen anderen „Nachnamen“ (Clannamen) trägt – und bewahren das *adat*-Stammesrecht. „Marga“ ist ein Sanskritwort, und es gibt noch weitere Hinweise darauf, dass die Bataker vor über 1000 Jahren vom indischen Buddhismus, Hinduismus und Tantrismus beeinflusst wurden.

Sibolangit

Die Pflanzenforschung für das einträgliche Plantagengeschäft betrieb man einst im (noch erhaltenen) **Botanischen Garten** bei **Sibolangit ❺**, an der Straße nach Brastagi. Heute erholen sich in dem Bergort in klimatisch angenehmen, kühlen 1000 m Höhe wohlhabende Medaner. Auch Rotlicht-Etablissements haben sich angesiedelt.

Brastagi

Im kühlen **Brastagi ❻**, 11 km nördlich von Kabanjahe, gab es einst eine holländische Agrarakademie. 1912 wurden versuchsweise Saatkartoffeln unter den ansässigen Karo-Batakbauern verteilt, die hier, in 1300 m Höhe, wie andere Nutzpflanzen für gemäßigtes Klima, gut gediehen. Das Gebiet liefert heute u. a. Avocados, Kohl, Karotten und Blumen nach Medan und Singapur. Vor allem der große, teils überdachte ***Markt**, wo sich Passionsfrüchte, Rambutan und Orangen, aber auch Tabak, Zwiebeln und Chilischoten türmen, ist einen Besuch wert. Daneben ist Brastagi ein beliebter Ferienort und das in einem Park gelegene **Bukit Kubu** von 1939 eines der besterhaltenen Hotels aus der Kolonialzeit.

Ein Tipp für Wanderer ist die Besteigung des Vulkans ***Sibayak** (2212 m ü. M.), der Brastagi überragt. An seinem Gipfel wird Schwefel gewonnen. Der 2460 m hohe **Sinabung** im Westen hingegen ist derzeit gefährlich aktiv.

» Karte S. 204, Info S. 214-215

Foto: Kalman Muller

★Lingga

Im Dorf ★**Lingga** ❼ (8 km südwestlich) sind Beinhäuser, Reisspeicher und ein von mehreren Familien bewohntes **Karo-Batak-Clanhaus** zu besichtigen.

Ein Naturschauspiel stellt der 120 m hohe Wasserfall **Sipisopiso** bei **Tongging** ❽ dar, von dem aus man den Tobasee überblickt.

Westlich von Tongging beginnt das Land der *Pakpak*-Batak, eines kleinen Batak-Stamms, dem einer der letzten Fälle von Kannibalismus in Nordsumatra 1906 zugeschrieben wird.

★Pematang Purba

Mit den Karo verwandt sind die christianisierten Simalungun-Batak, die das Nordostufer des Tobasees bewohnen. In ★**Pematang Purba** ❾ ist der **Palast eines Simalungun-Rajas** als **Museum** erhalten. Das beste Ausstellungsstück ist der über 100 Jahre alte Pfahlbau selbst, ein schönes Beispiel von Batak-Architektur: Die reine Holzkonstruktion wird von Nuten und Keilen, ohne einen einzigen Nagel, getragen und hat ein Dach aus *ijuk*, dem Stroh der Zuckerpalme. Die Giebel und Stützpfeiler weisen Schnitzereien und Bemalungen in abstrakten Mustern auf.

Pematang Siantar

Die florierende Simalungun-Batak-Marktstadt **Pematang Siantar** ❿ liegt im Herzen des Plantagengebiets, am Fuß der Berge. Als Motorradtaxis dienen hier museumsreife englische BSA-Gespanne, und im kolonialzeitlichen **Siantar-Hotel** kann man noch tafeln wie die Pflanzer. Einen Besuch lohnt das **Simalungun-Museum** wegen seiner 900 Simalungun-Batak-Exponate. Die Stadt ist auch Standort der renommierten **Nommensen-Universität**, benannt nach dem 1862-1903 im Batakland sehr erfolgreichen protestantischen deutschen Missionar Ludwig I. Nommensen. Wer hier krank wird, hat Glück im Unglück: Die Klinik *Vita Insani* von Dr. Purba, dem Nachfahren eines Simalungun-Rajas, zeugt vom hohen Bildungsgrad der hiesigen Bataker.

» Karte S. 204, Info S. 214-215

Foto: Kalman Muller

Foto: Kai-Ulrich Müller

**TOBASEE

Der bekannteste Batak-Stamm sind die dank dem Missionar Nommensen heute überwiegend protestantischen **Toba-Batak** vom ****Tobasee**. Sie leben auf der malariafreien Insel Samosir und an den Seeufern. Mit ihren Megalithen, Büffelhörnern, Gesängen und lauten „Horas!"-(Hallo!-) Rufen geben sie sich bei Folklore-Darbietungen so, wie man sich die Batak gemeinhin vorstellt. Im späten 19. und frühen 20. Jh. wandelten sich die Toba-Batak zwar von angeblich zu rituellem Kannibalismus neigenden „Wilden" zu Christen, doch haben sie ihre Stammeskultur nie ganz aufgegeben.

Der in 900 m Höhe ü. M. gelegene Tobasee, 100 km lang und 30 km breit, entstand durch einen gigantischen Vulkanausbruch vor 74 000 Jahren, der einen globalen „vulkanischen Winter" hervorrief. Mit 1103 km² Wasserfläche ist er der größte Kratersee der Welt.

Oben links: Toba-Batak bei einer Folklore-Vorführung in Simanindo (Samosir). Oben rechts: Toba-Batak-Hotelbungalows in Tuktuk.

Obwohl noch immer ohne Flughafen, hat sich der Tobasee zum beliebten Urlaubsziel entwickelt. Indonesier bevorzugen den ursprünglich holländischen Ferienort **Parapat** ⓫ am Ostufer.

Westliche Touristen ziehen die unkonventionelleren Vergnügungen der ****Insel Samosir** ⓬ vor, wo man in originellen Bungalows direkt am Wasser nächtigt; auf der ***Halbinsel Tuktuk** 1, von Prapat mit der **Fähre** erreichbar, haben Bataker ihre malerischen traditionellen Häuser in Touristenunterkünfte verwandelt.

Der Ort ***Tomok** 2 hat einen großen Basar für Kunsthandwerk der Toba-Batak. Der Vorrat an echten Toba-Antiquitäten ist zwar erschöpft, aber immer noch bieten hier Frauen dunkle *ulos*, die handgewebten Stoffe der Batak, feil. Auch wenn er zugleich eine kommerzielle Ware ist, spielt dieser Stoff noch eine wichtige Rolle als rituelles Tauschobjekt bei Hochzeitszeremonien. In Tomok sind unter einem heiligen

» Karte S. 204, Plan S. 209, Info S. 214-215

harihara-Baum die **Steinsarkophage** der Sidabutar-Rajas zu sehen. Obwohl sie wie Särge wirken, enthielten sie normalerweise kein ausgestrecktes Skelett, sondern eine Ansammlung von Schädeln einer ganzen Familie oder eines Clans, die – wenn sie etwa ein Jahr lang unter der Erde gelegen hatten – wieder ausgegraben und in einer feierlichen Zeremonie nochmals beigesetzt wurden.

Angenehm ruhig wohnt man auf der Minihalbinsel ★**Tuktuk Timbul** 3, in den traditionellen Bungalows einer freundlichen Batak-Familie; im zugehörigen Restaurant speist man preiswert.

Alte **Megalithen** findet man in ★**Ambarita** 4 wo aus Felsblöcken Stühle und Tische gehauen wurden, die bei Kannibalenritualen eine Rolle gespielt haben sollen. Daneben steht eine ganze Reihe historischer Batak-Behausungen; die Insel Samosir ist berühmt für ihre traditionellen ★**Adat-Häuser**: Man erkennt sie an den geschwungenen Dächern, die von der Seite an Büffelhörner oder polynesische Segel erinnern. An der Nordspitze der Insel, in ★**Simanindo** 5 hat man ein besonders prächtiges **Adat-Haus** originalgetreu restauriert. Hier war Raja Dapoton zu Hause, kein wirklicher *raja* mit königlicher Macht, sondern das Oberhaupt einer im Wesen religiösen Föderation von Dörfern, die ihre geistliche Einheit in einem alljährlichen Büffelopfer feierte. Büffel wurden auch beim Tod eines *raja* geschlachtet, und die zehn Hornpaare, die an einen der Hauptpfosten angebracht wurden, weisen darauf hin, dass dieses Haus, das heute als ★**Museum** dient, von 10 Generationen derselben Dynastie bewohnt wurde.

Vormittags tanzt in Simanindo die *sigalegale*-Puppe. **Sigalegale** ist eine erstaunlich lebensechte Menschenimitation aus Holz. Der Tanz der Puppe, die durch einen komplizierten Mechanismus von Schnüren und Rollen bewegt wird, soll helfen, den Fluch zu

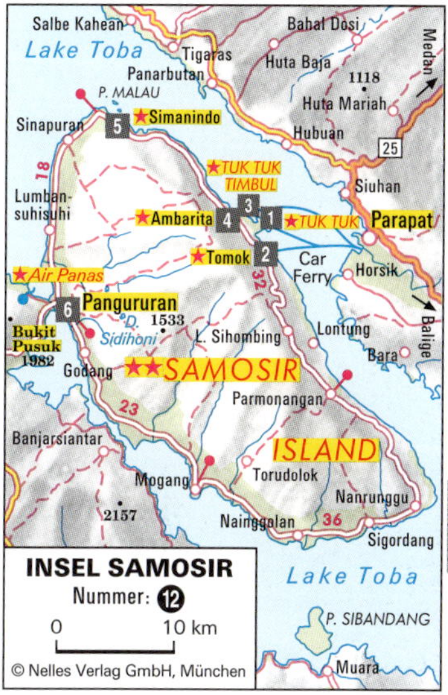

lösen, den der Tod eines kinderlosen Menschen heraufbeschwört, indem der Geist dieser Person in die Puppe fährt. Ein Schwamm in ihrem Kopf lässt selbst die Tränen fließen. Simanindo als Ganzes ist auch ein gutes Beispiel eines bewehrten Dorfes. Der Stein- und Erdwall mit seinem engen Eingangstunnel ist noch sichtbar. Früher wurde er durch eine Palisade aus scharf gespitzten Bambuspfählen verstärkt. Die Häuser standen in einer Reihe im unteren Teil der Einfriedung. Ihnen gegenüber befanden sich kleinere Reisscheunen, die auch als Schlafstätten für ledige junge Männer dienten. Im Hof wächst außerdem ein Banyanbaum, dessen Zustand und Gesundheit, wie man glaubte, das Wohlergehen des Dorfes und seiner führenden Familie spiegelte.

An der Landbrücke im Westen der Insel Samosir liegt **Pangururan** 6 mit seinem großen **Mittwochsmarkt**. Von dort sind es nur 2 km bis zum ★**Air panas**, dem heißen Schwefelbad am **Vulkan Bukit Pusuk** (einfache Losmen).

3 km außerhalb von **Balige** ⓭, einer attraktiven Marktstadt am Südufer des

Foto: Kalman Muller

Sees, liegt das **Grab** der bekanntesten Gestalt in der Geschichte der Batak, des zwölften und letzten Inhabers des Titels **Singamangaraja**. Der *Singamangaraja*, eine Art Priesterkönig, übte normalerweise wenig Macht im Alltag aus, aber alle Toba-Batak brachten ihm religiöse Ehrfurcht entgegen. Doch der letzte *Singamangaraja* wurde zu einem Problem für die deutsche Mission und für die holländische Regierung: Im Jahr 1883 brannte er zwei Missionsstationen und eine Kirche nieder und löste damit eine militärische Intervention im Toba-Gebiet aus; 1907 wurde er schließlich von der Kolonialarmee getötet. Das **Stammhaus des Singamangaraja** bei **Bakara ⓮** wurde vor einigen Jahrzehnten wieder aufgebaut.

Jenseits von **Tarutung ⓯** im Süden liegt ein weniger bekannter Landstrich, das Siedlungsgebiet der islamischen **Angkola- und Mandailing-Batak**. Kurz bevor sich das Christentum bei den Toba ausbreitete, wurden die südlichen Batak-Gebiete im 19. Jh. von einer durch Kriege in Westsumatra ausgelösten Islamisierungswelle erfasst. Obwohl sie selbst nicht die frömmsten Muslime sind, finden es diese südlichen Bewohner des Batak-Gebietes abstoßend, dass ihre Nachbarn, die Toba, Schweine und Hunde essen; deshalb zögern manche, sich Batak zu nennen.

In der Hafenstadt **Sibolga ⓰** starten die Fähren zur Insel Nias (s. S. 211).

Die südlichere der beiden Batak-Gruppen, die *Mandailing,* bewohnen das Bergland entlang dem Transsumatra-Highway zwischen **Padang Sidempuan ⓱** und Westsumatra.

Oben: Niasser mit Kopfjägerring. Rechts: Auch die Geister führen Kriegstänze auf Nias auf.

PADANG LAWAS

Früher platzierten Völkerkundler die Batak als „Alt-Malaien“ am unteren Ende indonesischer Kulturentwicklung, obwohl sie offensichtlich stark von Indien beeinflusst waren: Ihre Schrift entstammte einem indischen Alphabet (in Souvenirläden am Tobasee findet man Kalender mit diesen Zeichen), und die Batak-Sprache enthält viele Sanskritworte. Als Anbaugebiet der Medizinpflanze Kampfer nahm die Batak-Region schon früh am Welthandel teil. Greifbarster Beweis der einstigen Bedeutung Nordsumatras ist die Ansammlung von **Tempelruinen** bei **Padang Lawas ⓲** in dem heute abgelegenen Gebiet südöstlich von **Gunungtua**, wo die Nebenarme des Barumun-Flusses an der Ostflanke der Barisan-Gebirgskette zusammentreffen.

Padang Lawas gehört zu den großen Geheimnissen der indonesischen Archäologie. Es finden sich hier datierte Inschriften vom 11. bis zum 14. Jh., aber nirgends wird ein Erbauer genannt. Eine Inschrift scheint in Batak-Sprache verfasst. Die Altertümer von Padang Lawas wurden von dem deutschen Arzt, Naturforscher und Kartografen Franz W. Junghuhn bereits 1845

» Karte S. 204, Info S. 214-215

Foto: Kalman Muller

entdeckt, blieben jedoch unbeachtet, bis der exzentrische deutsche Archäologe und Abenteurer Friedrich Schnitger hier 1935 Ausgrabungen machte. Es gelang ihm, einige der wichtigsten Statuen und Inschriften zu retten, die nun im Nationalmuseum in Jakarta zu sehen sind. Form und Ornamente einiger Tempel sind noch klar erkennbar. Der größte Ziegelbau, **Biara Bahal I**, ist restauriert worden. Bei einer Höhe von 13 m besteht er aus einem hohlen *candi*, der sich über einer zweistufigen Terrasse erhebt und von einer halbkugelförmigen *stupa* überdacht war.

Von der Ikonografie dieser Monumente wissen wir mehr als von ihrer Geschichte. Bei fast allen handelte es sich um buddhistische Tempel, aber der tantrische Buddhismus, der hier praktiziert wurde, war mystisch-orgiastischer Art. Er praktizierte als Abkürzung auf dem Weg zur Erleuchtung die direkte Kontaktaufnahme mit dem Bösen, um die dunklen Kräfte zu beherrschen. Die tanzenden Krieger und Halbmänner auf den Tempelmauern sind nichts anderes als Dämonenbilder. Die Zeremonien der Bhairawa-Sekte schlossen auch Menschenopfer ein. Ein alter Text vergleicht den Gestank der brennenden Leichname mit „dem Duft von zehntausend Blumen“. Priester, berauscht vom Menschenblut, tanzten und wüteten in Ekstase. Einflüsse dieses Tantrismus sind noch heute in folkloristischen Batak-Riten wiederzuerkennen: Der Zauberstab z. B. entspricht dem in tibetischen Klöstern zu sehenden Tantrikerstab, der Naturheiler wird *mantri* genannt, und möglicherweise war auch der Kannibalismus bei den Batak eine Reminiszenz indischen Einflusses.

INSEL *NIAS

***Nias**, die einstmals berüchtigte Kopfjägerinsel, liegt 120 km vor der Westküste Nordsumatras und hat etwa 640 000 Einwohner. Es ist das größte Eiland einer öfter von Erd- und Seebeben heimgesuchten Inselkette, die parallel zu Sumatra verläuft.

Völkerkundlich ist Nias Indonesiens beeindruckendster und jüngster Überrest der „Megalith-Kultur“. Zwar findet

man die einzelnen Elemente, aus denen sich das ästhetische Gebilde zusammensetzt, auch in anderen Teilen des Archipels, doch der Gesamteindruck mutet eher „un-indonesisch" an: Ein *behu* etwa ist ein Steinobelisk, dessen Spitze oft eine Vogelstatue ziert. Ein *niogaji* sieht aus wie ein Riesenpilz aus Stein, der sonderbarerweise auf der Unterseite verziert ist. Solche Megalithe wurden bei Beerdigungszeremonien aufgestellt oder bei großen „Verdienstfesten", bei denen Häuptlinge ihren Reichtum verteilten, um sich so gesellschaftliches Ansehen zu erwerben. Schwierig ist es, die Reliefs zu finden, die Niaskrieger in sonderbaren, ärmellosen Tuniken und Helmen darstellen. Die protestantische Missionierung hat beinahe zur Ausrottung der alten austronesischen Niaskultur geführt.

Das meiste „echt niassische" findet sich im Süden der Insel, wo sich noch traditionelle Dörfer und Megalithe finden. Das südliche Nias leistete sowohl der militärischen als auch der spirituellen Eroberung erbitterten Widerstand. Holländische Militärexpeditionen brannten hier 1847 und 1863 Dörfer nieder, aber erst ab 1908 brachte man der Kolonialmacht Respekt entgegen. Die Rheinische Missionsgesellschaft musste ihre Station 1886 wieder auflösen, das Christentum konnte erst nach 1920 wirklich Fuß fassen. Heute sind viele Niasser nominell protestantisch.

Nach der desaströsen Seebeben-Flutwelle vom 26. Dezember 2004 suchte am 28. März 2005 ein weiteres Erdbeben der extremen Stärke 8,7 Nias und mehrere Nachbarinseln heim. Am stärksten betroffen war der Hauptort **Gunungsitoli ⓳** (30 000 Einwohner), der zu 75 % zerstört wurde. Dort befindet sich der Haupthafen, das **Nias-Museum** mit kleinem Zoo und Restaurant und der Flughafen **Binaka**.

Auch viele der kleinen Unterkünfte und Restaurants an der Südküste der Insel wurden 2005 zerstört, z. T. aber wieder aufgebaut. Das Leben der Menschen auf Nias ist seitdem härter geworden, einige leben noch in Notunterkünften.

Nahe **Teluk Dalam ⓴**, dem wichtigsten Hafen im Süden, befindet sich der für Besucher interessanteste Ort: das historische, umwallte Wehrdorf ***Bawomataluwo ㉑**. Das hölzerne **Haus des Häuptlings** (*omo sebua*) in Bawomataluwo ist das größte in Nias und gilt als eines der architektonischen Prachtstücke Indonesiens. Das anmutig gebogene Dach schwingt sich zu einer Höhe von 16 m empor. Das Gebäude ruht auf einem gewaltigen Rost von Holzpfählen. Unglücklicherweise hat man das Strohdach durch Wellblech ersetzt, aber selbst das zerstört den Gesamteindruck nicht. Eine komplizierte Balkenkonstruktion unter dem Dach hat eine große Zahl von Stützpfeilern überflüssig gemacht, so dass der Wohnraum sehr geräumig erscheint. Lichtkegel aus offenen Luken im Dach illumi-

Rechts: Das kristallklare Wasser in Lagundri (Nias) lädt zum Schnorcheln ein.

» Karte S. 212, Info S. 214-215

Foto: Kay Maeritz

nieren die eleganten Schnitzereien an Wänden und Balken.

Das übrige Bawomataluwo verkörpert ein idealtypisches Dorf von Süd-Nias. Die hölzernen Pfahlbauten schließen, durch Türen verbunden, aneinander an, so dass leichter zu verteidigende Häuserzeilen entstehen. Vor dem Haus des Häuptlings finden sich zwei aufrechte Steine: Einer von ihnen, eine 8 Tonnen schwere Tafel, wurde vom Steinbruch aus 4 km den Berg hinauf geschleppt, ehe man ihn 1914 hier aufstellte. Diese Megalithen stehen an einem Ende des mit großem Geschick gepflasterten langgezogenen Dorfplatzes, der früher für Tänze und Rituale benutzt wurde. Für nicht wenig Geld bietet man hier den Touristen eine Live-Aufführung aus dem alten Repertoire: das berühmte Steinsprung-Spektakel, bei dem junge Männer 2 m hohe Steinpyramiden überspringen, um ihre Männlichkeit zu beweisen. In der Vergangenheit wurde der „Reiz“ dieses Kunststückes noch dadurch erhöht, dass man Bambusspitzen und -pfähle an diesem Hindernis anbrachte. Es heißt, dass der Sprungstein den Wall darstellt, den ein Krieger überwinden musste, um in ein feindliches Dorf einzudringen.

Selbst für indonesische Begriffe war das alte Nias ein Ort der Gewalt. Seine Stämme führten permanent Krieg gegeneinander, hauptsächlich um Sklaven zur Arbeit, als Ware oder für rituelle Opfer zu beschaffen. Kein Wunder, dass ein Dorf wie Bawomataluwo an einem uneinnehmbaren Ort erbaut wurde, auf einem steilen Vorsprung, den man nur über einen engen Serpentinenpfad von über 400 Stufen erreicht. Oben genießt man eine herrliche Aussicht über weitere Dörfer, unter denen besonders ***Hilisimaetano** ㉒ einen Besuch lohnt.

Von Bawomataluwo aus kann man die von einfachen Bungalows umstandene **Sorake-Bucht** bei **Lagundri** ㉓ erkennen. Ein Erdbeben hat zwar die Riffe um Nias stellenweise deutlich angehoben und auch den Strand von Lagundri verschwinden lassen, aber die **Surfer** schreckt das nicht ab – die Sorake-Weltklassewelle ist ihnen wichtiger.

MEDAN (☎ 061)

North Sumatra Tourist Office, Mo-Do 8-16, Fr 7.30-11 Uhr, Jl Jen. A. Yani 107, Tel. 4538101, www.northsumatratravel.com.

Garküchen ab 18 Uhr auf der Jl Jen. A. Yani, die für den Verkehr gesperrt wird.
PADANG-KÜCHE: **Rumah Makan Famili**, bietet große Vielfalt der scharf gewürzten Padang-Küche zu einem guten Preis-Leistungsverhältnis, im Erdgeschoss des Ibunda-Hotels, Jl SM Raja 31.
Restaurant Agung, bietet gute Qualität noch kostengünstiger, Jl Pemuda 40. **Garuda**, Jl Pemuda 20C/D, Tel. 7317692. **Vegetarian Indonesia**, Jl Gandhi 63A, neben Bioskop Benteng, Tel. 4526812.
CHINESISCH: Mehrere gute China-Restaurants in Chinatown um die Jl Semarang und im Viertel östlich der Bahngleise zwischen Jl Pandu und Jl Bandung.
Bali Plaza, Jl Kumango 1A, Tel. 4515505. **Hawa Mandarin**, Jl Mangkubumi 18.
Polonia, im Polonia Hotel, Jl Jen. Sudirman.
INDISCH: **Bollywood Food Centre**, leckere Curries, Lassies und mehr, Jl Muara Takus.
WESTLICH: **Medan Club**, gute Drinks und internationale Küche, Jl Kartini 36.
Tip Top, alteingesessenes Restaurant im kolonialen Stil, Treffpunkt von Expats, ab 10 Uhr, Jl Jen. A. Yani 92A, Tel. 4532042.

ANTIQUITÄTEN: Fachgeschäfte alle auf der **Jl Jen. A. Yani**.
Medans Einkaufszentren, wie **Golden Shopping Centre**, **Medan Plaza** und **Deli Plaza** können durchaus mit denen in Kuala Lumpur und Penang konkurrieren. Am größten ist **Medan Mall**, am Pasar Raya, mit den Supermärkten Matahari und Yaohan. **Mister Ben** verkauft Käse, Brot, Wein u. v. a. westliche Lebensmittel, Jl Muara Takus 70-72, Chinatown.

Staatl. Museum von Nordsumatra, umfangreiche Ausstellung zur Geschichte Nordsumatras, Di-So 8.30-12.30 u. 13.30-16 Uhr, Jl HM Joni 51, Tel. 7716792.
Museum Perjuangan 'Bukit Barisan', Militär, Mo-Do 8-13, Sa 8-13 Uhr, Fr/So geschl., Jl M. Zainal Arifin 8, Tel. 7316972. **Medan Zoo**, tägl. 8-16 Uhr, Jl Brigjen. Katamso, Desa Baru.
Tjong A Fie Mansion, sehenswerte Kolonialvilla eines vermögenden chinesischen Kaufmanns, tgl. 10-17 Uhr, Jl Ahmad Yani 105, www.tjongafieinstitute.com.

Bina Budaya, 2x wöchentl. Kulturveranstaltungen, Jl Perintis Kemerdekaan (gegenüber Angkasa Hotel).
Taman Ria Amusement Park, ständige Ausstellungen, gelegentlich Kulturveranstaltungen.
Tapian Daya Cultural Centre, Jl Binjai.

Main Post Office, Mo-So 8-18 Uhr, Jl Bukit Barisan.

Internetcafés in allen größeren Shoppingcentern und im Indo.net, Jl Katamso 32F.

Rumah Sakit Gleneagles, engl. sprachige Ärzte, Jl Listrik 6, Tel. 4566368, Notruf 118.

KONSULATE: **Malaysia**, Jl Diponegoro 43, Tel. 4531342. **Niederlande**, Jl Monginsidi 45T, Tel. 4519025. **Großbritannien**, Jl Jen. A. Yani 2, Tel. 4518699. **Deutschland**, Jl Karim 4, Tel. 4537108, **Belgien**, Jl Pattimura 459, Tel. 8105259.

FLUG: Von Medans **Kuala Namu Airport** Flüge nach Jakarta und in die Nachbarländer. *Airlines:* **Garuda**, Tel. 455677. **MAS** (Malaysia), im Hotel Danau Toba Int., Jl Imam Bonjol 17, Tel. 4519333. **Silk Air**, Jl Jen. Sudirman 14 (im Polonia Hotel), Tel. 4537744; **SMAC**, Jl Imam Bonjol 59, Tel. 4537760.
SCHIFF: Schiff-Verbindung zwischen Medan und Penang 1x tägl.: Fahrscheine von **Trophy Tours**, Jl Brigjen. Katamso 33D, Tel. 4566222, oder **Eka Sukma Wisata**, Jl Sisingamangaraja 92A, Tel. 7320421. *Damri-Busse* zum Hafen (Belawan) fahren ab Stasiun Sambu, Jl Sutomo (im Zentrum). **Pelni** läuft Tanjung Pinang (Riau) und Jakarta an. **Pelni Office**: Jl Krakatau 17A, Tel. 6622526.

BUS: **Pinang Baris** Bus Station, 10 km nordwestl. vom Zentrum, für alle Ziele nördl. von Medan (Brastagi, Binjai, Banda Aceh). **Amplas** Bus Stn., 7 km südöstl., für alle südl. Ziele (Prapat, Padang, Jakarta).

ORTSVERKEHR: **Sambu Terminal**, beim Markt, ist die größte *bemo* Station. Aber *becak* sind meist schneller zu bekommen. Taxis mit Taxameter und AC: **Metax**, Tel. 4550711, **KARSA**, Tel. 4520952. Größere Taxi-Stände: Polonia Hotel, Danau Toba Internat. Hotel.

AUTOVERMIETUNG: Selbstfahrer können im Danau Toba International Hotel, Jl Imam Bonjol 17, Tel. 4157000, Autos pro Tag oder Woche mieten (z. B. Toyota Kijang); Wagen mit Fahrer vermitteln die meisten Reisebüros.

BRASTAGI (☎ 0628)

Garküchen werden abends entlang der oberen Jl Veteran aufgebaut.

Raymond Café, indonesische und westliche Gerichte, Jl Trimurti 49, Tel. 92160.

Asia Restaurant, reichhaltige Speisekarte, gehobene Preise, Jl Veteran 9-10.

Postamt und Telkom Wartel, rund um die Uhr geöffnet, Jl Veteran.

PEMATANG SIANTAR (☎ 0622)

Museum Simalungun, Mo-Sa 8-15 Uhr, Jl Jen. Sudirman 10, Tel. 21054.

Rumah Sakit Vita Insani, sehr gute Privatklinik, deutschsprechender Chefarzt, hoher Standard, Jl Merdeka 329, Tel. 22520, www.vita-insani.co.id.

PRAPAT (☎ 0625)

Prapat Hotel – Kulturveranstaltungen. Das Danau Toba Festival (Dauer eine Woche) findet jedes Jahr in den Monaten Juli/August statt.

Entlang der Jalan Sisingamangaraja werden Souvenirs angeboten. Origineller ist der große **Samstags-Markt** am Tigaraja-Fähren-Dock in Prapat, zu dem die Bataker von weither anschippern.

In **Labuhan Graha** werden noch die traditionellen *ulos*-Textilien der Toba-Batak gewoben, 25 km außerhalb von Prapat.

Tobali Tour & Travel, Jl Kpt. Karmel Napitupulu 1A, am Markt, Tel. 41747, verkauft Fahrkarten für Überland-Busse. Fähren nach Samosir fahren ab Tigaraja-Dock beim Markt, tgl. 9.30-19.30 ca. jede Std.

SAMOSIR (☎ 0625)

Internet: u.a. Bagus Bay Homestay (inkl. Reisebüro u. Buchladen), Toba Cottages, Carolina Hotel, Samosir Cottages.

Tuk-Tuk Timbul, nettes, preiswertes Lokal am See, familiär, in Batak-Bungalowanlage nahe Ambarita, eigener Steg.

Die Hauptstraße von **Tomok** ist ständiger Markt für Toba-Batak-Kunsthandwerk und Souvenirs.

Museum Huta Bolon, tägl. 10-17 Uhr, Simanindo, Samosir.

Fähren von Prapat nach Tomok / Tuktuk oder Ambarita (tgl. 7.15-16.30 Uhr ca. jede Std.). Per Minibus kann man die Insel umrunden. Motorradverleih auf Tuktuk.

PEMATANG PURBA

Museum Rumah Bolon Pematang Purba, historischer Raja-Palast, Mo-Sa 10-17 Uhr.

PADANG LAWAS

Von Padangsidempuan fahren Busse nach Gunungtua, von dort *oplet* Service nach **Portibi**, dem Eingang zu den Ruinen.

NIAS (☎ 0639)

FLUG: Merpati fliegt Medan – Gunungsitoli/**Binaka Airport** (19 km stadtauswärts). Buchung bei: P. T. Nias Holidays Tours & Travel, Jl Lagundri 46, Gunungsitoli, Tel. 210210.

SCHIFF: Schiffe nach Nias fahren ab **Sibolga** (107 km von Prapat), und laufen Gunungsitoli (Nord-Nias) und Telukdalam (Süd-Nias) an. Ab Hafen (Pelabuhan), 2 km südl. vom Ort. Tickets bei P. T. Simeulue, Jl Pelabuhan 9, am alten Hafen, nicht weit vom Zentrum.

BUS: Busse von Gunungsitoli nach Telukdalam, 120 km, 6 Std. Fahrzeit.

Foto: Kalman Muller

WESTSUMATRA

DAS MINANGKABAU-HOCHLAND

Das Herz Sumatras schlägt in den grünen Hügeln des **Minangkabau-Hochlands**, in der heutigen Provinz Westsumatra. Es liegt in der Mitte des bergigen Rückgrats der Insel, auf halbem Weg zwischen Aceh und Lampung. Mit dem Namen Minangkabau sind die unterschiedlichsten Bilder verbunden: einerseits die Postkartenidylle der herkömmlichen Architektur, Trachten und Tänze der „Orang Minang", andererseits dynamische, gebildete, aufstrebende Händler, Lehrer, Soldaten und Politiker – und Moscheen.

Das Kernland der Minangkabau bestand ursprünglich aus drei fruchtbaren Regionen oder *luhak*: Tanah Datar, Agam (das Bukittinggi-Gebiet) und Limapuluh Kota (die „50 Städte" um Payakumbuh). Diese bildeten zusammen das *darat*, wörtlich „das Land", das heißt den Ursprung der Menschen und der Kultur Minangkabaus.

Der Gegensatz zu *darat* ist *rantau*, was in der Vorstellung der Minangkabau nicht nur die restliche Provinz, sondern die übrigen Teile Sumatras, Indonesiens und der Welt bezeichnet. Die Berge versinnbildlichen Fruchtbarkeit, Sicherheit, Reinheit, Überliefertes und Heimat, Mutter Erde und die Wiege des Stammes. Das Meer ist gewaltig und launisch, die unbekannte und gefährliche Außenwelt. Doch die Minangkabau sind weder ein Inselvolk noch fremdenfeindlich: *rantau* ist für sie ebenso wichtig wie *darat*.

Die kulturelle Einrichtung des *merantau* veranlasst die jungen Männer, für eine festgelegte Zeit das Haus zu verlassen, um Wissen, Wohlstand und Reife zu erlangen. Während dieser Wanderschaft soll sich der Reisende durch List und Unternehmungsgeist selbst versorgen, Attribute, die als urtypisch für die Minangkabau gelten. Dass sie sich für listige Menschen halten, zeigt sich in ihrer Erklärung der Herkunft ihres Namens. Ein Streit zwischen Sumatra und Java sollte durch einen Kampf zwischen Wasserbüffeln (*kabau*) entschieden werden. Der Favorit Javas war ein Monster von einem Tier, während das listige Sumatra ein halb verhungertes Kalb herbeischaffte. Das Kalb sah in dem Bullen seine Mutter, zu der es hineilte, um zu trinken – wobei es den Bauch des Bullen mit einem Messer aufschlitzte, das an seiner Nase befestigt war. Und so errangen die Westsumatraner den Sieg (*minang*).

Foto: Thomas Stankiewicz

Links: Eine Minangkabau-Frau in traditioneller Kleidung. Oben: Das Adityavarman-Museum in Padang ist das bedeutendste Museum für die Geschichte und Kultur der „Orang Minang".

Tanah-Datar-Gebiet / Batusangkar

Die Wiege des Minangkabau-Volkes war das **Tanah-Datar-Gebiet** um **Batusangkar** ㉔, das sich an den Vulkan **Merapi** schmiegt, mit 2891 m der höchste Gipfel des Hochlands. Der Legende nach lebten die Vorfahren der Minangkabau in dem kleinen Dorf **Pariangan** an den Hängen des Merapi, südwestlich von Batusangkar. Tanah Datar war der Sitz der geheimnisvollen Könige von Minangkabau, deren halb-mythische Ausstrahlungskraft 400 Jahre lang auch weit jenseits der Hügel wirkte und die den Titel *Raja Yang Dipertuan Sakti* trugen.

Die Minangkabau-Dynastie lässt sich bis zu dem halb-javanischen Teufelsanbeter Adityavarman zurückverfolgen, der vom Hof Majapahit 1347 abgesandt wurde, um Malayu (Sumatra) als Vasallenfürst zu regieren. Aus ungeklärten Gründen zog das buddhistische Königshaus den Batang-Hari-Fluss hinauf und ließ sich in Tanah Datar nieder. An ihre Anwesenheit in Minangkabau erinnern nur noch die **Adityavarman-Steine**, Grabplatten mit auf dem Sanskrit basierenden Schriftzeichen. Sie sind an der Straße nahe **Limakaum** und in der Gegend von Batusangkar zu finden.

Der erste Europäer, der Tanah Datar erreichte und einen Minangkabau-König zu Gesicht bekam, war der abtrünnige Portugiese Tomas Dias, der im Dienst der holländischen Ostindischen Gesellschaft stand. Als er 1684 seine erstaunliche Reise vom Osten Sumatras über die Berge antrat, war das Innere der Insel den Europäern noch völlig unbekannt. Bei seiner Ankunft wurde er von einer 4000 Mann starken Eskorte mit goldenen Schirmen und Tabletts begrüßt und durch drei Tore in einen von 100 Musketieren bewachten Palast geführt. Hier erhielt er eine silberverzierte Muskete, eine Hellebarde, ein Zuchtpferd und pornografische Bilder als königliches Geschenk sowie das Recht, Sklaven zu rekrutieren und die Todesstrafe zu verhängen.

Wie auch in Java üblich, wurden in Minangkabau die Häuser für Feierlichkeiten aus Holz gebaut – und waren daher dem Verfall preisgegeben.

» Karte S. 218-219, Info S. 227

Alahankae
Rio
1052
Rokan
Tandun
Aliantan
Petapahan
Rumbai
Mt. Malintang 1983
25
32
Rimbo Panti Reserve
Hot Springs
Tapus
Banjarsungairias
591
Kabun
Batugajah
PEKANBARU
Gubadak
Panti
1984
942
Tabing
Batubersurat
Bangkinang
66
Rantaupanjang
Talu
Baruh
Talao
Muara Takus Temples
Rantauparangin
Airtiris
Lubuksakat
70
Sungaipagar
31
Kajai
Lubuk Sikaping
Muaro Paiti
55
Kotapadang
Simpangempat
Mt. Talaman 2912
2271
Kebondurian
20
Equator Monument
Pangkalan Kotabaru
Kotoalam
Lipatkain
Simpangtiga
Lembah Harau Reserve
Sasak
Kinali
Kumpulan
55
Silesung
Masang
77
Pasir
Batang Palupuh (Rafflesia) Res.
31
Harau Canyon
Paku
Bukit Ujungraj
Batukambing
29
Ranapatai
Alamada Hot Springs
17
Kota Gadang
Baso
33
30
PAYAKUMBUH
Masang
Muko Muko
27
26
BUKITTINGGI
Kotabaru
94
28
Lake Maninjau
34
Pandai Sikat
33
19
Mt. Merapi 2891
1214
Tiku
31
Kotabaru
34
25
Pagaruyung
Palakgadang
890
Muaralembu
Juar
Padangpanjang
35
20
24
Batusangkar
Sumpur Kudus
378
Sungailimau
Lembah Anai Reserve
37
23
Ombilin
Piliang
1199
Duriangadang
Talukkuantan
14
Sicincin
53
Talawi
63
Pariaman
38
12
Lake Singkarak
36
Sawahlunto
Muaro-Sijunjung
19
Buayan
41
Lubukjambi
1810
Sumani
Silungkang
Tanjunglolo
Airbuluh
Paluangan
Railway out of service
40
Tanjungadang
104
Kamang
BANDO I.
Solok
27
Andalas University
Kubangnanduo
1078
Surau
PADANG
Kiliranjao
37
Mt. Talang 2599
PIEH I.
39
21
Lubukkarak
PANDAN I.
Indarung
Lubuk-sulasih
Lake Dibawah
Sungaidareh
TORAN I.
Telukbayur
1664
Alahanpanjang
SINYARU I.
L. Diatas
Barung-Barung
SUMATERA
77
Sungai Abu
BARAT
Caracok
NYAMUK I.
Tarusan
Pasarbaru
2690
Surian
Hari
689
Gasing
S T R A I T
Painan
1454
Abai
Kerinci-
B A R I S A N
Pasirtalang
Lubuk Malaka
42
Pasarkuok
Muaralabuh
235
Batangkapas
Timbulun
Talau
Seblat
Liki
2114
Surantih
R A N G E
National
Mt. Kerinchi 3806
Pasar Kambang
132
Batangsangir
Kayu Aro
ISLANDS
Mandarahan
2051
Park
Bedeng
Padiankayudad
Siulakmukai
2293
Airhaji
Siulak
Hot Springs
Pasirganting
Sungai-kuyung
Rawang
Sigoisooinan
Sungaipenuh
43
Indrapura
Hiang
50
Lake Kerinci
SIPORA
Patdarai
C. Indrapura
ISLAND
Lunang
Sigici
Reserve
Katiet
Jakarta
WESTSUMATRA
Nummern: 24 - 44
0
25
50 km
© Nelles Verlag GmbH, München

6
Sumatra

Foto: Thomas Stankiewicz

Ebenfalls wie in Java wechselten auch hier die Königshäuser bei Bedrohung ihren Sitz und haben deshalb wenig Spuren hinterlassen. Um alles noch komplizierter zu machen: Es gab nicht nur einen König, sondern drei. Mit der Ankunft des Islam im 16. Jh. wurde das ursprüngliche Königreich auf drei Könige verteilt: einen Religionskönig, einen Sittenkönig und einen Weltkönig.

Man weiß, dass die letzte Hauptstadt des Weltkönigs **Pagaruyung** ㉕ war, 5 km östlich von Batusangkar. Außerhalb dieses Dorfes steht eine Nachbildung des alten Palastes **Istana Pagaruyung**. Das Gebäude ist zwar etwas zu groß geraten, aber es veranschaulicht die Merkmale der Architektur Minangkabaus und dient als lehrreiches **Museum** der Pagaruyung-Dynastie.

Das **Minangkabau-Haus** ist der auffälligste, charakteristischste und vielleicht schönste Haustyp Indonesiens. Wie die Batak verfeinerten die Minangkabau die Konstruktion des Satteldachs, das von einem Firstbalken getragen wird, zu einer wahren Kunstform. Jede Dachseite verjüngt sich in einem grazilen Horn zu einer aufwärts strebenden Spitze, die oft die doppelte Höhe erreicht wie das Zentrum des Firstes. Die weit hinausgezogenen Verlängerungen an jeder Dachseite der Minangkabau-Häuser lassen die Silhouette eines Ortes wie ein riesiges Sägeblatt erscheinen. Manche der Häuser haben bis zu 450 m², da sie oft einer großen Familie Schutz bieten müssen. Die hölzernen Stützpfeiler ziehen sich durch das Haus bis zum Dach hinauf. Sie teilen den Wohnraum in Bereiche für die einzelnen Familien auf, die durch Vorhänge abgetrennt werden können. An der Außenseite verbergen Holzplatten mit Blumenmotiven die Verstrebungen der waagerechten Balken. Die viereckigen Scheunen neben den Häusern sind deren Bauart angepasst. In Tanah Datar sind noch erstaunlich viele alte *rumah gadang* zu finden, vor allem in den Dörfern **Balimbing**, **Limakaum** und **Pariangan**, aber auch in Batusangkar und Pagaruyung. Bei den meisten mussten allerdings die alten Palmendächer dem Wellblech weichen.

Oben: Eine selbstbewusste muslimische Schmuckhändlerin in Bukittinggi.

Eine weitere architektonische Besonderheit des Minangkabau-Hochlands sind die Moscheen, die oft noch die mehrschichtigen *meru*-Dächer besitzen, die vor 1000 Jahren die Hindus hierher brachten.

Islam und Tradition

Westsumatra wird oft als tief verwurzelt islamisches Gebiet bezeichnet, in dem der strenge Glaube das alltägliche Leben bestimmt. Die animistischen Traditionen sind hier schwächer ausgeprägt als im Batak-Gebiet. Aber auch das *adat* Westsumatras mit seinen weiblichen Erb- und Abstammungslinien wird ernst genommen, die patriarchalischen Regeln des Korans eher weniger. Einige mutterrechtliche Regeln

» Karte S. 218-219, Info S. 227

des *adat* von Minangkabau erscheinen Außenstehenden seltsam, so werden bei der Erbschaft eines Verstorbenen die Kinder seiner Schwester, also seine Neffen und Nichten, seinen eigenen Söhnen und Töchtern vorgezogen.

Die gegenwärtige Balance zwischen Islam und der Minangkabau-Tradition entwickelte sich nicht ohne Spannungen. Zu Beginn des 19. Jh. löste der größte Fehltritt einer Glaubenslinie nicht nur den Niedergang der Minangkabau-Monarchie aus, sondern auch die Besetzung Westsumatras durch die Holländer. Die Eroberung Mekkas 1803 durch die puritanische Sekte der Wahabiten (die heute Al Qaida inspiriert) nahmen einige Pilger aus Minangkabau zum Anlass, ein ähnliches Unternehmen in ihrer Heimat durchzuführen. Nach ihrer Rückkehr stifteten diese so genannten *Padri* einen Bürgerkrieg an, der die Gesellschaft Minangkabaus von solchen Übeln wie Spielen, Betelgenuss und matrilinearer Erbvergabe reinigen sollte. Die radikalen Reformer gewannen gegenüber den konservativen Führern ständig an Boden und löschten 1815 fast das gesamte Königsgeschlecht in einem Hinterhalt in Tanah Datar aus. 1821 überschrieben überlebende Adelige das Minangkabau-Hochland an die Holländer, woraufhin sich die Padri plötzlich einem neuen Kreuzzug ausgesetzt sahen – die „Padri-Kriege" beschäftigten die Kolonialarmee 17 Jahre lang.

★BUKITTINGGI

Das im 19. Jh. in der Kolonialzeit gegründete **★Bukittinggi** ㉖ ist aufgrund seiner schönen Lage auf 930 m über dem Meeresspiegel und des kühlen Klimas die angenehmste Stadt Westsumatras, sauber und kultiviert. Es bietet sich als Ausgangspunkt für Ausflüge in das umliegende Hochland an. Die Höhenlage begünstigt das Wachstum europäischer Blumen- und Gemüsearten in der Nähe des Äquators.

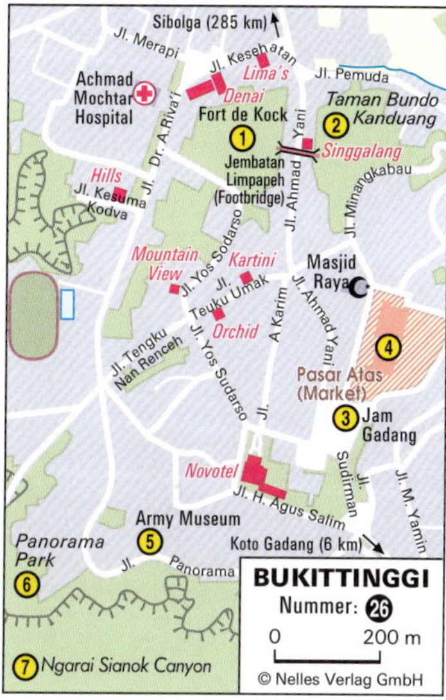

Bukittinggi bedeutet „hoher Hügel" und bezieht sich auf die leicht zu verteidigende Jirek-Anhöhe im Herzen der Stadt. Als die Holländer hier 1825, während der Padri-Kriege, ein Fort errichteten, gab man ihm zunächst den Namen *Sterrenschans*, Festung der Sterne. Erst später wurde es nach dem Kommandanten, der die Revolte des Diponegoro auf Java 1830 niederschlug, in **Fort de Kock** ① umbenannt – bis 1949 auch der offizielle Name für die ganze Stadt. Heute wacht eine holländische Kanone auf den Ruinen über das Gebiet, das sie einst bedrohte. Eine Fußgängerbrücke führt hinüber zum **Taman Bundo Kanduang** ②. In dem **Zoo** dieses Parks leben die Tiere hinter verrosteten Gittern. Sehenswert ist dagegen das schon 1935 eröffnete **Rumah-Adat-Baandjuang-Museum** mit Hochzeits- und Tanztrachten, Musikinstrumenten und Waffen. Mittelpunkt des Museums bildet ein 1844 errichtetes Minangkabau-Haus.

Bukittinggis Wahrzeichen ist **Jam Gadang** ③, die Große Uhr an der Hauptkreuzung nahe des geschäfti-

Foto: Thomas Stankiewicz

gen Marktes. Die europäische Uhr ist mit einem gehörnten Dach im Stil der Minangkabau-Häuser verziert. Das ungewöhnliche Stück ist so bekannt, dass gelegentlich die ganze Stadt nach ihm „Kota Jam Gadang" genannt wird.

Bukittinggi verdankt seinen Aufstieg der zentralen Lage in dem von den Holländern geschaffenen Straßennetz. Im Jahr 1915 zählte der **Pasar Atas** ④, der „Obere Markt" Bukittinggis, an Samstagen bereits 40 000 Besucher; auch heute noch ist er ein vortrefflicher Ort, um die Minangkabau an einem ihrer liebsten und typischsten Plätze zu beobachten. Außerdem lassen sich hier bestens Lebensmittel und Kunsthandwerk erstehen.

Weitere Zeugnisse der Geschichte sind im **Armeemuseum** ⑤ gegenüber vom **Panorama-Park** zu sehen. Die interessantesten Exponate stammen aus der Zeit des Aufstands von 1958, als Bukittinggi kurze Zeit die Hauptstadt einer „Revolutionsregierung der Indonesischen Republik" war. Die Rebellen wollten die äußeren Inseln vom wirtschaftlichen Zentralismus und der linksgerichteten Politik Javas befreien. Sukarno ließ Bukittinggi bombardieren und schließlich besetzen – und rief damit bleibende Verbitterung herauf. Später bezeichnete Suhartos Regime diesen Aufstand als anti-kommunistischen Feldzug, und selbst die wertlosen Banknoten, die die Regierung in Bukittinggi drucken ließ, werden mit Stolz hergezeigt.

Oben: Blick auf den großen Maninjau-Kratersee.

Der **Panorama-Park** ⑥ liegt oberhalb der **Ngarai-Sianok-Schlucht** ⑦, die den weißen Bimsstein der Hochebene durchpflügt. Den malerischen Canyon durchzieht ein Fluss, gesäumt von üppiger Vegetation.

Die Minangkabau nehmen jede Gelegenheit wahr, ein Geschäft zu machen: Im Kleinhandel, beim Anbau von Export-Agrarprodukten, bis hin zum westlichen Schulsystem. Schon lange vor den Padri-Kriegen hatten die Minangkabau Kaffee angebaut, den im übrigen Indonesien erst die Holländer einführten. Auf dem Schlachtfeld be-

» Stadtplan S. 221, Info S. 227

siegt, feierten sie einen neuen Sieg, indem sie die Bildungsangebote ihrer christlichen Gegner eifrig nutzten.

Da Bukittinggi seit 1856 das einzige Ausbildungszentrum für Lehrer in ganz Sumatra besaß, konnte Minangkabau eine sehr große Anzahl Schriftsteller und Politiker ausbilden, die in keinem Verhältnis steht zu der wirtschaftlichen Bedeutung und Bevölkerungszahl der Gegend. Nicht nur Muhammad Yamin, Marah Rusli und Takdir Alisjabana, die Vorreiter der indonesischen Literatur, waren Minangkabau, sondern auch die großen Nationalisten Mohammad Hatta und Sutan Sjahrir.

UMGEBUNG BUKITTINGGIS

Viele herausragende indonesische Persönlichkeiten des 20. Jh. kamen aus Nachbardörfern Bukittinggis. So stammten zwei Vizepräsidenten aus **Kota Gadang** ㉗ auf der gegenüberliegenden Seite der Sianok-Schlucht. Bezeichnend für das Besondere dieses berühmten kleinen Ortes ist der Stolz, mit dem die Bevölkerung Traditionen wahrt, zum Beispiel die Herstellung des filigranen Silberschmucks und der von Hand bestickten Stoffe.

Zwischen Bukittinggi und dem Meer ruht der große, 16 km lange und 7 km breite Kratersee ***Maninjau** ㉘. Auf der 38 km langen kurvigen Strecke von Bukittinggi Richtung Westen hinunter zum See, in dem man schwimmen und Wasserski fahren kann, eröffnen sich immer wieder schöne Ausblicke.

Naturliebhaber können im **Batang-Palupuh-Naturreservat** ㉙ (16 km nördlich von Bukittinggi) die ***Rafflesia arnoldii** entdecken, die seltene Riesenrafflesie, deren Blüte fast 1 Meter Durchmesser erreicht und faulig riecht.

Wie viele andere Orte in Bukittinggis Umgebung hat auch **Payakumbuh** ㉚ eine eigene handwerkliche Spezialität, nämlich Korbwaren. Ein charakteristisches Produkt der Gegend ist auch *songket*, ein schwerer Baumwollstoff, der mit (heute meist Imitat-) Silber- und Goldfäden durchwoben ist.

Der atemberaubende ***Harau-Canyon** ㉛ (15 km nördlich von Payakumbuh) gewährt Wildschweinen, Tapiren, Leoparden und Tigern Zuflucht, die in den anderen Gebieten Minangkabaus gejagt werden. Im Norden der Provinz (100 km nordwestlich von Bukittinggi) wurde ein wesentlich größeres Schutzgebiet geschaffen, das **Rimba Panti Naturreservat** ㉜, ein Refugium für die Riesenrafflesie.

VON BUKITTINGGI NACH PADANG

Berühmt für Seidengewebe und Holzschnitzereien ist **Pandai Sikat** ㉝ südlich von Bukittinggi.

Von **Kotobaru** ㉞ aus kann man auf landschaftlich sehr schönen Pfaden den **Mt. Merapi** (2891 m ü. M.) besteigen. Der Ort hat auch traditionelle Unterhaltung zu bieten. Hier werden **Stierkämpfe** (Stier gegen Stier) veranstaltet. Lediglich den Männern vorbehalten ist die Jagd auf wilde Schweine.

Für anspruchsvollere Gemüter wartet die vom Staat unterstützte **Akademie für Minangkabau-Künste** in **Padangpanjang** ㉟ *mit* Tanzaufführungen auf, so mit *Randai*, einem Männertanz, der Bewegungen der Kampfsportarten beinhaltet, und dem geschmeidigen *Tari Lilin*, bei dem Frauen Untertassen mit brennenden Kerzen balancieren müssen. Ein Minangkabau-Orchester setzt sich aus Gongs, Xylophonen, Trommeln und Flöten zusammen und ähnelt einem sundanesischen *gamelan*.

Südöstlich von Padangpanjang erstreckt sich der **Singkarak-See** ㊱ mit einigen Hotels, Restaurants und Wassersportmöglichkeiten.

Südwestlich von Padangpanjang führt die Hauptstraße nach Padang am **Lembah-Anai-Naturreservat** ㊲ mit wilden Orchideen und Wasserfällen vorbei. Auch hier kann man die Riesenrafflesien finden.

6 Sumatra

Foto: Thomas Stankiewicz

In der Küstenstadt **Pariaman** 38, 36 km nördlich von Padang, findet zu Beginn des ersten Monats des islamischen Kalenders das *Tabut*-Fest statt, das an die Leiden erinnert, die zwei Enkel Mohammeds im Krieg erfuhren. Obwohl das Fest mit den Schiiten in Verbindung gebracht wird, die die meisten indonesischen sunnitischen Muslime für Ketzer halten, wird es überall gefeiert, wenn auch nirgendwo so mitreißend wie in Pariaman. In einer dörflichen Zeremonie, die in ihrem Farbenreichtum und ihrer Üppigkeit an Feste auf Bali erinnert, bauen – und vernichten – die Minangkabau in Pariaman riesige Bildnisse von Bouraq, dem mythischen Reittier, das den Propheten Mohammed in den Himmel getragen haben soll. Die leuchtenden Figuren werden tanzend durch die Straßen getragen und schließlich ins Meer geworfen. Dann springen Zuschauer ins Wasser, um noch verwertbare Teile zu retten. Ein Erdbeben richtete 2009 schwere Schäden in Pariaman an, 675 Menschen verloren dabei ihr Leben.

Oben: Abendstimmung in einer Bar am Stadtstrand von Padang.

PADANG UND UMGEBUNG

Die Minangkabau können sich besser den Wechselhaftigkeiten des Geschäftslebens anpassen als die meisten anderen Indonesier. Am deutlichsten wird dies in der Provinzhauptstadt **Padang** 39 mit ihren rund 900 000 Einwohnern, wo der Großhandel in den Händen der *pribumi* liegt, und nicht wie andernorts in denen der Chinesen.

Europäische und heimische Handelsaktivitäten ließen Padang zu einem bedeutenden Geschäftszentrum und der drittgrößten Stadt Sumatras heranwachsen. Bereits im 17. Jh. bot dieser VOC-Außenposten den Minangkabau Stoffe aus Indien an. Doch im 18. Jh. nahmen einheimische Händler die wichtigsten Wirtschaftsposten ein, ausländische Geschäftsleute wurden nur noch geduldet. Nachdem die Briten die Stadt von 1795 bis 1819 besetzt hatten, erschienen die Holländer wieder und nutzten

» Karte S. 218-219, Info S. 227

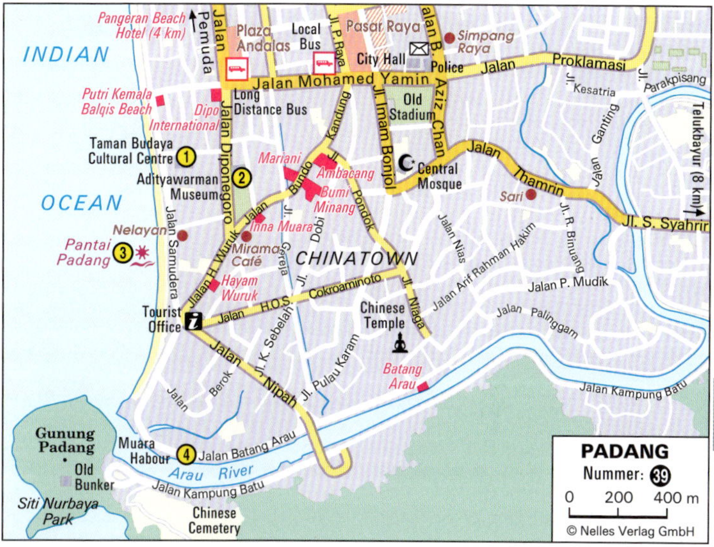

Padang als Ausgangspunkt ihrer Feldzüge gegen die Padri. Sie machten die Hafenstadt zum Umschlagplatz für Reis, Kaffee, Tabak und Gewürze aus Minangkabau. 2009 erschütterte ein schweres Erdbeben die Stadt. Zahlreiche Gebäude wurden zerstört und 313 Menschen darunter begraben.

Padang besitzt neben einer Universität auch das **Taman-Budaya-Kulturzentrum** ① mit künstlerischen Darbietungen wie Lesungen, Tanzvorführungen und Ausstellungen.

Das **Adityavarman-Museum** ② ist das bedeutendste Museum für Anthropologie, Kunst und Geschichte von ganz Minangkabau.

Die Jl. Samudera führt entlang der Seepromenade am **Strand** ③ von Padang vorbei. Bei einem Spaziergang durch Padangs **altes Viertel**, das sich an der **Jl. Batang Arau** ④ entlangzieht, kommt man an zahlreichen alten Lagerhäusern und an den im Hafen liegenden Fischerbooten vorbei.

Padang verlieh auch der herausragenden Küche seinen Namen, die heute das Wahrzeichen der Minangkabau in Südostasien ist; **Padang-Restaurants** finden sich in fast allen Städten Indonesiens. Am besten probiert man die Padang-Küche natürlich in Padang selbst: In einem richtigen *rumah makan Padang* serviert der Kellner gleich zwölf verschiedene Curries dem Gast; man bezahlt aber nur, was man isst. Zutaten sind Rind (wie beim extrem scharfen *Rendang*), Huhn (so beim *Kalio Ayam*), Ziege, Eier, exotische Gewürze und vor allem Unmengen Chili – it's hot, hot, hot!

Besonders während des Westmonsuns ist es im tief gelegenen, flachen und windgepeitschten Padang unangenehm feucht und heiß. In einer einzigen Novembernacht können durchaus 17 cm Regen fallen. Die selten gewordenen traditionellen Padang-Häuser waren gegen diese Naturgewalten gut gerüstet: Auf hohen Pfeilern standen sie über den Fluten, weit überhängende Dächer hielten die heftigsten Sonnen- und Regeneinwirkungen ab. Die neuzeitlichen indonesischen Betonhäuser jedoch sind nicht nur viel unpraktischer, sondern auch wesentlich hässlicher als die alten hölzernen Pfahlbauten.

Im Süden von Padang erstreckt sich eine malerische, zerklüftete Küste mit herrlichen Stränden bei **Bungus** und **Pasir Putih**. Für Taucher sind die kleinen Inseln vor der Küste interessant.

1892 wurde die Eisenbahnlinie fertig gestellt, die Padang mit dem Hinterland verband; sie führte über Padangpanjang südwärts bis **Solok** ❹⓿. Hier steht in der Nähe eine der für das Minangkabau-Hochland typischen **Moscheen**. Ein dreischichtiges *meru*-Dach bildet in Verbindung mit einer moderneren *qubbah*-Kuppel eine bemerkenswerte Pagodenform.

Noch bis in die 1980er Jahre schnaufte die deutsche Zahnraddampflok, die heute im Bahnmuseum von Ambarawa / Java steht, weiter in das **Kohleabbaugebiet** bei **Sawahlunto** ㊶. Hier wurde der Treibstoff für die Dampfschiffe und -lokomotiven gewonnen, die die holländischen Kolonien versorgten. Auf der Nebenlinie nach Bukittinggi verkehren heute nur noch Güterzüge.

Westsumatra gehört zwar nicht zu den größten Provinzen Sumatras, ist aber mit seinen 50 000 km^2 immer noch größer als jede javanische. Da sich die Bevölkerung von 4,8 Millionen hauptsächlich um Padang und um Bukittinggi konzentriert, besteht die Provinz zu einem großen Teil aus Wildnis. Etwa zehn Stunden Autofahrt Richtung Süden entfernt liegt der **Kerinci-Seblat-Nationalpark** ㊷. Die 1,37 Millionen Hektar Hochwald und Marschland verteilen sich auf vier Provinzen. Die Verwaltung des Parks hat ihren Sitz in **Sungaipenuh** ㊸ in einem Hochtal am Rande von Jambi. Der 3806 Meter hohe **Mt. Kerinci**, der höchste Berg Sumatras, erhebt sich nahe der Grenze zwischen Jambi und Westsumatra. Auch ein erfahrener Kletterer benötigt zwei Tage, um seinen Gipfel zu bezwingen. Der wildwüchsigste Teil des Reservats liegt allerdings weiter südlich, im Herzen der Provinz Bengkulu und in Südsumatra.

⋆MENTAWAI-INSELN

Sehr abgeschieden, etwa 130 km vor der Küste Westsumatras, liegen die **⋆Mentawai-Inseln** – Siberut, Sipura, Pagai Utara und Pagai Selatan –, von Surfern geschätzt wegen der traumhaften **Wellen** an ihren Westküsten, einige **Surf Resorts** leben davon. 2010 folgte einem Seebeben ein Tsunami, der mehr als 100 Opfer forderte.

Die Kultur der Insulaner ist noch bemerkenswerter als die von Nias. Die Menschen dieser Inseln geben noch manches Rätsel auf. Bis in die späte Kolonialzeit schienen die **Mentawaier** weder Metallbearbeitung noch Blasebalg zu haben. Auch waren ihnen weder Reisanbau noch Töpferei oder Betelgenuss bekannt, wohl aber die Nutzung der Sagropalme für Ernährung und Hausbau. Sie ernten Kokosnüsse, jagen wilde Tiere mit Pfeil und Bogen und sammeln Rattan im Dschungel, das sie an Händler verkaufen.

Christliche Missionare begannen ihre Arbeit um 1901, konnten aber erst nach dem Zweiten Weltkrieg wesentlichen Erfolg erzielen. Die Lendenschurze aus gepresster Baumrinde gehören zwar der Vergangenheit an, aber ihre wunderschönen **Tätowierungen** legen die Inselbewohner so schnell nicht ab. Und noch immer grassieren unter den Mentawaiern Malaria, Tuberkulose, Cholera und Darmparasiten; entsprechend hoch ist die Kindersterblichkeit.

In abgelegenen Dörfern wie **Sakelot** und **Rokdok** auf der nördlichen und größten Insel **Siberut** ㊹ (30 000 Einwohner; Hafenort: **Muarasiberut**) sind noch herkömmliche große **Uma** (Pfahlbauten) zu finden. Agenturen in Bukittingi und Padang bieten mehrtägige organisierte Siberut-Touren mit Trekking zu den Dörfern an.

Der **Regenwald** im Westen mit seltenen Affenarten (u. a. Schwarzer Haubenlangur und Mentawai-Siamang) steht als **Siberut-Nationalpark** unter Schutz.

» Karte S. 218-219

BUKITTINGGI (☎ 0752)

Viele Esstände abends an der Jl A. Yani.

PADANG-KÜCHE: **Roda Group Restaurant**, mehrere Filialen, u.a. Jl M Yamin u. Pasar Atas, blok C-155. **Family**, Jl Benteng 1, am Fort de Kock. **Simpang Raya**, Muka Jam Gadang. In diesen Lokalen gibt es original Minang-Speisen vom Feinsten.

WESTLICH: Wer auf westliches Flair und Traveller-Food nicht verzichten möchte, ist im **Canyon Café**, Jl Teuku Umar 8, oder auch im **Turret Café**, Jl A. Yani 140, gut aufgehoben.

Viele Souvenir- und Antiquitäten-Läden in der Jl Jen. A. Yani, der Jl Teuku Umar und der Jl Cindur Mato; außerdem am **Pasar Atas** (dem „oberen Markt") in der Jl Minangkabau, nicht weit vom Uhrturm Jam Gadang. Obst, Gemüse, Gewürze usw. tgl. im **Pasar Bawah** (dem „unteren Markt"). Großer Markt: Mi und Sa. Silberwarenläden im Ort **Kota Gadang**, 5 km von Bukittinggi.

Minangkabau-Tänze gibt es im Medan Nau Balinduang zu sehen, Jl Lenggogeni; Termine im Tourist Office, Jl Sudirman.

Im **Taman Bundo Kanduang Park** befinden sich sowohl das **Rumah Adat Baandjuang Museum** als auch der **Bukittinggi Zoo**.

BUS: Busbahnhof auf Jl Aur Kuning, 3 km südöstl. der Stadt, mit den meisten Büros der Busgesellschaften.

ORTSVERKEHR: **Pferdekutschen** sind ein Markenzeichen von Bukittinggi.

PADANG (☎ 0751)

Tourism Padang, Jl Samudena 1.

INDONESISCH *(Padang)*: **Simpang Raya**, gute Padang-Küche, Jl Bundo Kanduang 3-5, gegenüber der Hauptpost. **Mirama Café**, Padang-Gerichte in elegantem Ambiente, Jl Hayam Wuruk 38.

CHINESISCH *(Seafood)*: **Nelayan Restaurant**, ausgezeichnete chinesische Küche und Seafood-Spezialitäten, Jl Samudena.

Im **Taman Ria Pantai Padang**, an der Uferstraße Pantai Padang, locken Garküchen und Freiluftrestaurants mit preiswerten Spezialitäten wie Suppen oder Ziegenspießchen.

Adityawarman Museum, Di-So 8-16 Uhr, Jl Diponegoro, Tel. 22316.

Taman Budaya Kulturzentrum, Tanz und *pencak silat*, tägl. 8-14 Uhr, Jl Diponegoro, gegenüber Museum.

Postamt: Jl Bagindo Aziz Chan 7.

REGIERUNGS-BÜROS: **PKA Office**, Genehmigungen für Mentawai und Reservate, Jl Raden Saleh 8A, Padang Baru, Tel. 25136. **Polizei**, Jl M Yamin.

Rumah Sakit Yos Sudarso, Privatkrankenhaus, Jl Situjuh, Tel. 33230.

FLUG: **Tabing Flughafen**, 6 km mit Taxi. **Garuda Indonesia** Jl Jend Sudirman No. 2, Tel. 30737; **Adam Air**, Jl Pemuda 26, Tel. 840999 / 33926/7; **Mandala**, Jl Pemuda 29, Tel. 39737; **Tiger Airways** (www.tigerairways.com) fliegt nach Singapur.

SCHIFF: **Teluk Bayur Hafen**, 6 km südl. vom Stadtzentrum. **Pelni-Büro**: Jl Tanjung Priok 32, Teluk Bayur, Tel. 33624.

BUS: **Busbahnhof** für alle Fernbusse (auch Bukittinggi) 10 km vom Stadtzentrum an der Jl By Pass im Ortsteil Aie Pacah, erreichbar mit Minibus ab der Jl Pemuda.

ORTSVERKEHR: **Bemo-Terminal** bei Jl MH Yamin, zwischen Jl Pemuda und Markt, größter Taxi-Stand vor dem Markt.

MENTAWAI-INSELN

Hotels (wie das Wavepark Resort) sind noch eher rar, viele Besucher sind Surfer, und viele übernachten auf gecharterten Booten. Boot-Charter im alten Hafen (Muara) von Padang. Fähren tgl. außer So ab Hafen Muara (Padang). Die komfortable Ambu-Ambu-Fähre verbindet 1x wöch. Padang mit Tuapejat (Sipora) und Sikakap (Nord-Pagai). SMAC fliegt 1 x wöchentl. (Mi) von Padang zum Rokot Airstrip, Insel Sipura.

Kalman Muller

Foto: Kelvinchuah (Dreamstime)

DIE KÜCHE INDONESIENS

In der Gastronomie Indonesiens haben sich verschiedene Kochstile verbunden; sie kann selbst Gourmets ins Schwärmen versetzen und deren kulinarischen Horizont erweitern.

Keine Indonesien-Reise ist vollständig ohne den Genuss der authentischen indonesischen Küche. Ein für westliche Gaumen besonders schmackhaftes Gericht ist *Opor Ayam*: Hühnerfleisch in einer milden Soße aus Kokosmilch und einer Mischung aus zermahlenen, in Öl gebratenen Lichtnüssen, grünem Ingwer, *Laos*-Wurzel, Koriander, Kümmel, Knoblauch und Zwiebeln. Salam-Blätter, Zitronengras, Tamarindensaft und Salz runden das Gericht geschmacklich ab. Das Fingerspitzengefühl eines erfahrenen Kochs kann diese aromatische Kreation aus Hühnerfleisch, Kokosmilch und Gewürzen in ein kulinarisches Erlebnis verwandeln. *Opor Ayam* wird meist mit Gemüsegerichten wie *Sambal Goreng Buncis* (grüne Bohnen in Kokosmilch), *Pergedel Kentang* (Kartoffel-Kroketten), *Pergedel Daging* (Kartoffel-Kroketten mit Hackfleich), *Krupuk* (Krabben-Chips) oder *Serundeng* (gerösteter Kokosnuss mit Erdnüssen) serviert. Diese Gerichte ergänzen einander auf das Köstlichste.

Vorherige Seiten: Javanische Hochzeit; die Braut füttert den Bräutigam mit Reis. Oben: Gegrillte Sate-Spieße. Rechts: In einem Padang- (Minang-) Lokal kommen mehrere Speisen gleichzeitig auf den Tisch; man bezahlt nur, was man davon isst.

In Indonesien kommen die Speisen nicht nacheinander, sondern gleichzeitig auf den Tisch und werden mit gekochtem Reis gegessen. Der Reis stellt die Hauptmasse der Mahlzeit dar, und sein neutraler Geschmack bildet den idealen Kontrast zu den verschiedenen Düften, Aromen und Beschaffenheiten von Fleisch und Gemüse.

Obwohl die Küche der Minangkabau im Ruf steht, extrem scharf gewürzt zu sein, wird doch die Schärfe der Gerichte durch langsames Garen vermindert, und die richtige Mischung von Chili mit anderen Gewürzen kann eine so harmonische Geschmacksverbindung hervorbringen, dass es nur selten gelingt, die verschiedenen Zutaten einzeln herauszuschmecken.

Es gibt unzählige Gerichte in Indonesien: scharfe und milde, saure, stark riechende und cremige, salzige und süße. Da es eine Vielzahl unterschiedlicher ethnischer Gruppen gibt, die noch ihre kulinarischen Traditionen pflegen, kann man wochenlang essen, ohne zweimal das gleiche Gericht serviert zu bekommen.

Das allseits beliebte *Sate* besteht aus dem Fleisch von Rind, Huhn, Lamm oder Ziege, das auf Bambusstöckchen gespießt, in Gewürzen mariniert und über Holzkohle gegrillt wird. Dazu gehört eine Soße aus gemahlenen Erdnüssen, Chilis, Zwiebeln, Zucker, Sojasoße, Essig, Salz und Wasser. Eine andere Sate-Soße besteht aus Schalotten und Chilis, zerpresstem Knoblauch, Limonensaft und Sojasoße. Dieser Imbiss wird praktisch überall verzehrt, auf den Straßen, bei zwanglosen Zusammenkünften oder Cocktail-Partys, und er steht hoch in der Gunst der Touristen. Auf der Jalan Sudirman in Jakarta findet man einige ausgezeichnete *Sate*-Restaurants. *Sate* wird entweder mit *Lontong* (in einer Bananenblattrolle gedünstetem Klebreis) oder mit *Ketupat* (Klebreis, der in einem aus jungen Palmblättern geflochtenen Beutelchen gekocht wird) serviert.

Falls Sie Vegetarier oder Fast-Vegetarier sind, ist *Gado-Gado*, ein Gemüsesalat mit Erdnusssoße, ein Muss. Für dieses Gericht werden Salat, gekochter, geraspelter Kohl, gekochte, streichholzklein geschnittene Karotten, gekochte grüne Bohnen, blanchierte Sojasprossen, geviertelte reife Tomaten und geviertelte hart gekochte Eier geschmackvoll auf einem Teller angerichtet, mit Erdnusssoße übergossen und mit gebratenen Zwiebelflocken garniert. Zur Herstellung der Erdnusssoße werden zerkleinerte, kurz angebratene Zwiebeln, Chilis und

Foto: Ampyang (Dreamstime)

Knoblauch mit Wasser und zerstoßenen Erdnüssen vermischt, unter ständigem Rühren zum Kochen gebracht und mit Zucker, Essig und einer Prise Salz abgeschmeckt.

Das vegetarische *Tempe* schmeckt gut, ist billig und besitzt einen hohen Nährwert. Gekochte Sojabohnen müssen drei Tage lang fermentieren. Die dann kompakte Bohnenmasse wird von einer weißen Haut überzogen und entwickelt ein Aroma von frischen Pilzen. Diese nahrhafte und preiswerte Quelle hochwertigen Proteins wird in Indonesien besonders von den niedrigeren Einkommensgruppen geschätzt, denn im Gegensatz zu Fisch, Huhn oder Rindfleisch gibt es bei Tempe keinen Abfall, und man weiß, was man hat: Ein Pfund Tempe ist eben ein Pfund Tempe. In der heutigen Zeit, in der auch gebildete Schichten zunehmend vegetarisch essen, wird Tempe immer häufiger dem Fleisch vorgezogen.

In den meisten indonesischen Familien wird gebratenes *Tempe* mit Reis zum Frühstück, Mittag- und Abendessen serviert, und man findet es in vielen

Variationen auf den Speisekarten der Restaurants. Falls Sie es einmal versuchen möchten, fragen Sie nach *Tempe Goreng* (gebratenes *Tempe*) oder nach *Sambal Goreng Kering Tempe*, das aus dünnen, süß-würzigen, in Öl gebackenen *Tempe*-Scheiben besteht. Auch auf Märkten oder in Lebensmittelläden wird *Tempe* in Bananenblätter oder Zellophan gewickelt verkauft.

Ein weiteres vegetarisches Nahrungsmittel, das proteinreiche und fettfreie *Tahu*, ist in westlichen Ländern als Sojaquark oder Tofu bekannt und wird ebenfalls aus fermentierter Sojapaste hergestellt. *Tahu* wurde vor ca. 2000 Jahren aus China eingeführt und bildet heute nicht nur einen wichtigen Bestandteil der täglichen Nahrung in Südostasien, sondern hat auch in westlichen Ländern an Beliebtheit gewonnen. Es wurde vor so langer Zeit von chinesischen Reisenden nach Indonesien gebracht, dass es die Indonesier mittlerweile als einen traditionellen Bestandteil ihrer Küche ansehen und ihre eigenen Rezepte zu seiner Zubereitung entwickelt haben. *Tahu* wird täglich frisch hergestellt und meist zusammen mit *Gado-Gado* serviert.

Bei einem Besuch Yogyakartas sollte man einmal *Nasi Gudeg* probieren, ein typisches mitteljavanisches Gericht aus Hühnerfleisch, das zusammen mit zerkleinerter frischer Jackfrucht stundenlang auf kleiner Flamme in Kokosmilch gegart wird. Koriander, Kümmel, Krabbenpaste, Zwiebeln, Knoblauch und Lichtnüsse werden zu einer Paste zerstampft, die dem Gericht zusammen mit *Laos*-Wurzel, braunem Zucker, Zitronengras und einer Prise Salz beigefügt werden. Auch *Nasi Gudeg* wird mit weißem Reis serviert.

Nasi Campur besteht aus einer Portion weißem Reis, die obenauf mit Fisch oder Fleisch und mit Gemüse garniert, mit *Serundeng* und einem oder zwei *Krupuk*-Chips gekrönt wird.

Nasi Padang wurde nach seiner Heimatstadt, dem Hafen Padang, benannt. Selbst in Yogya, dem Hort javanischer Kultur, gibt es eine Anzahl von Restaurants, die – meist von Frauen gemanagt – die charakteristische muslimische Küche Padangs anbieten, und man findet kaum eine indonesische Stadt ohne Padang-Restaurant. Dort gibt es Curries und scharfe Fisch-, Eier- und Gemüsespeisen wie auch Fleischgerichte aus Rind, Huhn, Ziege, Leber, Kutteln oder Nierchen. Köstliche Spezialitäten sind *Kalio Ayam*, ein cremiges Hühner-Curry; *Rendang*, ein würziges Rindfleisch-Curry und *Dendeng Balado*, das mit gebratenem, gewürztem, sonnengetrocknetem Fleisch zubereitet wird. Schon diese drei Gerichte machen die Küche von Padang zu einem unvergesslichen Erlebnis.

In Indonesien isst man jedoch nicht allein, um den Hunger zu stillen; gemeinsames Essen ist obligatorisch bei großen Festen. Bestimmte Gerichte gehören zu den einschneidenden Punkten im Lebenszyklus der Menschen. *Nasi Tumpeng* wird in Java zubereitet, wenn eine Frau den siebten Schwangerschaftsmonat erreicht hat. Dabei wird gekochter Reis zu einem 30 cm hohen Kegel gepresst, der in die Mitte einer mit Bananenblättern belegten Bambusplatte gestellt wird. Sieben kleine Kegel aus Reis, Gemüsespeisen, Rind- und Hühnerfleisch sowie bunte Süßspeisen umgeben den großen Kegel, der das Wachstum und die Entwicklung des Menschen symbolisiert. Verwandte und Nachbarn speisen zusammen, feiern die glücklich verlaufene Schwangerschaft, danken den Göttern und erbitten ihren Segen für die Zukunft. Mit diesem Festmenü teilt man der gesamten Gemeinschaft mit, dass der siebte Schwangerschaftsmonat glücklich und sicher erreicht wurde.

Nasi Tumpeng begleitet auch Geburtstage, Hochzeiten oder Hochzeits-

Rechts: Meeresfrüchte aus dem fischreichen Sunda-Meer.

Foto: Robert Höbel

tage. Dabei bleibt zwar die Kegelform von *Nasi Tumpeng* gleich, aber die Fleisch- und Gemüsegerichte wechseln je nach Anlass. Bei Totenfeiern wird der Reiskegel von oben nach unten sauber in zwei Hälften geschnitten, die als Symbol für die Durchtrennung des Lebensfadens und die Beendigung von Wachstum und Entwicklung mit den runden Seiten gegeneinander gestellt werden.

Im hinduistischen Bali, auch Pulau Dewata (Insel der Götter) genannt, spielen Nahrungsmittel eine noch größere Rolle bei religiösen Zeremonien. Bali ist die Insel der tausend Tempel, und die Balinesen bringen häufig Opfergaben in diesen Tempeln dar, mit denen sie ihrer höchsten Gottheit *Sang Hyang Widhi* für seine Gaben danken. Das Opfern von Speisen besitzt eine tiefe symbolische Bedeutung, und alles, was der höchsten Gottheit oder auch den in der Hierarchie niedriger stehenden Göttern dargebracht wird, muss ein Höchstmaß an Schönheit und Perfektion besitzen, so auch die Speisen, die man in feierlichen Prozessionen zum Tempel trägt – um sie anschließend selbst zu verspeisen.

Sobald in Bali das Frühstück zubereitet ist und bevor man zu essen beginnt, werden kleine Opfergaben, etwa eine kleine Portion Reis mit einer Prise Chili und Salz, mit ein oder zwei Blütenstängeln verziert, auf ein Bananenblatt gelegt und an einen wichtigen Platz gebracht, um die bösen Geister fernzuhalten. Dies kann der Hausaltar, der Herd, der Brunnen oder ganz einfach die Haustürschwelle sein.

Die täglichen Mahlzeiten werden von den Frauen zubereitet, während die Männer für rituelle Gerichte oder Bankette verantwortlich sind, bei denen oft *Babi Guling*, geröstetes Spanferkel, serviert wird. Bali war früher auch für Schildkröten-Steaks und Schildkröten-*Sate* bekannt, auf die man aber verzichten sollte, da diese Tiere vom Aussterben bedroht sind. Egal, ob in Kuta, Nusa Dua oder Sanur: überall findet man gute Restaurants und preiswerte kleinere Esslokale, die schmackhafte und fantasievolle Gerichte aus vielen Teilen der Erde anbieten.

Foto: Robert Höbel

TRADITIONELLES KUNSTHANDWERK

Batik

Zweifellos ist *batik* die bekannteste Kunstform Indonesiens, obwohl diese Methode, Textilien mit Ornamenten zu verzieren, fast ausschließlich in Java Verwendung findet und dort ihre größte Verfeinerung erlangte. Muster werden mit flüssigem Wachs auf feinen Baumwollstoff gezeichnet, bevor dieser eingefärbt wird. Nach dem Entfernen des Wachses hebt sich das Muster vom Untergrund ab. Dieser Vorgang kann beliebig oft wiederholt werden, und unvorhergesehene Risse im Wachs geben dem Stoff seine reizvolle, spinnwebenartige Maserung. In Java erreicht man komplizierteste Punkte und Linien durch das Auftragen des heißen, flüssigen Wachses mit dem *canting*, einem füllfederartigen Instrument.

Oben: Mit Geschicklichkeit und Geduld entsteht hier ein Batikstoff.

Im 19. Jahrhundert begann man in Java, die Wachsmuster mit kupfernen Handstempeln aufzutragen. Dies beschleunigte die Arbeit, und man konnte mit der Flut von bedruckten Baumwollstoffen aus europäischen Fabriken konkurrieren, da die stempelbedruckten *batik*-Stoffe (*batik cap*) billiger als die mühsam handgezeichneten und wesentlich arbeitsintensiveren *batik tulis* waren.

Heute werden in javanischen Fabriken maschinell bedruckte Stoffe mit *batik*-ähnlichen Mustern als industrielle Massenware hergestellt. Obwohl sie nie mit Wachs in Berührung gekommen sind, werden sie fälschlicherweise in aller Welt als „*batik*-Drucke“ verkauft.

Jede Region hat ihre eigenen *batik*-Muster und -Farben entwickelt, obwohl die größeren *batik*-Firmen sie alle unter einem Dach verkaufen.

Am bekanntesten sind wohl die javanischen *batik*-Stoffe (*kain panjang*), deren geometrische, blau-weiße oder braune Muster sich von einem cremefarbenen (für Solo) oder einem weißen Grund (für Yogyakarta) abheben. Die vibrierenden Farben der Blumen- und Vogelmuster von Nordküsten-Städten wie Pekalongan unterscheiden sich grundlegend von der dunklen Eleganz der alten javanischen Ornamente. Die Kunst des javanischen Küstenlandes, die stark vom Handel beeinflusst wurde, integrierte europäische, chinesische und arabische Stilelemente.

Die *kain sarong batik* der Nordküste besitzt meist eine kontrastierende Borte am Taillenende des Stoffes, und der Stil des *pagi soré* („Morgen und Abend") hat unterschiedliche Borten an Taille und Saum. In der Gegend um Cirebon entstanden interessante *batik*-Stoffe mit großflächigen, friesartigen Mustern: Felsen, Schreine, Wolken oder Fabelwesen heben sich von einem blassen, einfarbigen Grund ab. Diese *batik* wird noch heute in den Werkstätten von Trusmi und Plered produziert.

Im Osten Javas, in dem Gebiet um Tuban, werden in den Dörfern eher einfache *batik*-Stoffe aus handgewebter Baumwolle hergestellt.

Jahrhundertelang hat Java seine *batik*-Stoffe nach Bali und Sumatra exportiert, wo sie heute noch ein wichtiger Bestandteil der zeremoniellen Kleidung sind. Die blau-weiße *batik* der javanischen Nordküste ist in Bali besonders beliebt und wird für die Kostüme der Tanzdramen und königlichen Zeremonien oft sogar mit hauchdünnem Blattgold *(perada)* verziert. Zum Auftragen des Blattgolds (oder Goldstaubs) wird der Stoff mit Mustern aus Leim bestempelt oder bemalt, an denen die kostbare Substanz haften bleibt. Das Rascheln dieser steifen, kostbaren Gewänder verstärkt noch ihren überwältigenden Eindruck.

Heute werden viele dieser goldenen Blütenmuster mittels Schablonen mit Goldfarbe auf den Stoff gedruckt, und obwohl sie bei Theateraufführungen überaus eindrucksvoll wirken, können sie bei näherem Hinsehen dem Vergleich mit den kostbaren alten *kain perada* nicht standhalten.

Ikat und andere Textilien

Die Balinesen sind nicht nur Meister der *batik*-Kunst, sie haben auch eine breite Palette von dekorativen Färbe- und Webtechniken entwickelt, so die Knotenfärbung, das Gobelin- und Köperweben, das Einschlag-*ikat* und gewebte Einschlagsbrokaden. In Textilkunstzentren wie Gianyar und Batuan werden diese Stoffe in großen Mengen für Einheimische und Touristen hergestellt. Beim Einschlag-*ikat (endek)* werden die Schussfäden abgebunden und in bestimmten Mustern eingefärbt, bevor sie mit den Kettfäden verwebt werden. Für besondere Borten oder ausgefallene, dreieckige Umschlagsenden aus gewebtem Goldbrokat *(songket)* werden mit Gold überzogene Schussfäden benutzt, um einen fließenden Effekt zu erzielen. Früher wurden diese üppigen Stoffe, mit ihren Mustern aus Schattenspielfiguren der großen Hindu-Epen oder den von importierten Luxusstoffen kopierten Designs, ausschließlich für die balinesische Elite gewebt, und auch heute noch werden sie bei den Zeremonien der Aristokratie getragen.

Eine zu recht berühmte Textilie, das Doppel-*ikat (ikat geringsing)*, wird nur in dem kleinen ostbalinesischen Dorf Tenganan in der Nähe von Karangasem hergestellt. Bei dieser äußerst schwierigen Web- und Färbetechnik werden sowohl Schuss- als auch Kettfäden eingefärbt, so dass die Muster beim Weben vollkommen in Einklang gebracht werden müssen. Diese textilen Meisterwerke werden auf den einfachsten Webstühlen hergestellt und gelten als heilige Objekte. Vor jedem Arbeitsgang werden den Göttern Opfergaben dargebracht, damit sie die Arbeit der Weberin unterstützen. Da die wunderbaren *geringsing*, wie viele andere traditionelle Stoffe, bei religiösen Zeremonien, an besonderen Feiertagen und Festen zu den einschneidenden Punkten des Lebenszyklus getragen werden

Foto: Peter Rex

und große rituelle Bedeutung besitzen, muss ihre Herstellung mit besonderer Sorgfalt und Ehrfurcht vor den Göttern erfolgen.

Auch das Volk der Sasak auf Lombok webt sakrale Stoffe, die eine ähnlich wichtige Funktion haben. Und obwohl einige der rituell wirksamsten Sasak-Textilien nur mit einfachen Streifenmustern auf einem satten, naturfarbenen Grund verziert sind, werden in die Endfransen oft Unmengen alter chinesischer Münzen geflochten, um die Schutzgeister anzulocken.

Unter den Batak Nordsumatras werden Textilien oft als Geschenke und Gaben bei Festen und Zeremonien benutzt. Bei einer Hochzeit wickelt jeder Gast das sitzende Brautpaar in ein traditionelles *ulos*-Tuch ein, aus dessen Qualität das Alter des Spenders, sein sozialer Status oder die Familienverbindung zum Brautpaar hervorgeht. Die Textilien der Toba-Batak unterscheiden sich deutlich von denen der Karo, Simalungun und Angkola, wobei sich in jedem Batak-Dorf wiederum verschiedene charakteristische Muster entwickelt haben. In der Gegend von Tarutung, Porsea und Muara am Tobasee wird mit zusätzlichen schwarz-weißen Schussfäden das unglaublich feine *ulos ragidup* („Lebenstuch") hergestellt, das mit männlichen und weiblichen Symbolen verziert ist. In der Gegend von Balige findet man das einfach gestreifte *ulos ragi hotang* mit einer markanten, breit geflochtenen Borte, und die Insel Samosir im Tobasee ist die Heimat des *ikat ulos sibolang* mit seinen dunkelblauen Kettfäden. Die Batak benutzen für ihre Textilien nur Baumwolle. Eine Ausnahme bilden die *abit*- und *parompa*-Stoffe der Angkola-Batak. In ihren erd- oder indigofarbenen Grund, der so gut zu der nebligen Atmosphäre des Hochlandes passt, sind bunt gewirkte Borten und glänzende Perlen eingewebt. Die Textilien der malaiischen Völker Sumatras sind hell und farbenprächtig wie die Balis. In Pandai Sikat wird noch heute die komplizierte Minangkabau-Webkunst mit Gold- und

Oben: Der mythische Göttervogel Garuda; Schnitzkunst aus Bali.

Silberfäden gepflegt, und in Palembang werden malaiische Seiden- und Goldbrokate in traditionellem Stil auf den althergebrachten Webstühlen hergestellt, obwohl sich im Lauf der Zeit die Qualität der Goldfäden vermindert hat. Diese empfindlichen Stoffe darf man niemals falten, um nie wieder gut zu machende Schäden zu vermeiden.

Soziale Veränderungen entzogen einigen der textilen Traditionen ihre Bedeutung. Aceh ist heute nicht mehr für seine Webkunst, sondern für seine Stickereien mit Goldfäden berühmt, bei der das Muster auf wertvolles Material wie Seide aufgestickt und dann an zeremoniellen Wandbehängen, Kissen oder auch an Moskitonetzen befestigt wird.

Die Paminggir Südsumatras dagegen, die früher eine der großartigsten Textilkulturen Südostasiens pflegten, stellen ihre berühmten Schiffs-Stoffe nicht mehr her. Im Nationalmuseum von Jakarta befindet sich eine schöne Sammlung ihrer gewebten Wandbehänge und wunderbar bestickten Frauenröcke mit fantasievollen Schiffen, Fabelwesen und menschlichen Reitern. Ab und zu kann man diese Stoffe aus dem 19. Jh. für teures Geld in Antiquitäten-Geschäften erstehen, und eine Weberei in Java stellt sie in großen Mengen für den Souvenirhandel her.

Anderes Kunsthandwerk

Auch in anderen Kunstgewerben Indonesiens fallen regionale Verschiedenheiten auf. Früher war es leicht möglich, bestimmte Skulpturstile, Metallarbeiten, Korbflechtereien, Lederarbeiten oder Keramik spezifischen ethnischen Gruppen oder sogar Dörfern zuzuordnen. Zwar bevorzugten die Indonesier die aus China oder vom südostasiatischen Festland importierte, glasierte Keramik, aber auch einheimische, traditionelle, kurz gebrannte Tonwaren wurden in ganz Indonesien für die Küchenarbeit oder zum Wasserholen benutzt. Heute werden sie jedoch mehr und mehr durch Plastik- oder Metallbehälter ersetzt. In Bali und West-Lombok hingegen sind tönerne Töpfe ein integraler Bestandteil religiöser Opferrituale geblieben. Auch Matten und anderes Flechtwerk werden zunehmend von billigen Plastikprodukten verdrängt, obwohl die feinen, strapazierfähigen Produkte aus Rohr oder Palmblättern leicht erhältlich sind. In Lombok werden außergewöhnlich hübsche Körbe in traditionellem Stil hergestellt, und im westjavanischen Tasikmalaya findet man die besten Flechtwaren Indonesiens.

Metallarbeiten erlebten in ganz Indonesien durch die Touristenindustrie einen enormen Aufschwung. Besonders in Java und Bali haben traditionelle Dorfschmiede ihr Repertoire noch erweitert. Besonders begehrt sind die Zeremonialdolche (*kris*) und die Instrumente des traditionellen *gamelan*-Orchesters von Java und Bali. In Kota Gede bei Yogyakarta findet man qualitativ hochwertige Silberarbeiten. Auch Celuk in Bali und Kota Gadang in Westsumatra sind für ihre regionalen Stile beim Silberschmuck berühmt. Gold, das als sichere Kapitalanlage gilt, wird mittlerweile in jeder indonesischen Stadt nach Gewicht verkauft. Oft wird modernes Design bevorzugt, doch in Banda Aceh erhält man Goldschmuck immer noch im traditionellen, ortstypischen Stil.

Auch die Holzskulpturen unterscheiden sich von Region zu Region. In Jepara an der javanischen Nordküste wie auch in den balinesischen Dörfern Ubud und Mas werden Holzschnitzereien in unterschiedlichen Stilen für Einheimische und Touristen hergestellt. Hier kann man nicht nur geschnitzte Türen, Paravents und Möbel kaufen, sondern auch Armreifen und winzige Knöpfe.

In Sumatra dagegen sind Meister der Holzschnitzkunst selten geworden, und es scheint, dass die Tradition der großartigen Schnitzereien an den Häusern der Ahnen, den Versammlungshallen und Reisspeichern der Toba- und Karo-Batak, der Minangkabau und der Bewohner der Insel Nias langsam, aber sicher in Vergessenheit gerät. Heute findet man zwar noch Nachbildungen kleinerer traditioneller Objekte, etwa Schnitzwerke aus Büffelhorn, Bambus oder Holz, aber die spirituelle Kraft, die den Amulett-Behältern, Zauberstäben, den Bucheinbänden des Dorf-Magiers und den großartigen Steinsarkophagen für die Knochen der Ahnen früher zuerkannt wurden, ist in unserem weltlichen Zeitalter kaum noch zu erreichen.

Pigmentmalerei auf Stoff besaß in der Kunstgeschichte Südostasiens nie die gleiche Bedeutung wie im Westen, und innerhalb Indonesiens wird nur in Bali eine Maltradition aufrechterhalten. Die balinesischen Gemälde zeigen unter anderem Szenen aus den großen Hindu-Epen und dem traditionellen balinesischen Kalender, und im 20. Jh. sind auch stilisierte Ansichten von Dorfleben und Ritualen populär geworden. In Java und Bali ist dagegen die Bemalung von Tanzmasken und ledernen Schattenspielfiguren für die lebendigen Theaterkünste von allergrößter Wichtigkeit geblieben. Dorfkünstler beherrschen die Bearbeitung von Büffelleder für die *wayang-kulit*-Figuren in absoluter Perfektion. Komplizierte, farbenprächtige Muster, vergoldete Kleidung und Schmuckstücke unterscheiden die verschiedenen Charaktere. Die balinesischen Schattenpuppen sind runder und dicker als ihre zentraljavanischen Gegenstücke, wogegen die westjavanischen Puppen (*wayang golek*) eine dreidimensionale Form besitzen. Die Vorstellung findet nicht hinter einer Schattenspielbühne, sondern in einer runden Manege statt.

Während die berühmtesten Wahrzeichen der indonesischen Kunst, die Steinmonolithen und die großartigen steinernen Tempel, ihre „Bühne" in der freien Natur haben, kann man viele der vergänglicheren Kunstobjekte heute nur noch in den Sammlungen der National-, Regional- oder Palastmuseen bewundern. Diese Museen sind oft in eindrucksvollen Häusern untergebracht, die im traditionellen regionalen Architekturstil erbaut wurden.

Auf Bali besitzen die religiösen Zeremonien noch immer ihre ursprüngliche Bedeutung, und niemand vergisst so leicht die starke Wirkung, die mit den vergänglichsten und zerbrechlichsten Materialien erzielt wird – Opfergaben von Blumen, gefärbten Reiskuchen, Standarten aus geflochtenen Bananenblättern oder Grabbeigaben aus Holz und Papier, die sich nach Beendigung der Zeremonie schnell auflösen oder sogar zerstört werden.

TIERWELT UND VEGETATION

Seit über 50 Millionen Jahren hat sich die Tierwelt Indonesiens im Westen und im Osten unterschiedlich entwickelt, getrennt durch einen Tiefseegraben zwischen Bali und Lombok sowie Borneo und Sulawesi (Wallace-Linie). Während die westindonesischen, auf dem Sundaschelf gelegenen Inseln immer, wenn der Meeresspiegel fiel – etwa während der Eiszeiten –, Landverbindung mit Asien hatte, war Ostindonesien dann durch den Sahulschelf mit Australien verbunden. Deshalb findet man z. B. von Sulawesi ostwärts Beuteltiere und Großfußhühner und sieht auf Lombok die ersten Verwandten der Kakadus. Auf Java und Sumatra hingegen beweist das Nashorn die Zugehörigkeit zur asiatischen Fauna.

Die einstmals artenreiche Tierwelt Indonesiens, deren natürliches Habitat der tropische Regenwald, das moorige Bergland und die Kalksteinhügel waren, ist durch die Bevölkerungsexplosion und unkontrollierten Holzeinschlag drastisch reduziert worden. Außer den Vögeln, Ratten, Fröschen und Fischen

Rechts: Einladung zum Dschungelstreifzug in Bohorok (Gunung-Leuser-Nationalpark).

Foto: Jürgen Reichmann

der Reisfelder leben die meisten Wildtiere in Reservaten und Nationalparks.

Nationalparks (*taman nasional*) gibt es in Indonesien noch nicht allzulange; erst seit 1980 hat sich ihre Zahl durch die Erweiterung des schon existierenden Systems von Naturreservaten (*cagar alam*) und Wildschutzgebieten (*suaka margasatwa*) vergrößert. Ein begrenzter Teil dieser Reservate (*taman wisata*) ist meist für Besucher zugänglich.

Zur Besichtigung eines Nationalparks benötigt man jedoch eine Erlaubnis; zu bekommen entweder von der Perlindungan dan Konservasi Alam oder PKA (Direktion für Naturschutz) in Bogor, oder – einfacher –vor Ort in den Park-Hauptquartieren. Die meisten Reservate bieten einfache Unterkünfte und Führer an; Verpflegung muss man jedoch selbst mitbringen.

JAVA: Das bekannteste indonesische Reservat ist der **Nationalpark Ujung Kulon** an der Westspitze Javas. Hier leben die letzten Exemplare des einstmals weit verbreiteten Javanischen Nashorns. Aufgrund der vermuteten medizinischen Qualitäten ihres Horns werden Rhinozerosse heute noch gewildert. So glaubt man im Westen gern, dass pulverisiertes Rhinozeros-Horn „in China als Aphrodisiakum benutzt wird". Tatsächlich ist es ein wirksames Mittel zur Fiebersenkung. Im Jahr 1988 wurden in Taiwan für ein Rhinozeros-Horn weit über US$ 40 000 geboten. Es ist dem großen Einsatz der Ranger zu verdanken, dass sich seit 1960 die Zahl der Rhinozerosse in Ujung Kulon von zwei Dutzend auf über 60 vergrößern konnte und nur ein oder zwei Exemplare Wilderern zum Opfer fielen. Häufiger als Nashörner oder Leoparden sind Sambar-Hirsche, Wildschweine, Pfauen, Nashornvögel, Gibbons und das seltene Wildrind *banteng (Bos javanicus)* beobachten. Die *banteng* ähneln mit ihren weißen Füßen und Lenden, schwarzen Bullen und goldbraunen Kühen und Kälbern dem anmutigen balinesischen Hausrind, sie sind jedoch größer, schlanker und haben längere Hörner. Bali-Rinder werden auch in Ostjava, Madura, Lampung und Sumatra gezüchtet. Das echte *banteng*-Wildrind findet man nur noch in wenigen Gebieten Javas.

Die Tiger in Ujung Kulon starben in den 50er Jahren aus, und auch der Versuch, den Javanischen Tiger im **Meru-Betiri-Nationalpark** zu schützen, scheiterte. Wahrscheinlich gibt es heute in Java keinen einzigen Tiger mehr. Trotzdem lohnt sich ein Besuch in Meru Beteri an der Südküste Ostjavas: wegen der großen Meeresschildkröten, die am Strand ihre Eier ablegen.

Java besitzt noch mehr interessante Schutzgebiete: Der Bergwald-Nationalpark **Gunung Gede-Pangrango**, Heimat des Javanischen Edelweiß (*Anaphalis javanica*), liegt zwischen Bogor und Bandung; in **Pangandaran**, an der Südküste Westjavas, leben *banteng* und der javanische Haubenlangur *lutung* – hier wächst auch die *Rafflesia padma*, eine kleinere Variante der „größten Blume der Welt"; sie erreicht einen Durchmesser von 40 cm .

Der **Baluran-Nationalpark** im äußersten Osten (von Surabaya aus zu erreichen) besitzt große *banteng*-Herden und ist zugänglicher als die westlicher gelegenen Reservate.

BALI: Auf der anderen Seite der Bali-Straße liegt der **Bali Barat-Nationalpark**, die letzte Heimat des wunderschönen weißen Bali-Stars (*Rothschilds Mynah*), der von Vogelliebhabern heiß begehrt und oft illegal erstanden wird. Die Krabben fressenden langschwänzigen Makaken-Affen sieht man zwar auch in Java und Sumatra häufig, vor allem aber in Bali in der Nähe von Hindu-Tempeln, die als Schutzort für Affen gelten. Eine balinesische Abart des Haubenlangurs konnte in den Wäldern des Batukau-Vulkans überleben.

SUMATRA: Da Sumatra eine geringere Bevölkerungsdichte als Java aufweist, blieb seine Tierwelt in größerem Maße erhalten. Im **Gunung-Leuser-Nationalpark** in Aceh lebt das kleine, zweihörnige Sumatra-Rhinozeros. Die 130 bis 200 Tiere halten sich hauptsächlich im dichten Wald abgelegener Bergtäler auf und zeigen sich Besuchern nicht. Viel leichter ist es, Orang-Utans in freier Wildbahn zu sichten, indem man das **Rehabilitationszentrum Bohorok** besucht. Dort bringt man Tieren, die aus den Fängen illegaler Händler befreit wurden, ihre verloren gegangenen Fähigkeiten neu bei. Im Gunung Leuser-Nationalpark leben auch Elefanten, Wildschweine, Seraue, Tiger, Bären, Weißhandgibbons, *Siamang*-Gibbons und andere Affenarten.

An Sumatras höchstem Berg, dem Gunung Kerinci, liegt der **Nationalpark Kerinci-Seblat**. Hier leben vielleicht 200 Sumatra-Nashörner mitsamt ihren kleineren Verwandten, den schwarz-weißen malaiischen Tapiren.

Im südwestlich gelegenen **Nationalpark Bukit Barisan Selatan** kann man neben Nashörnern und Tapiren auch das bizarre Bartschwein und den wunderbaren Argus-Fasan beobachten. In allen diesen Reservaten konnten einige Tiger überleben. Der von seinem ausgestorbenen javanischen Bruder leicht verschiedene Sumatra-Tiger ist ebenfalls stark bedroht. Seltsamerweise gibt es in Sumatra keine Leoparden; doch der Nebelparder ist mit sehr viel Glück in den Kronen der Bäume zu sehen.

Im **Way-Kambas-Nationalpark** lebt das Javanische Nashorn, das von einem holländischen Jäger um 1930 fast ausgerottet wurde. Mittlerweile hat man einen neuen Bestand aufgebaut. Die Sumpfwälder und Steppen von Way Kambas beheimaten 300 Vogelarten, rund 200 Sumatra-Elefanten, einige Nashörner und Tiger; in den Frischwassersümpfen lauern Krokodile und seltene schmalschnäuzige Gaviale.

Auf den **Mentawai-Inseln**, westlich von Padang, hat sich eine ungewöhnliche Tierwelt erhalten, etwa eine seltene Gibbon-Art und drei endemische Affenarten, die am besten im **Siberut-Nationalpark** zu beobachten sind.

Rechts: Krokodilnachwuchs auf Sumatra.

Foto: Kalman Muller

KOMODO: Diese abgelegene trockene Insel in Ostindonesien bildet mit ihrem Nachbareiland Rinca den **Komodo-Nationalpark**, das Refugium eines „Drachens" – des bis zu 3 m langen, 100 kg schweren und nicht ungefährlichen Komodo-Warans. Der nächstgelegene Hafen (rd. 40 km, 4 Std. Bootsfahrt) ist Labuan Bajo auf Flores. Mehrtägige organisierte Bootstouren dorthin werden u. a. in Labuhan Lombok (auf Lombok) angeboten.

Der Regenwald

Typisch für die Westhälfte Indonesiens ist der Tropische Regenwald: Tieflandwälder; aber auch Nebelwald mit Baumfarnen am Barisan-Gebirge in Sumatra und der zentralen Gebirgskette in Java; weiten Sumpfwaldgebieten an Sumatras Ostküste mit Mangrovenwäldern in den Gezeitenzonen.

Im indonesischen Regenwald fällt die Dominanz der Pflanzenfamilie *Dipterocarpaceae* auf. In einigen Wäldern macht sie 20 bis 30 % aller Baumarten und 90 % aller Bäume mit mehr als 2,7 m Umfang aus. Die meisten wertvollen Nutzhölzer Südostasiens stammen aus dieser Familie.

Weite Gebiete der Tieflandwälder sind mittlerweile abgeholzt, und größere Flächen ursprünglichen Regenwalds findet man nur noch in abgelegenen Bergregionen. Der Westen Balis ist mit trockenem, gestrüppartigem Wald bewachsen, und in der feuchteren Osthälfte ist vom früheren Regenwald fast nichts mehr übrig.

Heute versucht man, durch staatliche Kontrollen die Fehler der Vergangenheit zu vermeiden. Trotzdem wird weiter illegal abgeholzt und nun auch Primärwald für Palmölplantagen abgebrannt, auch in Wildschutzgebieten. Lange lastete man die Zerstörung der Wälder dem traditionellen Brandrodungsfeldbau der Bauern an; die Verantwortung ist jedoch bei den Holz- und Plantagen-Großunternehmen und korrupten Beamten zu suchen. Auch die strengen Artenschutzgesetze zur Erhaltung der bedrohten Tierwelt sind schwer zu überwachen, zumal viele Leute sie noch nicht einmal kennen.

REISEVORBEREITUNGEN

Einreisebestimmungen / Visum

Bürgern der Staaten Deutschland, Österreich, Schweiz, Italien, Dänemark, Niederlande u. a. wird bei der Einreise ein gebührenpflichtiges Visum ausgestellt (*visa on arrival*), das 25 US$ für einen Aufenthalt bis zu 30 Tagen kostet (ein Rückflugticket ist dafür vorzuweisen); die Verlängerung dieses **Visums bei Ankunft** um 30 Tage ist bei jedem Immigration Office möglich, sie sollte jedoch möglichst bis zum 20. Tag des Aufenthalts erfolgen und kostet 20 US $.

Um bei der Einreise Zeit zu sparen, sollte man die Visumgebühr passend in US$ in bar bereit halten (Euro können getauscht werden). Trotzdem kann es zu längeren Warteschlangen bei der Einreise kommen.

In jedem Fall muss bei der Einreise der **Reisepass** noch mindestens 6 Monate gültig sein, und man muss ein Ausreiseticket vorweisen können.

Das „Visa on Arrival" wird nur an den folgenden Einreisestellen erteilt:

Flughäfen: Medan, Pekanbaru, Padang, Jakarta, Yogyakarta, Surabaya, Surakarta / Solo, Denpasar (Bali), Mataram (Lombok), Manado, Makassar, Balikpupan, Kupang.

Seehäfen: Batam (Sekupang, Batu Ampar, Nongsa), Tanjung Uban (Pulau Bintan), Belawan (Medan), Sibolga, Dumai, Pedang, Jakarta, Padang Bai (Bali), Jayapura, Makassar.

Bei der Einreise über andere Orte muss man das Visum vor der Einreise beantragen. Auch Geschäftsvisa sind im Voraus zu beantragen.

Geld

Wechselkurs für **Indonesische Rupiah** im März 2014: 1 Euro: ca. 16 000 Rupiah, 1 US$: ca. 11 500 Rupiah.

In den Touristenzentren und Großstädten Javas und Balis werden Euro gerne angenommen und zu guten Kursen gegen Indonesische Rupiah getauscht. Geld und Schecks sollten bei einer Bank oder einem *Authorized Money Changer* eingewechselt werden, nicht in Hotels oder am Flughafen, wo die Kurse schlechter sind. Die **Moneychanger** arbeiten viel unbürokratischer und schneller als die Banken – das genaue Nachzählen der Banknoten sollte man jedoch nie vergessen. Den besten Kurs gibt es meistens in Jakarta. Ein Geldschwarzmarkt existiert nicht.

Nur in selten bereisten Gegenden Indonesiens werden beim Geldwechseln lieber US-Dollars als Euros akzeptiert, dort sollte man neue, ungeknickte Dollarscheine dabei haben. **Reiseschecks** sind aus der Mode gekommen, selbst Dollar-Reiseschecks von American Express sind oft nur schwer einzulösen.

Mit **EC-Karte** (mit Cirrus- oder Maestro-Symbol) oder **Kreditkarte** kann man an vielen Geldautomaten, in Städten und Touristenzentren, gegen (eine allerdings meist stattliche) Gebühr Bargeld abheben. Kreditkarten akzeptieren die meisten teureren Hotels und Restaurants.

Anscheinend hat kaum jemand **Kleingeld**, am wenigsten Taxifahrer, die so ihr Trinkgeld aufpolieren wollen – führen Sie also immer genügend Kleingeld mit sich, um Bus, Taxi, Telefon etc. passend bezahlen zu können.

Zwar gibt es auch feste Preise – in Supermärkten, teuren Geschäften, bei Fahrkarten und in Restaurants –, beim Souvenirkauf aber sollte man feilschen! Der indonesische Gegenüber hat eine genaue Vorstellung vom Ergebnis dieser Verhandlungen. Das **Feilschen** stellt für Einheimische eine amüsante Art der Kommunikation dar; dem Neuling kann es auf die Nerven gehen. Also schauen Sie zuerst nur, ohne zu kaufen, bleiben Sie geduldig, zeigen Sie kein allzu starkes Interesse an der Ware, keep smiling! Fangen Sie aber nicht an zu handeln, wenn Sie gar nichts kaufen wollen. Versuchen Sie schließlich den alten Trick des Weggehens, aber: Indonesische Geschäftsleute haben ein Gespür dafür, ob dieses Weggehen nur ein Bluff oder endgültig ist.

Gesundheit

Bedenken Sie, dass Indonesien tropisches feuchtheißes Klima hat und ihr Körper sich erst daran gewöhnen muss. Konsultieren Sie mindestens zwei Wochen vor der Reise einen Tropenarzt zur Notwendigkeit von **Impfungen**, z. B. gegen Diphterie, Tetanus (empfehlenswert), Polio (ev. Typhus) und Hepatitis A (ev. auch B). Tropenmediziner beraten auch zum Thema **Malariaprophylaxe** gegen *Malaria tropica*, die zwar für einige Hauptreiseziele (z. B. reiner Strandurlaub auf Bali) nicht unbedingt nötig ist (u. U. genügt Notfallmedikation), für alle Inseln östlich von Bali, einschließlich Lombok, sowie für Nias und die Mentawai-Inseln jedoch sinnvoll ist. Ein Insektenschutzmittel und vollständige Bekleidung hilft, nachts die Malaria- und tagsüber die **Dengue-Fieber** übertragenden Moskitos fernzuhalten. In einfachen Hotels ohne Klimaanlage sollte man unter einem Moskitonetz schlafen, um Stiche zu vermeiden.

Trinkwasser sollte abgekocht sein. Wenn Sie ein Getränk bestellen, bitten Sie den Kellner besser, keine Eiswürfel hineinzutun. Meiden sie bereits geschältes Obst (besser selber schälen), Salat und sämtliche rohen Nahrungsmittel, auch kalte Fleischgerichte.

Wenn Sie abseits der ausgetretenen Pfade die lokale Kultur erleben möchten, kann es – auch im Anpassungsprozess an fremde Nahrungsmittel, Keime oder Gewürze – passieren, dass Sie **Durchfall** bekommen. Für leichte Fälle genügen u. U. Kohletabletten, für starke Fälle anfangs *Imodium*; falls „es" nach drei Tagen nicht aufhört, ist die Ursache durch eine Stuhlprobe zu klären. Bakterien, Lamblien und Amöben gehören zu den häufigsten Erregern. Auch Wurmbefall kommt öfter vor.

HIV grassiert vor allem im Rotlichtmillieu und in der Drogenszene.

Canesten hilft bei Pilzbefall der Haut. Eine gute Prophylaxe gegen Hautinfektionen ist eine antiseptische Seife. Laufen Sie nicht barfuß, da manche Parasiten, etwa Hakenwürmer, über die Fußsohlen in den Körper kommen.

Falls Sie vorhaben, längere Zeit im Hinterland unterwegs zu sein, sollten Sie **Desinfektionsmittel** mitführen wie z. B. *Betadine* für kleinere Schnitte und *Cicatrin* als Haut-Antibiotikum. *Tetracyclin* ist ein Breitbandantibiotikum, u. a. gegen Darm- und Lungeninfektionen. Man kann diese Mittel günstig in Indonesien kaufen. Nehmen Sie **Sonnencreme** mit hohem Lichtschutzfaktor mit, meiden Sie die Mittagssonne und trinken Sie ausreichend Flüssigkeit gegen Dehydrierung und Hitzschlag.

Indonesien hat **Krankenhäuser** (*Rumah sakit*) und Ärzte unterschiedlicher Kompetenz. Lassen Sie größere Behandlungen in Jakarta vornehmen, fragen Sie Ihr Konsulat um Rat. Das von Ausländern bevorzugte Krankenhaus hat folgende Adresse: **Pertamina Hospital**, Jl. Kyai Maja 43, Kebayoran Baru, Jakarta, Tel. 7219800. Auf Bali: **Kasih Ibu Hospital**, Jl. Teuku Umar 120, Denpasar, Tel. 0361 223036, www.kasihibuhospital.com; Erstversorgung, OP, Organisation des Weitertransports. Es kann sinnvoll sein, im Notfall nach Singapur oder gar nach Hause zu fliegen; eine **Reisekrankenversicherung** sollte dies einschließen.

Klima und Kleidung

Das Klima in Indonesien ist feucht und heiß, die Temperaturen in Küstenstädten liegen tagsüber bei etwa 28 °C, die Luftfeuchtigkeit beträgt das ganze Jahr über 80 Prozent. In der **Regenzeit** zwischen November und April kommt es nachmittags zu heftigen Regenfällen. Es empfiehlt sich daher leichte, schnell trocknende Kleidung, die nicht eng anliegt. Lernen Sie von den Verhaltensweisen der Einheimischen: Gehen Sie langsam, so wie sie es tun; halten Sie sich viel im Schatten auf, machen

Sie am frühen Nachmittag ein Nickerchen und nehmen Sie täglich ein kühlendes *mandi* (Dusche).

Je höher Sie sich befinden, um so niedriger werden die Temperaturen: auf einem 3000 m hohen Vulkan sind 5 Grad Celsius bei Sonnenaufgang keine Seltenheit, packen Sie dafür einen Pullover ein. Tragen Sie bei Vulkanbesteigungen keine Sandalen, sondern bringen Sie feste Wanderschuhe von zu Hause mit – Indonesier haben kleine Füße, und Schuhverkäufer werden Ihren Wunsch nach Schuhgröße 44 sehr amüsant finden.

REISEWEGE NACH INDONESIEN

Der **Luftweg**: Die wichtigsten Flughäfen Indonesiens sind Soekarno-Hatta in **Jakarta** und Ngurah Rai in **Denpasar**. Die größten Fluglinien aus Westeuropa, Ostasien, Südostasien und den USA fliegen diese immer wichtiger werdenden Flughäfen an, etwas weniger Flugverkehr kommt aus Südasien und aus dem Nahen Osten.

Direktflüge von Europa nach Denpasar oder Jakarta bieten u. a. Garuda Indonesia (ab Amsterdam), Singapore Airlines, Malaysia Airlines, Thai Airways, Qantas, Qatar Airways und Royal Brunei Airlines an. Singapur ist ein gutes Drehkreuz: Von dem für einen eintägigen Stopover optimalen Stadtstaat am Äquator kann man nach Jakarta, Denpasar, Medan, Padang, Palembang, Surabaya oder Solo weiterfliegen. Attraktiv sind die Flugverbindungen der preisgekrönten Singapore Airlines (www.singeporeair.com) bzw. der Tochter Silk Air, die Flüge über Singapur direkt nach Solo/Yogya, Surabaya oder Mataram/Lombok bietet.

Mit dem Schiff: Man kann es sich kaum vorstellen, aber es ist tatsächlich sehr schwer, diesen Inselstaat auf dem Seeweg zu erreichen. Internationale Fährschiffe gibt es nur zwischen Singapur und Sekupang auf der Insel Batam (mit weiteren Verbindungen nach Pekanbaru, Jakarta und wohin Sie sonst in Indonesien möchten), zwischen Penang und Medan sowie zwischen Dumai und Melaka.

REISEN IM LAND

Das **Fährennetz**, das die Inseln früher miteinander verbunden hat, ist in den letzten Jahren stark geschrumpft, dafür sind die Schiffe aber sicherer und zuverlässiger geworden. Die **Pelni-Linie** mauserte sich mit ihren deutschen Fähren zur wettbewerbsfähigen Alternative für Reisende mit freiem Zeitplan. Pelni-Schiffe fahren die Häfen von Ostsumatra und Nordjava an, eines davon, die *Lambelu*, bedient auch die Westküste Sumatras bis Sibolga. Fahrkarten müssen in Pelni-Reisebüros gekauft werden, informieren Sie sich vor Ort. Das Angebot an kleinen Schifffahrtsgesellschaften ist groß, wenn möglich, machen Sie um Perintis einen Bogen, deren Schiffe so schlecht sind, wie die von Pelni es früher einmal waren. Auf kleineren Schiffen wird es Ihnen vielleicht passieren, dass ein Mitglied der Crew Sie davon überzeugen will, die Kabine auf dem Oberdeck zu beziehen, wofür Sie allerdings wesentlich mehr bezahlen müssen.

Inlandflüge: Die staatliche **Garuda** ist die größte Fluglinie Indonesiens und operiert auch international. Die zweite wichtige indonesische Fluglinie, **Merpati** (staatlich) bedient auch kleinere Flughäfen. Die private, sicherere **Mandala** steuert ebenfalls auch abgelegene Inseln an.

Daneben sind in den letzten Jahren viele neue kleinere Fluggesellschaften aufgetaucht (und teils gleich wieder verschwunden), die sowohl Inlandsflüge als auch Flüge ins benachbarte Ausland zu Discount-Preisen anbieten. Wegen erheblicher Sicherheitsmängel stehen sie alle auf der Schwarzen Liste der EU. Informationen und Buchungen bei den meisten indonesischen Reisebüros. Adressen von Fluglinien und ihren Büros in Jakarta entnehmen Sie den Infokästen am Ende jedes Reisekapitels.

Falls Sie mit Garuda nach Indonesien fliegen, können Sie möglicherweise verbilligte Inlandflüge mitbuchen.

Eisenbahnen gibt es nur in Java und Sumatra. Nur die südliche der drei Linien in Sumatra, von Tanjung Karang nach Palembang und Lubuklinggau, befördert Passagiere, die übrigen sind Güterverbindungen. Java dagegen verfügte in der Kolonialzeit über ein äußerst dichtes Eisenbahnnetz und hat, obwohl einige Linien stillgelegt wurden, immer noch gute Zugverbindungen. Sowohl große Städte als auch die beiden Fährhäfen Merak und Banyuwangi sind an das Netz angeschlossen. Sie entscheiden sich je nach Geldbörse für klimatisierten Reisekomfort oder für die billigste Klasse, in der Händler und Bauern mitsamt ihrer Habe, aber auch Diebe mitreisen.

Besonders komfortabel reisen Sie in den **Express-Schlafwagen** der voll klimatisierten Züge *Bima* und *Argo Bromo*. Diese Züge verbinden Jakarta mit Surabaya via Yogya oder via Semarang. Mittlere Qualität haben der Expresszug zwischen Jakarta und Bandung, der *Parahyangan*, und der *Senja Utama* zwischen Jakarta und Yogya. Züge sind zwar langsamer als Busse, aber sicherer, und sie halten im Zentrum der Städte, während die Busstationen oft außerhalb liegen. Manche Reisebüros können im Voraus buchen, doch meistens müssen Sie am Tag der Abreise Schlange stehen. Züge fahren meist pünktlich ab, kommen aber verspätet an.

Das Netz guter, asphaltierter **Straßen**, darunter auch **Maut-Autobahnen**, wächst ständig. Das Problem liegt bei der Fahrweise der Indonesier, die gerade Strecken als Rennstrecken betrachten. **Expressbusse** (*bis cepat*), die vielerorts Züge ersetzen, bieten im Verkehr die Sicherheit ihrer Größe im Vergleich zu den anderen Verkehrsteilnehmern.

Außerdem gibt es hoch moderne **Nachtbusse** (*bis malam*), wo Sie in Kinositzen bequem das nächtliche Herzschmerzvideo anschauen können, eine Toilette an Bord ist und eine Mahlzeit im Preis inbegriffen ist. Diese Busse sind voll klimatisiert, und Sitzplätze werden reserviert. Regionale und städtische Busse *(bis kota)* sind weniger gediegen, aber immer noch bequemer für kräftige westliche Körper als die winzigen *colts* („kol“ ausgesprochen) oder die *bemo*, die Städte miteinander verbinden. *Colts* sind **Minibusse**, *bemo* kleine überdachte Pickups mit Holzsitzen. Setzen Sie sich möglichst auf einen Sitz am Gang und lassen Sie sich nicht mehr vertreiben. Hier empfiehlt es sich wieder, Kleingeld in der Tasche zu haben. Diese Gefährte gibt es überall zu günstigen Preisen, sie fahren erst ab, wenn sie voll besetzt sind, also steigen Sie nicht in vollkommen leere ein.

Riesige Entfernungen und teils schlechte Straßen erschweren das Reisen in Sumatra. Der sogenannte **Trans-Sumatra-Highway** von Lampung via Medan nach Aceh (2500 km) erfordert Geduld, besonders in der Regenzeit von Oktober bis April. Moderne, klimatisierte Busse erfüllen dort zwar ihre Aufgabe, leiden aber unter – für Westler – zu kurzen Sitzabständen, gelegentlichen Pannen und lautstarker indonesischer Popmusik und Videos. Die 1750-km-Reise von Tanjungkarang nach Medan dauert 3-4 Tage.

Wenn Sie Mut und einen internationalen Führerschein besitzen, können Sie in Bali und Java **Autos mieten**.

Wesentlich bequemer und nervenschonender ist es allerdings, einen Wagen mit Fahrer zu chartern, was nicht viel teurer wird. Autos mit Fahrer (oft Minibusse) werden von sämtlichen Reisebüros und Hotels vermittelt; in Balis Touristenzentren stehen sie meist zahlreich am Straßenrand, wo man mit dem Fahrer direkt verhandelt.

In Indonesien herrscht **Linksverkehr**!

Taxis mit Taxameter gibt es in allen größeren Städten; bei einer Einschaltgebühr von 30-40 Cent (inkl. erster km) plus ca. 20 Cent für jeden weiteren km eine durchaus noch preiswerte Alternative zu den oft überfüllten öffentlichen Verkehrsmitteln. Steigen Sie aber nicht ein, wenn der Fahrer behauptet, das Taxameter sei defekt *(mati* – „tot").

Das **bajaj** („badjai" ausgesprochen) ist eine Art motorisiertes Dreirad, das zwar nicht sehr schnell fährt, aber kleine Gassen leicht erreicht. Handeln Sie mit dem Fahrer, sonst zahlen Sie unter Umständen mehr als im Taxi!

Pferdekutschen *(andong, bendi, cokar)* finden Sie in kleineren Städten auch heute noch. Es ist der Charme der alten Zeiten, wenn es einem auch Leid tut, wie mager die Tiere oft sind.

Fahrradrikschas mögen für manche das Symbol der Unterdrückung sein, doch ermöglichen sie ihren Fahrern eine Existenz. Von den Hauptverkehrsadern ausgeschlossen, warten diese Gefährte an Bahnhöfen und Straßenkreuzungen, um Passagiere durch die Irrgärten der Seitenstraßen zu transportieren. Ausländer müssen meist zu viel bezahlen – aber das sollten sie auch.

PRAKTISCHE TIPPS

Alkohol

In Hotels und Supermärkten erhält man importierten Wein und Spirituosen zu etwas überhöhten Preisen. Vorsicht vor **gepanschtem Alkohol** – auch Ausländer sind daran schon gestorben! Unter den einheimischen Bieren ist *Bintang*, wenn gut gekühlt, eine gute Wahl.

Elektrizität

Strom fließt manchmal noch mit 110 V/50 Hz, meist aber mit 220 V/50 Hz, wobei man langfristig überall auf letzteres umstellen möchte. Prüfen Sie die Spannung, bevor Sie Ihr Gerät einschalten. Stromausfälle und -schwankungen sind an der Tagesordnung; für Computer und HiFi-Geräte ist ein Spannungsregler sinnvoll.

Essen gehen / Restaurants

Das Essengehen ist ein Erlebnis an sich, nicht nur in einem eleganten **Rumah Makan** (oder *restoran*), sondern auch in einem kleinen **Warung** oder an einfachen **Imbisswagen** auf den Nachtmärkten. Ein Abendessen bei Gaslicht und *kretek*-Rauch, mit ungewohnten Gerüchen in der Atmosphäre der tropischen Nacht bleibt oft länger in Erinnerung als manche Sehenswürdigkeit. Die einfachen Restaurants haben trotz der Geräuschkulisse der Fernseher ihren eigenen Charme. Sehr scharf, schweinefleischfrei und preiswert sind die Speisen in den in allen Städten vorhandenen muslimischen **Padang-Restaurants**: Man bekommt dort viele kleine Schälchen mit Curries vorgesetzt und bezahlt nur soviel, wie man daraus entnommen hat; Vorsichtige sollten mit gekochten Eiern in Currysauce beginnen. Die Rechnung heißt *rekening*. Trinkgeld ist in Billiglokalen unüblich. Auch **Chinesische Lokale** sind in Indonesien vielerorts vorhanden und haben z.B. leckere *asam-manis*-(Süßsauer-) Gerichte auf der Karte.

Feiertage

Als Folge der religiösen Vielfalt Indonesiens gibt es viele veränderliche Feiertage, sogar vier Neujahrstage: für Muslime, Christen, Chinesen und Hindus. An **Nyepi**, dem Hindu-Neujahrstag (erster Tag nach dem Neumond der Frühlings-Tagundnachtgleiche nach dem balinesischen Mondphasenkalender *saka*), steht ganz **Bali** still: Selbst der Flughafen ist geschlossen, und Touristen dürfen ihr Hotel nicht verlassen, auch nicht den Strand betreten, sich aber am Hotelpool aufhalten. In schwarz-weiss-karierte Sarongs gekleidete Religionspolizisten sorgen für die strikte Einhaltung des Ausgehverbots!

Die meisten Feiertage steuert der Islam bei, sie richten sich, wie die der Hindus und Chinesen, nach dem Mond. Während des *Idul Fitri* am Ende des Ramadans sind Millionen Indonesier unterwegs, um Verwandte zu besuchen.

Fotografieren

Fotografieren Sie keine militärischen Anlagen und respektieren Sie die Privatsphäre der Menschen, besonders in Tempeln und im Umfeld von Moscheen. In allen Touristenorten und Städten sind Speicherkarten etc. für Digitalkameras verfügbar. Farbabzüge werden rasch und billig angefertigt.

Geschäftszeiten

Die Arbeitswoche ist wieder ein Beispiel für indonesische Flexibilität. Sonntag ist Ruhetag, freitags wird nur am Vormittag, bis zum muslimischen Mittagsgebet gearbeitet, samstags ist ebenfalls der Nachmittag frei. Ämter und Banken haben Montag bis Donnerstag von 8 bis 15 Uhr geöffnet, Freitag von 8 bis 11 Uhr. Im Grunde passiert schon am Freitag nichts mehr.

Geschäfte sind von Montag bis Freitag und am Samstagvormittag geöffnet, meistens von 8 bis zwischen 15 und 17 Uhr. Sehr kleine Läden können auch bis 22 Uhr aufhaben.

Jam karet oder *waktu karet* („Gummi-Zeit") ist der indonesische Begriff für zeitliche Flexibilität: Wenn das, begleitet von einem entschuldigenden Grinsen, die Antwort auf eine peinliche „Wann"-Frage ist, bedeutet das: „Irgendwann – nimm's nicht so genau!"

Maße und Gewichte

Für beide gilt in Indonesien das metrische System.

Preisniveau

Indonesien ist ein preisgünstiges Reiseland. Ein Zimmer finden anspruchslose Reisende schon für wenige Euro. Viel Komfort kann man für diesen Preis kaum erwarten, aber schon ab ca. 25 € gibt es Doppelzimmer der mittleren Kategorie mit eigenem Bad und Frühstück, und oft verfügen die Hotels über einen kleinen Pool. Aber gerade in der Mittelklasse sind die Unterschiede groß. In der gehobenen Kategorie (ab ca. 80 €) hat man längst die Qual der Wahl. Sind die Listenpreise oft erschreckend hoch, so sind die Preise während der Off-Season – besonders dann, wenn man mehrere Nächte bleibt – fast immer verhandelbar. Zum Teil erhebliche Ermäßigungen erhält man in Hotels der gehobenen Kategorie, wenn man über einen Veranstalter oder ein Internetportal (z.B. www.asiarooms.com) bucht.

In der Regel wird im Preis nicht zwischen Einzel- und Doppelbelegung unterschieden. Meist ist das Frühstück inklusive. In Hotels der gehobenen Kategorie wird manchmal zusätzlich eine Servicecharge von 10 % fällig. Im Juli und August wird in vielen Hotels ein Aufschlag von ca. 20-30 % berechnet.

Auch Essen ist im Vergleich zu Mitteleuropa sehr preisgünstig. Ein Hauptgericht kostet in einfachen kleinen Lokalen ab 1,50 €. Wer europäisch essen möchte, zahlt ab 5 € aufwärts für ein Gericht mit Fisch oder Fleisch. Heftiger schlagen auf der Rechnung alkoholische Getränke zu Buche: Für ein kleines Bier zahlt man ab ca. 1,50 €, in besseren Hotels ev. das Dreifache. Importwein ist teuer, aber wenigstens auf Bali gibt es trinkbare Weine zu bezahlbaren Preisen.

Sicherheit

Drogen sind unter der städtischen Jugend verbreitet. Warnung: Sowohl Ankauf als auch Besitz sind strengstens verboten, auch wenn es sich „nur" um Cannabis (*ganja*) handelt – es drohen gnadenlos hohe Haftstrafen und sogar die Todesstrafe.

Vor **Taschendieben** sollte man sich generell in Acht nehmen.

Islamistische Anschläge hat es in Jakarta und Bali mehrfach gegeben; Ziele waren Botschaften, Diskotheken,

Hotels und Restaurants. Mit der Hinrichtung der Attentäter von Bali setzte die Regierung ein Zeichen. Die Sicherheitsmaßnahmen sind in den letzten Jahren stark verschärft worden. Hoteleingänge werden zwar gut bewacht, aber hundertprozentigen Schutz vor Attentaten gibt es nicht.

In Poso / Zentralsulawesi und auf den Molukken herrschen **Spannungen zwischen Christen und Muslimen**, mehrmals ist es zu blutigen Auseinandersetzungen gekommen.

Von touristischen Reisen nach **Aceh** wird aus Sicherheitsgründen abgeraten. Neuerdings gilt hier zudem die Scharia (Händchenhalten und öffentliches Küssen verboten!), und die Schäden durch die Flutkatastrophe sind auch noch nicht vollständig beseitigt.

Aktuelle Hinweise zur Sicherheitslage innenpolitischen Situation finden sich unter www.auswaertiges-amt.de.

Mit **Erdbeben** ist zu rechnen – der indonesische Archipel besteht aus einer Kette von Vulkanen.

Telefon, Post, Internet

Vorwahl Indonesien: 0062

Das Postsystem hat seine Tücken: es kann schnell und zuverlässig funktionieren, aber interessant aussehende Sendungen verschwinden leicht.

In den Postämtern steht man nicht in der Schlange, sondern man schiebt sich schön langsam stetig vorwärts, ohne jedoch seinem Kontrahenten in die Augen zu sehen, denn das wäre beleidigend.

Indonesier haben die sinnvolle Angewohnheit, die Briefmarken mit Kleber auf dem Umschlag zu befestigen und darauf zu achten, dass der Postbeamte die Marke abstempelt und sich nicht einen Nebenverdienst verschafft, indem er die Marke noch einmal verkauft. Schicken Sie alles mit *Kilat* oder *Kilat Khusus* als Eilsendung und lassen Sie Wertsendungen einschreiben. Paketservice gibt es nur an großen Postämtern. Briefe lässt man sich *Poste restante* (postlagernd) ans GPO (Hauptpostamt) schicken.

Trotz gelegentlicher Überlastung ist das Telefonnetz gut; Telefonzellen funktionieren, in größeren Städten können Sie direkt ins Ausland telefonieren; vom örtlichen Telefonamt bzw. von einem der zahlreichen WARTEL-Telekom-Büros ist dies wesentlich billiger als vom Hotel.

Mobiltelefon-Standard: GSM 900/1800. Preisgünstig telefoniert man mit Prepaid-Karten von Simpati und XL.

Internetcafés gibt es in allen Städten, Haupt-Internetanbieter sind *Indosat* (www.indosat.net.id) und *Indobiz* (www.indobiz.com).

Touristen-Information

Auskünfte zu Fragen rund um das Reisen in Indonesien erteilt in Deutschland das **Indonesien-Tourist-Information Center**, Hot-Line 089-59043906, Mo-Fr 9-17 Uhr, mk advertising, Goethestr. 66, 80336 München, www.tourismus-indonesien.de.

Verhaltensregeln

Bedenken Sie, dass Sie als Ausländer in Indonesien sofort auffallen werden und dass sich Weiße in der Vergangenheit dort nicht immer besonders freundlich verhalten haben, so etwa die holländischen Kolonialsoldaten 1947/48 oder, in der jüngeren Vergangenheit, bekiffte Hippies beziehungsweise betrunkene Australier auf Bali beim Pub Crawl.

Man wird von Ihnen natürlich nicht erwarten, dass Sie alle Regeln des alltäglichen Umgangs beherrschen, Sie können sich jedoch das Leben erleichtern, wenn Sie sich ein wenig an die üblichen Gepflogenheiten anpassen.

Höflichkeit bezieht sich in Indonesien auf die Beziehung zwischen zwei Menschen. So kann manchmal im öffentlichen Straßenverkehr zwar Aggressivität und Chaos vorherrschen, doch dieselben Menschen werden Gäste freundlich bewirten und höher gestellte Personen achten. Die Beziehungen zwischen Personen betonen gerade die Ungleichheit – im Alter, der Familie, der sozialen Hierarchie. Bedenken Sie, dass Sie in der Rolle als Gast besonders zurückhaltend und freundlich sein sollten.

Die Asiaten achten sehr darauf, niemanden zu beschämen, der dann sein „Gesicht verlieren" würde. Weisen Sie also andere nicht vor den Augen und Ohren Dritter auf Fehler hin. Konflikte werden nach Möglichkeit vermieden oder höchstens durch zarte Andeutungen ins Bewusstsein gerufen. Umschreibungen, Euphemismen und ausweichende Antworten bis hin zu solchen, die wir schon Lügen nennen würden, spielen eine große Rolle, überhaupt ist die Sprache sehr indirekt.

Der Umgang mit dem anderen Geschlecht verläuft in der Öffentlichkeit zurückhaltend. Berührungen sind tabu. Gleichgeschlechtliches Händehalten ist hingegen weit verbreitet und symbolisiert Freundschaft, keineswegs Homosexualität.

Folgende Bekleidungsregeln sollten Sie beachten: Tragen Sie saubere, nicht zu auffällige Kleidung. Kurze Hosen, ärmellose Hemden und trägerlose Tops gehören nur an den Strand. Bezüglich förmlicher Kleidung sind die Ansprüche gering, so dass es Ihnen nicht schwerfallen wird, ihnen zu entsprechen, besonders bei beruflichen oder privaten Besuchen.

Sprechen Sie leise und bleiben Sie auch bei Auseinandersetzungen freundlich, offen gezeigte Wut gilt als Schwäche. Einige Gesten sollten Sie vermeiden, etwa die Hände in die Hüften zu stemmen, was als aggressiv gilt. Mit dem Zeigefinger zu zeigen oder zu winken, gilt als Beleidigung, also nehmen Sie die ganze Hand (mit der Handfläche nach unten)! Benutzen Sie nur Ihre rechte Hand, da die linke zum Reinigen nach dem Toilettenbesuch gebraucht wird.

Wenn Ihnen von ihren indonesischen Gastgebern etwas zu Essen angeboten wird, warten Sie, bis Sie aufgefordert werden anzufangen. Wenn Sie Ihren Teller leer essen, heißt das, dass Sie noch hungrig sind. Es entspricht generell den Höflichkeitsregeln, zweimal zu nehmen, also essen Sie beim ersten Mal nicht zu viel. Selbst wenn Sie nicht hungrig sind, sollten Sie ein wenig essen, um den Gastgeber nicht zu beleidigen. Es ist üblich, kleine Geschenke wie Blumen oder Süßigkeiten mitzubringen, aber schlagen Sie nicht vor, entstandene Kosten für ein Essen zu teilen.

Die oben angegebenen Regeln beziehen sich auf traditionelle Indonesier, natürlich benehmen sich junge Leute in der Großstadt oft ganz anders.

Zeit

Indonesien fällt in drei Zeitzonen. Die in diesem Buch beschriebenen Gebiete liegen aber in der westlichen Zone, die sieben Stunden vor Greenwich Mean Time ist, außer Bali, Lombok und Sulawesi, die acht Stunden vor GMT liegen.

Zoll

Beim Zoll können „pornografische" Drucksachen beschlagnahmt werden – nach indonesischer Definition. Die Einfuhr von Schriften in chinesischen Zeichen ist verboten.

Zollfrei sind 200 Zigaretten und 1 Liter alkoholische Getränke.

BOTSCHAFTEN

Indonesische Botschaften

In **Deutschland**: Lehrter Str. 16-17, D-10557 Berlin, Tel. 030-478070, www.botschaft-indonesien.de.

In **Österreich**: Gustav-Tschermak-Gasse 5, A-1180 Wien, Tel. 01-476230, www.kbriwina.at.

In der **Schweiz**: Elfenauweg 51, 3006 Bern, Tel. 031-3520985, www.indonesia-bern.org.

Botschaften in Indonesien

Deutschland. Jakarta: Jl. M.H. Thamrin 1, Tel. 3901750. Medan: Jl. Samanhudi 16, Tel. 4568006. Denpasar: Jl. Pantai Karang 17, Sanur, Tel. 288535. Surabaya: Jl Dr. Wahidin 29, Tel. 5631871.

Österreich. Jakarta: Jl. Diponegoro 44, Tel. 338090, 338101, Bandung: Jl. Prabu Dimuntur 2 A, P.O. Box 150, Tel. 4239505.

Schweiz. Jakarta: Blok X/3/2, Jl. H.R. Rasuna Said, Kuningan, Tel. 751735. Bali: Jl. Patih Jelantik, Kuta, Tel. 751735.

SPRACHFÜHRER

Indonesier sind auch im Gebrauch der indonesischen Sprache, der **Bahasa Indonesia**, überaus höflich und vermeiden die direkte Verneinung: *tidak* (nein) wird ungern plump direkt gesagt, lieber sagt man diplomatisch *belum* (noch nicht), was noch Hoffnung birgt. Oft verwendet man *kurang*, um eine Aussage abzumildern, für „schlecht" etwa statt *tidak bagus* (nicht gut) lieber *kurang bagus* (weniger gut), statt *tidak tahu (*weiß nicht) lieber *kurang tahu* (weiß nicht genau); das für indonesische Verhältnisse bereits recht derbe Schimpfwort *kurang ajar* bedeutet eigentlich „zu wenig gelernt".

Guten Morgen . . . . *selamat pagi*
Guten Tag . . . . *selamat siang*
Guten Tag, können Sie mir helfen?. . . *Selamat siang, dapat anda membantu saya?*
Bitte hilf mir! . . . . *tolong, bantu saya!*
Guten Nachmittag . . . . . . *selamat sore*
Guten Abend . . . . *selamat malam*
Auf Wiedersehen. *sampai bertemu lagi*
Wie heißen Sie (Mann)? . . . *apa nama tuan?*
Wie heißen Sie (Frau)? . . . . *apa nama nyonya?*
Ich heiße ... . *nama saya ...*
Ich lebe in ... . *saya tinggal di ...*
Wo ist der, die, das...? . . . . *(di)mana...?*
Wie weit ist es ...? . . . . *berapa jauh?*
Wie komme ich nach ...? . . . . *bagamaina saya ke ...?*
Was kostet das? . . . . *berapa harga?*
Wieviel kostet das Zimmer pro Nacht?. . . *Berapa harganya kamar ini untuk satu malam?*
Wo ist eine Bank? .*Di mana ada bank?*
Ich suche ein nicht zu teures Hotel! . . . . *Saya mencari hotel yang tidak terlalu mahal!*
Kann ich die Speisekarte haben? . . . . *saya mau lihat daftar makanan*
Ich hätte gerne etwas zu trinken . . . . . *saya mau minum*
Die Rechnung bitte! . .*saya mau bayar*
Ich bleibe hier ... Tage. . . . . *saya tinggal disini ... hari*
Was ist das hier? . . . . *apa ini?*
Was ist das dort? . . . . *apa itu?*
Wie spät ist es? . . . . *jam berapa?*
Viel Glück . . . . *Banyak rejeki!*
Viel Erfolg. . . . . *Semoga sukses!*
Alles Gute . . . . *Banyak selamat!*
Weihnachten . . . . *Hari Natal*
Ein glückliches neues Jahr!. . . *Selamat tahun baru!*

ich . . . . *saya*
du. . . . . *kamu*
wir . . . . *kami / kita*
okay. . . . . *baik*
ja . . . . *ya*
nein . . . . *tidak*
groß . . . . *besar*
klein. . . . . *kecil*
heute . . . . *hari ini*
jetzt . . . . *sekarang*
Tag. . . . . *siang*
Nachmittag . . . . *sore*
Abend / Nacht . . . . *malam*
Woche . . . . *minggu*
Monat . . . . *bulan*
Jahr . . . . *tahun*
sauber . . . . *bersih*
schmutzig . . . . *kotor*
heiß . . . . *panas*
kalt. . . . . *dingin*
bitte . . . . *silahkan*
danke. . . . . *terima kasih*

weniger .... *kurang*
mehr .... *lebih banyak*
kommen................... *datang*
gehen...................... *pergi*
Preis...................... *harga*
Geschäft .... *toko*
Arznei .... *obat*
Markt...................... *pasar*
Zimmer .... *kamar*
Gemüse .... *sayuran*
Wasser......................... *air*
Tee.......................... *teh*
Milch....................... *susu*
Reis (gekocht)................ *nasi*
Reis (ungekocht)............. *beras*
Zucker....................... *gula*
Salz .... *garam*
Butter.................... *mentega*
Essen .... *makanan*
Frühstück........... *makanan pagi*

1......................... *satu*
2.......................... *dua*
3.......................... *tiga*
4........................ *empat*
5.......................... *lima*
6......................... *enam*
7........................ *tujuh*
8...................... *delapan*
9..................... *sembilan*
10...................... *sepuluh*
11....................... *sebelas*
12..................... *duabelas*
20..................... *duapuluh*
30.................... *tigapuluh*
40.................. *empatpuluh*
50................... *limapuluh*
60................... *enampuluh*
70................... *tujuhpuluh*
80................. *delapanpuluh*
90................ *sembilanpuluh*
100...................... *seratus*
1000...................... *seribu*
10 000 .... *sepuluhribu*

Aussprache:
j.......................... dsch
y.......................... wie j
c.......................... tsch
h........... wird auch am Wortende ausgesprochen

AUTOREN

David E. F. Henley ist Geograf und Hauptautor des *Nelles Guide Indonesien.* Seine Begeisterung für Indonesien brachte ihn zu einer Doktorarbeit über die koloniale Vergangenheit des Landes und zu diesem Reiseführer. („Java", „Sumatra", „Lombok")

Berthold Schwarz, Chefredakteur, wurde bei einem Geografie-Praktikum in einem Dorfentwicklungsprojekt auf Sumatra vom Indonesienfieber gepackt, leitete fortan Studienreisen in der Region, fotografierte und verfasste mehrere Reiseführer. („Bali", „Sulawesi", „Sprachführer")

James J. Fox ist Anthropologe und hat einiges über indonesische Kulturen veröffentlicht. Seine Liebe gilt insbesondere Java, wo er in Entwicklungsprojekten tätig ist. („Die Kultur Javas")

Putu Davies ist Historikerin, die akademisches Wissen mit praktischer Erfahrung vereint, da sie viele Jahre auf Bali gelebt hat. („Porträt Balis")

Anthony J. S. Reid, ist Professor für Geschichte Südostasiens, erforschte die indones. Revolution und die Geschichte Sumatras. („Porträt Sumatras")

Yohanni Johns unterrichtet indonesische Sprache und Literatur und hat mehrere Bücher über die Küche ihres Heimatlandes veröffentlicht. („Die Küche Indonesiens")

Robyn Maxwell ist Expertin für indonesische Kunst und Kunsthandwerk. („Traditionelles Kunsthandwerk")

Colin P. Groves führten seine zoologischen Untersuchungen über Ostasiens Säugetiere zu seinem Engagement für ökologischen Fragen Indonesiens. („Tierwelt und Vegetation").

ÜBERSETZUNG

G. Albus, **S. Braun**, **A. Gläser**

U

V

W

Y

Nelles Verlag

Foto: Peter Fischer

Indonesien

Java, Bali, Lombok, Sulawesi, Sumatra

Hotelverzeichnis

HOTELVERZEICHNIS

An Hotels besteht in Indonesien kein Mangel. Besonders groß ist die Auswahl in allen Preisklassen in den Touristenzentren auf Java, Bali und Lombok, aber auch auf den Außeninseln findet jeder ein Dach über dem Kopf.
Während der Off-Season (alle Monate außer Juli/August und Weihnachten) sind die Preise, besonders, wenn man mehrere Nächte bleibt, meist verhandelbar. Zum Teil erheblich billiger buchbar sind gehobene Hotels über Veranstalter oder Internetportale (z. B. www.balitouring.com oder www.asiarooms.de).

$ Zimmer der **unteren Kategorie** kosten in *losmen* oder *penginapan*, einheimischen Hotels, oft umgerechnet nur wenige US $. Der Standard ist einfach: dünne Wände, harte Betten und simple Sanitäranlagen. In Billigunterkünften untouristischer Gegenden findet man noch das traditionelle Badezimmer (*mandi*) mit Wasserbecken, Schöpfkelle und Hocktoilette; Handtücher und Sarongs, die die Bettwäsche ersetzen, sollten hier mitgebracht werden. Sind solche *losmen* auch einfach, so bieten sie viel Einblick in die indonesische Lebensart. In den Haupttouristenregionen sind die Preise für Unterkünfte der unteren Kategorie höher (bis ca. 25 US$), aber der Standard ist auch z. T. wesentlich besser. Hier sind selbst einfache Hotels mit westlichem Badezimmer und oft sogar mit Pool ausgestattet. Auf Bali sind außerdem *homestays*, Zimmer mit Familienanschluss, sehr beliebt.

$$ Die Hotels der **mittleren Kategorie** (25-ca. 50 $) können verträumte Kolonialhotels sein, aber genauso moderne Häuser mit gediegenem Komfort. Dazu gehört immer ein westliches Bad und WC, oft eine Klimaanlage, solide Hygienestandards, meist ein Restaurant und in Badeorten auch fast immer ein Swimmingpool.

$$$ Die Hotels der **gehobenen Kategorie** (ab 50 $) bieten westlichen Standard in jeder Hinsicht – dazu vor allem (auf Java und Bali) auch sehr viel indonesisches Flair und teils auch üppige Buffets mit Musik- und Tanzvorführungen. **Luxushotels** (ab 100 US$, nach oben kaum Grenzen) lassen keine Wünsche offen – auf Bali etwa sind eigene „Villen“ mit Butler im Rahmen von Luxushotelanlagen zu buchen. Wer auf große Hotels mit entsprechendem Unterhaltungsprogramm und mehreren Restaurants verzichten kann, wird auf Bali und z. T. auf Java die kleinen, aber nicht minder komfortablen **Boutiquehotels** schätzen lernen.

2 JAVA

Jakarta (☎ 021)

$$$ Das Angebot an Häusern der gehobenen Kategorie ist groß, sodass vor allem bei Buchungen über Internetportale (siehe oben) Schnäppchen zu machen sind.
Hotel Indonesia, das erste Luxushotel der Stadt hat stark an Glanz verloren, entsprechend günstig sind die (inoffiziellen) Preise, Jl M.H. Thamrin, Tel. 3140008.
Grand Hyatt Jakarta, für alle, die es edel lieben – eines der besten (und teuersten) Hotels der Stadt, Jl Thamrin, Tel. 3901234, www.jakarta.grand.hyatt.com.
Le Meridien Hotel Jakarta, eine feine Adresse mit viel Charme und Komfort, Jl Jenderal Sudirman Kav 18-20, Tel. 2513131.

$$ Einige Häuser der mittleren Kategorie schließen die Lücke zwischen Luxushotels und Losmen.
Alila Jakarta, modernes Design, herrlicher Pool, Spa und riesiges Frühstücksbuffet zu fairen Preisen, Jl Pecenongan 7-17, Tel. 2316008, www.alila.com/jakarta.
Cemara Hotel, die älteren Zimmer sind etwas in die Jahre gekommen, aber das Preis-Leistungs-Verhältnis stimmt und die Sicht vom kleinen Dachpool ist grandios, Jl Cemara 1, Tel. 3908215, www.cemarahotel.com.
Hotel Formule 1, Mittelklasse Hotel mit fröhlichen Farben und fairen Preisen, großer Pool, Jl Cikini Raya 75, Tel. 31908188, www.hotelformule1.com.

$ Zahlreiche günstige *losmen* finden sich vor allem rund um die Jl Jaksa, die allerdings

selbst anspruchslose Reisende oft kaum zufrieden stellen.
Zu den besseren Unterkünften gehörten **Wisma I. S. E.**, geräumige Zimmer und schöne Terrasse, Jl K.H. Wahid Hasyim 168, Tel. 333463; und **Le Margot Hotel**, Jl Jaksa C, Tel. 3913830.

WESTJAVA

Anyer (☎ 0253)

$$$ **Anyer Cottage**, erholsames Ambiente an einem guten Strandabschnitt, traditionelle Bungalows, Tel. 601556.
Sol Elite Marbella, 580 Zimmer, Pools, Jacuzzi, Wellness-Center, Läden, 2 Restaurants, am Strand, Jl. Raya Karang Bolong, Tel. 602345, www.solelitemarbella.com.
Pondok Tubagus Resort, luxuriöse Cottages und romantische Zeltunterkünfte direkt am Strand, Jl. Raya Karang Bolong, Tel. 601776.

Carita (☎ 0253)

$$$ **Krakatau Surf Carita**, geschmackvoll gestaltete Bungalows, Tel. 803848.
Carita Resort Hotel, die ausgedehnte Hotelanlage zieht sich 1 km am Strand entlang, Tel. 801900.

$$ **Rakata Hotel**, gegenüber dem Carita Resort mit gutem Restaurant, Tel. 801171.
Pelangi Kasih, landestypische Einrichtung mit dem Charme der Nostalgie, Jl Raya Carita Tel. 801886.

Tanjung Lesung (☎ 0253)

$$$ **Tanjung Lesung Resort Hotel**, 61 luxuriöse Cottages, Pool mit Meeresblick, Strandbar, Restaurant, Sp, Tel. 802900, www.tanjunglesung.coma.

Bogor (☎ 0251)

$$$ **Novotel**, das beste Hotel der Stadt bietet neben allen Annehmlichkeiten auch einen eigenen Golfplatz, Bogor Raya, Tel. 8271555, www.novotel-bogor.com.

$$ **Hotel Mirah Sartika**, geräumige Zimmer, gutes Preis-Leistungsverhältnis, Jl Dewi Sartika 6A, Tel. 312343.

Pelabuhan Ratu (☎ 0268)

$$$ **Samudra Beach**, 100 Zimmer mit Meerblick, Tel. 431200, 431023; Reserv. in Jakarta, Hotel Indonesia, Tel. 2301008.
Didesa, sehr schönes, im mexikanischen Dekor gestyltes, vergleichsweise neues Hotel, Jl Raya Cisolok 23, Tel. 433288.

$$ **Pondok Kencana**, Bungalowanlage nit Swimmingpool, Quelle für alle möglichen Infos zu der Region, Tel. 431465, www.ombaktujuh.com.
Bayu Amrita, schöne Lage an Klippen und wundervolle Sonnenuntergänge, Tel. 431031.
Hotel Bumi Paundan, Jl Raya Cimaja, 10 km westl. von Pelabuhan Ratu.

$ **Karang Sari**, Jl Raya, Tel. 431078.
Penginapan Laut Kidul, mit luftiger Veranda, Jl Siliwangi 148, Tel. 431041.

Puncak Region (☎ 0263)

$$$ **Puncak Pass Hotel**, die beste Wahl am Puncak-Pass, Jl Raya Sindang-laya, Cianjur, Tel. 512503.

$$ **Gunung Mas Guesthouse**, schlafen im Kolonialstil in einer Teeplantage, Tel. 252501.

$ **Kopo Hostel**, Jl Raya Puncak 557, Cisarua, Tel. 254296.
Pondok Pemuda Cibodas, Cibodas Botanische Gärten, Tel. 512807.

Bandung (☎ 022)

$$$ **Savoy Homann**, gut erhaltene Art-déco-Architektur, noch aus der Kolonialzeit, der „Klassiker" in Bandung, Jl Asia-Afrika 112, Tel. 432244, www.savoyhomann-hotel.com.
Padma Hotel, exklusives Boutique-Hotel in reizvoller Lage etwas außerhalb der Stadt im Stil der traditionellen Art-déco-Hotels in Bandung, Jl Ranca Bentang 56-58, Tel. 203 0333, www.padmahotelbandung.com.

Royal Palace Hotel, Jl Lembong 21, Tel. 4208372.
Grand Hotel Preanger, Jl Asia-Afrika 81, Tel. 4231631, www.preanger.aerowisata.com.

$$ **Topas Galeria**, ansprechendes, zentral gelegenes Komfort-Hotel, Jl Dr. Djundjunan 151, telefonische Reservierung über Jakarta 021/5328682.
Hotel Serena, ansprechende Zimmer und nettes Ambiente zu sehr fairen Preisen, Jl Maruk 4-6, Tel. 4204317, http://serenabandung.multiply.com.
Setiabudi Guesthouse, Jl Dr. Setiabudi 191, Tel. 212716.
The Royal Dago Inn, Jl Jr. H. Juanda 169, Tel. 2502200.
Hotel Endah Parahyangan, Jl Raya Cibeureum, Tel. 634934.

$ **Sriwenda**, Jl Ciliwung 7, Tel. 273368.
Losmen Saudara, Jl Kebon Jati 51/7B.
By Moritz Homestay, bei Rucksackreisenden beliebte Kontaktbörse, Jl Kebon Jati, Luxor Permai 35, Tel. 4205788.
Sakadarna International Traveller's Homestay, Jl Kebon Jati, Gg. Babakan 55-7/B, Tel. 4218553.
Hotel Patradissa, Jl H Moch Iskat 8, Tel. 4206680.
Catellya Hotel. ruhige Lage, freundliche Atmosphäre, Jl Dr Rum 12, Tel. 4231098.

Pangandaran (☎ 0265)

$$$ **Java Cove Beach Hotel**, 30 km von Pangandaran entstand dieses stylische neue Hotel, ein toller Platz für Windsurfer, schick und komfortabel, Batu Karas, Tel. 7082020, www.javacovebeachhotel.com.

$ **Mini Tiga Homestay**, großzügige Zimmer und netter Service mit vielen kleinen Extras, Tel. 639 436, katmaja95@yahoo.fr.

Cirebon (☎ 0231)

$$$ **Cirebon Plaza**, Jl Kartini 64, Tel. 202062.
Hotel Puri Santika, bestes Haus am Platz, Jl Dr. Wahidin 32, Tel. 200570.
Cirebon Penta Hotel, mit Dachgarten und Fitnesscenter, Jl Syariff Abdurrahman 159, Tel. 203328.
Bentani, Jl Siliwangi 69, Tel. 203246.

$$ **Hotel Cordova**, eine der besten Optionen in der Nähe des Bahnhofs, Jl Siliwangi 87, Tel. 204677.
Hotel Slamet, Jl Siliwangi 74, Tel. 203296.

$ **Famili**, im Kolonialstil, Jl Siliwangi 66, Tel. 207935.
Hotel Priangan, Jl Siliwangi 108, Tel. 200862.
Asia, gutes Preis-Leistungs-Verhältnis, Jl Kalibaru Selatan 15, Tel. 202183.

ZENTRALJAVA

Die Auswahl an Hotels in Zentraljava – besonders im Bereich der Sultansstädte Yogyakarta und Surakarta (Solo) – ist groß, und die Konkurrenz belebt das Geschäft.

Yogyakarta (☎ 0274)

$$$ **Sheraton Mustika**, die wunderschöne Hotelanlage mit großem Spa und javanischer Atmosphäre machen das Sheraton Mustika zu einer erstklassigen Wahl, Jl Laksa Adisucipto Km 8,7, Tel. 488588, www.starwoodhotels.com.
Melia Purosani, viel Komfort und sehr gute Lage direkt an der Haupteinkaufsstraße, Jl Mayor Suryotomo 31, Tel. 589521, www.solmelia.com.

$$$-$$ **Phoenix**, das Hotel in einem stattlichen Kolonialbau von 1918 wurde von der französischen Hotelgruppe Accor sehr schön renoviert, ca. 1 km von der großen Einkaufsstraße Malioboro entfernt, 144 elegante Zimmer und Suiten mit Balkon, Restaurant, Bar im Freien mit Hofblick, Pool, Tages-Spa; Jl Jenderal Sudirman 9-11, Tel. 566617, www.mgallery.com

$$ **Tembi**, kleines, ländlich gelegenes Bungalowhotel, stilvoll javanisch, entspannte Atmosphäre, Jl Parangtritis, KM 8,4, Tel. 368000, www.tembi.net.

Duta Garden, sehr angenehmes kleines Hotel mit Pool inmitten eines schattigen Gartens, Jl Timuran MG III / 103, Tel. 373482, www.dutagardenhotel.com.
Ministry of Coffee, stylishe Zimmer mit kostenlosen W-Lan und hübschen kleinen Balkonen, Jl Prawirotaman I 15A, Tel. 7473828, www.ministryofcoffee.com.

Ⓢ **Duta**, bescheidenerer Ableger des Duta Garden Hotels, trotzdem eine gute Wahl mit Zimmern um einen ruhigen Innenhof, auch Homestay-Unterkunft möglich, Jl Prawirotaman 26, Tel. 372064, www.dutagardenhotel.com.
Mercury Guest House, im Stil der Palastarchitektur, schönes Restaurantambiente, einfache, saubere Zimmer, Jl Prawirotaman II 595, Tel. 370846.
Istana Batik, angenehme Zimmer rund um einen hübschen Garten mit kleinem Pool, Jl Pasar Kembang 29, Tel. 589853.

Borobodur / Magelang

ⓈⓈⓈ **Amanjiwa**, das einzige Hotel in unmittelbarer Nähe zum Borobodur bietet Luxus pur zu entsprechenden Preisen, Borobodur, Magelang, Tel. 0293-788333, www.amanresorts.com.
Losari Coffee Plantation, wie in holländischer Kolonialzeit wird auch heute noch auf der Losari-Plantage Kaffee angebaut, darüber hinaus werden hier, in wundervoller Lage, Gäste aufs Allerfeinste bewirtet, Desa Losari, Magelang, Tel. 0298-596333, www.losaricoffeeplantation.com.

Wonosobo (Dieng Plateau) (☎ 0286)

Komfortabler als auf dem Dieng Plateau selbst, wo nur einfache und überteuerte *losmen* Zimmer anbieten, nächtigt man in **Wonosobo**, etwa eine Fahrtstunde südlich des Plateaus.

ⓈⓈ **Surya Asia**, zentral gelegenes und angenehmes Mittelklassehotel, Jl Jen. A. Yani 137, Tel. 322992, www.suryaasia.com.
Gallery Hotel Kresna, größtes Hotel in der Region, mit Pool, Jl Pasukan Ronggolawe 20, Tel. 324111.

Ⓢ **Sri Kencono**, einfache, aber saubere Zimmer, Jl A. Yani 81, Tel. 321522.
Hotel Nirwana, direkt am Markt und recht komfortabel, Jl Resimen 18, Tel. 321066.

Surakarta (Solo) (☎ 0271)

ⓈⓈⓈ **Novotel Solo**, gehobener Komfort im Stadtzentrum, Kinder übernachten kostenlos, Jl Slamet Riyadi 272, Tel. 724555, www.novotel.com.

ⓈⓈ **Roemahkoe**, liebevoll restauriertes kleines Art-Deko-Hotel mit gutem Restaurant, Jl Dr Rajiman 501, Tel. 714024, www.roemahkoe.info.
Sahid Kusuma Solo, komfortables Hotel mit fürstlichem Charme direkt beim Sultanspalast, Jl Sugiyopranoto, Tel. 646356, www.sahidhotels.com.

Ⓢ **Solo Mulia**, einfache, aber saubere Zimmer und verkehrsgünstige Lage, Jl Ahmad Dahlan 7, Tel. 661884.
Hotel Dana, renoviertes Kolonialhotel mit Garten, Jl Slamet Riyadi 286, Tel. 711976.

Semarang (☎ 024)

ⓈⓈⓈ **Grand Candi Hotel**, sehr schönes Hotel in Zentrumsnähe, Jl Sisingamangaraja 16, Tel. 8416222.
Kura Kura Resort & Spa, Resorthotel auf Kura Kura Island vor der Küste von Semarang, das 5-Sterne-Tauch-Resort bietet Unterkunft in luxuriösen Strandvillen und Bungalows und holt seine Gäste mit der hoteleigenen Kura Kura Aviation ab – per Charter oder Linienservice, Tel. 76632510, www.kurakuramedia.com.

ⓈⓈ **Candi Baru**, einfache, aber große Zimmer in alter Kolonialvilla mit Blick über die Stadt, Jl Rinjani 21, Tel. 3515272.
Bukit Asri Hotel, solides Hotel, schöne Lage etwas außerhalb, Jl Dr. Setiabudi 5A, Tel. 8475743.

\$ **Jaya**, Jl MT Haryono 85, Tel. 3543604.
Oewa Asia, Jl Kol. Sugiono 12, Tel. 3542547.
Losmen Arjuna, Jl Imam Bonjol 51, Tel. 3544186.

OSTJAVA

Surabaya (☎ 031)

\$\$\$ **Majapahit**, wer sich etwas Besonderes gönnen möchte, sollte das geschichtsträchtigste unter den Luxushotels der Stadt wählen; das einst als Oranje-Hotel berühmte, 1910 erbaute Kolonialhotel wurde behutsam restauriert und ist heute ein wahres Schmuckstück mit vollendetem Service, Spa und Pool, Jl Tunjungan 165, Tel. 5454333, www.mandarinoriental.com.

\$\$ Klassische Mittelklassehotels sind in Surabaya Mangelware. Weil es im hochpreisigen Bereich ein Überangebot gibt, sind jedoch z. B. im Equator Schnäppchen zu machen.
Equator, das sympathische kleine 4-Sterne-Haus im ruhigem Wohnviertel liegt nur wenige Taximinuten vom Zentrum entfernt, Jl Pakis Argosari 47, Tel. 031-568 7170, www.hotelequator.com.
Ibis Rajawali, am Rand des Zentrums liegt das angenehme Stadthotel, Jalan Rajawali 9-11, Tel. 3539994, www.ibishotel.com.

\$ **Paviljoen**, für sehr sparsame Reisende bietet das *losmen* schlichte, aber saubere und sehr günstige Zimmer, die sich um den Innenhof einer Kolonialvilla gruppieren, Jl Genteng Besar, Tel. 5343449.

Madura

\$ **Hotel Ningrat**, eines der besseren Hotels auf der Insel, mit Minimalkomfort, Jl KH Moh Kholil 113, Tel. 031-3045388.
Hotel Wijaya I, einfach, aber sauber, Zimmer mit und ohne AC, Jl Trunojoyo 45-47, Sumenep, Tel. 0328-662433.

Malang (☎ 0341)

\$\$\$ **Tugu Malang**, schöner kann man in Ostjava kaum wohnen, der Hotelbesitzer sammelt edle Antiquitäten, die dem Hotel ein einzigartiges Flair verleihen, die javanische Teezeremonie ist im Preis inklusive, einen Besuch im Spa sollte man sich gönnen, Jl Tugu 3, Tel. 363891, www.tuguhotels.com.
\$ **Splendid Inn**, der Glanz des sympathischen Kolonialhotels ist längst verblichen, der Charme ist geblieben, Jl Majapahit 4, Tel. 366860, Fax 363618.

Blitar (☎ 0342)

\$\$ **Tugu Blitar**, eine Filiale des Tugu in Malang, wunderschöne und bezahlbare Zimmer im Kolonialstil, Jl Merdeka 173, Tel. 0342-801766.

\$ **Sri Lestari**, der moderne Teil des Hotels bietet bequeme, wenn auch zum Teil etwas dunkle Zimmer mit Veranda zu günstigen Preisen,dem Tugu angegliedert, Kontaktdaten s. o.

Vulkan Bromo

\$\$ **Bromo Cottages**, ein gutes Preis-Leistungs-Verhältnis bietet das Hotel in Tosari, auf dem Weg zur Caldera, Tosari, Reservierung: Tel. 031-8978888, www.bromocottages.com.

\$ **Yoschi's Guesthouse**, nette Pension mit Garten, Ngadisari, Tel. 0335-541018.
Lava View Cottages, direkt am Calderarand, mit traumhaften Blicken, Cemoro Lawang, Tel. 0335-541009, Fax -541151.

Banyuwangi und Ijen (☎ 0333)

\$\$\$-\$\$ **Ijen Villas**, traumhafte Bungalowanlage inmitten der Reisfelder mit Blick auf drei Vulkankegel, idealer Ausgangspunkt für die Erkundung des Ijen-Vulkans, Licen, eine halbe Stunde von Banyuwangi entfernt, Tel. 429000, Fax 420800.

\$\$-\$ **Ketapang Indah**, solide Bungalowanlage am Strand von Banyuwangi, Tel. 422280, Fax 423597.

3 BALI

SÜDBALI

Kuta / Legian / Seminyak (☎ 0361)

$$$ **The Legian**, eine perfekt durchdesignte Hotel-Schönheit am Seminyak-Beach mit riesigen Zimmern und einem Küchenchef, der das Beste aus Ost und West vereint, Jl. Laksmana, Seminyak Beach, Tel. 730622, www.ghmhotels.com.
Tugu Bali, wunderschönes Hotel in einsamer Strandlage, bestückt mit javanischen Antiquitäten und traditionellem Wellness-Bereich, Jl Pantai Batu Bolong, Canggu Beach, Tel. 731701, www.tuguhotels.com.

$$ **Resor Seminyak**, komfortable Hotelanlage am breiten Strand von Seminyak, Tel. 730814, www.resorseminyak.com.
Poppies Cottages, ein Klassiker in Kuta und immer noch eine Oase der Ruhe mitten im trubeligen Kuta, Tel. 751059, www.poppiesbali.com.

$ **Sari Beach Inn**, schattige kleine Anlage mit Pool direkt am Strand von Legian, Tel. 756557.
Three Brothers Inn, sympathische und familiäre Anlage inmitten eines großen Gartens, Zimmer in unterschiedlichen Preiskategorien, Tel. 751566.
Sacred River Retreat, westlich von Seminyak und weit entfernt vom Trubel treffen sich hier vor allem Yogafans, Pool, Suraberata, Tel. 814993, www.sacred-river.com.

Bukit Badung

$$$ **Karma Kandara**, Traumvillen schweben über den Klippen, über einem der schönsten Strände Balis, den man originellerweise mit dem Fahrstuhl erreicht, ebenfalls genial: der Verwöhn-Spa mit Meerblick, Jl. Villa Kandara, Kusuma, Ungasan, Tel. 708800, www.karmakandara.com.
Jimbaran Puri Bali, elegant und luxuriös, aber nicht abgehoben, angenehme Größe, Tel. 982700, www.jimbaranpuribali.com.

$$ **Puri Kosala**, nettes, familiäres Hotel in Strandnähe, Tel. 701673, www.purikosala.com.

Nusa Dua / Tanjung Benoa (☎ 0361)

$$$ **Grand Hyatt**, großzügige Hotelanlage mit riesiger Pool-Landschaft am Strand, Tel. 771234, www.bali.grand.hyatt.com.
Novotel Benoa Bali, großzügige Anlage im Ethno-Stil, Tel. 772239, www.accorhotels.com/asia.

Sanur (☎ 0361)

$$$ **Bali Hyatt**, die große alte Dame unter den balinesischen Luxushotels, berühmt ist der üppige große Tropengarten, niveauvolle Disko, Tel. 281234, www.bali.resort.hyatt.com.
Puri Santrian, wunderbares Strandhotel, Tel. 288009, www.santrian.com.

$$ **La Taverna**, viel balinesisches Flair in bester Lage, besonders schön sind die Zimmer mit Antiquitäten, Jl. Danau Tamblingan 29, Tel. 288497, www.latavernahotel.com.
Respati Beach Hotel, kleine Zimmer in zentraler Lage, bei überschaubarem Budget eine gute Adresse, Jl. Danau Tamblingan 33, Tel. 288427, www.respatihotel.com.

$ **Puri Mango Guesthouse**, nettes Gästehaus mit Pool, Tel. 288411.

ZENTRALBALI

Ubud und Umgebung (☎ 0361)

$$$ **Amandari**, ein Traum von einem Hotel in spektakulärer Lage über dem Ayung-Fluss, der allerdings auch seinen Preis hat, Tel. 975333, www.amanresorts.com.
Maya Ubud, die Zimmer im Haupthaus sind bezahlbar, traumhaft die Villen mit privatem Garten und Pool, der Spa mit Reisterrassenblick gehört zu den schönsten der Insel, Jl. Gunung Sari Peliatan, Tel. 977888, www.mayaubud.com.

$$ **Tjampuhan**, im Gästehaus des Fürsten von Ubud, direkt an der Campuan-Schlucht, wohnte in den 1930er Jahren der deutsche Maler Walter Spies, der Enkel des Fürsten wurde Hotelier und rund um das einstige Gästehaus entstand das erste Boutiquehotel der Insel – ein bezahlbarer Tropentraum, Tel. 975368, www.tjampuhan.com.

Im **Alam Sari** wird den Besuchern balinesische Kultur nahe gebracht, Tel. 03611-973318, www.alamsari.com.

Alam Jiwa, intime kleine Anlage mit viel balinesischer Atmosphäre weit ab vom Trubel Ubuds, Tel. 977463, www.alamindahbali.com.

Arma Resort, Bungalows unterschiedl. Größe und Ausstattung im herrlichen Tropengarten, dem Museum/Kulturzentrum ARMA angegliedert, Tel. 976659, www.armaresort.com.

$-$$ Das **Fibra Inn** liegt direkt an der belebten Monkey Forest Road und ist dennoch eine verträumte kleine Oase mit Pool mitten im geschäftigen Ubud, Tel. 972152.

Ubud Inn, Zimmer in unterschiedlichen Kategorien inmitten eines tropischen Gartens mit Pool, Tel. 975071, www.ubudinn.com.

Tegal Sari, ausgezeichnetes Preis-Leistungs-Verhältnis am Rand der Reisfelder, Swimmingpool, Tel. 973318, www.tegalsari-ubud.com.

$ **Guci Guesthouse**, Privatunterkunft mit Familienanschluss bei einem balinesischen Künstler und seiner deutschen Frau, Tel. 975975, www.gucibali.com.

OSTBALI

Padangbai

$-$$ **Puri Rai**, 2-stöckige Bungalows im balinesischen Reisspeicherstil, gutes Restaurant, Zimmer z. T. mit Aircondition, beste Unterkunft im Ort, Jl. Silayukti (an der Strandstraße), Tel. 0365-41385, Fax 41386.

$ **Manggala**, sehr schöne Aussicht, gutes Restaurant, Jl. Silayukti (an der Strandstraße), Tel. 0365-41424.

Topi Inn, großes Angebot an Workshops, wie Batiken, Weben, Wayang Kulit, Gamelan spielen etc., am Ende der Bucht, Jl. Silayukti 99, Tel. 0365-41424.

Candi Dasa (☎ 0363)

$$$-$$ **Watergarden**, exklusive kleine Anlage für Ruhesuchende, allerdings nicht am Strand, Tel. 41540, www.watergardenhotel.com.

$ **Kelapa Mas**, familiäre Hotelanlage mit Garten, Tel. 41947.

Amed und Ostküste

$$ **Alam Anda**, an der ruhigen Ostküste verwirklichte ein nordfriesischer Architekt seinen Traum: wunderschöne Bungalows in unterschiedlichen Preisklassen, deutsches Management und deutsche Tauchschule, Kontakt-Tel. in D: 04105-690936, www.alamanda. com.

$ **Bayu Cottages**, kleine, aber feine Anlage an einem schönen Abschnitt von Lipah Beach, Tel. 23495.

NORDKÜSTE

Lovina (☎ 0362)

$$$ **Puri Bagus Lovina**, das schönste Strandhotel in Lovina – großzügig, elegant und wunderbar ruhig, Tel. 21430, www.puribagus.com.

$$ **Rambutan Beach Cottages**, nette Anlage in schönem Garten, in Strandnähe, Tel. 41388, www.rambutan.org.

$ **Banyualit Beach Inn**, Zimmer und Bungalows in netter Gartenanlage mit Pool, ausgezeichnetes Preis-Leistungs-Verhältnis, Tel. 41059, www.banyualit.com.

Pemuteran

$$ **Taman Sari Bali Cottages**, ein kleines Paradies am schwarzen Strand, Tel. 0362-93264. www.balitamansari.com.

4 LOMBOK

Senggigi Beach

$$$ **Senggigi Beach Hotel**, das älteste Hotel der gehobenen Kategorie in Senggigi liegt am schönsten Strandabschnitt, Tel. 693210, www.aerowisata.com.

$$ **Holiday Resort**, Hotelresort direkt am Strand mit Wohlfühlambiente, großzügige Zimmer, schöne Pool-Landschaft, Spa, gutes Restaurant, ein Plus für Familien: die liebevolle Kinderbetreuung, auch nicht zu verachten: das ausgezeichnete Preis-Leistungs-Verhältnis, Mangsit, Tel. 693444, www.holidayresort-lombok.com.
Puri Mas, bildhübsche Bungalows in unterschiedlichen Preiskategorien inmitten eines schönen Gartens – ein kleines Juwel, allerdings relativ teuer, Tel. 6930230.

Gili-Inseln

$$ **Villa Ombak**, am Strand, komfortable Bungalows im Reisspeicherstil, Gili Trawangan, Tel. 642336.

$ Zahlreiche einfache Losmen am Strand.

Kuta und Umgebung

$$$ **Novotel Lombok Coralia**. das einzige Komfort-Hotel im Süden der Insel, an einem schönen Sandstrand, gefällt durch Bungalows im Sasak-Stil, Tel. 653333, www.novotel-lombok.com.

5 SÜDSULAWESI

Makassar (☎ 0411)

$$$ **Marannu Hotel**, Jl Hasanuddin 3-5, Tel. 315087.
Marannu Tower, Jl Kajaolalido 1, Tel. 327051.
Victoria, Jl Sudirman 24, Tel. 328888.
Makassar Golden, solides Business-Hotel, Jl Pasar Ikan 52, Tel. 333000, www.makassar-golden.com.

$$ **Kota Makassar**, Jl Chairil Anwar 28, Tel. 317055.
Pondok Suada Indah, Jl Hasanuddin 12, Tel. 213856.

$ **Erik's Homestay**, Jl Karunrung 9 A, Tel. 321998.
Hotel Surya Berlian, gutes Preis-Leistungsverhältnis, Jl Amannagappa 7, Tel. 327208.

Rantepao (☎ 0423)

$$$ **Toraja Cottages**, Jl Pakubalasalu, Tel. 21089. **Toraja Prince**, angenehme Anlage mit Swimmingpool, Jl Pakubalasalu, Tel. 21430, www.torajaprince.com.
Hotel Marante Toraja, Jl Jurusan Palopo, Km 4, Tel. 21616, www.marantetoraja.com.
Toraja Heritage Hotel, Rantepao, Tel. 21192, www.torajaheritage.com.

$$ **Madarana Hotel**, Jl Sa'dan 21B, Rantepao, Tel. 23777.
Wisma Maria II, Jl Pong Tiku, 1 km südl. vom Markt Richtung Makale, Tel. 21288.
Hotel Pison, Jl Pong Tiku 8, Tel. 21344.

$ **Wisma Irama**, Jl Abdul Gani 16, Tel. 21371; **Wisma Monton**, Jl Abdul Gani 14 A, Tel. 21675; die beiden benachbarten Unterkünfte haben saubere geräumige Zimmer.
Kandora Mountain Lodge, c/o Walda Foundation, Sangalla (Rantepao), Tel. 21701, 21558.
Puri Artha Hotel, Jl Pongtiku 114, Makale (Rantepao), Tel. 22047.

6 SUMATRA

NORDSUMATRA

Medan (☎ 061)

$$$ **Danau Toba International**, relativ modernes, großes Stadthotel, Jl Imam Bonjol 17, Tel. 4157000, www.hoteldanautoba.com.
Garuda Plaza, das Haus hat einen schönen Pool und gute Restaurants, Jl Sisingamangaraja 18, Tel. 7361111, www.garudaplaza.com.

Hotel Deli River, schöne, schattige Lage am Deli-Fluss, Jl Raya Namorambe 129, Tel. 7032964.
Aryaduta Hotel, neueres Haus mit allem Komfort, Jl Kapten Maulana Lubis 8, Tel. 4572999, www.aryaduta.com.

$$ **Garuda Citra**, relativ zentral, große Zimmer, gutes Preis/Leistungsverhältnis, Jl Sisingamangaraja 27, Tel. 7367733.
Dharma Deli, Jl Balai Kota 2, Tel. 4157744.
Pardede, Außenpool, Massage etc., Jl Ir H Juanda 14, Tel. 4143866.

$ **Ponduk Wisata Angel**, angenehmes Hostel mit gutem Preis-Leistungs-Verhältnis, auch Zimmer mit Bad, Jl SM Raja 70, Tel. 7320702.
Guesthouse Jimmy Janssen, angenehme Atmosphäre in Kolonialvilla, Jl Suryo 18, Tel. 4578411, www.guesthousemedan.com.

Bukit Lawang/Bohorok (☎ 0628)

$$ **Ecolodge Bukit Lawang**, Haus der Mittelklasse mit angenehmem naturnahem Ambiente und Liebe zur Umwelt, Biogemüsegarten und schöner Heilpflanzengarten, Tel. 081 26079983, http://ecolodge.yelweb.org.

$ **Jungle Inn & Restaurant**, organisiert auch Dschungeltrekking- und Raftingtouren und vermittelt seriöse Nationalparkführer, Tel. (mobil) 00628-1375324015.

Brastagi (☎ 0628)

$$$ **Sibayak International**, das beste Hotel weit und breit, Jl Merdeka, Tel. 91301, www.hotelsibayak.com.

$$ **Brastagi Cottage**, reizvolle Anlage mit Garten, Jl Gundaling, Tel. 20908.
Bukit Kubu, Jl Sempurna 2, Tel. 20832.

Prapat (☎ 0625)

$$$ **Danau Toba Int. Hotel**, am See, Jl Kol. Tpr. Sinaga 17, Tel. 41583.
Natour Hotel Prapat, mit gepflegtem Garten, direkt am Seeufer, Jl B. Jamin Purba 1, Tel. 41012.

$$ **Hotel Singgalang**, solide Zimmer und angegliedertes Restaurant, Jl SM Raja 52, Tel. 41260.
Hotel Toba, attraktive Lage am Sandstrand, Jl Pulau Samosir 10, Tel. 41073.

$ **Mars Family Hotel**, Jl Kebudayaan 1, Tel. 41459.
Charlie Guesthouse, mit musikalischem Besitzer, Jl Tiga Raya 7, neben dem Fähranleger, Tel. 41277.

Samosir (☎ 0625)

$$ **Tabo Cottages**, Bungalow-Anlage in schönem Garten mit guter vegetarischer Küche, beliebt bei Expats, Tuktuk, Tel. 451318, www.tabocottages.com.

$ - $$ **Carolina Cottages**, angenehme Unterkunft im Batak-Stil mit Zimmern in unterschiedlichen Kategorien, guter Badeplatz, Tel. 415 210, www.carolinacottagelaketoba.blogspot.com.

$ **Tuktuk Timbul**, ruhige Bungalows und kleines Restaurant im traditionellen Batak-Stil direkt am See, auf einer eigenen kleinen Halbinsel zwischen Tuktuk und Ambarita, sympathischer Familienbetrieb unter batakholländischer Leitung, mit eigenem kleinem Bootshafen, Tel. 7003274, www.tuktuktimbul.punt.nl, Timbul@nerdshack.com
Liberta Homestay, gemütliches, sauberes Hostel mit schönem Garten, Tel. 451035, liberta_homestay@yahoo.com.co.id.

Sibolga (☎ 0631)

$$$ **Hotel Wisata Indah**, mit Pool, Meerblick, Jl Katamso 51, Tel. 23688.

$ **Hotel Karya** Samudra, Jl Horas 134.
Pasar Baru, einfach, aber akzeptabel, mit chinesischem Restaurant, Jl I. Bonjol/ Jl R. Junjungan.

WESTSUMATRA

Bukittinggi (☎ 0752)

$$$ Novotel Bukittinggi, großzügige Anlage im indo-sarrazenischen Stil, einladende Bar, Jl L. Sudasso, Tel. 32111.
Hills, schicker kann man in Bukittinggi kaum wohnen, Jl Laras Dutuk Bandaro, Tel. 35000, www.thehillshotel.com.

$$ Hotel Asia, komfortables Haus, gutes Preis-Leistungsverhältnis, im Zentrum, Jl Kesehatan 38, Tel. 625277.
Hotel Lima's, Jl Kesehatan 34, Tel. 22641.

$ Orchid Hotel, schlicht, preiswert, beliebt bei Rucksackreisenden, Jl Teuku Umar 11, Tel. 32634.
Hotel Kartini, klein, gepflegt, heimeliges Ambiente, gutes Preis-Leistungs-Verhältnis, Jl Teuku Umar 6, Tel. 21492.
Mountain View Hotel, einfache Zimmer, aber toller Garten und schöne Ausblicke, Jl Yos Sodarso 31, Tel. 21621.
Murni, Jl A. Yani 115, Tel. 21824.

Padang (☎ 0751)

$$$ Hotel Bumi Minang, das beste Haus der Stadt, viele Geschäftsleute, Jl Bundo Kanduang 20-28, Tel. 37555, www.bumiminang.com.
Ambacang Hotel, großzügige Zimmer, Day Spa und ein beliebter Nachtclub gehören zu den Trümpfen des Hotels, Jl Bundo Kandung 14-16, Tel. 39888, www.theambacanghotel.com.
Hotel Batang Arau, in einem alten Bankgebäude aus der Kolonialzeit, nur wenige, dafür stilvolle Zimmer mit großen Bädern und Balkon, Jl Batang Arau 33, Tel. 27400, www.batangarau.itgo.com.

$$ Wisma Mayang Sari, hier stimmt der Preis, Jl Sudirman 19, Tel. 22647.
Mariani International, Jl Bundo Kanduang 35, Tel. 25466.
Inna Muara, gründlich renoviert, Jl Gereja 34, Tel. 35600, natour-muara@padang_wasantara.net.id

$ Hotel Benyamin, Jl Aziz Chari 19, Tel. 22324.
New Tiga Tiga, Jl Pemuda 31, Tel. 22173.

Mentawai-Inseln

$$ Kandui Resort, Surferhotel mit großen Holzbungalows im Mentawai-Stil, Ausflüge zu den besten Surfspots, Pulau Karamajet (schöne kleine Insel zwischen Siberut und Sipora), Speedboot-Verbindung mit Pedang und Sipora, nächster Flugplatz: Rokot auf Sipora, www.mentawaiislands.com.
Wavepark Resort, kleines Surfer-Bungalowhotel auf einem Inselchen an der Südspitze von Siberut, Transfers zu den exzellenten nahen Surfspots, Pulau Siberut, www.wavepark.com.

LIEFERBARE TITEL

– EUROPE –
Crete *1:200,000*
Madeira *1:60,000*

– ASIA –
Afghanistan *1:1,500,000*
Burma → Myanmar
Bangkok and Greater Bangkok
1:15,000 / 1:75,000
Cambodia - Angkor *1:1,500,000*
Central Asia *1:1,750,000*
China:
North-East *1:1,750,000*
East-Central *1:1,750,000*
South *1:1,750,000*
Hong Kong *1:22,500*
Himalaya *1:1,500,000*
India:
Indian Subcontinent *1:4,500,000*
Ladakh - Zanskar *1:350,000*
North *1:1,500,000*
North-East — Bangladesh
1:1,500,000
East *1:1,500,000*
West *1:1,500,000*
South *1:1,500,000*
Indonesia:
Indonesia *1:4,500,000*
Bali - Lombok *1:180,000*
Java - Jakarta *1:750,000 / 1:22,500*
Kalimantan — East Malaysia — Brunei *1:1,500,000*
Papua - Maluku *1:1,500,000*
Sulawesi - Nusa Tenggara — East Timor *1:1,500,000*
Sumatra *1:1,500,000*
Japan *1:1,500,000*
Korea *1:1,500,000*
Malaysia *1:1,500,000*
Malaysia - West — Singapore
1:1,500,000 / 1:15,000
Myanmar (Burma) *1:1,500,000*
Nepal *1:480,000 / 1:1,500,000*
Pakistan *1:1,500,000*
Philippines - Manila
1:1,500,000 / 1:17,500
Southeast Asia *1:4,500,000*
Sri Lanka *1:500,000*
Taiwan *1:400,000*
Thailand *1:1,500,000*
Vietnam — Laos — Cambodia
1:1,500,000

– AFRICA –
Egypt *1:2,500,000 / 1:750,000*
Kenya *1:1,100,000*
Namibia *1:1,500,000*
Southern Africa *1:2,500,000*
Tanzania — Rwanda — Burundi
1:1,500,000
Tunisia *1:750,000*
Uganda *1:700,000*

– AMERICAS –
Argentina:
North — Uruguay *1:2,500,000*
South — Uruguay *1:2,500,000*
Bolivia — Paraguay *1:2,500,000*
Brazil:
Amazon *1:2,500,000*
Central and South *1:2,500,000*
Caribbean:
Lesser Antilles *1:2,500,000*
Central America *1:1,750,000*
(Costa Rica *1:900,000*)
Chile - Patagonia *1:2,500,000*
Colombia — Ecuador *1:2,500,000*
Cuba *1:775,000*
Dominican Republic — Haiti
1:600,000
Mexico *1:2,500,000*
Peru — Ecuador *1:2,500,000*
South America - The Andes
1:4,500,000
Venezuela — Guyana — Suriname — French Guiana *1:2,500,000*

– AUSTRALIA / PACIFIC –
Australia *1:4,500,000*
Hawaiian Islands:
Hawaiian Islands *1:330,000 / 1:125,000*
Hawaii, The Big Island *1:330,000 / 1:125,000*
Honolulu - Oahu *1:35,000 / 1:150,000*
Kauai *1:150,000 / 1:35,000*
Maui - Molokai - Lanai *1:150,000 / 1:35,000*
New Zealand *1:1,250,000*
South Pacific Islands *1:13,000,000*

Nelles Maps in europäischer Spitzenqualität!
Reliefdarstellung, Kilometrierung, Sehenswürdigkeiten.
Immer aktuell!